证券投资分析与实训

李 贤 主编

科学出版社

北 京

内 容 简 介

中国证券市场快速发展，为金融市场创新、优化资源配置起到了极大的促进作用，但也对证券投资分析的理论和实践提出了新的要求。本书基于这一时代背景，对当前证券投资分析所需的相关理论和实务进行了梳理，将全书分为三篇。基础篇介绍了证券市场、权益类投资品种、衍生投资工具等基础知识。分析篇除基本分析、技术分析等传统分析方法之外，还额外讲述了行为金融分析这一前沿内容。实务与实训篇除介绍债券定价、基金套利等实践性较强的内容之外，还包括了股票软件的分析使用、公司估值实训等新颖的学习内容。

本书可作为高等院校财经类研究生的专业课教材，也可作为金融学本科专业的实训类教材，更是普通投资者现阶段学习证券投资分析的实用书籍。

图书在版编目（CIP）数据

证券投资分析与实训/李贤主编. —北京：科学出版社，2021.10
ISBN 978-7-03-067246-9

Ⅰ.①证… Ⅱ.①李… Ⅲ.①证券投资-高等学校-教材
Ⅳ.①F830.91

中国版本图书馆 CIP 数据核字（2020）第 265291 号

责任编辑：郝　静 / 责任校对：贾娜娜
责任印制：张　伟 / 封面设计：蓝正设计

科学出版社 出版
北京东黄城根北街 16 号
邮政编码：100717
http://www.sciencep.com

固安县铭成印刷有限公司 印刷
科学出版社发行　各地新华书店经销

*

2021 年 10 月第　一　版　　开本：787×1092　1/16
2022 年 8 月第三次印刷　　印张：21
字数：470 000
定价：78.00 元
（如有印装质量问题，我社负责调换）

前　言

目前，我国证券市场已经形成主板、创业板、科创板等互补的多层次资本市场，推动了社会资源配置方式的变革。这些新的变化也对证券投资的学习和实践提出了更高的要求，要求这个市场的参与者具备更强和更全面的证券分析能力。因而我们在多年的教学和实践经验基础上，结合当前证券市场的发展现状，对证券市场的相关理论和实务进行了梳理，将全书分为十六章，共三篇，包括基础篇、分析篇、实务与实训篇。

基础篇部分包括第一、二、三章，为基本知识篇，系统、扼要地介绍了关于权益类投资品种、固定收益类投资品种、衍生投资工具和证券市场的一般性基础知识，这些都是深入进行资本市场领域研究和证券投资研究所必需的基础。

分析篇部分包括第四章至第十章，为基本分析篇，在对证券投资分析方法基本理论进行阐述的基础之上，系统讲述证券投资的宏观经济分析、证券投资行业分析、证券投资公司分析、财务分析、行为金融分析等内容，同时还包括技术分析和证券组合分析，阐明了各类投资分析方法的优缺点，分析了运用的可行性和条件。

实务与实训篇部分包括第十一章至第十六章，为本书的亮点部分。其包括股票投资实训基础、基金套利等实践性较强的内容；除此之外还介绍了证券软件的分析和使用、技术分析实训、估值实训。本篇内容结合证券市场的实践，旨在系统地将证券投资分析及交易操作的方法传递给广大读者。

本书共十六章，其中，第一、二、四、五、六、八、九、十、十四章由李贤编写，第三章由朱锐编写，第七章由赵妍编写，第十一章由柳柯编写，第十二章由杜若兰编写，第十三章由卢云浩编写，第十五章由郭金编写，第十六章由吕婷编写。全书由朱锐校对，由李贤负责总纂、定稿。

全书在设计上力求做到由浅入深，遵循学习和实训的时间顺序，注重实际分析能力的培养；本书从证券投资分析的原理出发，结合证券市场的实践需求和创新发展，较为全面地介绍了相关内容。本书可作为高等院校财经类研究生的专业课教材，也可作为金融学本科专业的实训类教材。

目　　录

第一篇　基　础　篇

第一章　证券投资与证券市场 ··· 3
　第一节　证券投资概述 ··· 3
　第二节　证券市场概述 ··· 5
　第三节　证券发行市场与交易市场 ································· 10
　本章复习思考题 ·· 15

第二章　权益类投资品种 ··· 16
　第一节　股票 ·· 16
　第二节　证券投资基金 ·· 23
　本章复习思考题 ·· 31

第三章　固定收益类及衍生投资品种 ···································· 32
　第一节　债券与债券类型 ··· 32
　第二节　政府债券 ·· 37
　第三节　其他债券 ·· 40
　第四节　可转换证券 ··· 44
　第五节　金融期货与期权 ··· 47
　第六节　其他衍生投资工具 ·· 55
　本章复习思考题 ·· 61

第二篇　分　析　篇

第四章　有效市场理论与投资分析方法概述 ··························· 65
　第一节　有效市场理论 ·· 65
　第二节　有效市场的几种层次 ······································· 67
　第三节　有效市场理论与证券投资分析方法 ···················· 70
　第四节　技术分析方法概述 ·· 73
　第五节　基本分析方法概述 ·· 77
　第六节　证券组合分析法概述 ······································· 81

第七节　行为金融分析法概述 ·· 83
　　本章复习思考题 ·· 86

第五章　证券投资宏观分析 ·· 87
　　第一节　宏观经济运行对证券市场的影响 ····································· 87
　　第二节　宏观经济政策对证券市场的影响 ····································· 95
　　第三节　影响证券市场的其他宏观因素 ·· 99
　　本章复习思考题 ·· 102

第六章　证券投资行业分析 ·· 103
　　第一节　行业分析概述 ·· 103
　　第二节　行业特征分析 ·· 106
　　第三节　行业投资选择理论与技巧 ··· 110
　　本章复习思考题 ·· 115

第七章　公司分析 ·· 116
　　第一节　公司基本素质分析 ··· 116
　　第二节　公司财务分析基础 ··· 121
　　第三节　公司财务分析中的关键问题 ·· 133
　　本章复习思考题 ·· 142

第八章　证券投资技术分析理论 ·· 143
　　第一节　K线图理论 ··· 143
　　第二节　形态理论 ·· 153
　　第三节　道氏理论 ·· 166
　　第四节　波浪理论 ·· 171
　　本章复习思考题 ·· 173

第九章　证券组合分析 ·· 174
　　第一节　证券组合管理概述 ··· 174
　　第二节　主要资产定价模型 ··· 178
　　本章复习思考题 ·· 186

第十章　行为金融分析 ·· 187
　　第一节　行为金融对传统理论的修正 ·· 187
　　第二节　行为金融的心理学基础 ··· 192
　　第三节　行为投资策略 ·· 201
　　本章复习思考题 ·· 208

第三篇　实务与实训篇

第十一章　股票投资实训基础 ··· 211
　　第一节　股票交易基础 ·· 211
　　第二节　分析软件的下载与使用 ··· 214

本章复习思考题 …………………………………………………………………… 225
第十二章　基金投资实训基础 …………………………………………………………… 226
　第一节　基金估值 ………………………………………………………………………… 226
　第二节　基金费用 ………………………………………………………………………… 230
　第三节　基金投资风险管理 ……………………………………………………………… 232
　第四节　基金绩效评价与基金选择 ……………………………………………………… 239
　第五节　基金套利 ………………………………………………………………………… 246
　　本章复习思考题 …………………………………………………………………… 254
第十三章　证券分析实训基础 …………………………………………………………… 255
　第一节　股票价格指数分析 ……………………………………………………………… 255
　第二节　股票投资实践基础 ……………………………………………………………… 265
　第三节　债券投资实践基础 ……………………………………………………………… 279
　　本章复习思考题 …………………………………………………………………… 285
第十四章　技术分析实训 ………………………………………………………………… 286
　第一节　均线分析法 ……………………………………………………………………… 286
　第二节　技术指标分析法 ………………………………………………………………… 290
　第三节　切线分析法 ……………………………………………………………………… 294
　　本章复习思考题 …………………………………………………………………… 301
第十五章　估值实训（一）——相对估值法 …………………………………………… 302
　第一节　公司估值方法概述 ……………………………………………………………… 302
　第二节　相对估值法模型 ………………………………………………………………… 304
　　本章复习思考题 …………………………………………………………………… 313
第十六章　估值实训（二）——绝对估值法 …………………………………………… 314
　第一节　红利贴现模型 …………………………………………………………………… 314
　第二节　自由现金流模型 ………………………………………………………………… 318
　第三节　股权自由现金流模型 …………………………………………………………… 323
　　本章复习思考题 …………………………………………………………………… 326

参考文献 …………………………………………………………………………………… 327

第一篇 基 础 篇

第一章 证券投资与证券市场

证券和证券投资随着市场经济的发展而形成和演变。在商品经济发达、货币信用成熟的国家中，逐步出现了政府发行国债，公司发行债券和股票、银行等金融机构发行金融债券与长期可转换债券等募集资金的方式。证券市场则是股票、债券、投资基金等有价证券发行和交易的场所，是市场经济发展到一定阶段的产物，是为解决资本供求矛盾和流动性而产生的市场。

第一节 证券投资概述

一、证券的定义与主要类型

《辞海：经济分册》中对证券的定义作出了精确的界定："以证明或设定权利为目的所作成的凭证"，它表明证券持有人有权取得该证券拥有的特定权益，或证明其曾经发生过的行为。从法律意义上说，证券是指各类记载并代表一定权利的法律凭证的统称，用以证明持券人有权依其所持证券记载的内容而取得应有的权益。

证券本质上是一种信用凭证或金融工具，是商品经济和信用经济发展的产物，凡根据一国政府有关法规发行的证券都具有法律效力。按照不同的标准，可以对证券进行多种分类。

（一）按是否公开上市划分

按是否公开上市划分可以分为上市证券和非上市证券。
（1）上市证券是指经证券监管部门批准，并在证券交易所注册登记，获得场内发行和交易资格的证券。
（2）非上市证券是指未在证券交易所登记挂牌的，在场外发行和交易的证券。

（二）按发行主体划分

按发行主体划分证券可以分为公司证券、政府证券和金融证券。

（1）公司证券是指公司为筹措资金而发行的有价证券，主要有股票、公司债券和商业票据等。

（2）政府证券是指政府以信用方式发行的债务凭证，包括国债和地方政府债券。

（3）金融证券是指商业银行和非银行金融机构为筹措资金发行的，承诺支付一定利息并到期偿还本金的债务凭证，包括金融债券、大额可转让存单及衍生金融产品等。

二、投资的定义

（一）广义投资

广义投资指经济主体为获取预期收益而投入一定量货币或其他经济要素，以形成资产的经济行为。广义投资包括直接投资和金融投资。

（二）狭义投资

狭义投资即金融投资，包括个人、公司团体及所有的资本从事证券买卖而获利的投资行为。其主要投资对象有政府公债、公司股票、公司债券等有价证券。

三、证券投资

价值学派的鼻祖，被誉为"证券分析之父"的本杰明·格雷厄姆将证券投资定义为：根据详尽的分析，本金安全和满意回报有保证的操作。格雷厄姆对证券投资的认识可以从以下几个方面理解。

（一）证券投资是一个复杂的操作过程

格雷厄姆认为"投资是一项操作，而不是一种证券或一次购买"。其认为的操作是一个系统、复杂的决策过程与执行过程，而不是单纯地买入；同时某一种证券具有内在投资特征也是不对的，债券、股票等在某一价位上可以是投资工具，在另一价位上则是投机工具，价格自始至终都是影响证券投资的基本因素。

（二）证券投资强调投资组合

格雷厄姆认为"一组证券是投资，单独购买则不够安全"，即价值学派强调本金的安全性，认为要达到投资的最低要求，必须进行多样化组合以降低单个证券的风险。本书第九章证券组合分析即论述相关思想。

（三）证券投资不以时间长短衡量

格雷厄姆认为"快速获利也可以是投资"，即证券投资主要根据市场价格和内在价值的偏离情况进行交易，市场价格低于内在价值买入，市场价格高于内在价值则卖出。在这一操作中是不以时间长短来衡量的，持有时间较长也可能是投机失败而被迫持有，时间较短则也可能是基于投资思想而进行的操作。

（四）证券投资要合理地设定投资目标

格雷厄姆认为"无论盈利多少，只要投资者肯接受，都是投资"，即不以盈利的多少来衡量投资，只要投资者肯接受，盈利多少都是满意的回报。这一思想也给投资者如何设定投资目标提供了有益的借鉴思路。

（五）套利和对冲操作属于投资

格雷厄姆认为"应该把套利和对冲操作归于证券投资的范畴"，即在买入某些证券的同时卖出另一些证券，在这一类操作中，安全性是通过买入和卖出结合在一起而得到保证的，这是对常规认识上证券投资的合理延伸。

第二节　证券市场概述

一、证券市场

证券市场是证券发行和交易的场所。从广义上讲，证券市场是指一切以证券为对象的交易关系的总和。从经济学的角度，可以将证券市场定义为：通过自由竞争的方式，根据供需关系来决定有价证券价格的一种交易机制。在发达的市场经济中，证券市场是完整的市场体系的重要组成部分，它不仅是反映和调节货币资金的运动，而且对整个经济的运行具有重要影响。

二、证券市场参与者

(一) 证券发行人

证券发行人是指为筹措资金而发行债券、股票等证券的政府及其机构、金融机构、公司和企业。

(二) 证券投资者

证券投资者是证券市场的资金供给者,也是金融工具的购买者。证券投资者类型甚多,投资的目的也各不相同。证券投资者可分为机构投资者和个人投资者两大类。

1. 机构投资者

机构投资者是指相对于中小投资者而言拥有资金、信息、人力等优势,能影响某个证券价格波动的投资者,包括企业、商业银行、非银行金融机构(如养老基金、保险基金、证券投资基金)等。各类机构投资者的资金来源、投资目的、投资方向虽各不相同,但一般都具有投资的资金量大、收集和分析信息的能力强、注重投资的安全性、可通过有效的资产组合分散投资风险、对市场的影响大等特点。

2. 个人投资者

个人投资者是指从事证券投资的居民,他们是证券市场最广泛的投资者。个人投资者的主要投资目的是追求盈利,谋求资本的保值和增值,所以十分重视本金的安全和资产的流动性。

(三) 证券交易所

证券交易所的主要职责有:提供交易场所与设施;制定交易规则;监管在该交易所上市的证券及会员交易行为的合规性、合法性,确保市场的公开、公平和公正。

全球的证券交易所分为公司制和会员制两种。这两种证券交易所均可以是政府或公共团体出资经营的(称为公营制证券交易所),也可以是私人出资经营的(称为民营制证券交易所),还可以是政府与私人共同出资经营的(称为公私合营的证券交易所)。

1. 公司制证券交易所

公司制证券交易所是以营利为目的,提供交易场所和服务人员以便利证券商的交易与交割的证券交易所。从股票交易实践可以看出,这种证券交易所要收取发行公司的上市费与证券成交的佣金,其主要收入来自买卖成交额的一定比例。而且,经营这种交易所的人员不能参与证券买卖,从而在一定程度上可以保证交易的公平。

2. 会员制证券交易所

会员制证券交易所是不以营利为目的，由会员自治自律、互相约束，参与经营的会员可以参加股票交易中的股票买卖与交割的交易所。这种交易所的佣金和上市费用较低，从而在一定程度上可以设置上市股票的场外交易。但是，证券交易所的会员本身就是股票交易的参加者，因而在股票交易中难免出现交易的不公正性。同时，因为参与交易的买卖方只限于证券交易所的会员，新会员的加入一般要经过原会员的一致同意，这就形成了一种事实上的垄断，不利于提高服务质量和降低收费标准。

（四）证券市场中介机构

证券市场中介机构是指为证券的发行与交易提供服务的各类机构，包括证券公司和证券服务机构。证券市场中介机构是连接证券投资者与筹资人的桥梁，证券市场功能的发挥，在很大程度上取决于证券市场中介机构的活动。通过它们的经营服务活动，建立了证券需求者与证券供应者之间的联系，不仅保证了各种证券的发行和交易，还起到维持证券市场秩序的作用。

1. 证券公司

证券公司是指依法设立可经营证券业务的、具有法人资格的金融机构。证券公司的主要业务有承销、经纪、自营、投资咨询、购并、受托资产管理、基金管理等。证券公司一般分为综合类证券公司和经纪类证券公司。

2. 证券服务机构

证券服务机构是指依法设立的从事证券服务业务的法人机构，主要包括证券登记结算公司、证券投资咨询公司、会计师事务所、资产评估机构、律师事务所、证券信用评级机构等。

（五）证券监管机构

在中国，证券监管机构是指中国证券监督管理委员会（简称证监会）及其派出机构。它是国务院直属的证券管理监督机构，依法对证券市场进行集中统一监管。它的主要职责是：负责行业性法规的起草，负责监督有关法律法规的执行，负责保护投资者的合法权益，对全国的证券发行、证券交易、证券市场中介机构的行为等依法实施全面监管，维持公平而有秩序的证券市场。

三、证券市场的功能

在现代发达的市场经济中，证券市场是完整的金融体系的重要组成部分。证券市场以独特的方式和活力对社会经济生活产生多方面影响，在筹集资本、引导投资、配置资源等方面有着不可替代的独特功能。

（一）筹资—投资功能

证券市场的筹资功能是指证券市场为资金需求者筹集资金的功能。这一功能的另一个作用是为资金供给者提供投资对象。在证券市场上交易的任何证券，既是筹资的工具，也是投资的工具。在经济运行过程中，既有资金盈余者，也有资金短缺者。资金盈余者为使自己的资金价值增值，就必须寻找投资对象。资金盈余者可以通过买入证券而实现投资。资金短缺者为了发展自己的业务，就要向社会寻找资金。为了筹集资金，资金短缺者就可以通过发行各种证券来达到筹资的目的。

通过证券市场直接融资更有利于资金的供需双方明确债权、债务关系，并且为有不同需求的市场主体提供多种可选择的投融资工具，特别是为中小投资者提供了便利的投资渠道。就筹资而言，所筹资金具有期限长、相对稳定、成本低的优点。证券市场作为证券流通的场所，筹资—投资功能已经成为其重要的功能。

（二）定价功能

证券市场的第二个基本功能就是定价功能，即为资本决定价格。证券是资本的表现形式，所以证券的价格实际上是证券所代表的资本的价格。证券的价格是证券市场上证券供求双方共同作用的结果。证券市场的运行形成了证券需求者和证券供给者的竞争关系。这种竞争的结果是：能产生高投资回报的资本，市场的需求增大，其对应证券的价格就高；反之，证券的价格就低。因此，证券市场提供了资本的合理定价机制。

（三）优化资源配置功能

证券市场的优化资源配置功能是指通过证券价格引导资本的流动，从而实现资本的优化配置的功能。证券市场是投资者追求经济利益的场所，资本的趋利性决定了社会资金要向经济效益好的行业和企业集中。在证券市场上，证券价格的高低是由该证券所能提供的预期报酬率的高低来决定的。证券价格的高低实际上是该证券筹资能力的反映，而且能提供高报酬率的证券一般来自那些经营好、发展潜力巨大的企业，或者是来自新兴行业的企业。这样，业绩好、经营管理好的企业的证券就会受到投资者的青睐，并能够吸收足够的社会资金；而业绩差、经营管理不善的企业就被市场所淘汰，或者被其他企业收购，从而将有限的资源集中到优秀的企业中。这些证券的预期报酬率高，因而其市场价格也就相应较高，从而其筹资能力就强。这样，证券市场就引导资本流向能产生高报酬的企业或行业，从而使资本产生尽可能高的效率，进而实现资源的优化配置。

（四）分散风险功能

证券市场具有很强的流动性，使投资者能够迅速地实现资产转换，从而提供了分散风险的途径。从资金需求者角度来看，通过发行股票筹集了资金，同时将其经营风险部分地转移和分散给投资者，实现了风险的社会化。公司的股东越多，单个股东承担的风险就越小。另外，企业还可以通过购买一定的证券，保持资产的流动性，提升盈利水平，提高企业对抗宏观经济波动风险的能力。从投资者角度来看，可以根据个人承担风险的能力，通过买卖证券和建立证券投资组合来转移与分散资产风险。证券作为流动性和收益性都相对较好的资产形式，可以有效地满足投资者的需要，而且投资者可以选择不同性质、期限、风险和收益的证券构建证券组合，分散证券投资的风险。证券市场为投资者提供了资产转换的场所，同时又把分散的储蓄集中起来投入长期投资项目，这种机制促进了技术的创新。在证券市场上，受到外部冲击的投资者可以卖出股票，但并不会使企业的经营受到任何影响。这就是证券市场分散风险的功能。

（五）转换机制功能

企业若要通过证券市场筹集资金，必须改制成为股份有限公司，按照股份有限公司的机制来运作，形成三级授权关系：股东组成股东大会，并通过股东大会选举董事会，董事会决定经理人选，经理具体负责企业正常运转。股份有限公司的这种组织形式成功地使所有权和经营权相分离，并使公司的组织体制走上了科学化、民主化、制度化和规范化的轨道。此外，上市公司的资本来自诸多股东，股票又具有流通性和风险性，这就使企业时时处于各方面的监督和影响之中，股东的投资收益与企业的效益息息相关，因此股东必然会关心企业的生产经营和发展前景。证券市场的信息收集、传播及证券价格的变化对上市公司经营者形成外部约束，从而有助于改善公司治理结构。上市公司经营的好坏可以直接通过证券价格反映出来。经营不善的企业，其证券价格下跌，可能导致收购、兼并或重组行为的发生。证券市场让有能力的管理团队在较短时间内控制大量的资源，而能力差的经理将被取代，即企业一旦不能为股东谋求利益，将会被市场所淘汰。同时，证券市场还会通过社会公众及舆论对上市公司的经营起到监督作用，证券监管部门和市场中介机构也会对企业进行一定的监督与制约，使企业经营者偏离股东目标的行为受到约束。

（六）提供宏观调控场所的功能

证券市场是国民经济的晴雨表，它能够灵敏地反映社会政治、经济发展的动向，为经济分析和宏观调控提供依据。一般来说，证券市场的波动先于经济运行周期：当经济从低谷开始复苏时，人们被压抑的需求开始释放，企业增加投资计划，投资者的预期好转，促使证券价格指数上涨，证券市场开始活跃；但当实体经济过热，投资乘数及加速原理扩大到一定程度时，人们的预期又转向谨慎，在实体经济还没有明显收缩时，证券价格指数就开始下跌，证券市场开始萎缩。

政府可以通过证券市场行情的变化对经济运行状况和发展前景进行分析、预测，并且利用证券市场对经济实施宏观调控。政府利用证券市场进行宏观调控的手段主要是运用货币政策的三大工具,即法定存款准备金率、再贴现率和公开市场业务。这三大工具之中的公开市场业务,需要完全依托证券市场来运作,通过证券的买入、卖出调节货币的供给,影响和调节商业银行的经营,进而实现调节和控制整个国民经济运行的目标。

第三节　证券发行市场与交易市场

一、证券发行市场的定义

(一)证券发行市场

证券发行市场又称一级市场或初级市场,是发行人以筹集资金为目的,按照一定的法律规定和发行程序,向投资者出售证券所形成的市场。

证券发行市场作为一个抽象的市场,其买卖成交活动并不局限于一个固定的场所。证券发行市场体现了证券由发行主体流向投资者的市场关系。发行主体之间的竞争和投资者之间的竞争是证券发行市场赖以形成的契机。在证券发行市场上,不仅存在着由发行主体向投资者的证券流,而且存在着由投资者向发行主体的货币资本流。因此,证券发行市场不仅是发行主体筹措资金的市场,也是为投资者提供投资机会的市场。

(二)证券发行人

证券发行人是证券发行的主体。证券发行是把证券向投资者销售的行为,证券发行可以由发行人直接办理,这种证券发行称为自办发行或直接发行,自办发行是比较特殊的发行行为,也比较少见。

证券发行一般由证券发行人委托证券公司或投资银行进行,又称为承销,或间接发行。按照发行风险的承担、所筹资金的划拨及手续费高低等因素划分,承销方式有包销和代销两种,包销又可分为全额包销和余额包销。

二、证券发行市场的特点

(一)证券发行是证券发行人将某种证券出售给投资者的行为

证券发行市场具有证券创设功能,任何权利凭证若要进入证券市场并实现流通,必须先取得合法的证券形式,证券发行是使证券得以转让和流通的前提。证券发行市场上的发行对象,可以是从未发行过证券的发行人创设的证券,也可以是证券发行人在前次发行后增加发行的新证券，还可以是因证券拆细或合并等行为而发行的证券。

（二）证券发行人必然是证券发行市场的主体

创设证券在本质上是证券发行人向投资者募集资金的筹资行为，证券发行往往要借助专业机构或人员参与才能完成，但它必然是在证券发行人主持下完成的。而且，首次出售所创设证券属于交易行为，必然是以证券发行人为一方当事人，认购人或其他投资者为另外一方当事人。鉴于证券发行市场参与者的特殊结构，其市场功能的核心是协调证券发行人与证券投资者之间的关系。

（三）证券发行市场主要是无形市场

证券发行人可以直接向公众投资者或特定范围的投资者发售证券以募集资金，也可以通过中介机构向社会投资者或特定范围的证券认购人募集资金。证券发行市场的存在形态非常复杂。证券发行人在各中介机构协助下，先要进行证券发行准备工作；发行准备工作初步完成后，证券承销商会向潜在投资者提供招募文件，采取路演等方式宣传所发行证券；投资者填制认购文件并交付证券承销商后，承销商会根据证券认购情况与证券发行人商定包销数量及发行价格，并从证券发行人处领取应向投资者交付的证券。上述行为可以在许多地方陆续进行且无固定场所和法定设施。

三、证券交易与交易市场概述

（一）证券交易市场的定义

证券交易市场是已发行的证券通过买卖交易实现流通转让的场所，相对于发行市场而言，证券交易市场又称为二级市场或次级市场。证券经过发行市场的承销后，即进入流通市场，它体现了新老投资者之间投资退出和投资进入的市场关系。因此，证券流通市场具有两个方面的职能：其一是为证券持有者提供需要现金时按市场价格将证券出卖变现的场所；其二是为新的投资者提供投资机会。证券交易市场又可以分为有形的交易所市场和无形的场外市场。

（二）证券交易的定义

证券交易是指已发行的证券在证券市场上买卖或转让的活动。

证券交易与证券发行相互促进、相互制约。一方面，证券发行为证券交易提供了对象，决定了证券交易的规模，是证券交易的前提；另一方面，证券交易使证券的流动性特征显示出来，从而有利于证券发行的顺利进行。

（三）证券交易的分类

据交易方法，可分为场内交易和场外交易。

1. 场内交易

场内交易又称交易所交易，指所有的供求方集中在交易所进行竞价交易的交易方式。这种交易方式具有交易所向交易参与者收取保证金、负责进行清算和承担履约担保责任的特点。此外，由于每个投资者都有不同的需求，交易所事先设计出标准化的金融合同，由投资者选择与自身需求最接近的合同和数量进行交易。所有的交易者集中在一个场所进行交易，这就增加了交易的密度，一般可以形成流动性较高的市场。期货交易和部分标准化期权合同交易都属于这种交易方式。

2. 场外交易

场外交易又称柜台交易，指交易双方直接成为交易对手的交易方式。这种交易方式有许多形态，可以根据每个使用者的不同需求设计出不同内容的产品。同时，为了满足客户的具体要求，出售衍生产品的金融机构需要有高超的金融技术和风险管理能力，因此场外交易不断产生金融创新。但是，每个交易的清算是由交易双方相互负责进行，交易参与者仅限于信用程度高的客户。掉期交易和远期交易是具有代表性的柜台交易的衍生产品。

四、当前的中国证券交易市场

证券交易市场为证券持有者提供变现能力，在其需要现金时能够卖出证券得以兑现，并且使新的储蓄者有投资的机会。从 20 世纪 90 年代发展至今，我国的证券类交易所已经分为了多个部分。场内市场有：主板（含中小板），包括上海证券交易所和深圳证券交易所；创业板设在深圳证券交易所；科创板设在上海证券交易所。

（一）主板

主板市场（main-board market）也称为一板市场，指传统意义上的证券市场（通常指股票市场），是一个国家或地区证券发行、上市及交易的主要场所。主板市场对发行人的营业期限、股本大小、盈利水平、最低市值等方面的要求标准较高，上市企业多为大型成熟企业，具有较大的资本规模及稳定的盈利能力。

我国的股票交易市场形成于 1986 年，以中国工商银行上海市分行静安区营业部（静安信托）开办股票买卖业务为标志。1990 年 12 月上海证券交易所和 1991 年 7 月深圳证券交易所的成立，标志着我国股票交易方式开始由场外分散交易阶段进入场内集中交易阶段。随后，全国的一批大中城市相继开通了计算机同步交易网络，全国的投资者都可以通过网络参与沪深两市的交易，股票市场开始进入快速发展时期。

（二）创业板

创业板是专为创业型企业、中小企业等需要进行融资和发展的企业提供融资途径及成长空间的证券交易市场。创业板是对主板市场的重要补充，在资本市场占有重要的位置。其中以美国的纳斯达克（National Association of Securities Dealers Automated Quotations，NASDAQ）证券市场最为典型，发展最为迅速，NASDAQ因此成为各国创业板股票市场的主要代表。

创业板与主板市场相比，上市要求往往更加宽松，主要体现在成立时间、资本规模、中长期业绩等的要求上。创业板市场最大的特点就是低门槛进入、严要求运作，有助于有潜力的中小企业获得融资机会。在创业板市场上市的公司具有较高的成长性，但往往其成立时间较短、规模较小、业绩也不突出，但有很大的成长空间。

2009年10月23日，中国创业板举行开板启动仪式。数据显示，首批上市的28家创业板公司，平均市盈率为56.7倍，而市盈率最高的宝德股份达到81.67倍，远高于全部A股市盈率及中小板的市盈率。2009年10月30日，中国创业板正式上市。

（三）科创板

科创板于2018年11月5日在首届中国国际进口博览会开幕式上宣布设立，是独立于现有主板市场的新设板块，并在该板块内进行注册制试点，强调在上海证券交易所新设科创板，坚持面向世界科技前沿、面向经济主战场、面向国家重大需求，主要服务于符合国家战略、突破关键核心技术、市场认可度高的科技创新企业。重点支持新一代信息技术、高端装备、新材料、新能源、节能环保及生物医药等高新技术产业和战略性新兴产业，推动互联网、大数据、云计算、人工智能和制造业深度融合，引领中高端消费，推动质量变革、效率变革、动力变革。

2019年6月13日，科创板正式开板；7月22日，科创板首批公司上市；8月8日，第二批科创板公司挂牌上市。2019年8月，为落实科创板上市公司并购重组注册制试点改革要求，建立高效的并购重组制度，规范科创板公司并购重组行为，证监会发布《科创板上市公司重大资产重组特别规定》。

五、证券公司的二级市场业务

（一）证券经纪业务概述

1. 证券经纪业务的含义

证券经纪业务是指证券公司通过其设立的证券营业部，接受客户委托，按照客户要求，代理客户买卖证券的业务。

证券经纪业务是随着集中交易制度的实行而产生和发展起来的。在证券交易所内交易的证券种类繁多，数额巨大，而交易所内席位有限，一般投资者不能直接进入证券交易所进行交易，因此只能通过特许的证券经纪商作为中介来促成交易的完成。证券经纪业务可分为柜台代理买卖和证券交易所代理买卖两种。

在证券经纪业务中，包含的要素有：委托人、证券经纪商、证券交易所和证券交易对象。

2. 证券经纪业务的作用

1）充当证券买卖的媒介

证券经纪商充当证券买方和卖方的经纪人，发挥着沟通买卖双方并按一定要求迅速、准确地执行指令和代办手续的媒介作用，提高了证券市场的流动性和效率。

2）提供咨询服务

证券经纪商一旦和客户建立了买卖委托关系，就有责任向客户提供及时、准确的信息和咨询服务。这些咨询服务包括：上市公司的详细资料、公司和行业的研究报告、经济前景的预测分析和展望研究、有关股票市场变动态势的商情报告、有关资产组合的评价等。

（二）证券自营业务

证券自营业务是指经证监会批准经营证券自营业务的证券公司用自有资金和依法筹集的资金，以自己名义开设的证券账户买卖有价证券，以获取盈利的行为，自营买卖的对象包括了上市证券和非上市证券。证券自营业务的特点是：决策的自主性、交易的风险性和收益的不稳定性。

（三）资产管理业务

资产管理业务一般是指证券经营机构开办的资产委托管理，即委托人将自己的资产交给受托人，由受托人为委托人提供理财服务的行为。资产管理业务是证券经营机构在传统业务基础上发展的新型业务。在国外较为成熟的证券市场中，投资者大多愿意委托专业人士管理自己的财产，以取得稳定的收益。证券经营机构通过建立附属机构来管理投资者委托的资产。投资者将自己的资金交给训练有素的专业人员进行管理，避免了由专业知识和投资经验不足而可能引起的不必要风险，对整个证券市场发展有一定的稳定作用。

（四）证券回购交易

1. 证券回购交易概述

证券回购交易是指债券买卖双方在成交的同时就约定于未来某一时间以某一价格双方再进行反向成交。其实质内容是：证券的持有方（融资者、资金需求方）以持有的证券作抵押，获得一定期限内的资金使用权，期满后则需归还借贷的资金，并按约定支付一定的利息；而资金的贷出方（融券方、资金供应方）则暂时放弃相应资金的使用权，从而获得融资方的证券抵押权，并于回购期满时归还对方抵押的证券，收回融出资金并获得一定利息。

2. 以券融资（卖出回购）的程序

以券融资即债券持有人将手中持有的债券作为抵押品，以一定的利率取得资金使用权的行为。

在交易所回购交易开始时其申报买卖部位为买入，这是因其在回购到期时反向交易中处于买入债券的地位而确定的。回购交易申报操作类似股票交易。成交后由登记结算机构根据成交记录和有关规则进行清算交割；到期反向成交时，无须再进行申报，由交易所电脑系统自动产生一条反向成交记录，登记结算机构据此进行资金和债券的清算与交割。

3. 以资融券（买入返售）的程序

以资融券即资金持有人将手中持有的资金以一定的利率借给债券持有人，获得债券抵押权，并在回购期满得到相应利息收入的行为。

在交易所回购交易开始时，其申报买卖部位为卖出，这是因其在回购到期时反向交易中处于卖出债券地位而定的。其交易程序除方向相反外其余均同以券融资。

对于交易对手抵押的债券，截至 2020 年底交易所不直接划入以资融券方证券经营机构的债券账户，而由登记结算机构予以冻结。

➤本章复习思考题

1. 简述当前的中国证券交易市场。
2. 简述证券市场的基本功能。

第二章　权益类投资品种

权益类投资以股票、股票型基金为主，投资这类理财产品的特点是拥有这类产品的所有权，但这类产品的收益不能保证。与固定收益资产相比，权益类投资具有高风险、高收益、高流动性的特征，其中高风险、高收益的特征在 A 股市场尤为突出。

第一节　股　　票

一、股票概述

（一）股票的产生

股票至今已有 400 多年的历史，它伴随着股份有限公司的出现而出现。世界上最早的股份有限公司制度诞生于 1602 年在荷兰成立的东印度公司。股份有限公司这种企业组织形态出现以后，很快被西方国家广泛利用，成为西方国家企业组织的重要形式之一。伴随着股份有限公司的诞生和发展，以股票形式集资入股的方式也得到发展，并且产生了买卖交易转让股票的需求，这样，就带动了股票市场的出现和形成，并促使股票市场完善和发展。1611 年，东印度公司的股东在荷兰阿姆斯特丹股票交易所进行着股票交易，后来有了专门的经纪人撮合交易，荷兰阿姆斯特丹股票交易所成为世界上第一个股票市场。目前，股份有限公司成为最基本的企业组织形式之一，股票已经成为大企业筹资的重要渠道和方式，也是投资者投资的基本选择方式，股票市场（包括股票的发行和交易）、债券市场、基金市场和金融衍生品市场成为证券市场的基本内容。

（二）股票的定义

股票是证券中的一种，是股份有限公司发行的用以证明投资者的股东身份和权益的，并据以获得股息和红利的凭证。股票持有人即股东，股东拥有参加股东大会、投票表决、参与公司重大决策、收取股息或分享红利等各项权利，每个股东所拥有的权利的大小，取决于其持有的股票数量占公司总股本的比重。

股票一经发行，持有者即为发行股票公司的股东，股东是公司的所有者，以其出资额为限对公司负有限责任，承担有限风险，分享股权收益。股东与公司之间的关系不是债权债务关系，所以股东对公司的求偿权是剩余求偿权，只能在债权人全部收回自己的债权时才能对剩下的资产求偿。股票一经认购，持有者不能以任何理由退还股本，只能通过证券市场将股票转让和出售。但是，公司可以通过股票市场回购自己发行的股票，以提高股票价格来保护股东的权利，集中每股权益，此做法的目的在于保护现有流通股股东的权利。

作为交易对象和抵押品，股票已成为金融市场上主要的、长期的信用工具，但实质上，股票只是代表股份资本所有权的证书，不是真实的资本，而是一种独立于实际资本之外的虚拟资本。

（三）股票的特征

在市场经济运行中股票具有以下特征。

1. 收益性

股票的收益性体现为三个方面。

首先，股票持有者有权享有公司的收益，通常以股息或红股的形式予以实现，这既是股票认购者向公司投资的主要目的，也是公司发行股票的必备条件。股票收益的大小取决于公司的经营状况和盈利水平，一般而言，从股票获得的收益要高于在银行储蓄的利息收入，也要高于债券的利息收入，否则股票将难以实现融资目的。

其次，股票的收益性还表现在持有者利用股票可以获得价差收入，股票持有者可以通过低进高出赚取价差。

最后，股票代表的是股权，是企业所有权的分割，因而具有保值增值的价值，当货币贬值时，股票会因为公司资产的增值而升值。

2. 风险性

股票的风险性主要体现在三个方面。

首先，由于受多种不确定因素的影响，股票的收益不是事先即已确定的固定数值，而是一个事先难以确定的动态数值，它要随公司的经营状况和盈利水平而波动。公司经营得越好，股票持有者获取的股息和红利就越多；公司经营不善，股票持有者能分得的盈利就会减少，甚至无利可分。

其次，风险性也体现在股票价格的波动性，股票同其他商品一样，也有自己的市场行情和市场价格，但价格的涨跌频率和幅度均大于普通商品，股票持有者可能因股票大跌而遭受损失。

最后，股票投资甚至可能血本无归，如果投资的公司破产或者退市，则股票持有者连本金也保不住，这在美国 NASDAQ 创业板市场中非常常见。

3. 流动性

流动性是衡量资产投资价值的重要标准之一，是指在不同投资者之间的可交易性，股票可以作为买卖对象或抵押品随时转让。股票转让意味着转让者将其出资金额以股价的形式收回，而将股票所代表的股东身份及各种权益让渡给了受让者。

流动性通常以可流通的股票数量、股票成交量及股价对交易量的敏感程度来衡量。可流通股数越多，成交量越大，价格对成交量越不敏感，股票的流动性就越好，反之就越差。流动性使投资者因各种需要能随时变现所持有的股票，保证了投资的灵活性。

但股票的流动性并不会影响公司的稳定经营，股票是一种无期限的法律凭证，它反映着股东与公司之间比较稳定的经济关系，投资者购买了股票就不能退股，一个股东的卖出对应着其他股东的买入。

4. 股份的变动性

这是指股票所代表的股份既可以拆细，又可以合并。

首先，股票可以拆细，即将原来的一股分为若干股。股份拆细并没有改变资本总额，只是增加了股份总量和股权总数。当公司利润增多或股票价格上涨后，投资者购入每手股票所需的资金增多，股票的流动性就会下降。在这种情况下，就可以将股份拆细，扩大股票的流动性。

其次，股份还可以进行合并，即将若干股股票合并成较少的几股或一股。公司实行股份合并主要出于如下原因：公司资本减少，公司合并，股票市价过低。

5. 经营决策的参与性

股票的持有者即发行股票的公司的股东，有权参与公司的经营决策，股票持有者的投资意志是通过股东参与权的行使而实现的。股东参与公司经营决策的权利大小，取决于其所持有的股份的多少。只要股东持有的股票数额达到决策所需的实际多数时，就能掌握公司的决策控制权。

二、普通股和优先股

股票分类方法中，最常见的是根据股票代表的股东权利分为普通股和优先股，此外，还存在着一种后配股。

（一）普通股

普通股是指在公司的经营管理和盈利及财产的分配上享有普通权利的股份，代表满足所有债权偿付要求及优先股东的收益权与求偿权要求后对企业盈利和剩余财产的索取权。普通股构成公司资本的基础，是股票的一种基本形式，是股份有限公司发行的最普通、最重要，也是发行量最大的股票种类。股份有限公司最初发行的大多是普通股股票，通过这类股票所筹集的资金通常是股份有限公司股本的基础。普通股股票的发行状况与公司的设立和发展密切相关；这类股票是公司发行的标准股票，其有效性与股份有限公司的存续期间相一致，正因为如此，股票持有者就是公司的基本股东，平等地享有股东权利。股东参与公司经营决策的权利，不会被有关方面加以特别限制；当然，也不会赋予这些股东以特别权利；同时，普通股股票是风险最大的股票，尽管持有这类股票的股东有获取股息和红利的权利，但股息和红利收益并不确定，要随公司经营状况和盈利水平波动，而且必须是在偿付了公司债务和债息及优先股股东的股息之后才能分得。此外，还受经济、社会、政治、文化及投资者心理等各种主客观因素的影响，股票市场的交易价格也经常会大幅度波动，从而给投资者带来重大影响，投资者因此要承受巨大的市场风险。

普通股股东按其所持有股份比例享有以下基本权利。

1. 公司经营决策的参与权

公司经营决策的参与权主要通过参加股东大会来行使。普通股股东有权出席股东大会，听取公司董事会的业务报告和财务报告，在股东大会上行使表决权和选举权，从而对公司的经营管理发表意见，选举出公司的董事会成员或监事会成员。有疑问时有权查阅公司的有关账册。如果发现董事违法失职或违反公司章程，损害公司利益，则有权诉诸法律。

普通股股东平等的经营决策的参与权体现在：每持有一股便有一票表决权，购买的股票份数不同，则股东享有的权利也大小不一，持有股票份数多的股东享有的表决权就多。股东可以直接出席股东大会来行使权利，也可以委托代理人出席股东大会代为行使表决权。在实践中，由于股东人数太多，不可能都直接参与公司的经营决策，对公司的经营决策实际上是由少数持股大户直接决策的，其只要根据公司章程的表决制度，达到选举董事所需的一定比例的股票份数就可以选派董事，通过这些董事及其选定的管理人来控制股份有限公司。

普通股股东在股东大会上可以采取多数投票制，或者累积投票制来行使表决权。多数投票制下，持有少数股票的股东的表决权没有实际意义；累积投票制下，股东的表决权则按其拥有的股票份数乘以待选董事人数来计算。无论怎样，少数持股大户都可以通过经营参与权的行使来控制股份有限公司的经营。

2. 公司盈余分配权

公司盈余分配权是普通股股东经济利益的直接体现。普通股股东在股东大会审批了董事会的利润分配方案之后，有权从公司经营的净利润中分取股息和红利。根据各国《公司法》的规定，公司经营净利润指的是公司利润总额在支付公司税款、弥补上年亏损、偿还到期债务、扣除法定公积金，以及支付优先股股息后的剩余部分。一般说来，股份有限公司的净利润并不全部分配给普通股股东，而是要保留一部分盈余用于增加公司资本的投入量，或用于维持未来股息分配的稳定。

3. 剩余资产分配权

在股份有限公司破产或解散清算时，当公司资产满足了公司债权人的清偿权和优先股股东分配剩余资产的请求权后，普通股股东有权参与公司剩余资产的分配。普通股股东享有该项权利的大小，依其所持股票份数的多少而定。普通股股东只负有限责任，即当股份有限公司因经营不善而破产时，股东的责任以其所持股票的股份金额为限。

4. 认股优先权

认股优先权是指股份有限公司在为增加公司资本而决定增加发行新的普通股股票时，现有的普通股股东有权优先认购，以保持其在公司中的股份权益比例。股份有限公司增发新的普通股股票，可以采取两种方式：①有偿增发，即股东以股票面额或低于股票面额的价格优先认购新发的普通股股票；②无偿增发，即股东可优先无偿得到新发的普通股股票。优先认购的股票份数都是按照普通股股东现在持有的股份占公司总股份的比例进行分配。如果以有偿增发的方式发行新的普通股股票，公司要向普通股股东发出认股权证，股东依据认股权证，可以在一定时期内以低于股票市价的价格认购新增发的普通股股票。如果股东要认购新股票而认股权数不够时，还可以向其他股东购买认购权。

（二）优先股

优先股是相对于普通股而言，是指由股份有限公司发行的，在分配公司收益和剩余资产方面比普通股股票具有优先权的股票。优先股在利润分红及剩余财产分配的权利方面，优先于普通股。但是优先股在表决权上常受到限制，无表决权的优先股股东，不能参与公司决策。

优先股股票是特别股股票的一种。特别股股票是股份有限公司为特定的目的而发行的股票，它所包含的股东权利要大于或者小于普通股股票。因此，凡权利内容不同于普通股股票的，均可统称为特别股股票。在特别股股票当中，最具有代表性的是优先股股票，而优先股又可以具体分为多种种类，具体分类将在后面讲述。

优先股股票的价格容易受到利率变动的影响，较少受到公司利润变动的影响，因此，优先股的价格增长潜力要低于普通股。然而优先股股东享有普通股股东不可比拟的优先权，这就使优先股股票仍能受到普遍而广泛的欢迎。优先股的特征表现在以下方面。

1. 约定股息率

优先股股票在发行时即已约定了固定的股息率，且股息率不受公司经营状况和盈利水平的影响。按照公司章程的规定，优先股股东可以优先于普通股股东向公司领取股息，所以，优先股股票的风险要小于普通股股票。不过，由于股息率固定，即使公司经营状况良好，优先股股东也不能分享公司利润增长的利益。

2. 优先分派股息和清偿剩余资产

当公司利润不够支付全体股东的股息和红利时，优先股股东可以先于普通股股东分取股息；当公司因解散、破产等进行清算时，优先股股东又可先于普通股股东分取公司的剩余资产。

3. 表决权受到一定限制

优先股股东一般不享有公司经营参与权，即优先股股票不包含表决权，优先股股东无权过问公司的经营管理。然而，在涉及优先股股票所保障的股东权益时，如公司连续若干年不支付或无力支付优先股股票的股息，或者公司要将一般优先股股票改为可转换优先股股票时，优先股股东也享有相应的表决权。

4. 股票可由公司赎回

优先股股东不能要求退股，但却可以依照优先股股票上所附的赎回条款，由公司予以赎回。大多数优先股股票都附有赎回条款。发行可赎回优先股股票的公司赎回股票时，要在优先股价格的基础上，再加上适当的溢价，使优先股股票的赎回价格高于发行价格，从而使优先股股东从中得到一定的利益。

设立和发行优先股股票，对于股票发行公司来说，其意义在于能便于公司增发新股票，也有利于公司在需要时将优先股股票转换成普通股股票或公司债券，以减少公司的股息负担。而且，由于优先股股东一般没有表决权，这又可以避免公司经营决策权的分散。

对投资者来说，优先股股票的意义在于投资收益有保障，而且投资的收益率要高于公司债券及其他债券的收益率。

三、股票的价格

股票的价格是指货币与股票之间的对比关系，是与股票等值的一定货币量，股票价格有多种具体形式。

（一）股票的票面价格

股票的票面价格又称为股票面值，是指发行股票的公司设定的每股票面金额。设定股票票面价格的最初目的，是在于保证股票持有者在退股时能够收回票面所标明的资产。随着股票的发展，购买股票后将不能再退股，所以股票面值现在的作用是表明股票的认购者在股份有限公司投资中所占的比例，作为确认股东权利的根据。

（二）股票的账面价格

股票的账面价格又称为股票净值，是指已发行的股票所含的内在价值，即资本公积金、资本公益金、法定公积金、任意公积金、未分配盈余等项目的合计，它代表全体股东共同享有的权益，也称净资产。

股份有限公司的经营业绩越好，其资产增值越快，股票净值就越高，股东所拥有的权益也越多。从会计学观点来看，股票净值等于公司资产减去负债的剩余盈余，再除以该公司所发行的股票总数。

（三）股票的发行价格

股票的发行价格是指股份有限公司在发行股票时的出售价格，通常是由发行公司与证券承销商根据市场情况议定的价格。股票发行价格的确定有三种情况。

第一种，股票的发行价格就是股票的票面价值。

第二种，股票的发行价格以同类股票在流通市场上的价格为基准来确定。

第三种，股票的发行价格在股票面值与市场流通价格之间，通常是对原有股东有偿配股时采用这种价格。国际市场上确定股票发行价格的参考公式是

$$股票发行价格=市盈率还原值\times 40\%+股息还原率\times 20\%+每股净值\times 20\%\\+预计当年股息与一年期存款利率还原值\times 20\%$$

这个公式全面地考虑了影响股票发行价格的若干因素，如利率、股息、流通市场的股票价格等。

（四）股票的理论价格

股票的理论价格又称为内在价值。由于股票代表的是持有者的股东权，这种股东权的直接经济利益，表现为股息、红利收入。因此股票的理论价格，就是为获得这种股息、红利收入的请求权而付出的代价，是股息资本化的表现。

静态地看，股息收入与利息收入具有同样的意义。投资者是把资金投资于股票还是存于银行，这先取决于哪一种投资的收益率高。按照等量资本获得等量收入的理论，如果股息率高于利息率，人们对股票的需求就会增加，股票价格就会上涨，从而股息率就会下降，一直降到股息率与市场利率大体一致为止。按照这种分析，可以得出股票的理论价格公式为

$$股票理论价格=股息红利收益／市场利率$$

（五）股票市场价格

股票市场价格，即股票在交易过程中交易双方达成的成交价。股票的市场价格直接反映着股票市场的行情，是投资者购买股票的依据之一，由于受众多因素的影响，股票的市场价格处于经常性的变化之中，是股票市场价值的外在体现，因此这一价格又称为股票行市。

股票市场价格具体表现为开盘价、收盘价、最高价、最低价等形式。其中收盘价最重要，是分析股市行情时采用的基本数据。

（六）股票除权价格

除权是指由于公司股本增加或者发放红利，每股股票所代表的企业实际价值有所减少，需要在发生该事实之后从股票市场价格中剔除这部分因素，而形成的剔除行为，其中由除权行为产生的价格即股票除权价格。

上市公司以股票股利分配给股东，也就是公司的盈余转为增资时，或进行配股时，就要对股价进行除权。上市公司将盈余以现金分配给股东，股价就要除息。除权或除息的产生是因为投资人在除权或除息日之前与当天购买者买到的是同一家公司的股票，但是内含的权益不同，显然相当不公平。因此，必须在除权或除息日当天向下调整股价，成为除权或除息参考价。

除权价格的计算，分四种情况。

（1）送股：除权价格=除权日前一天收盘价÷（1+送股率）。

（2）有偿配股：除权价格=（除权日前一天收盘价+配股价×配股率）÷（1+配股率）。

（3）送股与有偿配股相结合：除权价格=（除权日前一天收盘价+配股价×配股率）÷（1+送股率+配股率）。

（4）除权和除息同时进行：除权价格=（前一日收盘价-股息金额+配股价×配股率）÷（1+配股率+送股率）。

当一家上市公司宣布送股或配股时，在红股尚未分配，配股尚未配股之前，该股票被称为含权股票。要办理除权手续的股份有限公司先要报主管机关核定，在准予除权后，该公司即可确定股权登记日和除权基准日。

股权登记日是董事会规定的登记有权领取股利的股东名单的截止日期。如果你在截止日期之前没有出售这种股票，你就拥有公告里说的转增、配送股或者红利的权利。

除权基准日即对价格产生调整，形成除权价格的日期。转增或者配送股以后市场可流通总股数增加，那么原来的市场价格必须进行除权，不然对后来买股票的人就不公平。

（七）股票的清算价格

股票的清算价格是指在公司清算时每股股票所代表的真实价格。从理论上讲，股票的清算价格是公司清算时的资产净值与公司股票股数的比值，但是实际上由于清算费用、资产出售价格等原因，股票的清算价格不等于这一比值。通常，股票的清算价格主要取决于股票的账面价格、资产出售损益、清算费用高低等因素。

第二节　证券投资基金

一、证券投资基金的定义

证券投资基金是一种利益共存、风险共担的集合证券投资方式，简称基金，是指通过发售基金份额，将众多投资者的资金集中起来，形成独立财产，由基金托管人托管，基金管理人管理，以投资组合的方法进行证券投资的一种利益共享、风险共担的集合投资方式。

二、证券投资基金的特征

证券投资基金作为一种现代化的投资工具，主要具有以下三个特征。

（一）集合投资

基金是这样一种投资方式：它将零散的资金巧妙地汇集起来，交给专业机构投资于各种金融工具，以谋取资产的增值。基金对投资的最低限额要求不高，投资者可以根据自己的经济能力决定购买数量，有些基金甚至不限制投资额大小，完全按份额计算收益的分配，因此，基金可以最广泛地吸收社会闲散资金，集腋成裘，汇成规模巨大的投资资金。在参与证券投资时，资本越雄厚，优势越明显，而且享有大额投资在降低成本上的相对优势，从而获得规模效益的好处。

（二）分散风险

以科学的投资组合降低风险、提高收益是基金的另一大特点。在投资活动中，风险和收益总是并存的，因此，"不能将所有的鸡蛋都放在一个篮子里"，这是证券投资的箴言。但是，要实现投资资产的多样化，需要一定的资金实力，对小额投资者而言，由于资金有限，很难做到这一点，而证券投资基金则可以帮助中小投资者解决这个困难。证券投资基金可以凭借雄厚的资金，在法律规定的投资范围内进行科学的组合，分散投资于多种证券，借助于资金庞大和投资者众多的公有制使每个投资者面临的投资风险变小，同时又利用不同投资对象之间的互补性，达到分散投资风险的目的。

（三）专家管理

基金实行专家管理制度，这些专业管理人员都经过专门训练，具有丰富的证券投资和其他项目投资经验。他们善于利用基金与金融市场的密切联系，运用先进的技术手段分析各种信息资料，能对金融市场上各种品种的价格变动趋势做出比较正确的预测，最大限度地避免投资决策的失误，提高投资成功率。对于那些没有时间，或者对市场不太熟悉，没有能力专门研究投资决策的中小投资者来说，投资基金实际上就可以获得专家在市场信息、投资经验、金融知识和操作技术等方面所拥有的优势，从而尽可能地避免盲目投资带来的失败。

三、证券投资基金的分类

(一)按设立方式分类

1. 契约型基金

契约型基金又称为单位信托基金,是指把投资者、管理人、托管人三者作为基金的当事人,通过签订基金契约的形式,发行受益凭证而设立的一种基金。契约型基金起源于英国,后在中国香港、新加坡、印度尼西亚等国家和地区十分流行。

契约型基金是基于契约原理而组织起来的代理投资行为,没有基金章程,也没有董事会,而是通过基金契约来规范三方当事人的行为。基金管理人负责基金的管理操作,基金托管人作为基金资产的名义持有人,负责基金资产的保管和处置,对基金管理人的运作实行监督。

2. 公司型基金

公司型基金是按照公司法以公司形态组成的,该基金公司以发行股份的方式募集资金,一般投资者为认购基金而购买该公司的股份,成为该公司的股东,凭其持有的股份依法享有投资收益。这种基金要设立董事会,重大事项由董事会讨论决定。

公司型基金特点:基金公司设立程序类似于一般股份有限公司,基金公司本身依法注册为法人,但不同于一般股份有限公司的是,它是委托专业的财务顾问或管理公司来经营与管理;基金公司组织结构与一般股份有限公司类似,设有董事会和持有人大会,基金资产由公司所有,投资者是这家公司的股东,承担风险并通过股东大会行使权利。

(二)按能否赎回分类

1. 封闭式基金

封闭式基金是指基金的发起人在设立基金时,限定了基金单位的发行总额,筹集到这个总额后,基金即宣告成立,并进行封闭,在一定时期不再接受新的投资,又称为固定型投资基金。基金单位的流通采取在证券交易所上市的办法,投资者日后买卖基金单位都必须通过证券经纪商在二级市场上进行竞价交易。

封闭式基金的期限是指基金的存续期,即基金从成立起到终止的时间。决定基金期限长短的因素主要有两个:一是基金本身投资期限的长短,一般如果基金目的是进行中长期投资(如创业基金),其存续期就可长一些,反之,如果基金目的是进行短期投资(如货币市场基金),其存续期可短一些。二是宏观经济形势,一般经济稳定增长,基金存续期可长一些,若经济波浪起伏,则应相对地短一些。当然,在现实中,存续期还应考虑基金发起人和众多投资者的要求来确定。基金期限届满即为基金终止,管理人应组织清算小组对基金资金进行清产核资,并将清产核资后的基金净资产按照投资者的出资比例进行公正合理的分配。

2. 开放式基金

开放式基金是指基金管理公司在设立基金时，发行基金单位的总份额不固定，可视投资者的需求追加发行。投资者也可根据市场状况和各自的投资决策，或者要求发行机构按现期净资产值扣除手续费后赎回股份或受益凭证，或者再买入股份或受益凭证，增持基金单位份额。为了应对投资者中途赎回资金，实现变现的要求，开放式基金一般都从所筹资金中拨出一定比例，以现金形式保持这部分资产。这虽然会影响基金的盈利水平，但作为开放式基金来说，这是必需的。

3. 封闭式基金与开放式基金的区别

（1）期限不同。封闭式基金有固定的封闭期，通常在5年以上，一般为10年或15年，经受益人大会通过并经主管机关同意可以适当延长期限；而开放式基金没有固定期限，投资者可随时向基金管理人赎回基金单位。

（2）发行规模限制不同。封闭式基金在招募说明书中列明其基金规模，在封闭期限内未经法定程序认可不能再增加发行。开放式基金没有发行规模限制，投资者可随时提出认购或赎回申请，基金规模就随之增加或减少。

（3）基金单位交易方式不同。封闭式基金的基金单位在封闭期限内不能赎回，持有人只能在证券交易场所出售给第三者。开放式基金的投资者则可以在首次发行结束一段时间后，随时向基金管理人或中介机构提出购买或赎回申请，买卖方式灵活，除极少数开放式基金在交易所作名义上市外，通常不上市交易。

（4）基金单位的交易价格计算标准不同。封闭式基金与开放式基金的基金单位除了首次发行价都是按面值加一定百分比的购买费计算出，以后的交易计价方式不同。封闭式基金的买卖价格受市场供求关系的影响，常出现溢价或折价现象，并不一定反映基金的净资产值。开放式基金的交易价格则取决于基金每单位净资产值的大小，其申购价一般是基金单位资产值加一定的购买费，赎回价是基金单位净资产值减去一定的赎回费，不直接受市场供求影响。

（5）投资策略不同。封闭式基金的基金单位数不变，资本不会减少，因此基金可进行长期投资，基金资产的投资组合能有效在预定计划内进行。开放式基金因基金单位可随时赎回，为应付投资者随时赎回兑现，基金资产不能全部用来投资，更不能把全部资本用来进行长线投资，必须保持基金资产的流动性，在投资组合上需保留一部分现金和高流动性的金融商品。

从发达国家金融市场来看，开放式基金已成为世界投资基金的主流，世界基金发展史从某种意义上说就是从封闭式基金走向开放式基金的历史。

（三）按投资标的分类

1. 债券基金

债券基金是一种以债券为主要投资对象的证券投资基金。由于债券的年利率固定，因而这类基金的风险较低，适合稳健型投资者，其面临的投资风险包括：利率风险、信用风险、提前赎回风险和通货膨胀风险。其中，受利率的影响最大，当市场利率下调时，其收益就会上升；反之，若市场利率上调，则基金收益率下降。

2. 货币市场基金

货币市场基金是以货币市场工具为投资对象的一种基金，与其他类型基金相比，货币市场基金具有风险较低、流动性好的特点，通常，货币市场基金的收益会随着市场利率的下跌而降低，与债券基金正好相反。

货币市场与股票市场的主要区别是：①货币市场投资门槛通常很高，在很大程度上限制了一般投资者的进入。②使用场外交易，通过协商确定价格。

货币市场基金投资的货币市场工具通常是指到期日不足1年的短期金融工具。按《货币市场基金监督管理办法》的规定，我国货币市场基金能够进行投资的金融工具主要包括：①现金；②1年以内（含1年）银行定期存款、大额存单；③剩余期限在397天以内（含397天）的债券；④期限在1年以内（含1年）的债券回购；⑤期限在1年以内（含1年）的中央银行票据等；⑥剩余期限在397天内（含397天）的资产支持证券。

3. 股票基金

股票基金是指以股票为主要投资对象的证券投资基金。股票基金的投资目标侧重于追求资本利得和长期资本增值。基金管理人拟定投资组合，将资金投放到一个或几个国家，甚至是全球的股票市场，以达到分散投资、降低风险的目的。

投资者之所以钟爱股票基金，原因在于可以有不同的风险类型供选择，而且可以克服股票市场普遍存在的区域性投资限制的弱点。此外，还具有变现性强、流动性强等优点。由于聚集了巨额资金，几只甚至一只基金就可以引发股市动荡，所以各国政府对股票基金的监管都十分严格，不同程度地规定了基金购买某一家上市公司的股票总额不得超过基金资产净值（net asset value, NAV）的一定比例，防止基金过度投机和操纵股市。

4. 指数基金

指数基金是20世纪70年代以来出现的新的基金品种。为了使投资者能获取与市场平均收益相接近的投资回报，产生了一种功能上近似或等于所编制的某种证券市场价格指数的基金。其特点是：指数基金的投资组合等同于市场价格指数的权数比例，收益随着当期的价格指数上下波动。当价格指数上升时基金收益增加，反之收益减少。基金因始终保持当期的市场平均收益水平，所以收益不会太高，也不会太低。

5. 特殊行业基金

特殊行业基金是1981年才开始流行起来的新型基金，它是为吸引对某种特定行业有很大兴趣的投资者而设立的，这些行业包括医疗保健业和一些公用事业等。这种基金的波动性相当大，风险也比较高。

（四）按投资目标分类

1. 收入型基金

收入型基金主要投资于可带来现金收入的有价证券，以获取当期的最大收入为目的。收入型基金资产成长的潜力较小，损失本金的风险相对也较低，一般可分为固定收入型基金和股票收入型基金。固定收入型基金的主要投资对象是债券和优先股，因而尽管收益率较高,但长期成长的潜力很小,而且当市场利率波动时,基金净值容易受到影响。股票收入型基金的成长潜力比较大,但易受股市波动的影响。

2. 成长基金

成长基金又称长期成长基金。它重视资金的长期成长,因而往往把资产投向信誉好且长期有盈余的公司,或者是有长期成长前景的公司,一般还要求这些公司的成长水平高出整个股市平均水平。正因为如此,成长基金的股利收入通常要比收入型基金少。

3. 收入和成长基金

收入和成长基金是通过投资于可带来收入的证券及有成长潜力的股票,达到既有收入又能成长的目的。收入和成长基金偏重成长,但为了顾及收入,基金投资的股票又必须能够分配股利。收入和成长基金的投资策略要比成长基金保守,往往将资金投资于股价波动较小的股票。因此,资金不多的投资者最乐意选择这种基金。

4. 积极成长基金

积极成长基金又称作高成长基金、资本增值基金或最大成长基金。它追求的是资本的最大增值,一般是把基金的资产投资于具有高成长潜力的股票或其他证券。这类基金的票券通常只付很少的股利或根本不付利息,公司为了追求成长,往往将盈利滚入资本投资。

5. 新兴成长基金

新兴成长基金与积极成长基金有些相似,追求的是成长而不是收入。所不同的是,新兴成长基金的投资重点是新兴行业中具有成长潜力的小公司,或是诸如高科技等具有高成长潜力行业中的小公司。因此,这种基金又常被人们称为小公司基金。这种基金比较适合愿意承担较大风险的投资者。

6. 平衡型基金

平衡型基金类似收入和成长基金,既要谋取当期收入,又要追求资金长期成长。所不同的是,收入和成长基金的投资对象主要是股票,而平衡型基金则是把资金分散投资于股票和债券。平衡型基金较为保守,故风险较低,这比较适合于资金不多的投资者。

(五)按基金资本来源和运用地域分类

1. 国内基金

国内基金是基金资本来源于国内并投资于国内金融市场的投资基金。一般而言,国内基金在一国基金市场上应占主导地位。

2. 国际基金

国际基金是基金资本来源于国内但投资于境外金融市场的投资基金。由于各国经济和金融市场发展的不平衡性,因而在不同国家会有不同的投资回报,通过国际基金的跨国投资,可以为本国资本带来更多的投资机会及在更大范围内分散投资风险,但国际基金的投资成本和费用一般也较高。国际基金有国际股票基金、国际债券基金和全球商品基金等种类。

3. 离岸基金

离岸基金是基金资本从国外筹集并投资于国外金融市场的基金。离岸基金的特点是两头在外。离岸基金的资产注册登记不在母国，为了吸引全球投资者的资金，离岸基金一般都在素有"避税天堂"之称的地方注册，如卢森堡、开曼群岛、百慕大群岛等，因为这些国家和地区对个人投资的资本利得、利息和股息收入都不收税。

4. 海外基金

海外基金是基金资本从国外筹集并投资于国内金融市场的基金。利用海外基金通过发行受益凭证，把筹集到的资金交由指定的投资机构集中投资于特定国家的股票和债券，把所得收益作为再投资或作为红利分配给投资者，它所发行的受益凭证则在国际著名的证券市场挂牌上市。海外基金已成为发展中国家利用外资的一种较为理想的形式，一些资本市场没有对外开放或实行严格外汇管制的国家可以利用海外基金。

（六）按照基金募集渠道分类

1. 公募基金

公募基金是指通过公开方式，面向大量投资者募集资金而设立的基金。公募（public offering）就是公开募集，公开的意思有两种：第一是可以做广告，向所有公众公开募集；第二是募集的对象数量比较多，一般定义为200人以上且总额达到规定最低募集金额。

2. 私募基金

私募基金是指通过非公开方式，面向少数投资者募集资金而设立的基金。由于私募基金的销售和赎回都是通过基金管理人与投资者私下协商来进行的，因此它又被称为向特定对象募集的基金。

与封闭式基金、开放式基金等公募基金相比，私募基金具有十分鲜明的特点。

首先，私募基金通过非公开方式募集资金。在美国，共同基金和退休金基金等公募基金，一般通过公开媒体做广告来招徕客户，而按有关规定，私募基金则不得利用任何传播媒体做广告宣传，其参加者主要通过私人渠道的形式加入。

其次，在募集对象上，私募基金的对象只是少数特定的投资者，圈子虽小，门槛却不低。如在美国，对冲基金对参与者有非常严格的规定：若以个人名义参加，最近两年个人年收入在20万美元以上；若以家庭名义参加，家庭近两年的收入在30万美元以上；若以机构名义参加，其净资产在100万美元以上，而且对参与人数也有相应的限制。因此，私募基金具有针对性较强的投资目标，它更像为中产阶级投资者量身定做的投资服务产品。

再次，和公募基金严格的信息披露要求不同，私募基金在这方面的要求低得多，加之政府监管也相应比较宽松，因此私募基金的投资更具隐蔽性，运作也更为灵活，相应获得高收益回报的机会也更大。

最后，私募基金一个显著的特点就是基金发起人、管理人必须以自有资金投入基金管理公司，基金运作的成功与否与他们的自身利益紧密相关。从国际目前通行的做法来看，基金管理者一般要持有基金3%~5%的股份，一旦发生亏损，管理者拥有的股份将先被用来支付参与者,因此,私募基金的发起人、管理人与基金是一个唇齿相依、荣辱与共的利益共同体,这也在一定程度上较好地解决了公募基金与生俱来的经理人利益约束弱化、激励机制不够等弊端。

(七)特殊类型基金

1. ETF

交易型开放式指数基金又称为交易所交易基金(exchange traded fund,ETF),是一种在交易所上市交易、基金份额可变的开放式基金,交易手续与股票完全相同。ETF 管理的资产是一揽子股票组合,这一组合中的股票种类与某一特定指数包含的成份股票相同,每只股票的数量与该指数的成份股构成比例一致,ETF 交易价格取决于它拥有的一揽子股票的价值,即单位 NAV。

ETF 是一种混合型的特殊基金,结合了封闭式基金与开放式基金的运作特点,可以跟踪某一特定指数,投资者既可以像封闭式基金一样在交易所二级市场买卖,又可以像开放式基金一样申购、赎回。不同的是,它的申购是用一揽子股票换取 ETF 份额,赎回时则换回一揽子股票而不是现金。这种交易制度使该类基金存在一级和二级市场之间的套利机制,可有效防止类似封闭式基金的大幅折价。

ETF 简单易懂,市场接纳度高,自从 1993 年美国推出第一个 ETF 产品以来,ETF 在全球范围内发展迅猛。ETF 不仅有助于吸引保险公司、合格境外机构投资者(qualified foreign institutional investor,QFII)等机构和个人储蓄进入股市,提高直接融资比例,而且能够活跃二级市场交易,增加市场的深度和广度。

2. LOF

上市型开放式基金(listed open-ended fund,LOF)是我国对证券投资基金的一种本土化创新。也就是 LOF 发行结束后,投资者既可以在指定网点申购与赎回基金份额,也可以在交易所买卖该基金。

LOF 与 ETF 是一个比较容易混淆的概念,因为它们都具备开放式基金可申购、赎回和份额可在场内交易的特点,但实际上两者存在本质区别。

(1)创新定位不同。LOF 是通过利用交易所网络为传统开放式基金品种提供另一发行、交易渠道;而 ETF 是以追踪某一指数为目的,份额可在交易所交易的基金品种。

(2)申购、赎回的标的不同。LOF 的申购、赎回是基金份额与现金的交易;而 ETF 与投资者交换的是基金份额和一揽子股票。

(3)申购、赎回的场所不同。ETF 的申购、赎回通过交易所进行;LOF 的申购、赎回既可以在代销网点进行,也可以在交易所进行。

(4)对申购、赎回限制不同。只有大投资者(基金份额在 100 万份以上)才能参与 ETF 一级市场的申购、赎回交易;而 LOF 在申购、赎回上没有特别要求。

(5)基金投资策略不同。ETF 通常采用完全被动式管理方法,以拟合某一指数为目标;而 LOF 则是普通的开放式基金增加交易所的交易方式,它可以是指数型基金,也可以是主动管理型基金。

（6）在二级市场的净值报价上不同。ETF 每 15 秒提供一个基金净值报价；而 LOF 的净值报价频率要比 ETF 低，通常一天只提供一次或几次基金净值报价。

（7）环境依赖不同。LOF 对市场环境没有特殊的依赖，各类开放式基金都可采取 LOF 形式；而 ETF 是一类非常精致的跟踪某一指数的基金产品，对环境的依赖性很强。

3. 保本基金

保本基金是指通过采用投资组合保险技术，保证投资者在投资到期时至少能够获得投资本金或一定回报的证券投资基金。保本基金的投资目标是在锁定下跌风险的同时力争有机会获得潜在的高回报。境外的保本基金形式多样，其中基金提供的保证有本金保证、收益保证和红利保证，具体比例由基金公司自行规定，通常，保本基金若有担保人，则可为投资者提供到期后获得本金和收益的保障。

4. 其他特殊基金

1）伞形基金

伞形基金即系列基金，是指多个基金共用一个基金合同，子基金独立运作，子基金之间可以进行相互转换的一种基金结构形式。

2）基金中的基金

基金中的基金是指以其他证券投资基金为投资对象的基金，其投资组合由其他基金组成。我国目前尚无此类基金存在。

除了上述几种基金，市场中还存在着一些特殊类型的基金，可以按投资货币种类不同分为美元基金、英镑基金、日元基金等；按收费与否分为收费基金和不收费基金；按投资计划可变更性分为固定型基金、半固定型基金、融通型基金；还有专门支持高科技企业、中小企业的风险基金；因交易技巧而著称的对冲基金、套利基金等。

▶本章复习思考题

1. 简述股票的属性。
2. 股票有哪些主要分类？
3. 简述优先股分为哪些类别。
4. 简述证券投资基金的性质与特征。

第三章　固定收益类及衍生投资品种

固定收益证券是指能够提供固定或根据固定公式计算出来的现金流的证券。固定收益证券种类繁多，包括最简单的零息债券、各种不同浮动利率的债券甚至附有期权特征的固定收益证券。其所衍生的产品也很丰富，诸如常见的利率互换、利率上下限期权、互换期权、利率期货等。此外，还有很多类型的结构式债券与信用衍生产品。

第一节　债券与债券类型

一、债券的概念及要素

债券（bond）是政府、金融机构、工商企业等机构直接向社会借债筹措资金时，向投资者发行，并且承诺按一定利率支付利息，按约定条件偿还本金的债权债务凭证，债券的本质是债的证明书，具有法律效力。

债券是一种有价证券，是社会各类经济主体为筹措资金而向债券投资者出具的，并且承诺按一定利率定期支付利息和到期偿还本金的债权债务凭证。由于债券的利息通常是事先确定的，所以债券又被称为固定利息证券。

债券作为证明债权债务关系的凭证，一般用具有一定格式的票面形式来表现。通常，债券票面上基本标明的内容要素如下。

（一）债券面值

债券面值是指债券的票面价值，是发行人对债券持有人在债券到期后应偿还的本金数额，也是企业向债券持有人按期支付利息的计算依据。债券面值与债券实际的发行价格并不一定是一致的，发行价格大于面值称为溢价发行，小于面值称为折价发行。

（二）票面利率

债券的票面利率是指债券利息与债券面值的比率，是发行人承诺以后在一定时期支付给债券持有人报酬的计算标准。债券票面利率的确定主要受到银行利率、发行者的资信状况、偿还期限和利息计算方法及当时资金市场上资金供求情况等因素的影响。

（三）付息期

债券的付息期是指企业发行债券后的利息支付的时间。它可以是到期一次支付，或1年、半年或者3个月支付一次。在考虑货币时间价值和通货膨胀因素的情况下，付息期对债券投资者的实际收益有很大影响。到期一次付息的债券，其利息通常是按单利计算的；而年内分期付息的债券，其利息是按复利计算的。

（四）偿还期

债券偿还期是指企业债券上载明的偿还债券本金的期限，即债券发行日至到期日之间的时间间隔。公司要结合自身资金周转状况及外部资本市场的各种影响因素来确定公司债券的偿还期。

上述四个要素是债券票面的基本要素，但在发行时并不一定全部在票面上印制出来。例如，在很多情况下，债券发行者是以公告或条例形式向社会公布债券的期限和利率。

二、债券的特征

债券作为一种债权债务凭证，与其他有价证券一样，也是一种虚拟资本，而非真实资本，它是经济运行中实际运用的真实资本的证书。

债券作为一种重要的融资手段和金融工具具有如下特征。

（一）时间有限性

债券与股票不同，股票是无期限的，无须偿还本金；而债券是有期限的，到期必须偿还本金，且按规定支付一定的利息，而且债权债务关系到期自动解除。本金偿还的期限及利息支付的方式，一般在债券发行时就明确规定了。

（二）固定收益性

债券的利率固定，债券持有人从发行债券企业的税前利润中得到固定利息收入，利息的支付与企业的业绩无直接关系；在求偿等级上，债券的偿还在优先股和普通股之前，因此债券投资的风险较小。

（三）流动性

债券流动性是指债券持有人在债券到期前，因种种原因需要资金时，在不遭受损失或遭受较小损失的前提下，可以在证券市场上出售转让、收回现金的容易程度。一般来说，证券市场越发达，债券的流动性越强。

（四）限制性

虽然债权人没有投票权，但他可以要求对大的投资决策有一定的发言权，这主要表现在债务合同常常包括限制经理及股东职责的条款，例如，在公司进行重大资产重组时要求征求债权人的意见，在公司破产时，债权人有权决定是清算公司还是进行公司重组等。

（五）选择性

选择性条款是指在债务合同中，部分债券规定的债权人具有的某些选择权。例如，多数发债公司在发行债券时都附有可提前赎回债券的条款，即在一定条件下，公司可以决定是否按预定价格（一般比债券面值高）提前从债券持有人手中赎回债券。

三、债券筹资的优缺点

（一）债券筹资的优点

（1）资本成本低。债券的利息可以税前列支，具有抵税作用；另外债券投资人比股票投资人的投资风险低，因此其要求的报酬率也较低，故公司债券的资本成本要低于普通股。

（2）具有财务杠杆作用。债券的利息是固定的费用，债券持有人除获取利息外，不能参与公司净利润的分配，因而具有财务杠杆作用，在息税前利润增加的情况下会使股东的收益以更快的速度增加。

（3）所筹集资金属于长期资金。发行债券所筹集的资金一般属于长期资金，可供企业在1年以上的时间内使用，这为企业安排投资项目提供了有力的资金支持。

（4）债券筹资的范围广、金额大。债券筹资的对象十分广泛，它既可以向各类银行或非银行金融机构筹资，也可以向其他法人单位、个人筹资，因此筹资比较容易并可筹集较大金额的资金。

（二）债券筹资的缺点

（1）财务风险大。债券有固定的到期日和固定的利息支出，当企业资金周转出现困难时，易使产业陷入财务困境，甚至破产清算。因此筹资企业通过发行债券来筹资时，必须考虑利用债券筹资方式所筹集资金进行的投资项目，能带来的未来收益的稳定性和增长性的问题。

（2）限制性条款多，资金使用缺乏灵活性。因为债权人没有参与企业管理的权利，为了保障债权人债权的安全，通常会在债券合同中包括各种限制性条款，这些限制性条款会影响企业资金使用的灵活性。

四、债券的主要类型

债券的种类繁多，从不同的角度有不同的分类。

（一）按主体分类

按发行债券的主体分类，有如下几种。

1. 政府债券

政府债券是指政府为筹集财政资金或发展地方经济而发行的，承诺在一定期限内还本付息的债权债务凭证，它是以政府的信用作为担保，无须抵押品，是政府信用的主要形式。其风险在各种投资工具中是最小的，它又分为以下三种。

1）中央政府债券

中央政府债券是中央政府财政部发行的以国家财政收入为担保的债券，也称为国家债券或国债，其特点是一般不存在违约风险，利息收入可豁免所得税。

2）政府机构债券

政府机构债券是指除财政部以外的一些政府机构发行的债券。这些债券一般由中央政府做后盾，因而信誉也很高。

3）地方政府机构债券

地方政府机构债券是地方政府为发展当地经济而发行的债券，这些债券也由政府担保，其信用风险仅次于国债和政府机构债券，同时也具有税收豁免的特点。

2. 金融债券

金融债券是银行或非银行金融机构为筹集信贷资金而发行的一种债务凭证。金融债券资信度较高，信用风险一般较低。

3. 公司债券

公司债券也称企业债券，是指企业为筹集营运资金而发行的一种债务凭证。公司债券的资信度不如政府债券和金融债券，所以其利率高于其他债券。

（二）按计息方式分类

按计息方式分类，有如下几种。

1. 单利债券

单利债券是指在计算债券利息时，仅按本金计息，所生利息不再加入本金计算下一期利息的债券。

2. 复利债券

复利债券是指在计算债券利息时，按一定期限将所生利息加入本金计算下一期利息，逐期滚算利息的债券。

3. 贴现债券

贴现债券是指在债券发行时，按规定的折扣率，以低于债券面值发行，到期按面值支付的债券。发行价与面值之间的差即为利息，短期国债常按贴现方式发行。

4. 附息债券

附息债券是指债券按发行面值发行，按固定利率定期支付利息的债券。中、长期国债常见的是附息债券。

（三）按偿还期分类

按偿还期分类，有如下几种。

1. 短期债券

短期债券是指偿还期在 1 年以下的债券，其期限通常有 3 个月、6 个月、9 个月和 12 个月等。常见的国库券属于短期债券。

2. 中期债券

中期债券通常是指偿还期在 1 年以上、5 年以下的债券，如中期国债等。

3. 长期债券

长期债券是指偿还期在 5 年（含）以上的债券，如长期国债等。

（四）按债券形式分类

按债券形式分类，有如下几种。

1. 实物债券

实物债券以实物券的形式记录债权，面值不等，不记名、不挂失，可上市流通。

2. 凭证式国债

凭证式国债是一种可记名、挂失，以凭证式收款凭证进行记录的债权证明，不能上市流通，从购买之日起计息。

3. 记账式国债

记账式国债以记账形式记录债权,通过证券交易所的交易系统发行与交易,可记名、挂失,投资者进行记账式国债买卖,必须在证券交易所设立账户。

(五)按债券的利率浮动与否分类

1. 固定利率债券

固定利率债券是指债券利率在偿还期内不发生变化的债券。由于其利率水平不能变动,在偿还期内,通货膨胀率较高时,会有市场利率上升的风险。

2. 浮动利率债券

浮动利率债券是指债券的息票利率会在某种预先规定基准上定期调整的债券。作为基准的多是一些金融指数,如伦敦银行同业拆借利率,也有以非金融指数作为基准的,如按照某种初级产品的价格。采取浮动利率形式,减少了持有者的利率风险,也有利于债券发行人按照短期利率筹集中、长期的资金来源。

第二节 政府债券

一、国债概述

(一)国债的概念和性质

国债又称公债、中央政府债券,是国家以其信用为基础,按照债的一般原则,通过向社会筹集资金所形成的债权债务关系。国债是中央政府为筹集财政资金而发行的一种政府债券,是中央政府向投资者出具的、承诺在一定时期支付利息和到期偿还本金的债权债务凭证,由于国债的发行主体是国家,由国家财政信誉作担保,所以它具有最高的信用度,历来有"金边债券"之称,被公认为是最安全的投资工具。国债风险小,流动性强,利率较其他债券低,因此稳健型投资者喜欢投资国债。

(二)发行国债的目的

1. 在战争时期为筹措军费而发行战争国债

在战争时期军费支出额巨大,在没有其他筹资办法的情况下,即通过发行战争国债筹集资金。发行战争国债是各国政府在战时通用的方式,也是国债的最先起源。

2. 为平衡国家财政收支、弥补财政赤字而发行赤字国债

平衡财政收支可以采用增加税收、增发通货或发行国债的办法。以上三种办法比较，增加税收是取之于民用之于民的做法，固然是一种好办法但是增加税收有一定的限度，如果税赋过重，超过了企业和个人的承受能力，将不利于生产的发展，并会影响今后的税收。增发通货是最方便的做法，但是此种办法是最不可取的，因为用增发通货的办法弥补财政赤字，会导致严重的通货膨胀，其对经济的影响最为剧烈。在增税有困难，又不能增发通货的情况下，采用发行国债的办法弥补财政赤字，还是一项可行的措施。

3. 国家为筹集建设资金而发行建设国债

国家要进行基础设施和公共设施建设，为此需要大量的中、长期资金，通过发行中、长期国债，可以将一部分短期资金转化为中、长期资金，用于建设国家的大型项目，以促进经济的发展。

4. 为偿还到期国债而发行借换国债

在偿债的高峰期，为了解决偿债的资金来源问题，国家通过发行借换国债，用以偿还到期的旧债，这样可以减轻和分散国家的还债负担。

（三）国债的特点

国债一般具有以下几个特点。

1. 自愿性

国家在举借国债的过程中，是以法人身份出现的，投资者的购买行为完全是出于自愿，国家不凭借权力强制其购买。

2. 安全性

由于国债是由中央政府发行的，中央政府是一国权力的象征，它以该国征税能力作保证，因此具有最高的信用地位，风险也最小。当然，利率也较一般债券要低。

3. 流动性

由于国债具有最高的信用地位，对投资者的吸引力很强，又容易变现。一般来说，国债市场尤其是短期国债市场的流动性要高于其他同样期限的金融市场。由于国债具有较高的安全性和流动性，深受投资者青睐，一般被广泛地用于各种抵押和保证行为中，并且是金融衍生工具的重要相关证券种类。此外，国债还是中央银行的主要交易品种，中央银行通过对公债的公开市场交易，实现对货币供应量的调节，进而实现对最终政策目标的调节。

4. 免税待遇

大多数国家都规定，购买国债的投资者与购买其他有价证券的投资者相比，可以享受优惠的税收待遇，甚至免税。

5. 收益稳定

公债由于利息率固定、偿还期限固定，所以市场价格相对平稳，收益也就较为稳定。

二、国债的分类

按照不同的标准，国债主要有以下分类。

（一）按偿还期限分类

按偿还期限不同，国债可分类定期国债和不定期国债。

定期国债是指国家发行的严格规定有还本付息期限的国债。定期国债按还债期长短又可分为短期国债、中期国债和长期国债。

短期国债通常是指发行期限在1年以内的国债，主要是为了调剂国库资金周转的临时性余缺，且具有较大的流动性。

中期国债是指发行期限在1年以上、10年以下的国债（包含1年但不含10年），因其偿还时间较长可以使国家对债务资金的使用相对稳定。

长期国债是指发行期限在10年以上的国债（含10年），可以使政府在更长时期内支配财力，但持有者的收益将受到币值和物价的影响。

不定期国债是指国家发行的不规定还本付息期限的国债。这类国债的持有人可按期获得利息，但没有要求清偿债务的权利，如英国曾发行的永久性国债即属此类。

（二）按发行地域分类

按发行地域不同，国债可分为国家内债和国家外债。

国家内债是指在国内发行的国债，其债权人多为本国公民、法人或其他组织，还本付息均以本国货币支付。

国家外债是指国家在国外举借的债，包括在国际市场上发行的国债和向外国政府、国际组织及其他非政府性组织的借款等。国家外债可经双方约定，以债权国、债务国或第三国货币筹集并还本付息。

（三）按交易形式分类

按交易形式来看，我国发行的国债可分为凭证式国债、无记名（实物）国债和记账式国债三种。

凭证式国债是一种国家储蓄债，可记名、挂失，以凭证式国债收款凭证记录债权，不能上市流通，从购买之日起计息。在持有期内，持券人如遇特殊情况需要提取现金，可以到购买网点提前兑取。提前兑取时，除偿还本金外，利息按实际持有天数及相应的利率档次计算，经办机构按兑付本金的2‰收取手续费。

无记名（实物）国债是一种实物债券，以实物券的形式记录债权，面值不等，不记名、不挂失，可上市流通。在发行期内，投资者可直接在销售国债机构的柜台购买。在证券交易所设立账户的投资者，可委托证券公司通过交易系统申购。发行期结束后，实物券持有者可在柜台卖出，也可将实物券交证券交易所托管，再通过交易系统卖出。

记账式国债以记账形式记录债权，通过证券交易所的交易系统发行和交易，可以记名、挂失。投资者进行记账式证券买卖，必须在证券交易所设立账户。由于记账式国债的发行和交易均无纸化，所以效率高、成本低、交易安全。

三、地方政府债券

地方政府债券，即由省、州、市、县、镇等有财政收入的地方政府或其他地方公共机构发行的债券，是政府债券的一种形式。发行地方政府债券的目的是为当地市政建设，如为交通、通信、住宅、教育、医院和污水处理系统等公共设施筹措资金。2009年，我国出现由中央政府代地方政府发行的地方政府债券。

第三节 其他债券

一、公司债券

公司债券又称为企业债券，是股份制公司或企业发行的有价证券，是公司为筹措长期资金而发行的一种债务契约，承诺在未来的特定日期，偿还本金并按照事先规定的利率支付利息，在西方国家公司债券即企业债券。在我国，对各种所有制的企业发行的债券均称为企业债券。

对于一个企业来说，可能会因为种种原因而需要筹措资金，包括筹建新项目、一般业务发展、购并其他企业或者弥补亏损。当企业的自有资本金不能完全满足企业的资金需求时，就需要向外部筹资。企业向外部筹资主要有三个途径：发行股票、对外借款和发行债券。从企业的角度看，发行股票对企业的要求较高，发行成本也较高，对二级市场状况也有一定的要求。向金融机构等借款，获得的资金期限一般较短，资金的使用会受到债权人的干预，有时还有一定的附加条件。采用发行债券的方式成本较低，对市场要求也低，同时筹集的资金期限长、数量大，资金使用自由，弥补了股票和借款方式筹资的不足，因此是许多公司偏好的一种筹资方式。

公司债券的种类很多，主要分为如下种类。

（一）常见债券分类

1. 信用公司债券

信用公司债券是指完全靠公司的信誉，不提供任何抵押品而发行的一种债务凭证。发行这种债券的公司一般具有较高的声誉，而且期限较短、利率较高。

2. 不动产抵押公司债券

不动产抵押公司债券是指以实际不动产的留置权为担保的债券。若发债公司破产了，抵押债券的持有人可获得所抵押的财产（如房屋、地产、铁路等）的所有权，从而持有人可依法定程序，有权行使其留置权，拍卖抵押物以资抵偿。

3. 证券抵押信托公司债

证券抵押信托公司债是指以公司的其他有价证券为担保发行的债券。作为担保的各种有价证券，通常委托信托银行保管，主要是为了保证债权人的利益。

4. 保证公司债

保证公司债是指由第三者作为还本付息担保人的一种公司债。担保人一般为公司的主管部门或银行。也就是说，某一公司对发行公司发行的公司债的还本付息予以保证。一般来说投资者比较愿意购买保证公司债。保证行为常见于母子公司，也就是由母公司对子公司发行的公司债予以保证。

5. 设备信托公司债

设备信托公司债来源于美国的若干铁路公司。它是指债权人和受托人签订信托契约，将所购置的设备由受托人代债权人取得所有权，再由受托人和发行公司签订租赁契约，把设备租赁给发行公司，并由发行公司出具分期偿还的本票。发行公司将全部本息偿还后，才能取得设备的所有权。

6. 分期公司债

分期公司债是指规定在债券发行期限内的一定时间（如半年或一年），偿还债券的一部分，到预定年限终了，公司债券全部清偿，也就是分期偿还。

7. 收益公司债

收益公司债是指以债券发行公司收益状况为条件而支付利息的公司债。发行公司支付债券持有人的利息多少，要取决于发行公司的经营状况，公司经营获利就支付利息，否则就不支付利息。就获利方式而言，收益公司债具有股票性质，但就其最终要到期还本又属于债券性质。

（二）按债券可否提前赎回分类

1. 可提前赎回公司债券

可提前赎回公司债券指发行者从持有者那里获得了一种期权，在债券到期前购回全部或部分债券。此种债券又分为必须定期赎回预定数额的债券和可以随时赎回任意数额乃至全部数额的债券两种。

2. 不可提前赎回公司债券

不可提前赎回公司债券即一次到期的公司债券。该种公司债券只能在到期满时才能偿还本金和利息。

（三）按发行债券的目的分类

1. 普通公司债券

普通公司债券是以固定利率、固定期限为主要特征的债券。这是公司债券的主要形式，目的在于筹资以扩大公司的生产规模。

2. 改组公司债券

改组公司债券是为清理公司债务而发行的债券，也叫以新换旧债券。此债券可以用旧公司债兑换，也可以用现金购买。

3. 利息公司债券

利息公司债券也称调整公司债，指经营业绩不佳，存在债务信用危机的股份有限公司为防止破产并重整公司，经债权人同意，为换回原来较高利率的旧债券而发行的较低利率的新债券。

4. 延期公司债券

延期公司债券指原公司在债务到期时无力归还，又不能发新债还旧债，在征得债权人同意后可延长期限的公司债。其目的在于延长期限，暂时缓解财政困难。债券延期时可根据适当情况，提高或降低利率。

（四）按发行人是否给予债券持有人选择权分类

1. 附有选择权的公司债券

附有选择权的公司债券是指在一些债券发行中，债券发行者给予持有者一定选择权，该债券有如下分类。

（1）可转换公司债，是指债券持有者有权把债券按某种规定的转换比率转化为该发行公司的普通股票，或转换为与债券发行公司不同的某个公司的普通股票。转换比率总是随股票的股息和价格而不断调整。

（2）有认股权证的公司债，是指债券发行时附带一些认股权证，凭该认股权证，债券持有者可以购买债务发行公司或另一家公司的普通股票或某种债务。这种认股权证可以同债券分开，并且分别出售。

（3）可退还公司债，是指债券持有者有权在指定日期按票面价值将债券回售给债券发行公司，以避免因利率提高而导致债券价格下跌的风险。

2. 不含有持有者选择权的债券

不含有持有者选择权的债券指在债券发行中，债券发行人未给予债券持有者上述有关的权利。相应地，此种债券的价格比含有期权的债券来说要低一些。

二、金融债券

金融债券诞生于日本，是在日本特定的金融体制下产生的债券品种，是一个较为特殊的概念。金融债券具有浓厚的政府色彩，不同于该国的公司债券，遵循不同的法律法规，是一个特殊的债券品种，在理论上不具有一般性。中国在20世纪80年代引进金融债券，韩国在20世纪末也引进了金融债券品种。

单独的金融债券是没有特殊理论意义的，只是针对金融机构这个特殊的发行主体一个特定的名称，只是在中国、日本等国金融体制改革和发展过程中，为了解决某些特定问题而出现的，其理论基础是公司债券理论，是理论意义上的公司债券在日本、中国、韩国等一些国家法律框架下的体制性安排。就中国而言，随着金融体制改革不断深化，不管是商业银行、信托投资公司、租赁公司、财务公司都已按照建立现代企业制度的要求，逐步按照公司化规范、企业化经营，其发行的债券也将服从公司债券或企业债券的管理模式。

（一）金融债券的定义

金融债券是由银行和非银行金融机构为筹措资金而发行的债权债务凭证。金融机构发行金融债券，有利于对资产和负债进行科学管理，是实现资产和负债的最佳组合。

金融机构的主要业务包括负债业务和资产业务。负债业务包括吸收存款、同业拆借、向中央银行贷款、发行金融债券等。存款是银行的重要资金来源，但资金稳定性差，在经济动荡时，易发生挤兑风险；同业拆借和向中央银行借款，只能形成短期的资金来源。比较而言，发行金融债券期限灵活，并且由于到期以前债券持有人不能要求提前兑付，只能在流通市场上转让，资金稳定性好。因此，发行各种不同期限的金融债券，是金融机构筹措资金的重要途径，并且有助于扩大长期资产业务。

（二）金融债券的特征

金融债券作为由银行和非银行金融机构发行的债券，具有以下特征。

1. 较高安全性

金融债券与公司债券相比，具有较高的安全性。由于金融机构在经济运行中有较大的影响力和较特殊的地位，各国政府对于金融机构的运营都有严格的规定，并且制定了严格的金融稽核制度。因此，一般金融机构的信用要高于非金融机构类公司。

2. 较高盈利性

金融债券与银行存款相比，具有较高的盈利性。由于金融债券的流动性要低于银行存款（持有人不能在到期以前要求银行兑现，只能在市场上出售），因此，一般来说，金融债券的利息率要高于同期银行存款，否则人们便会去存款，而不是购买金融债券。

第四节 可转换证券

一、可转换证券概述

（一）可转换证券的定义

可转换证券指持有者可以在一定时期内按一定比例或价格将其转换成一定数量的另一种证券，是长期的普通证券的看涨期权。由于可转换证券是一种兼有债权和股权双重性质的独特的融资工具，因而无论是对证券发行公司还是对证券投资者都有独到的好处，主要品种包括：可转换债券、可交换他公司股票的债券（exchangeable bond，EB，简称可交换债券）、可转换优先股票等。

（二）可转换证券对发行公司的意义

1. 低成本筹措资金

由于这种证券可以转换成股票，作为发行公司给予投资者可将债券转为股份权利的回报，投资者愿意接受比直接债券更低的利率。因此，可转换债券的票面利率通常要比一般债券低30%左右，这就降低了发行公司的筹资成本。此外，发行可转换债券无须资产抵押，公司易于掌握资产处置和追加借贷资金等方面的自由权等。

2. 获得转换溢价

可转换债券是以转换溢价转为股票的，一旦发生转换，实质上就等于是公司在将来以高于当前市价的价格发行新股，从而可获转换溢价。与此相对照，直接发售新股通常要按当前股票市价的一定折扣（如配股）售出。

3. 扩大股东基础，增加长期资金来源

可转换债券的期限一般都比较长，这符合大中型投资项目的资金需要，有利于公司的长远经营。此外，在有些国家中机构投资者和投资基金大部分都不允许投资于外国公司的股票，可转换债券则能解决这个问题。因而这类债券的发行能扩大发行公司的股东基础，同时还能提高公司的影响，提升公司的国际地位，拓展公司业务，为公司进一步在海外市场融资打下良好基础。

4. 可以实现合理避税

可转换债券的利息可以作为固定开支，在确定计税收入时予以扣减，而股票红利是不做税收扣减的。因此，从税收扣减的目的来看，公司发行可转换债券比直接发行新股更为有利。

5. 无即时摊薄效应

在可转换债券转换成股份前,公司现有股权结构没有变化,故与出售普通股份不同,不会立刻产生大面积摊薄每股盈利的负面影响。在一般情况下,可转换债券的持有者会在股票市价高于转换价格时行使转换权,而市价表现往往与公司盈利状况息息相关。因此,一旦发生债务转为股份,其摊薄效应会因公司盈利的增加而得以相对抵消。

(三)可转换证券对投资者的意义

1. 可转换债券的双重性质使得投资者可以具备双重身份

在债券转换之前,投资者是公司的债权人,获取固定的债券利息收入;如果发生转换,投资者就从原来的债权人转变为公司的股东,从而可以分享公司的股息和红利。

2. 可转换债券可以使投资者在低风险下获得高收益

在公司的经营状况不稳定的情况下,投资者可以稳收债券的利息收入,即使公司破产倒闭,投资者也能比优先股和普通股先得到收回公司所欠债务的权利;而在公司股票上扬或股利收入高于债券收入的情况下,投资者又可以及时将债权转换成股票,从而获得更高的收益。

(四)可转换证券的要素

(1)转换比例。转换比例×转换价格 = 可转换证券面值。

(2)赎回。赎回是指发行人提前买回未到期的发行在外的可转换债券,前提往往是公司股票价格连续高于转股价格一定幅度。

(3)转换期限。可转换证券具有一定的转换期限,它是说该证券持有人在该期限内,有权将持有的可转换证券转化为公司股票。转换期限通常是从发行日之后若干年起至债务到期日止。

二、可转换债券概述

(一)可转换债券的概念

可转换债券是一种可以在特定时间、按特定条件下转换为普通股票的特殊企业债券,可转换债券兼具债券和股票的特征。

可转换债券具有双重选择权的特征。一方面,投资者可自行选择是否转股,并为此承担转债利率较低的机会成本;另一方面,转债发行人拥有是否实施赎回条款的选择权,并为此要支付比没有赎回条款的转债更高的利率。双重选择权是可转换债券最主要的金融特征,它的存在使投资者和发行人的风险、收益限定在一定的范围以内,并可以利用这一特点对股票进行套期保值,获得更加确定的收益。

（二）可转换债券的特点

可转换债券兼有债券和股票的特征，具有以下几个特点。

1. 债权性

与其他债券一样，可转换债券也有规定的利率和期限，投资者可以选择持有债券到期，收取本息。

2. 股权性

可转换债券在转换成股票之前是纯粹的债券，但在转换成股票之后，原债券持有人就由债权人变成了公司的股东，可参与企业的经营决策和红利分配，这也在一定程度上影响公司的股本结构。

3. 可转换性

可转换性是可转换债券的重要标志，债券持有人可以按约定条件将债券转换成股票。转股权是投资者享有的、一般债券所没有的选择权。可转换债券在发行时就明确约定，债券持有人可按照发行时约定价格将债券转换成公司普通股票。如果债券持有人不想转换，则可以继续持有债券，直到偿还期满时收取本金和利息，或者在流通市场出售变现。如果持有人看好发债公司股票增值潜力，在宽限期之后可以行使转换权，按照预定转换价格将债券转换成为股票，发债公司不得拒绝。正因为具有可转换性，可转换债券利率一般低于普通公司债券利率，企业发行可转换债券可以降低筹资成本。

4. 提前兑现性

可转换债券持有人还享有在一定条件下将债券回售给发行人的权利，发行人在一定条件下拥有强制赎回债券的权利。

（三）可转换债券的售价组成

可转换债券的售价由两部分组成。

一是债券本金与利息按市场利率折算的现值；二是转换权的价值。转换权之所以有价值，是因为当股价上涨时，债权人可按原定转换比率转换成股票，从而获得股票增值的惠益。

三、可交换债券

（一）可交换债券的概念

可交换债券是指上市公司股份的持有者通过抵押其持有的股票给托管机构进而发行的公司债券，该债券的持有人在将来的某个时期内，能按照债券发行时约定的条件用持有的债券换取发债人抵押的上市公司股权。可交换债券是一种内嵌期权的金融衍生品，严格地说是可转换债券的一种。

(二)可交换债券的主要特征

可交换债券和其转股标的股分别属于不同的发行人,一般来说可交换债券的发行人为控股母公司,而转股标的股的发行人则为上市子公司。

可交换债券的标的为母公司所持有的子公司股票,为存量股,发行可交换债券一般并不增加其上市子公司的总股本,但在转股后会降低母公司对子公司的持股比例。

可交换债券给筹资者提供了一种低成本的融资工具。由于可交换债券给投资者一种转换股票的权利,其利率水平与同期限、同等信用评级的一般债券相比要低。因此即使可交换债券的转换不成功,其发行人的还债成本也不高,对上市子公司无影响。

第五节 金融期货与期权

一、金融期货概述

(一)金融期货的产生

金融期货交易产生于20世纪70年代的美国市场,1972年,美国芝加哥商品交易所开始国际货币的期货交易,1975年芝加哥商品交易所开展房地产抵押券的期货交易,标志着金融期货交易的开始。现在,芝加哥商品交易所、纽约期货交易所和纽约商品交易所等都进行各种金融工具的期货交易,货币、利率、股票指数等都被作为期货交易的对象。截至2020年底,金融期货交易在许多方面已经走在商品期货交易的前面,占整个期货市场交易量的80%以上,成为西方金融创新成功的例证。

(二)金融期货的概念

金融期货是指交易双方在金融市场上,以约定的时间和价格,买卖某种金融工具的具有约束力的标准化合约,以金融工具为标的物的期货合约。

金融期货一般分为三类,外汇期货、利率期货和股票指数期货。金融期货作为期货交易中的一种,具有期货交易的一般特点,但与商品期货相比较,其合约标的物不是实物商品,而是传统的金融商品,如证券、货币、汇率、利率等。

(三)金融期货的特征

由于金融期货是以特定的金融工具为基础工具的期货,因而它具有既区别于现货又区别于非金融期货的特征。主要体现在以下几个方面。

（1）金融期货的交易对象是标准化的金融工具凭证，如外汇、股票、利率等。

（2）金融期货的交易过程是在现在完成，但却在未来某个规定的时间进行交割。

（3）金融期货的交易价格是通过公开的市场竞争形成的，并不会随着金融工具的市场价格的变化而变化。

（4）金融期货的交易合约在规定的交割日期到来之前，可以在市场上任意转让。

（四）商品期货与金融期货的比较

商品期货与金融期货在交易机制、合约特征、机构安排方面并无二致，但两者在某些方面也有区别，主要表现在如下几个方面。

（1）商品期货的标的物都是实质商品，而有些金融期货没有真实所代表的资产，其虚拟性较强。

（2）股价指数期货在交割日以现金结算，利率期货可以通过证券的转让交割，商品期货则是通过实物所有权的转移进行交割。

（3）金融期货合约到期日都是标准化的，一般到期日有3月、6月、9月、12月几种，商品期货合约的到期日根据各商品特性的不同而不同。

（4）金融期货适用的到期日比商品期货要长，美国政府长期国库券的期货合约的有效期限可长达数年。

（五）金融期货的功能

金融期货之所以能迅猛发展，与它所具有的多方面功能密切相关。

1. 促进社会经济发展

首先，金融期货有利于社会资源的合理配置。在金融期货市场上，闲置资金得到了广泛的利用，众多的交易者、标准化的合约和公开竞价的交易方式能极大地提高交易效率与经济效益。其次，金融期货有利于政府加强对经济的宏观调控，在期货市场上集中当前和未来的市场价格信息，形成比较准确的具有连续性和超前性的市场价格，这有利于改变因现货市场价格信号不准所带来的调控政策的滞后性，提高宏观调控的科学性和有效性。最后，金融期货有利于促进一国经济的国际化发展。金融期货市场的公开竞争性提高了市场的透明度，消除了市场准入的地域、国界的限制，而标准化的期货合约又有利于形成国际的统一价格和统一市场，使一国经济迅速成为世界经济的有效组成部分。

2. 风险转移功能

风险转移是金融期货市场最主要的经济功能。风险转移是指将价格变化的风险，通过一定的机制和方法从一部分人身上转移到另一部分人身上，转移是通过套期保值来实现的。套期保值就是通过买进或卖出与现货数量相等但方向相反的期货合约，以期在未来某一时间通过卖出或买进期货合约来补偿因现货市场价格波动而带来的实际价格风险。

套期保值规避价格波动风险的基本原理在于：期货和现货价格变动关系存在平行变动性和合二为一性，即影响某一商品的现货价格和期货价格的经济因素是相同的，而且市场走势还具有趋合性，即当期货合约临近交割时，现货价格和期货价格趋于一致，两者的基差接近于零，这是因为期货合约临近交割时，期货与现货价格若不一致，就会产生套利交易，促使两者趋合。因此，对期货和现货进行逆向操作就能规避大部分的市场风险，套期保值者只需承担较小的基差风险。

3. 价格发现功能

金融期货的价格发现功能源于其独特的交易方式。期货交易所作为有组织的正规化的统一市场，聚集了众多的买方和卖方，它们带来了成千上万种关于期货合约标的物的供求信息和市场预期，而期货交易又必须以公开竞价的方式进行，这就使得所有的买方和卖方都能获得同等的交易机会，也能在此基础上形成一种市场均衡价格。这一价格包含了影响期货价格的所有信息，体现了参加交易各方对期货商品的来源、市场供求及对利率、汇率变化的看法，综合了大多数交易者的预测结果，因而能够比较真实、客观地反映现货市场的供求状况及其变动趋势，加上期货价格又具有连续性和公开性的特点，因此，在期货市场上形成的价格就成为一种权威性的报价，成为经济生活中重要的参考价格。这一竞争性价格通过现代化的通信手段迅速传递到世界各地，又形成了世界性的价格，成为国内贸易定价的重要依据和世界商情研究的重要对象。

二、外汇期货

（一）外汇期货概述

外汇期货是交易双方约定在未来某一时间，依据现在约定的比例，以一种货币交换另一种货币的标准化合约的交易。外汇期货是指以汇率为标的物的期货合约，用来回避汇率风险，它是金融期货中最早出现的品种。

自1972年5月芝加哥商品交易所的国际货币市场（International Money Market, IMM）分部推出第一张外汇期货合约以来，随着国际贸易的发展和世界经济一体化进程的加快，外汇期货交易一直保持着旺盛的发展势头。外汇期货不仅为广大投资者和金融机构等经济主体提供了有效的套期保值的工具，而且也为套利者和投机者提供了新的获利手段。

1972年5月，芝加哥商品交易所正式成立IMM分部，推出了七种外汇期货合约，从而揭开了期货市场创新发展的序幕。1976年以来，外汇期货市场迅速发展，交易量激增了数十倍。1981年，芝加哥商品交易所首次开设了欧洲美元期货交易。随后，澳大利亚、加拿大、荷兰、新加坡等国家和地区也开设了外汇期货交易市场，从此，外汇期货市场便蓬勃发展起来。

（二）远期外汇交易

在外汇市场上，存在着一种传统的远期外汇交易方式，它与外汇期货交易在许多方面有着相同或相似之处，常常被误认为是期货交易。在此，有必要对它们做出简单的区分。

远期外汇交易是指交易双方在成交时约定于未来某日期按成交时确定的汇率交收一定数量某种外汇的交易方式。远期外汇交易一般由银行和其他金融机构相互通过电话、传真等方式达成，交易数量、期限、价格均自由商定，比外汇期货更加灵活。在套期保值时，远期交易的针对性更强，往往可以使风险全部对冲。但是，远期交易的价格不具备期货价格那样的公开性、公平性与公正性。远期交易没有交易所、清算所作为中介，流动性远低于期货交易，而且面临着对手的违约风险。

（三）外汇期货交易所与交易品种

目前，外汇期货交易的主要品种有：美元、英镑、德国马克、日元、瑞士法郎、加拿大元、澳大利亚元、法国法郎、荷兰盾等。从世界范围看，外汇期货的主要市场在美国，其中基本上集中在芝加哥商品交易所 IMM、中美洲商品交易所（The Mid-America Commodity Exchange，MCE）和费城期货交易所（Philadelphia Board of Trade，PBOT）。IMM 主要进行澳大利亚元、英镑、加拿大元、德国马克、法国法郎、日元和瑞士法郎的期货合约交易；MCE 进行英镑、加拿大元、德国马克、日元和瑞士法郎的期货交易；PBOT 主要交易法国法郎、英镑、加拿大元、澳大利亚元、日元、瑞士法郎、德国马克等。

此外，外汇期货的主要交易所还有：伦敦国际金融期货交易所（London International Financial Futures and Options Exchange，LIFFE）、新加坡国际货币交易所（International Monetary Exchange of Singapore，SIMEX）、东京国际金融期货交易所（Tokyo International Financial Futures Exchange，TIFFE）、法国国际期货交易所（France International Futures Exchange，MATIF）等，每个交易所基本都有本国货币与其他主要货币交易的期货合约。

三、利率期货

（一）利率期货概述

利率期货是指以债券类证券为标的物的期货合约，它可以回避银行利率波动所引起的证券价格变动的风险。

利率期货有以下特点。

（1）利率期货价格与实际利率呈反方向变动，即利率越高，债券期货价格越低；

利率越低，债券期货价格越高。

（2）利率期货的交割方法特殊。利率期货主要采取现金交割方式，有时也有现券交割。现金交割是以银行现有利率为转换系数来确定期货合约的交割价格。

利率波动使得金融市场上的借贷双方均面临利率风险，特别是越来越多持有国家债券的投资者，急需回避风险、套期保值的工具，在此情形下，利率期货应运而生。最早开办利率期货业务的是美国。20 世纪 70 年代末，在两次石油危机的冲击下，美国和西方各主要资本主义国家的利率波动非常剧烈，使借贷双方面临着巨大的风险。为了降低或回避利率波动的风险，1975 年 9 月，美国芝加哥商品交易所首先开办了利率期货——政府国民抵押协会抵押凭证期货，随后又分别推出了短期国库券、中长期国库券、商业银行定期存款证、欧洲美元存款等金融工具的利率期货。进入 20 世纪 80 年代，英国、日本、加拿大、澳大利亚、法国、德国、中国香港等国家和地区分别推出了各自的利率期货。

目前，在期货交易比较发达的国家，利率期货早已超过农产品期货而成为成交量最大的一个类别。在美国，利率期货的成交量甚至已占到整个期货交易总量一半以上。

（二）利率期货交易所与交易品种

利率期货的种类繁多，分类方法也有多种。通常，按照合约标的的期限，利率期货可分为短期利率期货和长期利率期货两类。

短期利率期货大多以银行同业拆借市场月期利率为标的物，长期利率期货大多以 5 年期以上长期债券为标的物。

由于设计、需求等各方面的因素，并非所有推出的利率期货合约都获得成功。在现存的众多利率期货品种中，交易呈现集中的趋势。以美国为例，目前几乎所有重要的、交易活跃的利率期货都集中在两个交易所：芝加哥期货交易所和芝加哥商品交易所。这两个交易所分别以长期和短期利率期货为主。在长期利率期货中，最有代表性的是美国长期国库券期货和 10 年期美国中期国库券期货，短期利率期货的代表品种则是 3 个月期的美国短期国库券期货和 3 个月期的欧洲美元定期存款期货。

四、股票指数期货

（一）股票指数期货概述

股票指数期货就是将某一股票指数视为一特定的、独立的交易品种，开设其对应的标准期货合约，并在保证金交易（或杠杆交易）体制下，进行买空、卖空交易。通常股票指数期货都使用现金交割。

自 1982 年 2 月美国堪萨斯期货交易所推出价值线综合指数期货合约后，股票指数期货已成为全球金融市场一个重要的投资品种。股票指数期货最重要的功能，就是投资者可以利用它对股票现货投资进行套期保值，规避系统风险。其原理是根据股价指数和股票价格变动的同方向趋势,在股票的现货市场和股价指数的期货市场上做相反的操作来抵消股价变动的风险。这样,在市场可能出现波动的时候,投资者可以在不卖出股票本身的情况下对其投资进行保值,从而起到稳定市场、保护投资者利益、维护证券市场健康发展的作用。

(二)股价指数期货功能

(1)股价指数期货使投资者无须直接购买股票就可以投资股票市场,减少了因购买股票带来的麻烦和费用。

(2)股价指数期货交易同其他期货交易一样,实行的是保证金制度,投资者无须投入大量的资金就可以参与市场的投资,杠杆率一般在10倍至40倍,而且交易成本通常比股票交易小得多。

(3)股价指数期货可以做多做空,其双向交易机制为投资避险提供了较好的选择。

(三)股价指数期货的交易风险

股价指数期货作为一个金融投资品种,必然会形成一个专门从事股票指数期货的投资群体,使之脱离了套期保值的初衷,风险随之出现,而交易的高杠杆率更使风险成倍放大,从这一层面上讲,股指期货市场的风险要比股票现货市场的风险大得多。

风险主要有如下几种。

(1)高杠杆率风险。股指期货交易实行的保证金制度,使可能的亏损额放大了几十倍。

(2)市场风险。价格或价值变动而导致亏损的可能性。

(3)操作风险。交易者内部管理不完善或交易程序不健全,交易者欺诈或错误预测行情等原因而造成的损失。

(四)股票指数期货合约

在股指期货的交易过程中,既没有股票的转手,也不是交易的抽象的股票指数,而是代表一定价值的股票指数期货合约。合约的内容主要有以下几个方面。

(1)交易单位。股票指数期货合约的核心是股票指数,其交易单位是股票指数数字乘以规定的金额,如100美元或500美元等。

(2)最小变动价位。这是指某一合约交易中所允许的最小价格变动值,也称最小价格波动。每次报价时,加减的额度必须是最小变动价位的整数倍。最小变动价位在股票指数期货合约中常以指数点表示,指数点乘以规定的金额,即为每张合约的最小变动价值。

(3)每日价格最大波动幅度限制,称每日交易限价或每日交易停板额。它是由交易所逐日为每种期货合约规定最大价格变动幅度,目的是防止价格过分波动对期货市场造成冲击。每日交易停板额是通过在某一合约前一交易日结算价格的基础上增加或减少一定金额计算得出的。

（4）合约月份是指合约到期的月份，一般根据交易对象的特点而定。

（5）最后交易日是指期货合约到期月份中进行交易的最后一天。在最后交易日，空盘股指数期货合约必须采用现金结算方式予以平仓或对冲。

（6）合约到期日指的是合约到期进行结算的具体日子，是合约有效的最后一天。

（7）股票指数期货合约以现金方式进行交割，这是股票指数期货的一大特色。

五、期权概述

（一）期权的概念

期权也称选择权，是一项只转移权利而不转移义务的合约。期权交易实际上是一种权利的买卖。具体地说，期权交易是指期权的购买者按买卖双方事先在期权合约中所商定的商品交割价格和交货数量，以支付一定数额的期权费为代价，取得一种特定商品（包括实物商品、股票、债券、外汇或期货合约）的买进或卖出的权利（但不是义务），在期权合约规定的交割日到来之前，可有权随时和自由决定是否履行合约的一种交易方式。此时，合约卖方仍负有在买方不执行的情况下继续履约的责任。

期权是一种可供投资者管理风险、获取杠杆效果及增加收益的金融工具，期权交易迅速发展，应用日趋广泛，至今已成为世界各主要金融市场的重要组成部分。

（二）期权交易双方的权利和义务

期权交易中存在两方，即期权的出售方和期权的购买方。前者只有根据购买方的要求履行合约的义务而没有任何权利。其承担义务的报酬，就是购买者依照合约规定所付出的期权费。对于期权购买方来说，只拥有权利而不负有义务。这一权利的唯一成本就是期权费。期权费又叫保险费，购买期权犹如购买保险，期权购买者在支付一定的保险费即期权费之后，就可以将市场价格波动而可能造成的损失限制在其所支付的保险费内，同时又拥有了在价格有利时行使期权的权利。期权出售者承担着履约的风险，并且是无限风险。所以在期权交易中，买卖双方所承担的风险和可能获得的收益是不对等的，这正是其他任何一种金融工具所不具备的特点。

六、期权的种类

自20世纪70年代期权交易所成立以来，期权交易在世界许多交易所和柜台市场上非常活跃，不仅交易规模越来越大，而且期权合同种类也不断翻新。

(一)按买卖方向划分

按买卖方向划分,期权可分为看涨期权(call option)和看跌期权(put option)。

1. 看涨期权

看涨期权又称多头期权、买权、延买期权,是指期权合约的买方按照事先商定的履约价格(exercise price),在期权到期日或到期日之前,享有实际交割买进相关期货合约的权利。通常情况下,只有当某种商品价格上升,或者人们预测该商品价格将要上涨,而且上涨的幅度足够大,以至于补偿其购买看涨期权费后还有盈余时,才会乐意购买看涨期权。看涨期权的购买者只有在市场价格上涨一定幅度才会选择行使期权,当然也可以选择卖掉期权,以挣取买卖期权权利金的差额。如果市场价格不像看涨期权购买者所预测的那样,购买者此时有两种选择:一是让期权到期自动作废,损失全部期权金;二是将看涨期权削价出卖,接盘者只是那些对上涨行情仍抱有希望的人,这种期权因为是在涨价时购买者才能获利,所以叫看涨期权。

2. 看跌期权

看跌期权又称空头期权、卖权、延卖期权,是指期权合约的买方按照交易双方事先商定的履约价格,在合约的有效期内,享有卖出相关期货合约的权利,但不负有必须卖出的责任。通常情况下,只有当商品价格下跌,或预测商品价格下跌时,人们才会有兴趣购买看跌期权。在期权合约有效期内,只有市场价格跌到一定程度,看跌期权购买者行使其权利才能盈利,当然还可以直接卖掉期权合约,从中挣取权利金的差价。需要说明的是,在期权交易中,看涨期权交易与看跌期权交易两者间并不存在买卖对应关系。每一个期权形式都有一个买方和卖方相对应,而在两个期权之间不存在买卖对应关系。

(二)按交割时间不同

按交割时间不同,可分为欧式期权(European option)和美式期权(American option)。

1. 欧式期权

欧式期权是指赋予合约购买者在合约到期日,按合约事先约定价格决定是否履约的权利。

2. 美式期权

美式期权是指赋予购买者在合约的有效期内的任何时间,按照交易双方事先约定的价格决定是否履约的权利。

欧式期权和美式期权的交易方式基本相同,其区别在于,美式期权购买者可以选择合约有效期内一个最有利的时机行使其权利,而欧式期权的买方只能在期权到期日那天或某个特定的时间才能履行权利。由于美式期权比欧式期权具有更大的回旋余地,通常更具有价值。所以,近些年来无论在美国还是在欧洲,美式期权均成为期权的主流。

第六节 其他衍生投资工具

一、各类存托凭证

（一）存托凭证

1. 存托凭证概述

存托凭证（depository receipt，DR）又称存券收据或存股证，是指在一国证券市场流通的代表外国公司有价证券的可转让凭证，由存托人签发，以境外证券为基础在境内发行，代表境外基础证券权益的证券，属公司融资业务范畴的金融衍生工具。存托凭证一般代表公司股票，但有时也代表债券。存托凭证主要以美国存托凭证（American depository receipt，ADR）形式存在，即主要面向美国投资者发行并在美国证券市场交易。

存托凭证最初出现于20世纪20年代末，它通过减少或消除如交割延误、高额交易成本及其他与跨国交易有关的不便之处，来方便美国投资者购买非美国证券和让非美国公司的股票可以在美国交易。从清算、交割、过户和所有权的角度来看，存托凭证都可以像美国证券一样地被买卖。

存托凭证是基于一般信托制度演变而成的，作为一种在国际资本市场上蓬勃发展的投资工具。信托是委托人将财产权转移给受托人，受托人依据信托文件为受益人管理信托财产的法律行为。信托的基本构造是：由委托人通过提供信托财产设立或因法院推定设立，受托人执行即管理信托财产与处理信托事务，受益人获得信托利益即在信托过程中产生的收益。因此，从本质上说，存托凭证是一种由存托银行和保管机构作为共同受托人，外国发行公司作为委托人，存托银行取得基础证券的所有权后发行的证券化的受益凭证。

存托凭证的当事人，在本地有证券发行公司、保管机构，在国外有存托银行、证券承销商及投资人。按其发行或交易地点的不同，存托凭证被冠以不同的名称，如ADR、欧洲存托凭证（European depository receipt，EDR）、全球存托凭证（global depository receipts，GDR）、中国存托凭证（China depository receipt，CDR）等。

2. 存托凭证的优点

存托凭证作为一种新式金融工具，尤其是ADR具有的优点日益为企业及投资者所认识和接受，大部分赴美上市的外国公司都以ADR的形式进入美国股票市场。这是因为存托凭证具有以下显著优点。

1）市场容量大，筹资能力强

以ADR为例，美国证券市场最突出的特点就是市场容量极大，市场率水平很高，这使公司能在短期内筹集到大量的外汇资金。此外，由于 ADR 克服了美国的互助基金等不能直接投资于外国公司股份的法律障碍，为外国公司拓宽了股东基础，有利于保持公司的资本市值并提高其长期筹资能力。

2）上市手续简单，发行成本低

对公司而言，采用存托凭证方式筹资，既可以避免其股票直接在国外上市的烦琐程序，又可以绕过当地严格的上市要求，简化上市手续，从而降低发行成本。美国一级有担保的存托凭证和 144A 规则下的 ADR 计划，还享受一定程度的监管豁免，更是可以节约上市成本。

3）提高知名度，为日后在国外上市奠定基础

以存托凭证的形式直接进入国外的证券市场，尤其是在几个国家的市场上同时出售证券，可以迅速提高公司的知名度，拓展海外市场。由于场外交易市场（over-the-counter market，OTC）与欧洲清算公司（Euroclear）相互联通，ADR 可以在美国和欧洲同时出售，这就有利于运用 ADR 的公司海外业务计划的顺利展开，公司也能在更为广泛的范围内被人知晓。公司逐渐被人认同之后，就能较为顺利地获得在国外证券交易所上市的资格。

4）避开直接发行股票债券的法律要求

直接在国外市场上发行股票和债券，不仅要受本国相关部门的监督和约束，更要受国外相关法律的制约，如美国的法律对证券的发行就规定得相当完备。在美国发行股票债券的公司必须满足四个层次的条件，必须履行严格的信息披露义务等。存托凭证只是证券的代表，并不是证券的直接发行，因此可以避开直接发行时近乎苛刻的法律要求。

5）有较强的规避市场风险的能力

存托凭证可以使投资者在本国市场投资他国证券，并按本国标准进行清算和交割，这样可以免付国际托管费用。存托凭证以美元或上市国货币标价，股息和红利按外币兑换率兑换为美元或上市国货币支付，这又与其他上市证券的条件一致。有些存券协议甚至规定了存券银行为公司承担派息时美元相对外国货币的汇率风险。

6）有利于扩大投资基础

对投资者而言，存托凭证可以克服共同基金、退休基金和其他机构投资者在购买和持有非本国证券时所可能有的障碍；由于省掉了国际托管银行的保管费用，所以每年可以为存托凭证投资者节约 0.1%~0.4%的投资成本。

总体来看，存托凭证与它所代表的基础股票具有同样的流动性，因为两者之间是可以互换的。迄今为止，中国包括中国石油天然气股份有限公司、中国电信股份有限公司、华能国际电力股份有限公司等大型企业已在国外发行了存托凭证，其中以 ADR 形式发行的占大多数，正是因为越来越多中国的优秀企业在国外发行和上市，使国外的投资者对中国的企业有更多的认识。

（二）ADR

1. ADR 概述

ADR 又称为美国存托股份，即 American depository share，其是存托凭证中的一种典型代表。ADR 是美国商业银行为协助外国证券在美国交易而发行的一种可转让证书，通常代表非美国公司可公开交易的股票和债券。

存托凭证中的 ADR 和 GDR，都可以方便跨国界交易和用于面向美国及非美国投资者的全球性股本发售。从法律、运作、技术和管理的观点来看，ADR 与 GDR 本质上是一样的。

2. ADR 的种类

ADR 可分为有担保和无担保两类。

（1）无担保的 ADR。无担保的 ADR 没有存券协议，存券银行不是通过发行公司而是自行向投资者存券，这类存托凭证目前已很少使用。

（2）有担保的 ADR。有担保的 ADR 是通过发行公司和存券银行签订存券协议，明确双方的权利与义务，以便发行公司从总体上掌握存托凭证的数量及其他要素。

（三）CDR

1. CDR 概述

CDR 是指由存托人签发、以境外证券为基础在中国境内发行、代表境外基础证券权益的证券。一般来说，在境外（包含中国香港）上市公司将部分已发行上市的股票托管在当地保管银行，并发行由中国境内的存托银行发行、在境内 A 股市场上市、以人民币交易结算、供国内投资者买卖的投资凭证，从而实现股票的异地买卖。

CDR 是在 ADR 的启发下而推出的一个金融创新品种。CDR 最早是由于 1997 年亚洲金融危机后，大量在香港上市的红筹股公司存在强烈的内地融资需求的情况下提出来的。2020 年 9 月 22 日，证监会发布公告称，同意九号有限公司（即九号智能）科创板公开发行存托凭证注册。这意味着，九号智能将成为第一家通过发行 CDR 的形式登陆科创板的红筹企业。

2. 发行 CDR 的经济意义

首先，发行 CDR 可以推进股票市场的发展，加快我国资本市场国际化进程。资本市场是市场经济的重要组成部分，在金融资源配置和引导实物资源配置中有着基础性的作用，其中最为主要的则是股票市场。我国股票市场自从 20 世纪 90 年代初建立以来得到了长足的发展，但同时也存在着诸多不容忽视的问题，如上市公司总体素质偏低、投资者市场投资信心不足等。要想改变现存的状态，CDR 的发行可作为实现的途径之一。一方面，CDR 的发行者一般是业绩相对较好、公司治理及管理水平较高的公司。另一方面，我国资本市场的国际化将是必然的趋势，其中包括机构、交易品种、交易制度、市场监管等多方面的国际化。CDR 作为一种金融创新品种，通过它的发行可以加强我国资本市场与境外市场的交流与合作，提高我国资本市场监管水平及国际知名度，并使之逐步与国际接轨。

其次，发行 CDR 可以拓宽投资者的投资渠道，优化投资组合。当前若推出 CDR，无疑会扩大投资者的投资范围。同时，发行 CDR 的公司一般为境外优质的上市公司，有较大投资价值，可以丰富投资者证券投资组合方式，从而分散投资者的风险，恢复投资者的信心。

再次，发行 CDR 为我国境外上市公司内地融资提供方便。当前境外公司，特别是在境外上市的中国企业，有着较强的内地直接融资需求，而我国现有的法律和制度对这类公司在 A 股市场上直接融资有着严格的规定。如果推出 CDR，这些公司则可以绕开某些限制，实现内地市场的直接融资，优化企业的资本结构，满足它们的融资需求，同时也使它们具有更大的利润空间。

最后，CDR 的发行有利于增强我国银行的业务及盈利能力。近年来，为了在外资银行享受国民待遇应做好充分准备，各大银行通过各种途径不断增强自身的竞争能力。银行参与 CDR 的发行不仅可以扩大其业务范围，而且可以获得可观的发行及服务费用，提高银行的盈利能力。同时，由于 CDR 和基础股票在两个不同的市场上运行，可以加强银行间的国际协作，加快我国银行业的国际化。

二、MBS

（一）MBS 概述

抵押支持债券或者抵押贷款证券化（mortage-backed security，MBS）是最早的资产证券化品种，最早产生于 20 世纪 60 年代的美国。它主要是由美国住房专业银行及储蓄机构利用其贷出的住房抵押贷款，发行的一种资产证券化商品。

（二）MBS 的结构

MBS 的基本结构如下，把贷出的住房抵押贷款中符合一定条件的贷款集中起来，形成一个抵押贷款的集合体，利用贷款集合体定期发生的本金及利息的现金流入发行证券，并由政府机构或政府背景的金融机构对该证券进行担保。2008 年以前，美国的 MBS 由具有政府背景的房利美和房地美等金融机构进行担保，因此美国的 MBS 实际上是一种具有浓厚的公共金融政策色彩的证券化商品。

三、ABS

（一）ABS 概述

资产支持证券（asset-backed security，ABS）也称资产支持债券，它是以美国为首的西方发达资本市场国家在 20 世纪 80 年代金融创新中涌现的金融品种,是以某种资产组合为基础发行的债券。

1985 年 3 月,美国的斯佩里金融租赁公司为了融通资金、改善经营,以 1.92 亿美元的租赁票据为担保,发行了世界上第一笔 ABS,随后,马林·米兰德银行于 1985 年 5 月发行了世界上第一笔以汽车贷款担保的资产支持债券。由此,引发了西方发达资本主义国家资产证券化的浪潮。

(二) ABS 的特征

(1) 资产的原始拥有者不是 ABS 的发行人,只是发起人,他们把其拥有的资产组合出售给了 SPV (special purpose vehicle,特殊目的载体),SPV 才是资产支持债券的发行人或者债务人。

(2) 资产的原始拥有者向 SPV 出售资产属于真实出售,即这部分资产与其原始拥有者在法律上已经没有任何关系,即使原始拥有者发生破产,这部分资产也不会遭到清算,从而达到了破产隔离的目的,ABS 的持有人权益得到了保证。

(3) ABS 发行人本身不进行生产经营,没有经营利润,其发行债券的还本付息资金来源是其收购并证券化资产的收益。

四、CDS

(一) CDS 概述

信贷违约掉期 (credit default swap,CDS) 又称为信用违约互换,1995 年摩根大通首创了由信用卡贷款所衍生出来的一种金融衍生品,其 2008 年前是全球交易最为广泛的场外信用衍生品。它可以被看作一种金融资产的违约保险,债权人通过这种合同将债务风险出售,合同价格就是保费。

购买信用违约保险的一方被称为买家,承担风险的一方被称为卖家,双方约定如果金融资产没有出现违约情况,则买家向卖家定期支付保险费,而一旦发生违约,则卖方承担买方的资产损失。举例来说,X 公司向 Y 银行借款,Y 银行因此赚取利息,可这不是全无风险的。假如 X 公司破产,Y 银行别说利息拿不到,甚至连本金都有可能讨不回来。为减少 Y 银行贷款的风险,由 Z 公司为 Y 银行提供保险,Y 银行每年支付 Z 公司保险费用,如果 X 公司破产了,Z 公司保障 Y 银行的本金,补偿它所有的损失。如果 X 公司安然无恙,Y 银行交的保险就成了 Z 公司的盈利,由 Z 公司为 Y 银行提供保险就是 CDS。

（二）CDS 的特点

（1）CDS 作为一种高度标准化的合约，使持有金融资产的机构能够找到愿意为这些资产承担违约风险的担保人。

（2）承担损失的方式一般有两种，第一种方式是实物交割，一旦违约事件发生，卖保险的一方承诺按票面价值全额购买买家的违约金融资产。第二种方式是现金交割，违约发生时，卖保险的一方以现金补齐买家的资产损失。

（3）信用违约事件是双方均事先认可的事件，其中包括金融资产的债务方破产清偿、债务方无法按期支付利息、债务方违规招致的债权方要求召回债务本金和要求提前还款、债务重组。

（4）买 CDS 的主要是大量持有金融资产的银行或其他金融机构，而卖 CDS 的是保险公司、对冲基金，也包括商业银行和投资银行。

五、CDO

（一）CDO 概述

担保债务凭证（collateralized debt obligation，CDO）是资产证券化家族中重要的组成部分，是一种固定收益证券，其提供投资人多元的投资管道及增加投资收益，强化金融机构的资金运用效率，移转不确定风险。凡具有现金流量的资产，都可以作为证券化的标的。在 ABS 的基础上，CDO 得到了快速的发展。

最早的 CDO 是由德崇证券公司（Drexel Burnham Lambert）在 1987 年发行的，十几年后，CDO 成为快速发展的资产证券之一。CDO 快速的增长受到众多理财经理、基金经理、保险公司、投资银行、退休基金的青睐。最关键的是，2001 年 David X. Li 介绍了高斯模型，提供给 CDO 快速的定价方式，使 CDO 能够广泛在市场流通，但也为 2008 年的次贷危机埋下了隐患。

（二）CDO 的结构

1. 按照资产分类

按照资产分类就衍生出了重要的两个分支：信贷资产的证券化（collateralised loan obligation，CLO）和市场流通债券的再证券化（collateralised bond obligation，CBO），它们都统称为 CDO。

2. 按照信用质量分类

CDO 的发行是以不同信用质量区分各系列证券，分为高级（senior）、夹层（mezzanine）和低级/次级（junior /subordinated）三个系列；另外尚有一个不公开发行的系列，多为发行者自行买回，相当于用此部分的信用支撑其他系列的信用，具有权益性质，故又称为权益性证券（equity tranche），当有损失发生时，由股本系列首先吸收，然后依次由低级、中级（通常信评为 B 水平）、高级系列（常信评为 A 水平）承担。通常，高级系列占整体最大的比率，中级系列占 5%~15%，股本系列占 2%~15%。

➢本章复习思考题

1. 债券的主要类型有哪些？
2. 国债的主要种类有哪些？
3. 公司债券的主要种类有哪些？
4. 金融债券的特征有哪些？

第二篇 分析篇

第四章 有效市场理论与投资分析方法概述

证券投资分析是指人们通过各种专业分析方法，对影响证券价值或价格的各种信息进行综合分析以判断证券价值或价格及其变动的行为，是证券投资过程中不可或缺的一个重要环节。本章在介绍证券投资分析基础知识的基础上，主要介绍技术分析法、基本分析法、证券组合分析法和行为金融分析法。

第一节 有效市场理论

一、有效市场假说

（一）有效市场假说的起源

有效市场假说（efficient markets hypothesis，EMH）是指，如果在一个证券市场中，价格完全反映了所有可获得的信息，那么就称这样的市场为有效市场。

有效市场理论起源于20世纪初，这个假说的奠基人是一位名叫路易斯·巴舍利耶的法国数学家，他把统计分析的方法应用于股票收益率的分析，发现其波动的数学期望值总是为零；1953年，英国统计学家莫里斯·肯德尔分析了长期市场的价格波动，发现系列的数字好像是在漫游，就如同机会的恶魔每周从固定分散的对称母体中随机抽出一个数字。

基于肯德尔的研究发现，美国学者哈里·罗伯兹于1967年5月在美国芝加哥大学的证券讨论会上首次提出了有效市场的概念。而且，芝加哥大学的尤金·法马也认为，股票价格收益率序列在统计上不具有记忆性，所以投资者无法根据历史的价格来预测其未来的走势，尤金·法马在1970年将有效市场的理论与经验实证结合起来，为有效市场假说提供了有力的支撑，进而形成了完整的有效市场理论。

根据这一假设，投资者在买卖股票时会迅速有效地利用可能的信息，所有已知的影响一种股票价格的因素都已经反映在该股票的价格中。

（二）随机漫步理论

基于 EMH，1964 年奥斯本提出了随机漫步理论，他认为股票价格的变化类似于化学中的分子布朗运动（悬浮在液体或气体中的微粒所做的永不休止的、无秩序的运动），具有随机漫步的特点，也就是说，它变动的路径是不可预期的。

随机漫步理论认为，股票市场内有成千上万的精明人士，每一个人都懂得分析，而且资料流入市场都是公开的，所有人都可以知道，并无什么秘密可言。因此，股票现在的价格就已经反映了供求关系，或者离本身价值不会太远。内在价值的衡量方法就是按每股资产值、市盈率、派息率等基本因素来决定，这些因素并非什么大秘密，现时股票的市价已经代表了千万精明人士的看法，构成了一个合理价位，市价会围绕着内在价值而上下波动，这些波动却是随意而没有任何轨迹可循。

其真正含义是：没有什么方法能够战胜股市，股价早就反映一切了，而且股价不会有系统的变动。

二、有效市场假说成立的基本条件

要使 EMH 在现实中得以建立，还需要四个条件。

（一）信息公开的有效性

有关每一个证券的全部信息都能够充分、真实、及时地在市场上得到公开。

（二）信息从公开到被接收的有效性

上述被公开的信息能够充分、准确、及时地被关注该证券的投资者所获得。

（三）信息接收者对所获得信息做出判断的有效性

每一个关注该证券的投资者都能够根据所得到的信息做出一致的、合理的、及时的价值判断。

（四）信息的接收者依照其判断实施投资的有效性

每一个关注该证券的投资者能够根据其判断，做出准确、及时的行动。

如果证券市场具备了这四个条件，那么，交易者对所发行证券的价值的认识都是一样的，结果市场形成的是买卖双方都认可的价格。一旦证券市场具备了这四个条件，那么，任何人都不可能从资本利得上获得收益，只能从企业盈利上获得收益。而且，不论投资者投资何种证券，投资的回报率都是一样的。

第二节 有效市场的几种层次

根据有效市场条件被满足程度的不同，可以把资本市场的有效性划分成三个不同的层次，即强式有效市场、半强式有效市场、弱式有效市场，而新兴市场常常是连弱式有效都没能达到，为无效市场。

一、强式有效市场

在强式有效市场上，有关资本产品的任何信息一经产生，得到及时公开，一经公开就能得到及时处理，一经处理，就能在市场上得到反馈。也就是说，信息的产生、公开、处理和反馈几乎是同时的。另外，有关信息的公开是真实的，信息的处理是正确的，反馈也是准确的。因而，在强式有效市场上，每一位交易者都掌握了有关资本产品的所有信息，而且每一位交易者所占有的信息都是一样的。同时，每一位交易者对该资本产品的价值判断都是一致的，并且都能将自己的投资方案不折不扣地付诸实施。因此，对于强式有效市场来说，在该市场上不存在因发行者和投资者的非理性所产生的供求失衡而导致的资本产品价格波动。也就是说，证券的价格反映了所有即时信息包含的价值。

从以上强式有效市场的假说可以看出：在强式有效市场中，价格已充分地反映了所有关于公司营运的信息，这些信息包括已公开的或内部未公开的信息，因而没有任何方法能帮助投资者获得超额利润，即使基金和有内幕消息者也一样。

二、半强式有效市场

在半强式有效市场上，一方面，关于资本产品的信息从信息产生到被公开的过程中受到了某种程度的损害，也就是说信息公开的有效性受到破坏，即证券的发行者由于种种原因没有将所有有关发行证券的信息完全、真实、及时地公开，因此，发行者和投资者在信息的占有上处于不平等的地位。

投资者获得的只是发行者公开出来的信息，而不是发行者自己所掌握的全部信息，而且，由于各种原因，在发行者所公开的信息中，还可能有虚假的成分。在现实的市场上，那些未公开的真实信息被称为内幕信息。另一方面，在半强式有效市场上，所有投资者占有的公开信息都是相同的。也就是说，除了未公开的内幕信息之外，只要是被公开的信息，就可以为每一位投资者所占有，同时，不论是什么类型的投资者，其对所有公开信息的判断都是一致的。这样，市场上所有公开的信息都能够被投资者正确解读，并通过投资者的买卖决策行为引起市场价格的变化。结果是，在半强式有效市场上，存在着两类信息：公开信息和内幕信息。极少数人控制着内幕信息，而大部分人只能获得公开信息。如果掌握内幕信息的人不能参加交易，所有能够参加交易的人只能根据公开信息进行投资，那么，资本产品的市场价格就反映了全部投资者对所有公开信息的理性价值判断。如果少数既掌握内幕信息又掌握公开信息的人和大部分只掌握公开信息的人都能参加交易，那么，市场上就会出现两个价格：基于内幕信息形成的内幕交易价格和基于公开信息形成的真正的市场价格。而内幕信息的公开化则会使这两个价格趋同，价格趋同的速度取决于内幕信息的扩散速度。强式和半强式有效市场的区别在于信息公开的有效性是否被破坏，也就是说是否存在未公开的内幕信息。在强式有效市场上，信息一经产生即被公开，不存在信息公开的不完整性，任何处于信息源头的人都不可能因对该信息的先期占有或内幕占有而获得额外的利润。在半强式有效资本市场上，关于有效市场的第一个条件被破坏，涉及资本产品价格的信息是有意识、有选择地公开，那些没有被公开的信息就成为内幕信息。

强式和半强式有效市场的共同点是：这两个市场都满足有效资本市场的第二个、第三个和第四个条件。也就是说，在半强式有效市场上，尽管信息公开的有效性受到破坏，但从信息被公开到被接收的有效性、投资者对所接收到的信息的价值判断的有效性及投资者根据其价值判断实施其投资决策的有效性这三个条件都能够得到满足。

从半强式有效市场假说中可以看出：如果半强式有效假说成立，则价格已充分所映出所有已公开的有关公司营运前景的信息。这些信息有成交价、成交量、盈利资料、盈利预测值、公司管理状况及其他公开披露的财务信息等。假如，投资者能迅速获得这些信息，股价应迅速做出反应，因而在市场中利用技术分析和基本分析都失去作用，内幕消息可能获得超额利润。

三、弱式有效市场

在弱式有效市场上，不仅是信息从产生到被公开的有效性受到损害，即存在内幕信息，而且投资者对信息进行价值判断的有效性也受到损害。并不是每一位投资者对所披露的信息都能做出全面、正确、及时和理性的解读和判断，只有那些掌握专门分析工具的专业人员才能对所披露的信息做出全面、正确、及时的解读和判断，并在此基础上做出有效和理性的投资决策，再通过他们的买卖行为把自己对全部公开信息的解读和判断贯彻到市场价格中去。但是，一般公众投资者却很难把握全部公开信息所包含的真正价值，如财务报表中的各项数据、上市公司的各项财务比率、宏观经济政策的变化、历史交易量和交易价格对未来价格的影响、会计报告注释部分的真正含义等。

另外，一般公众投资者对分析工具的应用水平也不如专业投资者，因此，他们解读和判断信息价值的能力及在此基础上做出有效投资决策的可能性都不如专业投资者。这样，一般公众投资者对公开信息的解读和判断的有效性都是打了折扣的，由此所做出的投资决策并不能体现市场所提供的全部公开信息的内涵，根据这种投资决策所采取的投资行为及由此导致的市场价格的变化也就不可能反映全部公开信息所表明的投资价值。

必须注意的是，投资者不能解读全部公开信息并不等于不能解读每一个公开信息，弱式有效市场对投资者不能解读公开信息的程度有一个最低限制，这个最低限制就是：投资者至少应该能够解读历史价格信息。这样，在一个弱式有效市场上，存在着两类信息——公开信息和内幕信息，三类投资者——掌握内幕信息和全部公开信息并能正确解读这些信息的投资者、只能解读全部公开信息的投资者、不能解读全部公开信息但至少能够解读历史价格信息的投资者。因此，在弱式有效市场上，极少数人控制着内幕信息，大部分人只能获得公开信息。

在所有获得公开信息的投资者中，又只有少数人能够正确解读全部的公开信息，而且能够由此制定出投资决策并把它贯彻到自己的买卖行为中；大部分投资者至少能够解读历史价格信息但不能解读全部公开信息。

如果掌握内幕信息的人不能参加交易，那么，能够参加交易的人只能是后两类投资者，投资者根据自己对公开信息的解读程度做出投资决策并进行投资。结果，如果市场上没有出现任何新的信息，资本产品的市场价格就反映了所有投资者对历史价格信息的理性价值判断。一旦市场上出现新的信息，价格就会发生比较大的变化，但是，随着信息在市场上的不断扩散并且被全部投资者所吸收，市场价格将在一个新的水平上趋同。

如果允许少数掌握内幕信息的投资者也参加交易，那么，市场价格的变化将更加复杂，存在基于内幕信息形成的内幕交易价格和基于对公开信息解读程度不同而形成的不断变化着的市场价格。随着内幕信息的公开化和新信息在市场上的不断扩散并且被全部投资者所吸收，市场价格会不断趋同，价格趋同的速度同时取决于内幕信息的扩散速度和新信息的吸收速度。

弱式有效市场与强式、半强式有效市场的区别在于，在一个弱式有效市场上，除了信息的公开程度存在着差别之外，投资者对公开信息的理解和判断也存在着专业性与非专业性的区别。一般的投资者对公开信息的理解处于比较浅的层次，很难对公开信息的价值做出全面、正确和理性的判断。只有那些专业投资者和机构投资者才有能力全面、正确和理性地解读和判断出公开信息所包含的真正价值。也就是说，除了有效资本市场的第一个条件外，关于有效资本市场的第三个条件在弱式有效市场上也不再能够得到满足。结果，在弱式有效市场上，除了通过掌握内幕信息可以获得超额利润之外，那些专业性的投资者就可以利用他们在信息分析上的专业优势获得额外的利润。弱式有效市场与强式、半强式有效市场的共同点在于，这三种市场都能满足关于有效资本市场的第二个和第四个条件。也就是说，它能保证信息从被公开到被接收的有效性和投资者实施自己的投资决策的有效性。

从弱式有效市场假说可以看出：如果弱式有效市场假说成立，则股票价格的技术分析失去作用，基本分析还可能帮助投资者获得超额利润。

四、无效市场

现实中除了以上三种形式，在一个新兴市场刚刚出现时，还通常会呈现无效市场的特征。

在这一市场上，不仅是信息从产生到被公开的有效性和投资者对信息进行价值判断的有效性受到损害，即存在着利用内幕信息和专业知识赚取超额利润的可能性，而且，投资者接收信息的有效性和投资者实施其投资决策的有效性都可能受到损害。

首先，并不是每一位投资者都能及时接收到所有公开的信息。在这种情况下，即使有效资本市场的第三个条件和第四个条件能够得到满足，但那些先获得公开信息和掌握公开信息比较多的投资者也可以利用他们的优势获得额外的利润。

其次，投资者在实施其投资决策的效果上存在着差异。这种情况表现在两个方面：一是只有很少一部分投资者能够与卖主直接竞价，一般的投资者都是通过中介机构投资和买卖证券产品，不能与卖主直接进行交易。二是由于种种原因，投资者在中介机构处获得的服务档次是不一样的。因此，并不是每一位投资者都能按照同样的标准去实施自己的投资决策，也就是说，从投资者处发出的反馈信息，在向市场传导时出现了不一致性的障碍。某些投资者能够比较方便和及时地实施投资决策，从形成投资决策到实施投资决策之间不存在任何时滞；而大部分投资者在实施投资决策时会有一定的时滞。结果，那些在实施投资决策时处于有利地位的投资者就能利用自己的优势获得额外的利润。

因此，在一个无效证券市场上，①信息源在公开信息时就存在某种不完全性；②被公开的信息在由信息源向信息接收者传输时发生漏损，没能为每一位投资者全部接收；③投资者在对所得到的信息进行解读时存在误差，由此导致不完整的反馈信息；④投资者的反馈信息在向市场传输时出现某种时滞，使得反馈信息不能及时被市场吸收。结果，市场价格不仅不能及时反映投资者的投资决策，而且不能完整地反映所有的公开信息，更不能反映包括公开信息和内幕信息在内的全部信息。

第三节　有效市场理论与证券投资分析方法

一、信息有效性的局限

（一）信息公开的有效性

信息公开的有效性是一个以发行者为主体的主观条件。首先，作为证券发行者，其目的是希望投资者购买其发行的证券，因此，就会本能地向投资者宣传甚至夸大企业及其证券的优点，而对其存在的问题则避而不谈甚至有意歪曲掩饰。其次，有关企业的某些信息可能对其竞争对手有利，不能公开或完全公开。最后，信息公布会产生一定的成本，尽可能降低信息公布成本的心理使得企业不愿意完全、及时地公开信息。这三个方面的原因，使得信息公开的有效性受到一定程度的限制。

（二）信息从被公开到被接收的有效性

信息从被公开到被接收的有效性条件主要受各种客观因素的影响。信息公布的程序、信息传播的方式、技术手段等一系列客观条件的限制，从而使得已经公开的信息不能完全、及时地被投资者所接收，导致信息传播和接收的有效性受到一定程度的限制。

（三）投资者对信息做出判断的有效性

投资者对信息做出判断的有效性是一个以投资者个人为主体的主观条件。由于投资者的生活环境、社会背景各不相同，会形成不同的价值标准。同时，投资者所接受的教育程度不同，掌握证券投资的专业知识程度不同，从而使得投资者具有的信息判断能力也就不同。这两个方面的原因，导致不同的投资者对相同的信息做出不同的判断，从而使得信息判断的有效性受到一定程度的限制。

从以上局限可以看出，现实中的资本市场作为一个复杂系统并不像有效市场理论所描述的那样和谐、有序、有层次。

二、有效市场理论的启示

（一）理论意义

根据有效市场理论，无论是在发行市场还是在交易市场，从导致证券市场有效性下降的原因来看，主要在于信息披露、信息传输、信息解读及信息反馈各个环节出现了不同程度的问题。因而提高证券市场的有效性，根本问题就是要解决证券价格形成过程中在信息披露、信息传输、信息解读及信息反馈各个环节所出现的问题，其中最关键的一个问题就是建立上市公司强制性信息披露制度等系列配套制度。从这个角度来看，交易制度和披露制度等制度建设是建立有效资本市场的基础，也是资本市场有效性得以不断提高的起点，这为各国完善证券市场提供了理论依据和发展方向。

（二）实践意义

1. 有效市场和技术分析

如果市场没能达到弱式有效，则当前的价格未完全反映历史价格信息，那么未来的价格变化将进一步对过去的价格信息做出反应。在这种情况下，人们可以利用技术分析和图表从过去的价格信息中分析出未来价格的某种变化倾向，从而在交易中获利。

如果市场是弱式有效的，则过去的历史价格信息已完全反映在当前的价格中，未来的价格变化将与当前及历史价格无关，这时使用技术分析和图表分析当前及历史价格对未来做出预测将是徒劳的。如果不运用进一步的价格序列以外的信息，明天价格最好的预测值将是今天的价格。因此在弱式有效市场中，技术分析将失效。

2. 有效市场和基本分析

如果市场没能达到半强式有效，公开信息未被当前价格完全反映，分析公开资料寻找误定价格将能增加收益。

但如果市场半强式有效，那么仅仅以公开资料为基础的分析将不能提供任何帮助，因为针对当前已公开的资料信息，目前的价格是合适的，未来的价格变化与当前已知的公开信息毫无关系，其变化纯粹依赖于明天新的公开信息。对于那些只依赖于已公开信息的人来说，明天才公开的信息，他今天是一无所知的，所以不用未公开的资料，对于明天的价格，他的最好的预测值也就是今天的价格。所以在这样的一个市场中，已公布的基本面信息无助于分析家挑选价格被高估或低估的证券，基于公开资料的基础分析毫无用处。

3. 有效市场和证券组合管理

如果市场是强式有效的，人们获取内部资料并按照它行动，这时任何新信息（包括公开的和内部的）将迅速在市场中得到反映。所以在这种市场中，任何企图寻找内部资料信息来打击市场的做法都是不明智的。在这种强式有效市场假设下，任何专业投资者的边际市场价值为零，因为没有任何资料来源和加工方式能够稳定地增加收益。对于证券组合理论来说，其组合构建的条件之一即假设证券市场是充分有效的，所有市场参与者都能同等地得到充分的投资信息，如各种证券收益和风险的变动及其影响因素，同时不考虑交易费用。

但对于证券组合的管理来说，如果市场是强式有效的，组合管理者会选择消极保守型的态度，只求获得市场平均的收益率水平，因为区别将来某段时期的有利和无利的投资不可能以现阶段已知的这些投资的任何特征为依据，进而进行组合调整。因此在这样一个市场中，管理者一般模拟某一种主要的市场指数进行投资。而在市场仅达到弱式有效状态时，组织管理者表现得积极进取，会在选择资产和买卖时机上下功夫，努力寻找价格偏离价值的资产。

三、市场非有效和证券投资方法的可行性

EMH 一直是金融市场争论的主题，而对市场是否有效的观点又成为投资者的投资策略指导，认为市场有效的投资者采取消极的投资策略，而认为市场非有效的投资者则采取积极的投资策略。

积极的投资方法主要可分为技术分析方法和基本分析方法。基本分析方法包括了宏观分析、产业分析和公司分析，这也是全世界投资者最常采用的方法，基本分析方法即使是在弱式有效市场存在的条件下，理论上也是可行的。由于存在着信息的收集成本，再加上投资者的接收条件和所处的环境不同，投资者在获得公开信息方面存在着差异，某些投资者可能马上就能得到全部公开的信息；另一些投资者可能在经过一个时差以后才能够得到全部公开信息；而大部分投资者可能只能得到部分公开信息。在这些情况下，那些先获得公开信息和掌握公开信息比较多的投资者可以利用他们的

优势获得额外的利润。

而目前的中国股票市场,仍是一个新兴市场,新兴市场通常连弱式有效市场都无法达到,因而技术分析也有运用的可行性。有效市场理论的局限使得越来越多的投资者开始采用积极的投资策略,而许多杰出投资者持续几十年的投资实践也侧面证明了积极投资策略的有效性。

然而,有效市场理论并未考虑市场的流通性问题,而是假设不论有无足够的流通性,价格总能保持公平,故有效市场理论不能解释市场恐慌、股市崩盘等各种问题,这些问题有赖于行为金融学的解释。行为金融学首先不完全肯定人类理性的普遍性,认为人类行为当中,有其理性的一面,同时也存在着许多非理性的因素;认为人是有限理性的,认知的局限决定了人类存在着许多理性之外的情绪、冲动和决策。一个最常见的例子就是,在股票市场上,时常会发现市场的变化不是根据公司的运营情况,而往往是投资人的情绪、感受的变化。其次,行为金融学认为即使在有限理性的条件下,因为外在条件和自身认知特点的限制,有时候未必能够实践理性行为,因此市场连弱式有效都很难达到,因而技术分析和基本分析在证券投资分析中都是可行的,同时行为金融学的研究成果丰富和完善了传统技术分析和基本分析方法。

第四节　技术分析方法概述

一、技术分析方法的含义

技术分析方法是最早运用于投资实践的分析方法,是以证券市场过去和现在的市场行为为分析对象,运用图表、形态、逻辑和数学的方法,探索证券市场已有的一些典型变化规律,并据此预测证券市场的未来变化趋势的技术方法。

证券市场行为可以有多种表现形式,其中证券的成交价、成交量的变化及完成这些变化所经历的时间与空间形态是市场行为最基本的表现形式。

二、技术分析方法的三大假设

技术分析基于如下三大假设,这三大假设是技术分析方法存在的基础,对技术分析十分重要。

(一)市场价格包含一切信息

这一假设认为一切信息都已反映在市场价格中,没有必要对影响股票价格的因素过分关心。

这一假设有一定的合理性。如果公布了某个被认为应该对市场产生影响的消息，但是股票价格与以前相比没有明显的变动，就说明这个消息对市场没有影响；如果有一天我们看到某只股票的价格向上跳空高开、成交量大幅度增加，通常是出现了利多的消息；反之，向下跳空、成交量大幅度减少，通常是出现了利空的消息。上述价格的波动就是这个信息在股票市场中的反映，具体是什么信息，没有必要过问，它已经体现在市场行为中。

作为技术分析法的使用者，只关心这些因素对市场的影响效果，并不关心导致这些行为的具体内容。然而，市场行为反映的信息只体现在价格的变动之中，同原始的信息是有差异的，损失信息是必然的。正因为如此，在进行技术分析时，还应该适当地进行一些基本分析的工作，以弥补技术分析的不足。

（二）价格变化跟随趋势

这一假设认为股票价格的变动是按照趋势进行的，其运动有保持惯性的特点，如果没有受到强大的外在因素的影响，价格波动不会改变原来的方向。

这一假设能使人联想到物理学中的惯性定律，惯性定律认为：任何物体在不受任何外力的作用下，总保持匀速直线运动状态或静止状态，直到有外力迫使它改变这种状态为止。投资者之所以要卖出手中的证券，是因为他认为目前的价格已经到顶了，马上会下降，或者即使认为要上涨，上涨的幅度也很有限。如果他没有得到新信息，这种悲观的观点不会很快改变。这种悲观的观点会一直影响他，直到出现改变观点的因素。众多的悲观者的观点会影响股票价格的运动，使其继续下降。

然而，现实中的价格变动受到许多因素的影响，有些因素是根本想不到的，这使价格的波动常常表现出无规律的现象。

（三）历史会重演

这一假设认为市场价格运动会出现规律性的变化，可以通过统计过去的走势，发现规律性的变化，用来推断未来的走势。

这一假设可以从统计学和心理学两个方面考虑：一方面，价格的波动可能存在某种规律，而这一点能通过统计发现；另一方面，市场中进行具体买卖的是人，由人决定最终的操作行为，而人的行为受到心理的影响，心理学描述的某些规律应该能固定发挥作用，因而华尔街的股谚是"投机像山岳一样古老"。

然而股票市场是变化无常的，不可能有完全相同的情况重复，差异或多或少存在。

三、技术分析方法的四大要素

技术分析方法的四大要素包括：价、量、时、空。其主要指成交价格、成交量、时间和涨跌的幅度，四个要素的相互关系是技术分析的基础。

（一）成交价与成交量

价、量是技术分析的基础要素，是市场行为最基本的表现。市场过去和现在的成交价、成交量涵盖了过去和现在的市场行为，技术分析要做的工作就是利用过去和现在的成交量、成交价资料推测市场未来的走势。成交价与成交量之间的关系可以归纳为如下几条。

1. 价量之间的基本规律

买卖双方对价格走势的确认程度需要借助成交量，多空双方对走势的认同程度越大，市场成交量就大；认同程度小，成交量也小，反映在价量关系上就显现这样一种规律：价增量增，价跌量跌。这是价量之间最基本的规律。

2. 天量天价

在一波段的涨势中，股价放量上涨，突破前一波的高峰并创下新高位继续上涨。但是这一波段股价上涨的整个成交量水准却低于前一波段上涨的成交量水平，价格创新高但成交量未能创新高，这就是通常所说的天量天价，则此波段的涨势就令人怀疑，很可能会在不久出现反转信号。

3. 地量地价

当价格下跌时，成交量萎缩到一定程度就不再萎缩，意味着空方不再认同价格的下跌，价格往往离底部不远，这就是通常所说的地量地价。

4. 成交量的确认

价格走势形态的可靠性，需要成交量来进行确认，否则这个形态的可靠程度将会大打折扣。

5. 量在价先

成交量是价格的先行指标，价格是虚的，成交量是实的。注意成交量在市场上升或下跌中的不同变化，重点留意市场突破长期阻力线时的成交量膨胀情况，对于价格运动判断有较好的作用。

（二）时间和空间

作为技术分析的研究对象，时间因素与空间因素有着重要的分析价值。时间因素分析的是价格运行到预测目标可能需要的时间，对于何时入市、出市有时间上的指导意义；空间因素考虑的是趋势运行的幅度有多大，一个涨势或一个跌势将会延续多大的幅度，不言而喻，这对于市场交易者的实际操作有着重要的意义。

1. 时空与能量

时间与循环周期理论相联系，反映市场起伏的内在规律和事物发展的周而复始的特征，体现了市场潜在的能量由小变大再变小的过程。空间反映的是每次市场发生变动程度的大小，也体现市场潜在的上升或下降能量大小。上升或下降的幅度越大，潜在能量就越大；相反，上升或下降的幅度越小，潜在能量越小。由于时间和空间均是市场潜在能量的表现，而能量是可以转换的，因而股市技术分析中存在时空互换的观点。

2. 时空与趋势

对于大周期，或者说是时间长的周期，今后价格将要经过的变化过程也应该长，价格变动的空间也应该大。对于时间短的周期，今后价格变动的过程也应该短。一般地说，时间长、波动空间大的过程，对今后价格趋势的影响和预测作用也大；时间短、波动空间小的过程，对今后价格趋势的影响和预测作用也小。

四、技术分析方法的主要内容

技术分析方法是在价、量等历史资料基础上，运用图表、形态、统计、数学计算等方法探索证券市场已有的一些典型变化规律，并据此预测证券市场的未来变化趋势的技术方法。从这个意义上讲，技术分析方法种类繁多，形式多样。一般来说，可以将常用的技术分析方法分为三大类，即图示分析法、指标分析法和量价关系分析法。

（一）图示分析法

图示分析法是运用图表、形态等方法，探索证券市场已有的一些典型变化规律，并以此预测证券市场未来变化趋势的方法。其基本依据是，证券价格的波动会及时告诉投资者有关市场的一切信息。图示分析法就是按一定的图形将股价的变化描述出来，以此预测股价未来变化趋势的一种方法。常见的图示分析法有K线类、切线类、形态类、波浪类等。

（二）指标分析法

指标分析法是运用统计、数学计算等方法，通过建立一个数学模型，给出数学上的计算公式，得到一个体现证券市场某方面内在本质的数字，以此数字指导投资决策的方法。此数据称为指标值，指标值的具体数值和相互关系直接描述了证券市场所处的状态，为投资者的操作行为提供了指导方向。指标反映的内容大多是无法从行情报表中直接看到的。目前证券市场上的这种技术指标数不胜数，常见的指标有相对强弱指标（relative strength index，RSI）、随机指标（stochastic indicator，KDJ）和平滑异同移动平均线（moving average convergence and divergence，MACD）指标。

（三）量价关系分析法

量价关系分析法是通过分析历史上价格与成交量之间的关系，探索证券市场已有的变化规律，以此预测证券市场的未来变化趋势的方法。在技术分析中，量价关系的研究占据重要地位。成交量是推动股价上涨的原动力，市场价格的有效变动必须有成交量配合，量是价的先行指标，是测量证券市场行情变化的温度计，通过成交量的增加或减少的速度可以推断多空战争的规模大小和指数股价涨跌的幅度。然而到目前为止，人们并没有完全掌握量价之间的准确关系。常见的量价关系理论包括古典量价关系理论、葛兰碧的成交量与股价趋势关系理论及涨跌停板制度下量价关系理论等。

这些技术分析方法从不同的方面理解和解说证券市场，有的有相当坚实的理论基础，有的没有很明确的理论基础。在操作上，有的注重长线，有的注重短线；有的注重价格的相对位置，有的注重价格的绝对位置；有的注重时间，有的注重价格。尽管各类分析方法考虑的方式不同，但目的是相同的，彼此并不排斥，在使用上可以相互借鉴。

五、技术分析方法的优缺点及适用范围

与基本分析方法相比，技术分析方法的优点是同市场接近，对市场的反应比较直接，分析的结果也更接近实际市场的局部现象，分析的结论时效性较强；通过技术分析指导证券买卖见效快，获得利益的周期短。

技术分析方法的缺点是：考虑问题的范围相对较窄，投资周期太短，对市场长远的趋势不能进行有效的判断，对分析影响市场的宏观政策方面的因素，技术分析作用不大。正是由于这个原因，技术分析在给出结论的时候，只能给出相对较短的结论。

根据技术分析方法的优缺点，技术分析方法仅适用于短期的行情判断，要进行周期较长的分析必须依靠其他方法。另外，技术分析方法所得到的结论不是绝对的，仅仅是一种参考。

第五节　基本分析方法概述

一、基本分析方法的含义

基本分析方法又称基本面分析，是指证券分析师根据经济学、金融学、财务管理学及投资学等基本原理，对决定证券价值及价格的基本要素（如宏观经济指标、经济政策走势、行业发展状况、产品市场状况、公司销售和财务状况等）进行分析，评估证券的投资价值，判断证券的合理价位，提出相应的投资建议的一种分析方法。

基本分析方法的重点是证券本身的内在价值，其理论假设如下。

（1）任何一种金融资产都有内在价值，金融资产的内在价值等于该资产未来预期收益现金流量的现值。

(2)当市场价格和内在价值不相等时,金融资产的价格将被误定。因此,当市场价格低于(或高于)内在价值时,便产生了金融资产的买入(卖出)机会。

二、基本分析方法的内容

基本分析方法十分复杂,原因在于证券的内在价值是人们对未来收益的一种预期,而影响这种预期的因素很多,有政治方面的也有经济方面的,有宏观因素也有微观因素。综合而言,基本分析方法的内容主要包括宏观分析、行业分析和公司分析三个层次。

(一)宏观分析

宏观分析主要探讨宏观经济运行状况和宏观经济政策对股票投资活动及股票市场的影响。在宏观经济方面,经济周期变动、经济增长速度、国家经济政策的变化、货币供应量、利率变动等重大的货币政策,调整税种、税率、发行国债、重大的政府投资等财政政策,对行业的支持和政策倾斜等产业政策,以及政治因素等各种因素都会不同程度地影响投资者的信心和对未来的预期,继而影响证券市场,而且都会对证券市场和证券的价格产生直接和间接的影响,是基本分析必须考虑的因素。

在股票投资领域,宏观经济分析是非常重要的,只有把握住经济发展的大方向,才能做出正确的长期投资决策,只有密切关注宏观经济因素的变化,才能抓住市场的重大机遇。

(二)行业分析

行业分析主要探讨产业和区域经济对股票价格的影响。产业分析主要探讨产业所属的市场类型、所处的生命周期、影响产业发展的因素及产业业绩对股票价格的影响;区域经济分析主要探讨区域经济因素对股票价格的影响。

产业分析对股票投资分析有着十分重要的意义,产业的发展状况对于该产业上市公司的影响巨大。从某种意义上说,投资于某上市公司,实际上就是以某产业为投资对象。在国民经济中,一些产业与整个国民经济保持同步增长,另一些产业的增长率高于整个国民经济的增长率,还有一些产业则滞后于整个国民经济的增长。鉴于此,若选择某企业作为投资对象,必须研究其所属产业的发展状况。另外,上市公司在一定程度上又受到区域经济的影响,我国各地区的经济发展不平衡,从而造成了证券市场所特有的区域板块效应。

(三)公司分析

无论什么样的分析,最终都要落实在某个公司证券价格的走势上,如果没有对发行证券的公司状况进行全面的分析,就不可能准确地判断其证券的价格走势,也就不可准确地选择股票投资对象。公司分析侧重对公司的竞争能力、盈利能力、经营管理能力、发展潜力、财务状况、经营业绩及潜在风险等进行分析，借此评估和预测证券的投资价值、价格及其未来变化的趋势。微观分析是基本分析方法的重点，也是自下而上分析法的重点。

三、行业配置中的自上而下与自下而上

自上而下分析法与自下而上分析法是证券投资中行业配置选择的两种方法。

（一）概念

自上而下分析法主要是指通过从宏观经济分析到行业分析再到个股分析的三步分析法，筛选出业绩增长能够快于市场平均水平的个股。

自下而上分析法更多的关注个股，这种策略最为关注的是个别公司的表现和管理，而不是经济或市场的整体趋势。通过调研一个公司，考察业务模式、成长空间、估值，然后决定是否买入。

（二）两种方法的运用

这两种方法的运用在经济周期和市场周期的不同阶段会有所侧重。

在经济复苏阶段，由于宏观经济政策对未来经济趋势的影响相对较大，经济的自主驱动力此时还比较弱，行业的盈利能力并未出现明显改善，而股票市场一般是提前反映市场预期。另外，受危机后悲观心理持续因素的影响，投资者的盈利预测往往受惯性思维和前期悲观氛围的持续影响，业绩调整往往相对滞后。在经济复苏阶段应该偏重自上而下的行业配置，此时趋势投资可能会占主导。

但随着经济复苏日趋明朗，宏观经济政策对各行业的影响已非常显著，经济自主驱动动能明显增强，此时宏观政策的边际效应已经减弱，而且预期未来前期的经济刺激政策逐步退出，而在市场前期的趋势投资已使部分行业透支未来的情况下，此时市场理性的发展将使投资者更看重业绩真实的增长，因此在该阶段应该更多考虑行业与公司业绩的真实增长，此时应该侧重于自下而上的防守型方法。

（三）自上而下分析法的优缺点

1. 自上而下分析法的优点
1）能获得高于市场平均水平的收益

自上而下分析法能筛选出业绩增长快于市场平均水平的个股，常常能挑选出一轮行情的超级大牛股，从而获得远高于市场平均水平的收益。

2）能和其他分析方法相互印证

由于自上而下分析法本质上是一种趋势投资分析方法，而技术分析方法也是一种趋势投资分析方法，这两种方法可以在运用中相互结合并相互印证，从而降低投资判断失误的概率。

2. 自上而下分析法的缺点

1）涉及的分析环节比较多

机构投资者常使用自上而下分析法。这种方法需要准确判断宏观经济条件，然后准确判断出这些条件对整个经济中各个部门的影响，尤其是对各个行业的影响，最后判断对特定企业的影响。

2）分析和反应速度要快

对采用自上而下分析法的投资者而言，至关重要的是不仅要快，而且要准确，否则其他人可能会捷足先登，买入和卖出使价格反映出预期中的宏观经济变化，从而消灭了后来者的盈利潜能。

3）自上而下分析法中没有安全边际

使用这种方法的投资者并不以价值为购买依据，而是根据一种趋势来购买，他们的支付价格没有明确的限制，因为价值并不是他们做出购买决定时考虑的内容。同时，自上而下方法面临的另外一个难题就是评估有多少预期已经体现在企业当前的股价中了，因此，在使用自上而下分析法做出投资决策的时候，必须考虑到其他人的预期。

综合而言，采用自上而下分析法的投资者面临着让人繁重的分析任务，相对适合机构投资者和对经济领域有较多研究的专业投资者。

（四）自下而上分析法的优缺点

1. 自下而上分析法的优点

1）符合价值投资哲学

自下而上分析法符合格雷厄姆所倡导的价值投资哲学，其投资哲学有三个要素：第一，价值投资是从下往上的策略，使用这种方法可以分辨出特定的被低估的投资机会。

第二，价值投资追求的是绝对表现，而不是相对表现。

第三，价值投资是一种风险规避方法，对会出现哪些错误（风险）和哪些会进展顺利（回报）给予同等关注。

2）运用相对简单

投资者每次只需对一个单独的投资机会进行基本面分析，价值投资者一个接一个地寻找便宜的证券，并根据实际情况分析每个证券的基本面情况，而不去过多考虑市场当前的走向或者自己对宏观经济的看法。

3）投资中的不确定因素有限

采用自下而上分析法的投资者能够简单、准确地确定他们正在押注什么。他们面对的不确定因素有限：这家企业的潜在价值有多少？这种潜在价值是否能持续至股东从潜在价值的实现中获益？价格与价值之间缺口缩小的可能性有多大？以及鉴于当前的市场价格，潜在的风险和回报是什么？

采用自下而上分析法的投资者能够轻而易举地判断出当初做出投资决定的理由何时已经失效。

2. 自下而上分析法的缺点

1）独立运用准确度低

在确定证券合理价值时，需要对证券进行评估，此时仍然需要考虑使用自上而下分析法才能相对准确的估值。

2）估值的精确度无法有效确定

虽然有许多企业估值方法，但在实践中无法确定哪种估值方法的估值更为精确，通常也无法准确获取精确估值所需要的信息。

3）投资周期可能相对较长

自下而上分析法的思路被巴菲特精确地描述成"买入，然后等着"，投资者必须学会评估价值，必须要有耐心，并遵守纪律，直至等到便宜货的出现，并买入，买入后需要耐心持有直至价格高于价值，投资周期可能相对较长，对投资者心态有较高要求。

综合而言，采用自下而上分析法相对简单，较为适合普通投资者，但对信息收集和处理能力有较高要求。

四、基本分析方法的优缺点及适用范围

基本分析方法的优点主要是能够比较全面地把握证券价格的基本走势，应用起来相对简单；而缺点主要是对短线投资者的指导作用比较弱，预测的精确度相对较低。

根据基本分析方法的优缺点，基本分析方法主要适用于周期相对比较长的证券价格预测，以及相对成熟的证券市场和预测精确度要求不高的领域。

第六节 证券组合分析法概述

一、证券组合分析法的含义

在投资学中，组合通常是指个人或机构投资者所拥有的各种资产的总称。证券组合是指个人或机构投资者所持有的各种有价证券的总称。

证券投资是一种高风险、高收益的投资方式。风险是指投资损失的可能性。不同证

券具有不同的风险收益特征，有的证券投资风险大，有的投资风险小。投资者在进行证券投资时，不但希望投资收益最大化，同时也希望投资风险最小化。证券组合分析法就是通过组合投资，有效地降低投资风险，以达到投资收益与投资风险平衡的分析方法，即求解在风险一定的条件下实现收益的最大化，或在收益一定的条件下使风险达到最低的投资组合的方法。

证券组合分析法有两类，一类为传统的证券组合分析法，另一类为现代证券组合分析法。两类分析方法的共同目的是通过多元化证券组合来有效降低非系统性风险，但是两者的理论基础不同。传统的证券组合分析法依靠经验，用非定量分析的方法构建和调整证券组合中各证券的比例关系；现代证券组合分析法是一种数量化的组合管理方法，它是运用定量化的方法求解证券组合中各证券的最佳比例关系，以实现投资收益与风险的最佳平衡。现代证券组合分析法的理论基础主要有：马科维茨的均值方差模型、夏普的资本资产定价模型（capital assets pricing model，CAPM）及罗斯的套利定价理论（arbitrage pricing theory，APT）等。

二、证券组合分析法的内容

现代证券组合理论具有十分丰富的内容，而且还在不断发展中。根据已有的研究成果，现代证券组合理论可分为以下三大部分。

（一）马科维茨的均值方差模型

马科维茨的均值方差模型是证券组合分析的主要理论基础，它在一系列严格假设的基础上，以证券或证券组合的期望收益率来表示其收益，以期望收益率的方差来衡量其风险，通过建立一个二次规划模型求解有效证券组合，并根据投资者的无差异曲线确定投资者最满意的证券组合的方法。

（二）资本资产定价模型

马科维茨的均值方差模型面临的最大问题是计算量太大，同时不能对风险进行有效的分类和管理，这严重地阻碍了马科维茨方法在实际中的应用。威廉·夏普等在马科维茨均值方差模型的基础上，提出了一种新的风险计量指标，即证券的卢系数，用于衡量证券投资的系统风险，建立了证券投资的期望收益率与系统风险的关系，即资本市场线和证券市场线，同时提出了单因素模型和多因素模型，极大地简化了马科维茨均值方差模型的计算。

（三）套利定价理论

CAPM 在金融领域盛行十多年，然而，该模型的致命弱点是无法用经验事实来检验。史蒂夫·罗斯在多因素模型基础上，提出了 APT。这一理论认为，只要任何一个投资者不能通过套利获得收益，那么期望收益率一定与因素风险相联系。这一理论需要较少的假定。

三、证券组合分析法的优缺点及适用范围

证券组合分析法的优点主要是在投资分析中，对风险进行了分类和定量化描述，建立了收益与风险之间的关系，从理论上证明了证券组合可以有效降低非系统风险的基本思想，并运用定量化的方法求解证券组合中各证券的最佳比例关系，克服了传统证券组合法在确定各证券投资比例时的盲目性，以实现投资收益与风险的最佳平衡。

证券组合分析法的缺点主要有：在确定各证券的最佳比例关系时，计算比较复杂；模型对证券市场的假设条件过于严格，与实际市场之间存在较大的差距；在计算投资比例时，需要大量的预测数据；同时，模型也没有考虑一些难以定量化的因素。因此，模型得出的结论仅是投资决策的一个参考。

根据证券组合分析法的优缺点，此种分析法主要应用在大规模的投资组合管理及相对成熟的证券市场和预测精确度要求较高的领域中，特别是在科学化和数字化投资理念占据主导地位的今天，数量化方法更合乎时代发展的趋势。

第七节 行为金融分析法概述

一、行为金融学概述

（一）行为金融学的起源

大多数学者趋于把心理学与金融学相结合的起点作为行为金融学的开端。凯恩斯是最早强调心理预期在金融投资决策中起作用的经济学家，强调心理预期在人们投资决策中的重要性，认为决定投资者行为的主要因素是心理因素，投资者是非理性的，其于1936年提出了著名的选美比赛理论。

但真正意义上的行为金融理论是由美国奥瑞格大学商学教授 Burrel 和 Bauman 于 1951 年最先提出来的，他们认为，金融学家在衡量投资者的投资收益时，不仅应建立和应用量化的投资模型，而且还应对投资者传统的行为模式进行研究，从而引发了大量学者对行为金融学的研究。

（二）行为金融分析法的概念

从 20 世纪 80 年代以来，证券市场上不断出现了与经典理论相悖的金融异象。行为金融分析法是以这些金融异象为研究对象，从对标准金融理论的质疑开始，以行为科学为基础，研究投资者心理行为，进而为投资决策提供服务的一种分析方法。

行为金融分析揭示了基于新古典传统的经济学和金融学的一个致命性缺陷，即完全理性人的假设。行为金融学认为传统的数理金融学假设投资者自己每天用复杂数学方法所推导出来的理性与均衡结论来指导自己行为并且贯穿在自己的每一日常行为中是不符合现实的，投资者完全理性的假设与现实并不相符。在证券市场中，并不是每一个投资者都会用投资理论中的复杂数学方法来推导所谓的理性与均衡价格来指导自己的投资行为。投资者并不是用贝叶斯规则来进行风险决策，而是用简单而有效的直观推断法来进行投资，即行为金融学假设市场参与者只是有限理性人。在多数情况下，启发法是有效的，但它们往往包含一些系统性的误差，这些误差在有些情况下会变得重要，成为影响全局的错误。投资者并不总是根据基本面来进行投资决策，有时会根据噪声来决策，从而成为所谓的噪声交易者。

（三）行为金融学日益成为关注焦点

长久以来，建立在理性人和有效市场假说基础上的一系列严格的假设成为主流经济学的基石，并统领了经济学的各个学科。例如，基于理性人追求效用函数最大化的假设，金融学形成了由资产组合理论、CAPM、套利定价模型、期权定价理论经典理论所组成的标准金融定价理论框架。这些理想的模型似乎在越来越多的现实检验中出现问题，1977 年，罗尔发现，统计数据与模型的冲突表明作为标准金融学基石的 CAPM 可能是无法验证的。之后，有效市场假说也被指出了存在许多统计异常现象。1992 年，作为基于有效市场假说的 CAPM 的奠基人之一的法玛甚至撤回了对 CAPM 的支持。在时间序列方面，除了周末效应、一月效应等现象外，股票价格不论在短期或长期也都存在相当的自相关。

这些无疑把现代金融学推到了一个尴尬的境地：经典的、数量经济基础上的严谨体系即使不是错误的，也至少是很不完善的。传统金融研究面临着一方面是没有严格的统计数据支持的模型，另一方面是没有理论解释的实证数据的局面，在对学科进行审视和反思的过程中，运用心理学、社会学、行为学来研究金融活动中人们决策行为的行为金融学便成为学界的关注点。

二、行为金融分析法的内容

以有限理性人为基本假设,从解释市场异象出发,卡尼曼提出了前景理论,有效并系统地解释了大量的传统金融理论无法解释的问题,为经济学和金融学研究打开了全新的视角,卡尼曼也因此获得诺贝尔经济学奖。由 Barberis、Shleffer 和 Vishny 提出的选择性偏差和保守性偏差的 BSV 模型,由 Daniel、Hirsheifer 和 Subramanyam 提出的有信息的投资者存在过度自信和有偏的自我归因的 DHS 模型等都是著名的理论经典。

在理论发展的同时,行为金融也积极运用于投资实践,其一直沿着两条主线在发展:一是深入研究投资者的行为与心理机制,具体就是研究行为与心理机制在金融市场中的直接运用;二是系统研究有限理性行为对市场总体运行的影响。第一条主线衍生出了金融心理学和行为资产管理;第二条主线则衍生出了行为定价理论、行为资产组合理论和行为公司金融。

(一)投资者心理分析

投资者心理分析主要分析投资者在投资活动中的心理特征及投资者应具备的心理素质等,包括在投资活动中,投资者具有的心理特征,如过度自信、意识账户、典型启示、损失厌恶与后悔厌恶等;投资者应具备的心理素质,如善于总结和调整的心理素质、正确对待以前的错误和成功的心理素质、理性对待价格变化的心理素质、沉着果断和保持一种客观态度的心理素质等。

(二)以有限理性人为基本假设的行为金融学模型

行为金融学模型包括由 Barberis、Shleffer 和 Vishny 提出的选择性偏差和保守性偏差的 BSV 模型,由 Daniel、Hirsheifer 和 Subramanyam 提出的有信息的投资者存在过度自信和有偏的自我归因的 DHS 模型、以最大效用准则为基础的羊群效应模型、以研究价格偏离为重点的 DSSW(Delong、Shleifer、Summers 和 Waldmann)噪声交易模型等多个模型,这些模型对投资行为起到了较好的指导作用。

(三)行为公司金融与行为资产管理

行为公司金融主要研究在有限理性条件下,经理人有限理性与公司融资、公司投资、公司并购和股利分配等内容。

行为资产管理理论则建立在行为资产组合理论的基础上,结合投资中可能产生的认知偏差,提出相应的行为投资策略和行为投资过程管理。

三、行为金融分析法的优缺点及适用范围

行为金融分析法的优点是能够使投资者在证券投资过程中保证正确的观察视角，特别是在市场重大转折点的心理分析上，往往具有较好的效果。基于这一认识，1993年，富勒—泰勒资产管理公司成为世界上首家专门采用行为投资策略和行为投资管理理念的投资公司，此后国外出现了部分行为金融基金，我国2007年开始有少数几家基金开始尝试采用行为投资策略。

行为金融分析法也存在一定的缺点，该方法基于人的不同理性行为和心理假设，因此，很难得到统一的结论和用于指导投资者的具体投资行为。因而，行为金融分析法主要运用在市场重大转折的分析上及培养投资者正确心态上，而单独使用行为金融分析法将较为局限。但是，将行为金融分析法与技术分析或基本分析进行结合，可以使两种投资分析方法更好地对投资决策起到重要指导作用。

➢**本章复习思考题**

1. EMH是指什么？
2. 有效市场成立的条件是什么？
3. 有效市场的三个层次有何区别？
4. 技术分析方法的要素有哪些？
5. 简述自下而上分析法的优缺点。

第五章 证券投资宏观分析

宏观经济分析是证券投资分析的关键,宏观经济决定了证券市场的基本走势,只有正确判断当前的宏观经济形势才能做出正确的投资决策。在实际操作中,宏观经济方面的判断极其重要,本章阐述了证券投资基本分析的宏观经济方面,主要包括宏观经济运行对证券市场的影响途径及宏观经济政策变动与证券市场波动的关系。

第一节 宏观经济运行对证券市场的影响

一、宏观经济运行对证券市场的影响途径

证券市场的波动与宏观经济状况息息相关,特别是股票市场素有宏观经济"晴雨表"之称。所以,宏观经济分析对于证券投资具有重要意义,不仅投资对象要受到宏观经济形势的深刻影响,而且证券业自身的生存、发展和繁荣与宏观经济因素也息息相关。宏观经济分析是确定全球投资配置比例的基础,也是行业分析和公司分析的大环境。宏观经济对证券市场的影响通常通过以下途径而起作用。

(一)经济增长

一个国家或地区的社会经济是否能持续稳定地保持一定发展速度,是影响证券市场股票价格能否稳定上升的重要因素。分析一国的经济增长主要看国内生产总值(gross domestic product,GDP)的增长情况,它是反映经济增长的综合性指标。当 GDP 指标保持一定发展速度时,表示经济运行态势良好,此时,企业的经营状况一般也较好,证券市场上的股票价格将上升;反之,股票价格会下降。

（二）公司经营效益

经济增长是影响公司生存、发展的基础，但是具体到每一家公司，其经营效益会随着经济周期、产业环境、宏观经济政策等因素而变动。例如，当公司经营随宏观经济的趋好而改善，盈利水平提高，其股价自然上涨。

（三）居民收入水平

居民收入水平的变化，直接影响证券市场的需求，进而影响证券价格的变化。例如，居民收入水平提高，不仅促进消费，改善企业经营环境，而且还会增加证券市场的投资需求，促进证券价格上涨。

（四）预期收益

投资者对股价的预期，是宏观经济影响证券市场走势的重要途径。当宏观经济趋好时，投资者预期公司效益和自身的收入水平会上升，投资的信心增加，证券市场自然人气旺盛，从而推动证券价格上扬。

（五）资金成本

当宏观经济政策发生变化，如利率、消费信贷政策、利息税等政策发生变化时，居民、单位的资金持有成本将随之变化，促使资金流向改变，影响证券市场的需求，从而影响证券市场的走向。

二、经济周期对投资的影响

纵观世界各国经济发展的历史，投资在经济运行中总是波动起伏的，并且表现为一种周期性的运动过程。投资波动与经济增长波动密切相关，是导致经济增长波动的一个重要因素；反过来，经济增长的波动也会影响投资的波动。经济周期循环对股票市场的影响非常显著，从某种程度上说，是经济周期从根本上决定了股票价格的长期变动趋势。

（一）概述

1. 经济周期的形态

1）定义

经济周期或称经济循环或称商业循环，是指社会生产和再生产过程中，周期性出现的经济扩张或经济紧缩交替更迭循环往复的一种经济现象。

2）形态

一个完整的经济周期形态一般可划分为四个阶段，即繁荣阶段、衰退阶段、萧条阶段和复苏阶段，即分为两个阶段和两个转折点，具体如图5-1所示。

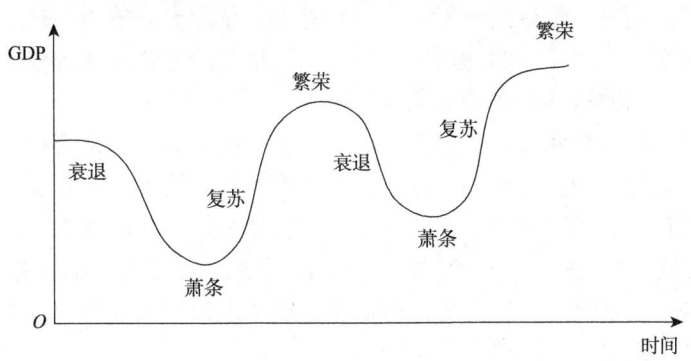

图 5-1 经济周期

经济周期变动与股价变动的关系是：复苏阶段，股价回升；繁荣阶段，股价上涨；衰退阶段，股价下跌；萧条阶段，股价低迷。值得重视的是，股票价格的变动通常比实际经济的繁荣或衰退领先一步，即在经济高潮后期股价已率先下跌，在经济尚未全面复苏之际，股价已先行上涨。国外学者认为股价变动一般要比经济景气循环早3～6个月。

2. 经济周期的起因

关于经济周期发生的原因，经济学家殚精竭虑做了多种不同的解释，其中具有代表性的有如下两类。

1）外部因素理论

将经济周期的根源归结于市场经济运行体制之外的某些因素，具体如下。

创新说——把经济周期和投资周期归因于科学技术的重大发明创造。

太阳黑子论——把经济周期和投资周期归因于太阳黑子。

战争说——把经济周期和投资周期归因于战争对社会的破坏与重建。

2）内部因素理论

将经济周期的根源归结于市场经济运行体制之中的某些因素，具体如下。

消费不足说——把周期性萧条归因于一般人用于消费的收入不足。

投资过多论——把周期性衰退归因于投资过多。

心理说——把周期性波动归因于人们悲观和乐观的预期的交互作用。

货币论——把经济的周期波动归因于银行对货币和信用的扩张与收缩。

（二）对所处经济周期阶段的判断

从股价波动与经济周期的相互关联中，我们可以看出，股价总是伴随经济周期相应地波动，但股价的波动超前于经济运动，股价波动是永恒的，投资者应把握经济周期，认清当前经济发展处于经济周期的何种阶段，对证券投资做出正确判断。

1. 计量经济模型法

计量经济模型是表示经济变量之间数量关系的方程式,主要有经济变量、参数和随机误差三大要素。

用计量经济模型进行预测的一般过程为:首先,预测者要按照一定的经济理论来建立数学模型;其次,根据现实的材料,使用计量经济学的方法来估计模型参数,进行模型检验;最后,利用通过检验的模型进行预测。

对经济周期进行分析和预测一般采用宏观计量经济模型。由于宏观计量经济模型提供的是一组组宏观经济变量的预测数据,因此它不仅可以用来分析和预测宏观经济运行的阶段性质,而且可以用来预测其具体水平。计量经济模型方法理论性强,而且模型庞大,所含方程式数目可从一二十个到数百个,因此必须依赖于先进的计算机系统。另外,每一个计量经济模型都是某一经济理论的产物,经济理论的正确与否及正确程度对计量经济模型来说至关重要。

2. 概率预测法

概率预测法是用概率论的方法对宏观经济活动进行的预测。由于宏观经济运行的复杂性,宏观经济变量的变化并不一定像计量经济模型所描述的那样稳定,而是常常在一定的区间内按某种概率发生。这样,总结宏观经济运行的过去和现状,揭示其规律性,从而在一定的置信水平下预测未来宏观经济变量的水平,就成为一种行之有效的方法。

概率预测法用得较多也比较成功的是对宏观经济的短期预测,如对 GDP 及其增长率、通货膨胀率、失业率、利率、个人收入、个人消费、企业利润及对外贸易差额等指标的下一时期水平或变动率的预测。由此可见,概率预测比较适合于宏观经济运行的短周期阶段性判断。

3. 经济指标分析法

经济指标分析法是最早使用的方法,其采用多种常见经济指标的具体表现,用来判断经济周期具体处于何种阶段。主要的经济指标包括以下三类。

1)先行指标

先行指标对经济周期有较强的预示作用,通常比实际经济周期运行提前 3~6 个月,主要包含四个常见指标。

A. 货币供应量

货币供应量和经济周期呈正向关系,货币供应量的最高点通常预示着经济周期即将于 3~6 个月后出现周期高峰;而货币供应量的最低点也通常预示着经济周期即将于 3~6 个月后出现周期低谷。

B. 股价指数

证券市场被称为国民经济的"晴雨表",因而代表证券市场走向的股价指数也能起到预示的作用,股价指数通常和经济周期呈正向关系。

C. 房屋建造许可证批准数量

房屋建造许可证批准数量是对一国房地产投资活跃程度的指示,而房地产行业是对经济周期最为敏感的行业之一,因而也能起到较强的预示作用。房屋建造许可证批准数量通常和经济周期呈正向关系。

D. 机器设备的订单数量

机器设备的订单数量是对一国实体经济中投资活跃程度的反映，而经济周期和实业投资总是相互作用，因而也能起到较强的预示作用。机器设备的订单数量通常和经济周期呈正向关系。

2）同步指标

同步指标和经济周期的运行呈现同步的特征，反映了宏观经济正在发生的情况，因而可以用来进一步判断经济周期的实际运行阶段，主要包括 GDP 和失业率两个指标。

3）滞后指标

先行指标能对经济周期有验证作用，但比实际经济周期的运行滞后了 3~6 个月，主要包括以下指标。

A. 银行短期商业贷款利率

银行短期商业贷款利率和经济周期呈正向关系，银行短期商业贷款利率的最高点通常说明经济周期已经于 3~6 个月前出现周期高峰；而货币供应量的最低点也通常说明经济周期已经于 3~6 个月前出现周期低谷。

B. 工商业未还贷款

工商业未还贷款和经济周期呈反向关系，未还贷款数量的最高点通常说明经济周期已经于 3~6 个月前出现周期低谷；而未还贷款数量的最低点也通常说明经济周期已经于 3~6 个月前出现周期高峰。

C. 生产成本和消费物价指数

经济逐渐升温会带来生产成本和消费物价指数的上升，因此可以用生产成本和消费物价指数来验证经济周期的实际运行状态，两者与经济周期呈正向关系。

（三）经济周期的类型

按周期对经济发展的影响程度及发生的时间长短分类，经济周期有四种类型。

1. 小周期

小周期的平均长度约四年，由美国经济学家基钦（Kitchin）于 1923 年提出，常称基钦周期。这种周期包括了那种对经济发展的影响相对较小、时间较短的周期，故也称次要周期。在美国 1807~1937 年的 130 年中，共经历了 37 个小周期，其平均长度为 3.51 年。

2. 大周期

大周期的平均长度约八年，由法国经济家裘格拉（Juglar）于 1860 年提出，也称为裘格拉周期。该种周期对经济发展的影响较为重要，故亦称为主要周期。一个裘格拉周期大约包含两个基钦周期。美国 1795~1937 年的 142 年中，共经历了 17 个大周期，其平均长度为 8.35 年。

3. 中长周期

中长周期的平均长度约 20 年，由美国经济学家库兹涅茨（Kuznets）于 1930 年提出，常称库兹涅茨周期。这种周期一般发生在房屋建筑业等部门，也称建筑周期。一个库兹涅茨周期，约含二个至三个裘格拉周期。这种周期往往和两个大周期中的一个重合，对经济发展有较大的影响。

4. 长周期

长周期的平均长度约 50 年,由苏联经济学家康德拉季耶夫(Kondratieff)于 1925 年提出,常称康德拉季耶夫周期。该种周期发生的时间很长,故亦称长期波动或久远波动。一个康德拉季耶夫周期约含六个裘格拉周期。

(四)经济周期与投资市场

1. 萧条阶段

经济表现:经济下滑至低谷,百业不振,公司经营状况不佳。

(1)股票市场:股票价格低位徘徊,大部分投资者深度套牢,离场观望;机构投资者只有分析经济形势即将好转时才会吸纳股票。

(2)商品期货市场:商品期货市场是与国际市场紧密相连的开放市场,因此,商品期货市场价格波动不仅受国内经济波动周期的影响,还受世界经济的景气状况影响,相对复杂。但在萧条阶段,商品期货价格停止下跌,处在低水平上。

(3)房地产市场:经济萧条、失业增加、国民收入减少,大部分家庭财务出现问题,不得不减少消费,对房地产的购买取消或推迟,房地产市场一蹶不振。

(4)国债市场:国债市场价格狂升,交易火爆。

2. 复苏阶段

经济表现:公司经营状况开始好转,业绩上升,失业率开始下降。

(1)股票市场:先知先觉的机构投资者不断吸纳股票,股票价格已回升到一定水平,初步形成底部反转之势。随着各种媒介开始传播萧条已经过去,经济日渐复苏,投资者认同感不断增强,投资者推动股票价格不断上升,完成对底部反转趋势的确认。

(2)商品期货市场:随着经济的复苏,生产开始恢复,需求开始增长,价格开始上升。

(3)房地产市场:经济的复苏推动购买力的回升,需求推动房地产价格回升;银根放松也使房地产业获得资金的血液。

(4)国债市场:交易开始降温,价格停止上涨。

3. 繁荣阶段

经济表现:公司经营业绩提升,不断扩大生产规模,占有市场,生产就业大量增加,市场旺盛,货币信贷活动频繁,物价上升,利润增加。

(1)股票市场:投资热情高涨,推动证券市场价格大幅上扬,并屡创新高,整个经济和证券市场一派欣欣向荣。此时盛极必衰,机构投资者一般开始卖出股票,股票价格出现高位滞涨。

(2)商品期货市场:价格达到顶峰,行情涨跌幅度大,多空争夺激烈。

(3)房地产市场:价格很高,地价很贵。

(4)国债市场:价格下跌,国债难卖。

4. 衰退阶段

经济表现：经济过热造成工资、利率等大幅上升，使公司营运成本上升，公司业绩开始下降，盛极必衰。

（1）股票市场：更多投资者看淡后市，抛出股票，股市到达中长期顶部，形成向下趋势。

（2）商品期货市场：现货卖不了，价格下跌，期货跌幅更快。

（3）房地产市场：大量楼盘积压，价格下跌，地产商促销力度变大。

（4）国债市场：市场交易活跃，国债好卖是经济衰退的征兆。

但是，不同行业受经济周期的影响程度是不一样的，对具体某种股票或某种具体投资行业的行情走势分析，应深入细致地探究该轮周期的起因、政府控制经济周期采取的政策措施，并结合行业特征及具体投资标的的特征进行综合分析。

三、GDP 变动对证券投资的影响

GDP 是一国经济情况的根本反映。从长期来看，如果上市公司的行业结构与该国产业结构基本一致，其股票指数的变动与 GDP 的变化趋势是吻合的，但不能简单地认为 GDP 增长证券市场就必然出现上升走势。而实际上的走势有时恰恰与此相反。判断 GDP 变动对证券市场的影响时，必须将 GDP 与经济形势结合起来进行考察。

（1）GDP 持续、稳定、高速地增长。在这种情况下，社会总需求与总供给协调增长，经济结构逐步趋于合理与平衡，经济增长来源于需求刺激并使得闲置的或利用率不高的资源得以更充分地利用，从而使经济发展呈现良好势头。这时证券市场将基于以下原因而呈现上升走势。

第一，伴随总体经济的成长，上市公司的利润持续上升，股息不断增长，企业经营环境不断改善，产销两旺，投资风险也越来越小，从而使公司的股票和债券全面升值，促使价格上扬。

第二，人们对经济前景形成了良好的预期，投资积极性得以提高，从而增加了对证券的需求，促使证券价格上涨。

第三，随着 GDP 的持续增长，国民收入和个人收入都不断得到提高，收入增加也将增加对证券的投资需求，从而推动证券价格上涨。

（2）高通胀下的 GDP 增长。当经济处于总需求大大超过总供给的失衡状况下的高速增长时，就表现为高通货膨胀率。这是经济形势恶化的征兆，如不采取调控措施，必将导致未来的滞胀（通货膨胀与经济停滞并存）。此时经济中的各种矛盾会突出地表现出来，企业经营将面临困境，居民实际收入也将降低，因而失衡的经济增长必将导致证券市场行情下跌。

（3）宏观调控下的 GDP 减速增长。当 GDP 呈失衡的高速增长时，政府可能采取宏观调控措施以维持经济的稳定增长，这样必然减缓 GDP 的增长速度。如果调控目标得以顺利实现，GDP 仍以适当的速度增长，而未导致 GDP 的负增长或低增长，说明宏观调控措施十分有效，经济矛盾逐步得到了缓解，并为进一步增长创造了有利条件。这时证券市场也将反映这种良好的形势而呈现缓慢上升态势。

（4）转折性的 GDP 变动。假如 GDP 一定时期以来呈负增长，当负增长速度逐渐减缓并呈现向正增长转变的趋势时，表明恶化的经济环境已经逐步得到改善，证券市场的走势也将由下跌转为上升。

当 GDP 由低速增长转向高速增长时，表明在低速增长中，经济结构得到调整，制约经济发展的瓶颈得到改善，新一轮高速增长已经来临，证券市场也将有一轮快速上涨的行情。

证券市场一般提前对 GDP 的变动做出反应，即证券市场反应预期的 GDP 变动。而 GDP 的实际变动被公布时，证券市场只反映实际变动与预期变动的差别，因而在证券投资中进行 GDP 变动分析时必须着眼于未来，这是最基本的原则。由此可见，从长期看，证券市场的运动方向与 GDP 的实际变动方向是吻合的，但在短期甚至中期两者则可能出现背离的情况。

四、通货变动对证券投资的影响

通货指一国的法定货币。在没有价格管制、价格基本由市场调节的情况下，通货变动与物价总水平是同义语。通货变动一般包括通货膨胀和通货紧缩两类。

（一）通货膨胀对证券市场的影响

通货膨胀对证券市场特别是个股的影响，无永恒的定势，完全可能同时产生相反方向的影响。因此，对这些影响的分析必须从该时期通货膨胀产生的原因、通货膨胀的程度，配合当时的经济结构和形势、政府可能采取的干预措施等方面入手，下面就一般的原则加以说明。

1. 温和通货膨胀

如果通货膨胀是温和的，而且是在经济的可容忍范围之内，经济通常会持续增长，证券市场上的股价也将持续上升；但通货膨胀提高了债券的必要收益率水平，从而引起债券价格下跌。

2. 恶性通货膨胀

当发生恶性通货膨胀时，货币加速贬值，人们将会囤积商品、购买房地产以期对资金保值，这可能从两个方面影响证券价格。

一是资金流出金融市场，引起股价和债券价格下跌；二是经济扭曲和企业失去效率，企业筹集不到必需的生产资金，同时，原材料、劳务价格等飞涨，使企业经营严重受挫、盈利水平下降，甚至倒闭，进而导致证券市场上的股价下跌。

3. 通货膨胀的区别影响

通货膨胀对所有价格和工资的影响并不是完全相同的，而是相对价格发生了变化。

这种相对价格变化引致财富和收入的再分配,以及产量和就业的扭曲,因而某些公司可能从中获利,而另一些公司可能蒙受损失,与之相应的是获利公司的股票价格上涨,受损失的公司股票价格下跌。

4. 政府对通货膨胀的调节

政府往往不会长期容忍通货膨胀存在,因而必然会动用某些宏观经济政策工具来抑制通货膨胀;这些政策必然对经济运行造成影响。这种影响将改变资金流向及企业的经营利润,从而影响股价。

(二)通货紧缩对证券市场的影响

一般而言,通货紧缩会损害消费者和投资者的积极性,造成经济衰退和经济萧条,而经济萧条又会进一步影响消费者和投资者对经济的预期,从而使经济步入恶性循环的轨道,这时,证券市场上的股价将会大幅下跌。

从消费者的角度来说,通货的持续紧缩,使消费者对物价的预期值下降,会更多地持币待购,推迟购买。对投资者来说,通货紧缩将使目前的投资在将来投产后,产品价格比现在的价格还低,并且投资者预期未来工资下降,成本降低,这些会促使投资者取消原有投资计划。消费和投资的下降减少了总需求,使物价继续下降,从而步入恶性循环。

从利率角度看,通货紧缩形成了利率下调的稳定预期,下调利率又降低了社会的投资预期收益率,导致有效需求和投资支出进一步减少,工资降低、失业增多、企业的效益下滑、居民收入减少、引致物价更大幅度下降。可见,因通货紧缩带来的经济负增长,将使得股票债券等资产价格大幅下降,银行资产状况严重恶化,而经济危机与金融萧条的出现反过来又大大影响了投资者对证券市场走势的信心。

第二节 宏观经济政策对证券市场的影响

一、货币政策

中央银行贯彻货币政策的手段主要有四个:调整法定存款准备金率、再贴现政策、公开市场业务和信用控制与指导。由于货币政策以货币市场为媒介,通过利率等手段来调节货币需求,因此它对证券市场的影响直接且迅速。

当国家为了防止经济衰退、刺激经济发展而实行扩张性货币政策时,中央银行就会通过降低法定存款准备金率、降低中央银行的再贴现率、在公开市场上买入国债或者信用放松的方式来增加货币供应量,扩大社会的有效需求。

当经济持续高涨、通货膨胀压力较重时,国家往往采用适当紧缩的货币政策。此时,中央银行就可通过提高法定存款准备金率、提高中央银行的再贴现率、在公开市场上卖出国债或者信用控制以减少货币供应量,以实现社会总需求和总供给大体保持平衡。

对证券市场的具体影响如下。

(一) 改变货币供应量

通过调整法定存款准备金率和再贴现率,可以改变货币供应量。当增加货币供应量时,一方面证券市场的资金增多,另一方面通货膨胀也使人们为了保值而购买证券,从而推动证券价格上扬;反之,当减少货币供应量时,证券市场的资金减少,价格的回落又使人们对购买证券保值的欲望降低,从而使证券市场价格呈回落的趋势。

(二) 调整投资成本

通过调整再贴现率及直接调整利率,改变证券投资的机会成本和影响上市公司的业绩,从而能对证券市场价格产生影响。当提高利率时,证券投资的机会成本提高,同时,上市公司的营运成本提高、业绩下降,从而证券市场价格下跌;反之,当降低利率时,证券投资的机会成本降低,而上市公司的营运成本也下降,业绩向好,从而证券市场价格上涨。

(三) 直接改变市场供求

中央银行在公开市场上买进证券时,对证券的有效需求增加,促进证券价格上涨;中央银行卖出证券时,证券的供给增加,引起证券价格下跌。

此外,中央银行的公开买卖,形成一种明显的政策信号,也给市场其他资金起到了一个引导作用,加强了上涨或者下跌的力度。

(四) 引导市场方向

直接信用控制以行政命令或其他方式,直接对金融机构的信用活动进行控制。其具体手段包括:规定利率限额、信用配额、信用条件限制,规定金融机构流动性比率和直接干预等;间接信用指导则以道义劝告、窗口指导等办法来间接影响金融机构行为。

当信用控制与信用指导从紧时,证券市场整体行情呈下跌走势,但一些优先发展的产业股票价格则可能不受影响;当信用控制与信用指导从松时,证券市场整体行情呈上升走势。

二、财政政策

财政政策是通过财政收入和财政支出的变动来影响宏观经济活动水平的经济政策。

财政政策的主要手段有三个：一是改变政府购买水平；二是改变政府转移支付水平；三是改变税率。财政政策是以实体经济为媒介，通过控制财政收入和支出，经过企业的投入与产出来影响总需求，其传导过程比较长，从而会出现一定的时滞。财政政策这种较长的时滞性决定了它对证券市场的影响不像货币政策那样立竿见影，而是比较缓慢，但也比较持久的。

当经济增长持续放缓、失业增加时，政府要实行扩张性财政政策，提高政府购买水平，提高转移支付水平，降低税率，以增加总需求，解决衰退与失业问题。

当经济增长强劲、价格水平持续上涨时，政府要实行紧缩性财政政策，降低政府购买水平，降低转移支付水平，提高税率，以减少总需求，抑制通货膨胀。

对证券市场的具体影响如下。

（一）改变政府购买水平

政府购买是社会总需求的一个重要组成部分，通过增加财政支出可以增加总需求，使公司业绩上升、经营风险下降。如增加政府在道路、桥梁、港口等基础设施的投资，可直接增加对相关产业如水泥、钢铁、建材、机械等产业的产品需求；这些产业的发展又形成对其他产业的需求，以乘数的方式促进经济发展。这样，公司的利润增加，居民的收入水平也得到提高，从而可促使证券价格上扬。

反之，实行紧缩性财政政策，可减少财政支出，可减少社会总需求，使过热的经济受到抑制，从而使得公司业绩下滑、居民收入减少，这样，证券市场价格就会下跌。

（二）改变政府转移支付水平

改变政府转移支付水平主要从结构上改变社会购买力状况，从而影响总需求，也会对不同产业和区域的股票形成不同的影响。

1. 调整社会的转移支付水平

提高政府转移支付水平，如增加社会福利费用、增加为维持农产品价格而对农民的拨款等，会使一部分人的收入水平得到提高，也间接促进了公司利润的增长，因此有助于证券价格的上扬；反之，降低政府转移支付水平将使证券价格下跌。

2. 调整中央政府对地方政府的转移支付水平

调整中央政府对地方政府的转移支付水平，将打破原有的中央政府与地方政府之间、地方政府与地方政府之间的财政平衡格局，形成新的平衡状态，这样不仅能从整体上而且能从结构上影响证券市场。如果中央政府提高对地方政府的转移支付水平，地方政府将拥有更多的自主财力，用于发展地方经济，直接或间接地扶持当地上市公司的发展，从而促进证券价格的上扬。同样地，如果某地方政府得到相对更多的中央政府的转移支付，那么该地区的证券价格上扬的潜力更大。

（三）改变税率

1. 改变公司税

公司税的调整将在其他条件不变的情况下，直接影响公司的净利润，并进一步影响公司扩大生产规模的能力和积极性，从而影响公司未来成长的潜力。

当公司税上升时，直接减少了企业的利润，降低了企业的估值；同时利润的减少使公司扩大生产的积极性降低，利润减少导致的分红减少也压制了投资者的投资需求，从而导致股票价格下跌。

反之，公司税下降时，则导致股票价格上升。

2. 改变个人所得税

个人所得税将直接影响居民个人的实际收入水平，实际收入水平的变化将直接影响大众用于投资的数量，从而改变了证券市场的供求关系。

当提高个人所得税时，直接减少了公众的实际收入水平，公众可以用于投资的数量减少，对证券的需求减弱，导致股票价格下跌。反之，个人所得税下降时，则导致股票价格上升。

3. 改变证券交易税

证券交易税直接关系到证券交易的成本，因而证券交易税的调整能对证券市场产生迅速而持久的影响。

其他条件不变的情况下，税率的提高将提高证券交易的成本，减少证券投资的利润，尤其对于短期交易影响较为明显，从而抑制证券交易行为，导致股票价格下跌。反之，证券交易税的降低将有助于证券价格的上扬。

三、汇率政策

汇率对证券市场的影响是多方面的，汇率政策的调整主要是从结构上影响证券市场，一方面引起本国证券市场和外国证券市场的相对变化，另一方面引起本国证券市场出口型企业和进口型企业上市证券价格的相对变化。通常，一国的经济越开放，证券市场的国际化程度越高，证券市场受汇率的影响就越大。以下分析中汇率采用直接标价法，即单位外币的本币标值来表示。

（一）汇率变化的整体影响

汇率上升、本币贬值，将导致资本流出本国。因此，本国的证券市场需求减少，价格下跌；反之，汇率下跌，则资本流入本国，本国的证券市场将因需求旺盛而价格上涨。

(二)汇款变化的结构性影响

汇率上升、本币贬值,本国产品的竞争力增强,出口型企业将受益,因而此类公司的证券价格就会上扬;相反,进口型企业将因成本增加而受损,此类公司的证券价格将因此而下跌。汇率下跌的情形与此相反。

(三)汇率变化引发的政策影响

为了消除汇率变动对本国经济的消极影响,本国中央政府常常对汇率的变动进行干预,这种干预政策也会对本国的证券市场产生影响。当汇率上升时,为保持汇率稳定,政府可能动用外汇储备——抛出外汇、购进本币,从而减少本币的供应量,使证券价格下跌;也可能抛出外汇,同时回购国债,这样将使国债市场价格上扬。

第三节 影响证券市场的其他宏观因素

长期来看,宏观经济因素才是影响证券市场运行的根本因素,但是政治、法律等其他宏观因素也会在一定时期内对市场的运行产生不可忽略的影响,具体有如下几个方面的影响。

一、政治因素

政治不但是经济的集中表现,而且还深刻影响着经济。政治因素泛指那些对股票市场具有一定影响力的国际政治活动、重大经济政策的发展计划及政府的法令、政治措施等。政治形势的变化,对股票市场也产生了越来越敏感的影响,政治因素对证券价格带来的影响往往具有突发性,它们来得突然、变化迅速、很难预测。政治因素包括的内容十分广泛,其主要包括以下内容。

(一)政局

一国的政局是否稳定对证券市场有着直接影响。一般而言,政局稳定则证券市场稳定;相反,政局不稳则常常引起证券市场价格下跌。诸如政府更迭、国内战争、民族冲突、国内罢工、政治丑闻、重要政府官员的更换等。其中,尤以政权转移、领袖的更替影响较大,会对股价波动产生影响,这些事件的爆发都会影响社会安定,进而影响投资者的心理状态和投资行为,引起股票市场的涨跌变化。

(二)战争

战争是政治激化后的产物,是最有影响的政治因素。战争期间社会生产力严重破坏,所有经济活动都得围绕战争展开,对股市造成极大的影响。

战争使各国政治经济不稳定、人心动荡、股价下跌,这是战争造成的广泛影响。但是战争对股票市场及股票价格的影响,有长期性的、亦有短期性的;有好的方面、亦有坏的方面;有广泛范围的、也有单一项目的,这要视战争性质而定。

大规模战争会破坏社会生产力,使经济停滞、生产凋敝、收入减少、利润下降。战争期间大部分企业都会受到严重打击。战争又使投资者风险明显增大,在生命得不到保障的情况下,人们的投资愿望降到最低点。特别是全面的、长期的战争,会使股票市场受到致命打击,股票价格会长期低迷。

如果只是局部战争,战争将促使军需工业兴起,凡与军需工业相关的公司股票当然会上涨。战争中断了某一地区的海空或陆运,提高了原料或成品输送的运费,因而商品涨价,影响购买力,公司业绩萎缩,与此相关的公司股票必然会跌价,战争所引起的许多状况都足以使证券市场产生波动。因此,投资者应适时购进军需及其相关工业的股票,售出容易在战争中受损的行业的股票。

(三)国际形势的变化

国际形势的改变,已越来越对股价产生敏感反应,随着交通运输的日益便利,通信手段、方法的日益完善,国与国之间、地区与地区之间的联系越来越密切,世界从独立单元转变成相互影响的整体,因此一个国家或地区的政治、经济、财政等结构将紧随着国际形势改变,股票市场也随之变动。

如外交关系的改善会使有关跨国公司的股价上升,投资者应在外交关系改善时,不失时机地购进相关跨国公司的股票。

(四)国内重大政治事件

国内重大政治事件也会对股票产生影响,先对股票投资者的心理产生影响,从而间接地影响股价。

(五)政府重大政策

政府重大政策的出台、社会经济发展规划的制订、重要法规的颁布等,这些都会影响投资者对社会发展前景的预期,从而也会引起股票价格变动。

二、法律因素

如果一个国家法律制度健全，使投资行为得到管理与规范，并使投资者的正当权益得到保护，证券从业人员营私舞弊的机会较少，股票价格受人为操纵的情况也较少，因而表现得相对稳定和正常，会提高投资者投资的信心从而促进股票市场的长期健康发展；如果法律法规不完善，投资者权益受法律保护的程度低，则不利于股票市场的长期健康发展与繁荣。

如果一国法律制度不健全、不完善，必然导致市场操纵现象和恶性炒作行为泛滥，市场更具有投机性，震荡剧烈、涨跌无序、人为操纵成分大、不正当交易较多；而一国法律制度在健全完善的过程中，必然会导致违法资金的退出，因而对市场的短期活跃有一定影响。

三、制度因素

制度因素对证券市场的影响是长期性和根本性的，如果一国股票市场质量不高，其根本原因通常在于制度性因素。

制度性缺陷经常存在于股权结构、交易制度、发行制度和监管制度等方面，如果改变交易制度，长期来看，将使交易机制僵化、效率低下的市场状况得到逐步改善，能促使证券市场功能更完善、定价机制更合理、市场质量更高；但是制度的改变必然也会在短期内造成市场行情的剧烈波动。

四、文化因素

文化因素包括社会传统文化、参与者文化程度等内容，其对证券市场的影响包括直接和间接的影响。

文化因素在很大程度上决定着人们的储蓄和投资心理，从而影响股票市场资金流入、流出的格局，进而间接影响股票市场价格。

股票市场的投资者包括个人投资者和机构投资者。文化因素直接对两类市场投资者的投资哲学、投资心理和投资习惯等问题都产生重要影响，从投资决策的角度直接影响着股票市场。一般而言，文化素质较高的证券投资者在投资时相对较为理性，如果证券投资者的整体文化素质较高，则股票市场价格相对比较稳定；相反，如果证券投资者的整体文化素质偏低，则股票市场价格容易出现暴涨或暴跌。

此外，个人投资者和机构投资者的资金结构、主要股票投资者的职业背景、文化程度、月收入构成等都会对股价波动会产生影响。

五、自然因素

自然因素包括地震、洪涝、干旱、飓风等各种不可抗力因素，自然灾害对股价影响产生于灾害对实物资产的损害，灾害发生时，影响了生产，相关公司股价随之下跌；一方面，有关自然灾害及有关经济影响的新闻报道吸引了投资者更多注意力，投资者更多的关注那些不利股票市场的悲观因素，并引发连锁反应，最终对短期市场造成极大的负面影响。另一方面，灾后的重建，刺激生产的扩张，相关行业的股价会有一定程度的上升。

六、区域因素

由于区域经济发展状况、区域对外交通与信息沟通的便利程度、区域内的投资活跃程度等的不同，分属于各区域的股票价格自然也会存在差异，即便是相同产业的股票也是如此。经济发展较快、交通便利、信息化程度高的地区，投资活跃，股票投资有较好的预期；相反，经济发展迟缓、交通不便、信息闭塞的地区，其股票价格总体上呈平淡下跌趋势。

➢**本章复习思考题**

1. 简述宏观经济运行对证券市场的影响。
2. 简述货币政策对证券市场的影响。
3. 简述财政政策对证券市场的影响。
4. 在经济周期不同阶段，主要投资市场有何表现？

第六章 证券投资行业分析

证券行业分析是介于宏观和微观之间的重要的分析。投资者在投资过程中,对行业的正确选择必定建立在对行业的正确分析的基础上,因此行业分析是投资中很重要的一个步骤,它在证券投资过程中具有重要的意义。行业分析法可以进一步细分为供求分析、结构分析、生命周期分析、因素分析等一系列具体的分析。通过分析,可以了解到处于不同市场类型和生命周期不同阶段上的行业产品生产、竞争状态及盈利能力等方面信息资料,从而有利于正确地选择适当的行业进行有效的投资。

第一节 行业分析概述

一、行业分析

(一)行业的概念

行业是处于宏观经济整体与微观个体公司之间的一个概念。行业是指一个企业群体的成员由于其产品在很大程度上的可相互替换性而处于一种彼此紧密联系的状态,并且由于产品可替代性的差异而与其他企业群体相区别,如汽车行业、电子行业、影视行业等。

从证券投资分析的角度看,行业分析主要是界定行业本身所处的发展阶段和在国民经济中的地位,同时对不同的行业进行横向比较,为最终确定投资对象提供准确的行业背景。宏观经济分析是为了掌握证券投资的宏观背景条件,把好证券市场的发展大势。但宏观经济分析并没有为投资者指出投资的具体领域和具体对象,要对投资的具体领域和具体对象加以选择,就需要进行行业分析和公司分析。

行业分析是连接宏观经济分析和上市公司分析的桥梁,是基本分析的重要环节。行业分析的重要任务之一就是挖掘最具投资潜力的行业,并在此基础上选出具有投资价值的上市公司。在任何情况下,总是有些行业的增长与宏观经济的增长同步,有些行业的增长高于或是低于宏观经济的增长。行业有自己特定的生命周期，处在生命周期不同发展阶段的行业，或者在国民经济中具有不同地位的行业，其投资价值都是不一样的。不同的行业会为公司投资价值的增长提供不同的空间，因此，行业是直接决定公司投资价值的重要因素之一。

（二）行业划分的方法

中国证券监督管理委员会于2001年4月4日公布了《上市公司行业分类指引》（以下简称《指引》）。《指引》是以国家统计局《国民经济行业分类与代码》为主要依据，借鉴联合国国际标准产业分类、北美行业分类体系有关内容的基础上制定而成的。《指引》将上市公司共分成13个门类：1是农、林、牧、渔业；2是采掘业；3是制造业；4是电力及水的生产和供应业；5是建筑业；6是交通运输、仓储业；7是信息技术业；8是批发和零售贸易；9是金融、保险业；10是房地产业；11是社会服务业；12是传播与文化业；13是综合类。

在基本分析的行业分析实践中，常常需要对以上行业中的子行业进一步进行分类。

二、影响行业兴衰的主要因素

（一）行业产品的稳定性

在众多因素中，最重要的而且首先需要考虑的是产品的稳定性。通过产品稳定性分析，检验产品的性质及技术复杂性有助于判断产品的未来需求是否保持不变，而历史资料只能说明过去的产业产品需求。例如，仅以一时风行的产品为基础的行业很快会被淘汰；产品性质较稳定的产业，如食品工业和医药工业，其产品需求则有着较长期的稳定性。然而，由于价格构成的变动及其产品需求的波动，这些产品需求较稳定的行业在不同的年份获利能力仍有波动。

（二）技术进步因素

技术进步对行业的影响是巨大的，例如，机器人的出现极大地削减了对传统劳动力的需求，显而易见，投资于衰落的行业是一种错误的选择。投资者必须不断地考察一个行业产品生产线的前途，分析其被优良产品或其他消费需求替代的趋势。

同时，理论科学朝实用技术的转化过程也被大大缩短，速度大大加快。科技行业中，摩尔定律描述了微处理器的速度会每18个月翻一番，同等价位的微处理器的计算速度会越来越快，同等速度的微处理器会越来越便宜；而吉尔德定律则指出未来25年，主干网的带宽每6个月增加一倍。类似的现象正发生在社会的各个行业，因此，充分了解各种行业技术发展的状况和趋势，对投资者来说是至关重要的。

（三）政府政策

政府管理行业的标准是关系到国计民生基础行业和国家发展的战略性行业，这些行业是私人没有能力和不愿意涉足的行业。

政府影响的行业范围有：①公用事业，如煤气、电力、供水、排污、邮电通信、广播电视等；②运输部门，如铁路、公路、航空、航运和管道运输等；③金融部门，如银行、证券公司、保险业等金融机构及高科技领域。

政府对产业的促进作用可通过补贴、优惠税、限制外国竞争的关税、保护某一行业的附加法规等措施来实现。同时，考虑到生态、安全、企业规模和价格因素，政府会对某些行业实施限制性规定，加重该行业的负担。

（四）产业组织创新

推动产业形成和产业升级的重要力量就是产业组织创新，产业组织创新包括持续的技术创新和服务创新。

缺乏产业组织创新的行业，如我国20世纪末的建筑业、纺织业等，由于技术壁垒较低，市场竞争以价格竞争为主，其行业平均利润水平较低，缺乏增长潜力。产业组织创新活跃的行业主要有计算机行业、生物医药行业、通信行业，新技术和新产品不断涌现，该产业能够获得超额创新利润。

（五）社会习惯的改变

社会观念、社会习惯、社会趋势的变化对企业的经营活动、生产成本和利润收益等方面都会产生一定的影响，足以使一些不再适应社会需要的行业衰退而又激发新兴行业的发展。

（六）全球竞争格局

经济全球化或是逆全球化的变化，均会改变企业所处的全球竞争格局，同时也使各行业、各企业获得全球性的市场和资源发生变化。分析全球竞争格局变化对行业的影响，关键要看其这一外部环境是否有利于企业整合全球性的资源、是否有利于企业拓展更大的市场。

第二节 行业特征分析

一、行业敏感度分析

经济周期的变化会对行业的发展产生影响,但影响程度不尽相同:有的行业与经济周期同步,有的则与经济周期关系不大,根据行业对经济周期的敏感程度不同,行业分为以下几类。

(一)成长型行业

成长型行业的运动状态对经济周期及其振幅不够敏感,该行业收入增长的速率相对于经济周期的变动来说,并未出现同步影响,而是呈现出持续增长态势。在过去的十年内,通信行业表现出了这种形态。

成长型行业受经济周期性波动的影响较小,在经济高涨时,其发展速度通常高于平均水平,在经济衰退时,其所受影响较小甚至仍能保持一定的增长,因此,投资该行业可以为投资者带来较丰厚的收益。

(二)周期型行业

周期型行业的运动状态对经济周期极为敏感,当经济处于上升时期,对这些行业相关产品的购买相应增加,此行业会随其扩张;当经济衰退时,这些行业也随之收缩。如房地产业、旅游业等就属于典型的周期型行业。

(三)防守型行业

防守型行业的运动状态对经济周期不够敏感,其需求的弹性较小,公司收入相对稳定,在经济上升阶段不会出现大的增长,在经济衰退阶段也不会出现大的下跌。这类行业的产品往往是生活必需品或公共产品,公众对它们的产品需求相对稳定。如食品行业、医药行业、公用事业等就属于防守型行业。

二、行业周期分析

同任何事物的发展过程一样,行业的发展也经历一个从成长到衰退的演变过程,这个过程称为行业的生命周期。行业的生命周期可分为幼稚期、成长期、成熟期和衰退期四个阶段，具体如图 6-1 所示。

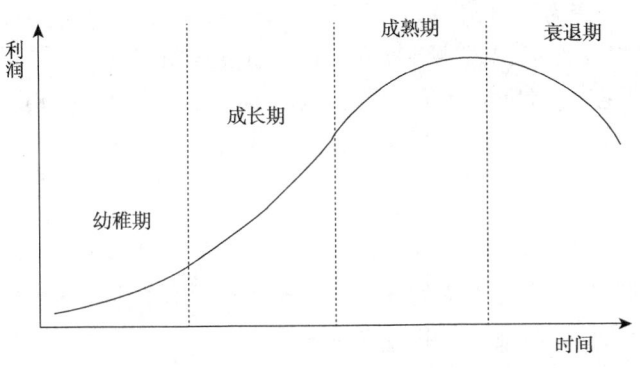

图 6-1　行业的生命周期

（一）幼稚期

幼稚期指行业的产生期，是行业发展的初级阶段。在这一阶段，只有为数不多的投资公司投资于这个新兴的行业。另外，创业公司的研究和开发费用较高，而大众对其产品尚缺乏全面了解，致使产品市场需求狭小，销售收入较低，因此，这些创业公司财务上可能不但没有盈利，反而出现较大亏损。到后期，随着行业生产技术的提高、生产成本的降低及市场需求的扩大，新行业便逐步走向成长期。

处于幼稚期的产业，由于产业创立不久、厂商较少、收益较少甚至亏损，因而在传统的证券市场上是不符合上市条件的。为了满足这些产业发展对资本的需求，推进经济结构的调整和升级，除风险投资基金外，许多国家和地区纷纷创立上市条件有别于传统证券市场的、便于新兴产业上市融资的新型证券市场。正是基于对未来高成长的预期，一些处于初创期的产业的证券表现常常极为出色，然而由于这种价格的大幅扬升没有其业绩基础，而初创期产业的风险较大，因而必然是投机性的，证券价格的大幅波动不可避免。

（二）成长期

在成长期，企业的生产技术逐渐成形，产品市场需求开始上升，新行业也随之繁荣起来。同时，由于市场前景看好，投资于新行业的厂商大量增加，产品也逐步从单一、低质、高价向多样、优质和低价方向发展，因而新行业出现了生产厂商及产品相互竞争的局面。在这一时期，同行业内的企业竞争十分激烈，那些财力与技术较弱、经营不善的企业往往被淘汰或被兼并。尽管这一时期企业的利润增长很快，但所面临的竞争风险也非常大，破产率与被兼并率相当高。到后期，由于行业中厂商与产品竞争优胜劣汰的结果，市场上厂商的数量在大幅度下降后便开始稳定下来，整个行业开始进入成熟期。

处于成长期的产业由于利润快速成长，因而其证券价格也呈现快速上扬趋势。由于证券价格的上涨以业绩为基础，所以这种证券价格的上扬是明确的，并且具有长期性质。证券价格也会因对未来成长的过度预期和对这种过度预期的纠正而出现中短期波动。另外，由于在产业快速成长的同时产业内部会出现厂商之间的分化，相应地，证券价格也表现为在某一成长性产业的证券价格快速上涨的同时，个别证券却表现不佳。

（三）成熟期

在成熟期，在竞争中生存下来的少数大厂商垄断了整个行业的市场，每个厂商都占有一定比例的市场份额，行业的增长速度保持在一个适度的水平。厂商与产品之间的竞争手段逐渐从价格手段转向各种非价格手段，如提高质量、改善性能和加强售后维修服务等。行业的利润由于一定程度的垄断达到了很高的水平，而风险相对较低。行业处于成熟期的特点主要如下。

第一，企业规模空前、地位显赫，产品普及程度高。

第二，行业生产能力接近饱和，市场需求也趋于饱和，买方市场出现。

第三，构成支柱产业地位，其生产要素份额、产值、利税份额在国民经济中占有一席之地。

然而通常在短期内很难识别一个行业何时真正进入成熟期。在成熟期的后期，整个行业的增长可能停止，致使行业的发展很难较好地保持与国民生产总值同步增长，这时行业开始步入衰退期。当然，由于技术创新、产业政策、经济全球化等各种因素，某些行业可能会在进入成熟期之后迎来新的增长。

处于成熟期的产业是蓝筹股的集中地。由于处于成熟期的产业垄断已经形成，产业发展的空间已经不大，所以产业快速成长的可能性已经很小，但一般能保持适度成长，而且垄断利润丰厚。所以，其证券价格一般呈现稳步攀升之势，大涨和大跌的可能性都不大，颇具长线持筹的价值。

（四）衰退期

在衰退期，由于新产品和大量替代品的出现，原行业的市场需求开始减少，产品的销售量也开始下降，某些厂商开始向其他更有利可图的行业转移资金。因而原行业的利润率停滞甚至不断下降。当正常利润无法维持或现有投资折旧完毕后，整个行业便逐渐解体。

行业衰退可以分为绝对衰退和相对衰退两类。绝对衰退是指行业本身内在的衰退规律起作用而发生的规模萎缩、功能衰退、产品老化。相对衰退是指行业因结构性原因或者无形原因引起行业地位和功能发生衰减的状况，而并不一定是行业实体发生了绝对的萎缩，如电视业的崛起，导致了电影业的相对衰退，公路业的发展也引起了铁路业的相对衰退。

处于衰退期的产业由于已丧失发展空间，所以在证券市场上全无优势，是绩平股、垃圾股的摇篮。一般情况下，这类产业的股票常常是低价股，不引人关注，只具有证券市场的结构性功能。但在我国目前的现实情况下，由于上市资格控制较严，而且向国有企业倾斜，因此衰退型产业的上市证券虽然也常常为低价股、绩差股或绩平股，但常常因买壳、借壳或资产重组而出现飙升行情，这一状况未来将会随着证券发行审核制度的改革而逐步改变。

三、行业市场结构与竞争结构分析

任何一个行业均有其主要产品，任何一种交易的产品都有一个市场，不同产品代表的行业所处的市场各不相同，即存在着不同的市场结构。市场结构就是市场竞争或垄断的程度。根据该行业中企业数量的多少、进入难易程度和产品差别，行业所处的市场基本上可分为四种市场结构：完全竞争、垄断竞争、寡头垄断和完全垄断。在不同的市场结构之下，行业及行业中的公司盈利能力也有差异，从而也会影响公司的股票价格。但行业市场结构在行业分析中只能用于初步的分析，还需要进一步对行业中的竞争结构进行分析，竞争结构对公司的利润起到更加重要的影响，具体如图6-2所示。

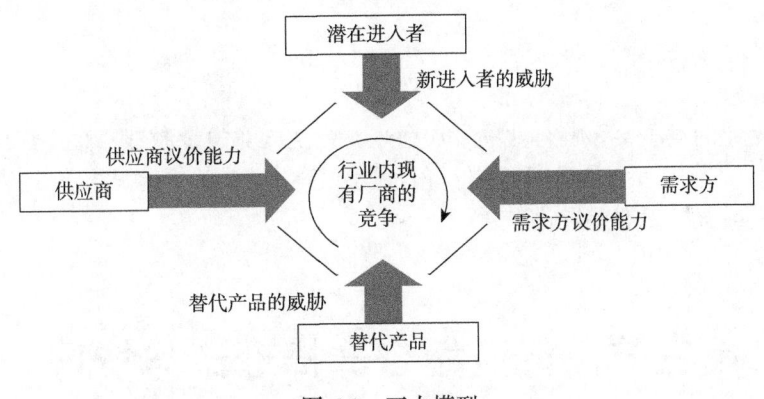

图 6-2 五力模型

如图 6-2 所示，迈克尔·波特提出的五力模型较好地诠释了行业竞争结构，指出了特定行业的企业会存在五种独特的竞争力。

（一）供应商议价能力

供应商议价能力主要指某个行业的供应商在某项业务上可以尽多大的议价能力，对行业的发展有很大影响。若供应商议价能力强，那么它的发展潜力就大。以下因素有利于提高供应商议价能力：①供应商数量很少；②很难寻找替代产品；③产品对于需求者至关重要。

（二）替代产品的威胁

若选择使用替代品的成本很低，那么替代品就是一个很严重的威胁。影响替代品威胁的因素主要有：①产品之间的相似性；②若替代品与行业的产品有很强的相似性，那么它又会转化为入侵者的威胁。

（三）需求方议价能力

若需求方议价能力强，那么它阻碍该行业发展的力量就大。以下因素有利于提高需求方议价能力：①需求方数量很少；②需求方的需求量很大；③寻找其他供应商非常容易；④产品对于需求者并不十分重要。

（四）新进入者的威胁

一个新企业越容易进入某个行业，该行业的竞争就越激烈，在此行业中的企业的处境就越困难。以下行业壁垒可起到阻碍新企业进入的作用：①产品品牌忠诚度；②有较高的固定资产投入；③需要某些稀缺性资源；④政府限制或法律有限制性规定。

（五）行业内竞争

行业内企业的竞争会影响行业的发展前景，行业内竞争越激烈，企业获得的平均收益率就越低。以下因素会导致行业内竞争加剧：①行业内存在很多规模相当的企业；②企业间产品或服务没有差异化。

第三节 行业投资选择理论与技巧

一、从目标出发进行选择

（一）风险最小化

在投资决策过程中，如果考虑风险最小化问题，投资者应选择成长型的行业、在行业生命周期中处于成长期和成熟期的行业及五力模型中综合竞争力较强的行业，这就需仔细研究欲投资行业的生命周期及其行业特征。

成长型行业的特点是增长速度快于整个国民经济的增长率，投资者可享受快速增长带来的较高股价和股息；投资者也不应排斥增长速度与国民经济同步的成熟期行业，这些行业一般发展比较稳定，投资回报虽不及成长型行业，但投资风险相应也小。处于成长期和成熟期的行业，这些行业盈利相对稳定，股息红利相对较高，有望得到丰厚而稳定的收益，同时投资风险相对其他行业也要小得多。

（二）利润最大化

周期型行业在经济衰退阶段比其他行业衰退要明显，业绩下滑会更为厉害，但在经济复苏阶段，这些行业也比其他行业增长速度要快，它们的股票价格逐渐上涨，具有成长型行业的特征，投资者同样可以获得投资增长的高额回报。同时，由于经济衰退时周期型行业受到抛弃，因而投资者有可能以极低廉的价格购买到优质的公司股票，极为符合中国古代投资哲学"旱则资舟"的思想。

但是，投资者需要了解每一个具体行业的周期变化规律，其受经济周期影响，但也并不完全同步于经济周期。此外，如果投资者要选择受经济周期影响大的行业，就要考虑经济周期的循环阶段，应避免在经济衰退阶段投资于这些行业。

投资者一般应避免衰退期的行业，这些行业虽然有资产重组的可能，但这些行业的发展前景较难预料，投资风险极大。

（三）红利固定化

如果着眼于红利固定化目标，每年要从公司分红中支付各类固定开支，这属于收入型投资，而非资本利得型投资，则应该投资于防守型行业。该类型行业的产品往往是生活必需品或是必要的公共服务，公众对其产品有相对稳定的需求，因而行业中有代表性的公司盈利水平相对较稳定。美国的老年投资者就常按照这一模式进行投资。

二、从产业结构演进进行选择

产业生命周期的存在，各产业的此起彼伏必然使产业结构处在不断演进的动态过程中。产业结构演进的趋势也会在证券市场中反映出来，产业结构的演进所引起的产业升级是极为难得的投资机会，因而行业选择还可以顺应产业结构演进的趋势，选择有潜力的产业进行投资。

目前，世界产业结构总的演进方向是产业结构的高度化。它包括三个方面的内容：一是在整个产业结构中，由第一产业占优势比重向第二产业、第三产业占优势比重演进；二是产业结构中由劳动密集型产业占优势比重逐渐向资本密集型产业、技术知识密集型产业占优势比重演进；三是产业结构中由制造初级产品的产业占优势比重逐渐向制造中间产品、最终产品的产业占优势比重演进。

在全球经济一体化的过程中，经济结构也呈现全球性特征；也就是说，经济序列在全球范围内展开,从而产生了各国不同产业的国际比较优势和比较劣势,形成了国家或地区性的朝阳产业和夕阳产业。于是,在发达国家经济结构高度化的同时,发展中国家经济结构高度化的进程常常受到抑制,一些按照产业结构演进的一般规律应当迅速发展的产业在发展中国家却发展迟缓。

三、从综合竞争力进行选择

迈克尔·波特提出的五力模型从静态角度看,这五种基本竞争力量的状况及其综合强度决定着行业内的竞争激烈程度,决定着行业内的竞争积累程度,决定着行业内的企业可能获得利润的最终潜力。从动态角度看,这五种竞争力量抗衡的结果决定着行业的发展方向,决定行业竞争的强度和获利能力。

五种力量中每种力量的优势都是行业结构或作为行业基础的经济特征和技术特征的一个函数。行业结构是相对稳定的,但又随行业发展进程而变化。结构变化改变了竞争力量总体的相对强度,从而能够以积极或消极的方式影响行业的盈利能力,因而可以从这五种力量在行业的具体体现来进行选择。

四、从成长型产业中进行选择

投资者应该选择的行业是在周期循环中处于扩张和稳定阶段的行业,这一行业最容易出现长期高增长的公司股票。选择方法通常有两种:一种是行业增长比较分析,即将行业的增长情况与国民经济的增长进行比较,从中发现增长速度快于国民经济的行业;另一种是行业增长预测分析,即利用行业历年的销售额、盈利额等历史资料分析过去的增长情况,并预测行业的未来发展趋势。

(一)行业增长比较分析

这种方法的具体做法是取得某行业历年的销售额或营业收入的可靠数据并计算出年变动率,与国民生产总值增长率、GDP增长率进行比较。通过比较分析,基本上可以发现和判断成长型行业。如果该行业的年增长率,在大多数年份中都高于国民生产总值、GDP的年增长率,则说明这一行业是成长型行业;如果行业年增长率与国民生产总值、GDP的年增长率持平甚至相对较低,则说明这一行业与国民经济增长保持同步或是增长过缓。

另外,计算各观察年份某行业销售额在国民生产总值中所占比重,如果这一比重逐年上升,说明某行业增长比国民经济平均水平快;反之,则较慢。

在国民经济中,可能有多个行业都属于成长型行业,我们可以按上述方法将成长型行业选出,然后对这些成长型行业进行投资组合,也可以在这些成长型行业中选择出最具有成长型的行业进行投资。当然，上述方法只是采用历史数据进行的分析，实际应用时，还应考虑行业所处的周期及行业的成长性等因素。这需要对行业的未来发展趋势进行预测。

（二）行业增长预测分析

对行业未来的发展趋势预测有多种具体方法，常用的有以下两种：一是将行业历年销售额与国民生产总值标在坐标图上，用最小二乘法找出两者的关系曲线，这一关系曲线即为行业增长的趋势线。根据国民生产总值的计划指标或预计值可以预测行业的未来销售额。二是利用行业历年的增长率资料计算出历史的平均增长率和标准差，以此预计未来增长率。使用这一方法需要有行业 10 年或 10 年以上的历史数据，其结果才较有可靠性。若是与居民基本生活资料相关的行业，也可以利用历史资料计算人均消费量及人均消费增长率，再利用人口增长预测资料预计行业的未来增长。

五、行业选择与板块表现

在市场中，板块是指一大类公司和行业的总称，包括消费板块、新能源板块及高科技板块等，行业则是一类更小的、更专业的公司的总称，通常一个板块内可以有几个行业或是子行业融合而成，其是基于行业分类却在一定程度地突破了传统行业分类的股票群体。

全球证券市场的历史市场表现存在一个规律：市场表现最成功的股票中有将近三分之二是板块走势的一部分，60%以上的大牛股是板块走势的缩影。由于特定的行业类引领每一个市场周期，因而在进行一次投资决策之前考虑一只股票所处的行业和板块显得十分必要。

（一）选择引领市场的行业类

在分析行业的时候，有些行业太小，以至于同一类中的力量信号有可能不重要。如果只有两家规模小、成交量稀少的公司组成一个板块，那可能就不足以称为一个类了。反之，有的行业拥有太多的公司，过多的供给并不能增加它们的吸引力，除非产业条件发生了某些很不寻常的变化。

根据过去 6 个月价格表现对每个行业类进行排序，因此可以很容易知道哪些行业是真正的领导者。依据低估原理进行投资的买家通常喜欢在排名最差的行业类中进行搜索。然而分析表明，从平均意义上说，排名前 10 类要比排在后 10 类表现得更好。要提高在一个突出的行业中找到一只真正突出的股票的概率，最好集中关注前 10 类的行业。

（二）顺应行业趋势

行业的选择中，要从行业类和子类的层面来看待它们，每一个行业都有大量的子行业，美国投资者在1971年牛市行情时，面临的建筑行业板块有10个子业类，建筑行业半数以上的股票全年都在市场的底部徘徊，与此同时，建筑行业类中的新兴建筑相关子类的股票涨了3倍还不止；计算机行业是1978年到1981年美国领导板块中的行业之一，基金经理认为这是一个由国际商业机器公司（International Business Machines Corporation，IBM）等企业组成的行业，然而IBM等是大的计算机主机生产厂家，它们在那个周期中表现并不好，而文字处理类的计算机外设和计算机运用类的软件股票价格，却增长了5倍到10倍。

由于新技术的发明和应用，每一个行业会有更多的子类出现，新的发明和技术将创造出成千上万种新产品和服务，因而除了个别例外，在一个牛市中引领市场的行业类在下一个牛市行情中不再是领涨的。而在一个牛市行情晚期出现的行业类有时成为它们良好发展的先兆，它们将度过熊市周期并继续前进，承担起新的牛市行情的领导任务。

（三）一只股票的弱势能传染给整个行业类

以行业分类进行股票分析，可以帮助投资者从行情发展中发现弱势迹象。如果在一段时间后，一个行业类中的一两只重要股票严重变弱，则这种弱势可能迟早会蔓延到该行业其他的股票上。

（四）尾随效应

尾随效应主要描述对下游行业的带动。当一个行业经历重要的发展后，相关行业获得跟随而至的好处。例如，美国20世纪60年代末航空工业因为喷气式飞机的引入而迎来复苏，引起了航空业股票的暴涨。空中旅行的增长在几年后传递给了旅店业，从1967年开始，旅店类股票享受了一轮强势上涨，希尔顿酒店是尤其出色的大牛股。

当石油价格在20世纪70年代末变得昂贵时，石油公司开始发疯似的开采这一变得昂贵的商品，结果，更高的油价不仅仅推动了石油类股票，也推动了那些为石油工业提供开采设备和服务的石油服务公司的股票的上涨。

而在1978年到1981年牛市中取得极大成功的中小规模计算机生产厂商促使了1982年底市场复苏时计算机服务、软件和外设产品的尾随需求。很快，网络股开始风行，那些专营光纤的公司则随之享受股价上涨带来的巨大利得。

（五）联姻股票效应

联姻股票效应主要描述对上游行业的带动。如果一只股票表现出奇的好，那么可能有一个供应商公司，一只联姻股票也在获利。

在20世纪60年代中期航空需求增长的时候，波音公司卖出了许多新飞机。每架新波音飞机都装备有由一家名为会标工业（Monogram Industries）制造的化学掩臭剂。在会标工业经营收益增长200%的同时，会标工业的股票上涨了1000%。

如果在投资中注意到了一个表现特别好的公司，需要彻底地研究它所处的行业，在这一过程中，你有可能发现其联姻行业同样值得投资。

（六）防御类股显示大盘线索

对投资者而言，研究防御性行业股票是很重要的。如果在多年的牛市后，你发现了对诸如公路、食品、零售及电力等公用事业类股票的购买增加，那么也许市场正向一个顶部靠近。

> **本章复习思考题**

1. 行业竞争结构对证券市场有何影响？
2. 行业生命周期各阶段的特征主要有哪些？
3. 简要分析影响行业兴衰的几个主要因素。
4. 根据行业对经济周期的敏感程度不同，行业分为哪几类？

第七章 公司分析

每个行业都包含着很多企业，每个企业各有特色、千差万别，我们显然不能仅只通过对宏观经济及行业分析，就在选择定了的行业中任意进行投资。因为即使是一个处于扩张或稳定增长阶段的行业，也不是其中每个企业都能分享收益的。所以，投资者在进行了宏观分析、行业分析之后，还需要对所选定行业中的各公司进行分析，以便选出最适合投资的企业，获得最佳投资效益。

第一节 公司基本素质分析

投资者进行公司分析时的第一步是了解公司概况，掌握公司的基本素质。基本素质分析主要是一个定性分析的过程，但也是估值得以深入的基础。

一、公司行业地位分析

投资的目标公司在其所处行业中的竞争地位是公司基本素质分析的首要内容。市场经济的规律就是优胜劣汰。在本行业中无竞争优势的企业，注定要随着时间的推移逐渐萎缩直至消亡。只有确立了竞争优势，并且不断地通过更新技术和改善管理来保持这种竞争优势的企业才有长期存在并发展壮大的潜力，也只有这样的企业才具有长期投资的价值。

行业地位分析的目的是判断公司在所处行业中的竞争地位，如是否为行业龙头企业，在价格上是否具有影响力，是否有竞争优势等。在大多数行业中，无论其行业平均利润率如何，总有一些企业比其他企业具有更强的获利能力。企业的行业地位决定了其盈利能力是高于还是低于行业平均水平，决定了其在行业内的竞争地位。衡量公司行业竞争地位的主要指标是行业综合排序和产品的市场占有率。

公司产品市场占有率是利润之源。效益好并能长期生存的公司的市场占有率应是长期稳定并呈增长趋势的。不断地挖掘现有市场潜力，并不断地进军新的市场，是扩大市场占有份额和提高市场占有率的主要手段。

决定公司竞争地位的重要因素还在于公司的技术水平。对公司技术水平高低的评价可以分为技术硬件部分和软件部分两类。技术硬件部分如机械设备、单机或成套设备等有形资产；软件部分如专利、生产工艺技术、工业产权、工序说明、营销方案和经营管理技术等无形资产，以及具备了何种生产能力和达到多大的生产规模，企业扩大再生产的能力如何，给企业创造多少经济效益等。此外，企业拥有的掌握技术的高级工程师、专业技术人员的素质和水平等因素，也应纳入评价企业技术水平的范围。

二、公司经济区位分析

经济区位是指地理范畴的经济增长点及其辐射范围。上市公司的投资价值与区位经济的发展密切相关。处在发展趋势良好的经济区位内的上市公司，一般具有较高的投资价值。我们对上市公司进行区位分析，就是将上市公司的价值分析与区位经济的发展联系起来，以便分析上市公司未来发展的前景，确定上市公司的投资价值。具体来讲，可以通过以下几个方面进行上市公司的区位分析。

（一）经济区位内的自然条件与基础条件

自然条件和基础条件包括矿产资源、水资源、能源、交通、通信设施等，它们在区位经济发展中起着重要作用，也对区位内的上市公司的发展起着重要的限制或促进作用。分析区位内的自然条件和基础条件，有利于分析该区位内上市公司的发展前景。若上市公司所从事的行业与当地的自然条件和基础条件不符，公司的发展可能会受到很大的制约；若上市公司所从事的行业在当地拥有独特的自然条件和基础条件优势，则有利于公司的加速发展。

（二）经济区位内的产业政策

为了促进区位内经济的发展，当地政府一般都会制订相应的经济发展的战略规划，根据区位优势，提出相应的产业政策，确定区位优先发展和扶植的产业，并给予相应的财政、信贷及税收等诸多方面的优惠措施。这些措施有利于引导和推动相关产业的发展，相关产业内的公司将因此受益。如果区位内上市公司的主营业务符合当地政府的产业政策，往往会获得诸多政策支持，对上市公司的进一步发展有利。

（三）经济区位内的经济特色

经济特色是指区位内经济与区位外经济的联系和互补性、龙头作用及其发展活力与潜力的比较优势。它包括区位的经济发展环境、条件与水平、经济发展现状等有别于其他区位的特色。特色在某种意义上意味着优势，利用自身的优势发展本区位的经济，无疑在经济发展中找到了很好的切入点。比如，某区位在信息产业方面或在医药业方面已经形成了优势和特色，那么该区位内的相关上市公司在同等条件下比其他区位主营业务相同的上市公司具有更大的竞争优势和发展空间。

三、公司产品分析

投资者要清楚投资的目标公司生产什么产品，提供什么服务。那些能够提供新产品和个性化服务的公司通常具有较高的投资价值。同样，那些虽然不是生产新产品，但是生产工艺成熟、市场占有率高的产品也很有投资价值。对于公司产品的分析可以从以下几个方面入手。

（一）产品的竞争能力

虽然不同的公司的盈利模式有很大的区别，但归根结底都是通过生产产品或者提供服务赚取利润的。产品竞争能力决定着公司的生死存亡，是投资者首先要关注的。以下几个方面的优势有利于提高产品的竞争能力。

1. 成本优势

在很多行业中，成本优势是决定产品竞争能力的关键因素。如果公司能够依靠更加低廉的成本获得高于同行的盈利能力，那么这家公司就具有产品的成本优势。因此，成本优势是指公司产品依靠低成本获得高于同行业其他企业的盈利能力。理想的成本优势往往成为同行业价格竞争的抑制力。如果公司能够创造和维持成本优势，并创造出与竞争对手价值相等或近似的产品，则低成本可以使自己在相同的销售价格下获得高于竞争对手的利润率，并通过价格竞争的方式将高成本的公司挤出市场，从而相应地提高自己的市场占有率。成本优势的来源各不相同，并取决于行业结构。一般来讲，产品的成本优势可以通过规模经济、专有技术、优惠的原材料、低廉的劳动力、科学的管理、发达的营销网络等因素实现。其中，由资本集中程度决定的规模效益是决定产品生产成本的基本因素。根据规模经济理论，当公司达到一定的资本投入或生产能力时，生产成本和管理费用将会得到有效降低。

2. 技术优势

技术优势是指公司拥有的比同行业其他竞争对手更强的技术实力及其研究与开发新产品的能力。这种能力主要体现在生产的技术水平和产品的技术含量上。技术优势可以使公司比其他竞争对手有更强的开发新产品或服务的能力。新产品和新服务一般是已有产品的延伸。在现代经济中，公司新产品的研究与开发能力是决定公司竞争力的关键因素。因此，一般公司都确定了占销售额一定比例的研究与开发费用。这一比例的高低往往能决定公司的新产品开发能力。产品的创新包括：① 通过新核心技术的研制，开发出一种新产品或一种提高产品质量的新方法。② 通过新工艺的研究，降低现有的生产成本，开发出一种新的生产方式。③ 根据市场进行产品细分，实行产品差别化生产。④ 通过研究产品组成要素的新组合，获得一种原料或半成品的新的供给来源等。而技术创新则不仅包括产品技术创新,还包括人才创新。

3. 质量优势

质量优势是指公司的产品以高于其他公司同类产品的质量赢得市场,从而获得竞争优势。由于公司技术能力及管理等诸多因素的差别,不同公司间相同产品的质量往往是有差别的。消费者在进行购买选择时,产品的质量始终是影响他们购买倾向的一个重要因素。当一个公司的产品价格溢价超过了其为追求产品的质量优势而附加的额外成本时,该公司就能获得高于其所属行业平均水平的盈利。换言之,在与竞争对手成本相等或成本近似的情况下,拥有质量优势的公司往往在该行业的竞争中占据领先地位。

(二)产品的市场占有情况

产品的市场占有情况在衡量公司产品的竞争力方面占有重要地位。通常可以从两个方面对产品的市场占有情况进行考察。一方面,公司产品销售市场的地域分布情况。从这一角度可将公司的销售市场划分为地区型、全国型和世界范围型。市场地域的范围大致反映了一个公司的市场开拓能力、经营能力和实力。另一方面,公司产品在同类产品市场上的占有率。市场占有率是对公司的实力和经营能力的较精确的估计。市场占有率是指一个公司的产品销售量占该类产品整个市场销售总量的比例。市场占有率越高,表示公司的经营能力和竞争力越强,公司的销售和利润水平越好、越稳定。

(三)产品的品牌战略

品牌是一个商品名称和商标的总称,可以用来辨别一个卖者或卖者集团的货物或劳务,以便同竞争者的产品相区别。一个品牌不仅是一种产品的标志,而且是产品质量、性能、满足消费者效用可靠程度的综合体现。品牌竞争是产品竞争的深化和延伸。当产业发展进入成熟阶段,产业竞争充分展开时,品牌就成为产品及企业竞争力的一个越来越重要的因素。通过产品品牌战略的实现,公司可以创造更多的、范围更大的市场。同时,可以借助品牌的力量在巩固原有市场的基础上发展更多客户。由此可见,品牌具有产品所不具有的开拓市场的多种功能:一是品牌具有创造市场的功能;二是品牌具有联合市场的功能;三是品牌具有巩固市场的功能。

四、公司经营能力分析

公司的核心价值越来越取决于公司法人治理结构及管理层与从业人员素质。法人治理结构事关公司的长治久安,管理层是能为公司提供特别价值的团队,高素质的从业人员是公司最有价值的资产。三者是影响公司经营能力的主要因素。

（一）公司法人治理结构

公司法人治理结构有狭义和广义两种定义。狭义的公司法人治理结构是指有关公司董事会的功能、结构和股东的权利等方面的制度安排；广义的公司法人治理结构是指有关企业控制权和剩余索取权分配的一整套法律、文化和制度安排，包括人力资源管理、收益分配和激励机制、财务制度、内部制度和管理等。

（二）公司管理层的素质

素质是指一个人的品质、性格、学识、能力、体质等方面特性的总和。在现代企业里，管理人员不仅担负着企业生产经营活动等各项管理职能，而且还要负责或参与对各类非管理人员的选择、使用与培训工作。因此，管理人员的素质是决定企业能否取得成功的一个重要因素。在一定意义上，是否有卓越的企业管理人员和管理层，直接决定着企业的经营成果。对管理人员的素质分析是公司分析的重要组成部分。一般而言，企业的管理人员应该具备如下素质：一是从事管理工作的愿望；二是专业技术能力；三是良好的道德品质修养；四是良好的人际关系及协调能力。

（三）公司从业人员素质和创新能力

公司从业人员素质对公司的发展起着很重要的作用。作为公司员工，公司从业人员应该具有如下素质：专业技术能力、对企业的忠诚度、责任感、团队合作精神和创新能力等。对公司从业人员素质进行分析，可以判断该公司发展的持久力和创新能力。

五、影响股票价格的其他因素

影响股票价格的因素既包括了宏观经济、行业等外部因素，也包括了与发行股票的股份有限公司相关的因素，如公司盈利水平、净资产、股利政策、股份分割、资产重组等因素。

（一）公司盈利水平

公司业绩好坏集中表现在盈利水平高低。公司的盈利水平是影响其股票投资价值的基本因素之一。在一般情况下，预期公司盈利增加，可分配的股利也会相应增加，股票市场价格上涨；预期公司盈利减少，可分配的股利相应减少，股票市场价格下降。需要强调的是，股票价格的涨跌和公司盈利的变化并非完全同时发生。

（二）公司净资产

净资产或资产净值是总资产减去总负债后的净值，它是全体股东的权益，是决定股票投资价值的重要基准。股票作为投资凭证，每一股代表着一定数量的净资产，称为每股净资产。从理论上讲，每股净资产应与股价保持一定的正比例关系，即净资产增加，股价上涨；净资产减少，股价下跌。

（三）公司的股利政策

上市公司的股利政策直接影响其股票投资价值。一般情况下，股票价格与股利水平成正比。股利水平越高，股票价格越高，反之则反。股利来自公司的税后盈利，但公司盈利的增加只为股利分配提供了可能性，并非盈利增加股利一定增加。公司为了合理地在扩大再生产和回报股东之间分配盈利，都会有一定的股利政策。股利政策体现了公司的经营作风和发展潜力，不同的股利政策对投资者各期的股利收入有不同的影响。此外，公司对股利的分配方式会给股价波动带来一定影响。

（四）股份分割

股份分割又称拆股或拆细，是将原有股份均等地拆成若干较小的股份。股份分割一般在年度决算月份进行，通常会刺激股价上升。股份分割给投资者带来的并非实质的利益，因为股份分割前后投资者持有的公司净资产一样，得到的股利也相同。但是，投资者持有的股份数量增加了，给投资者带来了今后可多分股利和更高收益的预期，因此股份分割往往比增加股利分配对股价上涨的刺激作用更大。

（五）公司资产重组

公司资产重组总会引起公司价值的巨大变动，因而其股价也产生剧烈波动。但需要分析公司资产重组对公司是否有利，重组后是否会改善公司的经营状况，因为这些是决定股价变动方向的决定性因素。

第二节 公司财务分析基础

一、公司的主要财务报表

股份有限公司一旦成为上市公司，就必须遵守财务公开的原则，定期公开公司财务状况，提供有关财务资料，便于投资者查询。上市公司公布的财务资料中，主要是一些财务报表，而这些财务报表中最为重要的有资产负债表、利润表和现金流量表。

（一）资产负债表

资产负债表是反映企业在某个特定日期财务状况的会计报表，如表7-1所示。资产表示企业所拥有的财产，负债和所有者权益表示企业资金的来源和每一种来源提供了多少金额的资金。资产负债表可以综合反映企业期末结余的全部资产、负债和资本的存量情况，可以作为分析、检查企业财务状况、资本结构和偿债能力的依据。资产、负债和股东权益的关系用公式可表示为：资产=负债+股东权益。

表7-1　资产负债表

编制单位：YD公司　　　　××××年××月××日　　　　单位：万元

资产	年末余额	年初余额	负债及股东权益	年末余额	年初余额
流动资产：			流动负债：		
货币资金	50	25	短期借款	60	45
交易性金融资产	6	12	交易性金融负债		
应收票据	8	11	应付票据	5	4
应收账款	398	199	应付账款	100	110
预付账款	22	4	预收账款	10	4
应收股利	0	0	应付职工薪酬	2	
应收利息	0	0	应交税费	5	4
其他应收款	12	22	应付利息	12	16
存货	119	326	应付股利	28	10
待摊费用	32	7	其他应付款	14	13
一年内到期的非流动资产	45	4	预提费用	9	5
其他流动资产	8	0	预计负债	2	4
流动资产合计	700	610	一年内到期的非流动负债	50	0
			其他流动负债	3	5
			流动负债合计	300	220
			非流动负债：		
非流动资产：			长期借款	450	245
可供出售金融资产	0	45	应付债券	240	260
持有至到期投资			长期应付款	50	60
长期股权投资	30	0	专项应付款	0	0
长期应收款			递延所得税负债	0	0
固定资产	1 238	955	其他非流动负债	0	15
在建工程	18	35	非流动负债合计	740	580
固定资产清理		12	负债合计	1 040	800

续表

资产	年末余额	年初余额	负债及股东权益	年末余额	年初余额
无形资产	6	8	股东权益:		
开发支出			股本	100	100
商誉			资本公积	10	10
长期待摊费用	5	15	盈余公积	100	40
递延所得税资产	0	0	未分配利润	750	730
其他非流动资产	3	0	减：库存股	0	0
非流动资产合计	1 300	1 070	股东权益合计	960	880
资产总计	2 000	1 680	负债及股东权益总计	2 000	1 680

（二）利润表

投资者一般最为关注的是企业的获利能力，以及企业股利的分配政策。分析企业的获利能力主要看企业的利润表。利润表是反映企业在一定会计期间经营成果的报表，反映了企业的利润总额是由主营业务利润、企业投资收益、营业外收支净额等组成的。企业利润总额减去应交所得税，再提取公积金，才是可供股东分配的利润。企业分配股息以后，剩余的利润就是未分配利润。未分配利润的权益也是属于全体股东的，企业可用这部分资金增加营运资金，扩大生产规模，以获取更多的利润，它是投资者分析企业经济效益和经营业绩的依据及企业利润分配情况的依据。我国一般采用多步式利润表格式，如表 7-2 所示。

表 7-2 利润表

编制单位：YD公司　　　　××××年度　　　　单位：万元

项目	本年金额	上年金额
一、营业收入	3 000	2 850
减：营业成本	2 644	2 503
营业税金及附加	28	28
销售费用	22	20
管理费用	46	40
财务费用	110	96
资产减值损失	0	0
加：公允价值变动收益	0	0
投资收益	6	0
二、营业利润	156	163
加：营业外收入	45	72
减：营业外支出	1	0
三、利润总额	200	235
减：所得税费用	64	75
四、净利润	136	160

如果说资产负债表是公司财务状况的瞬时写照,那么利润表就是公司财务状况的一段录像。因为,它反映了两个资产负债表编制日之间公司财务盈利或亏损的变动情况。可见,利润表对于了解、分析上市公司的实力和前景具有重要的意义。

利润表主要反映以下五个方面的内容。

(1)构成营业收入的各项要素。营业收入由主营业务收入和其他业务收入组成。

(2)构成营业利润的各项要素。营业收入减去营业成本、营业税金及附加、销售费用、管理费用、财务费用、资产减值损失,加上公允价值变动收益、投资收益,得出营业利润。

(3)构成利润总额(或亏损总额)的各项要素。利润总额(或亏损总额)在营业利润的基础上加营业外收入,减营业外支出后得到。

(4)构成净利润(或净亏损)的各项要素。净利润(或净亏损)在利润总额(或亏损总额)的基础上,减去本期计入损益的所得税费用后得到。

(5)每股收益。普通股或潜在普通股已公开交易的企业及处于公开发行普通股或潜在普通股过程中的企业,还应在利润表中列示每股收益的信息,包括基本每股收益和稀释每股收益两项指标。

(三)现金流量表

现金流量表是指反映企业在一定会计期间的现金和现金等价物流入流出的会计报表,从一个侧面展现企业资产负债表和利润表信息的质量。它是按收付实现制编制的,因此不受会计方法核算的影响。全部现金流量由经营活动、投资活动、筹资活动产生的现金流量组成。相比利润指标,现金流量可以更准确地揭示企业经营的趋势,是否有能力履行短期财务责任、投资方式、股利支付能力及持续性等,具体见表7-3。

表7-3 现金流量表

编制单位:YD公司　　　××××年度　　　　　　　　　单位:万元

项目	金额
一、经营活动产生的现金流量:	
销售商品、提供劳务收到的现金	2 810
收到的税费返还	
收到其他与经营活动有关的现金	10
经营活动现金流入小计	2 820
购买商品、接受劳务支付的现金	2 363
支付给职工以及为职工支付的现金	29
支付的各项税费	91
支付其他与经营活动有关的现金	14
经营活动现金流出小计	2 497
经营活动产生的现金流量净额	323

续表

项目	金额
二、投资活动产生的现金流量：	
收回投资收到的现金	4
取得投资收益收到的现金	6
处置固定资产、无形资产和其他长期资产收回的现金净额	12
处置子公司及其他营业单位收到的现金净额	
收到其他与投资活动有关的现金	
投资活动现金流入小计	22
购置固定资产、无形资产和其他长期资产支付的现金	369
投资支付的现金	30
支付其他与投资活动有关的现金	
投资活动现金流出小计	399
投资活动产生的现金流量净额	−377
三、筹资活动产生的现金流量：	
吸收投资收到的现金	
取得借款收到的现金	270
收到其他与筹资活动有关的现金	
筹资活动现金流入小计	270
偿还债务支付的现金	20
分配股利、利润或偿付利息支付的现金	152
支付其他与筹资活动有关的现金	25
筹资活动现金流出小计	197
筹资活动产生的现金流量净额	73
四、汇率变动对现金及现金等价物的影响：	
五、现金及现金等价物净增加额：	19
加：期初现金及现金等价物余额	37
六、期末现金及现金等价物余额：	56
补充资料：	
1. 将净利润调节为经营活动现金流量：	
净利润	136
加：资产减值准备	
固定资产折旧、油气资产折耗、生产性生物资产折旧	100
无形资产摊销	2
长期待摊费用摊销	−11
处置固定资产、无形资产和其他长期资产的损失（收益以"−"号填列）	
固定资产报废损失（收益以"−"号填列）	
公允价值变动损失（收益以"−"号填列）	

续表

项目	金额
财务费用（收益以"-"号填列）	110
投资损失（收益以"-"号填列）	-6
递延所得税资产减少（增加以"-"号填列）	
递延所得税负债增加（减少以"-"号填列）	
存货减少（增加以"-"号填列）	207
经营性应收项目减少（增加以"-"号填列）	-212
经营性应付项目增加（减少以"-"号填列）	-3
其他	
经营活动产生的现金流量净额	323
2. 不涉及现金收支的投资和筹资活动：	
债务转为资本	
一年内到期的可转换公司债券	
融资租入固定资产	
3. 现金及现金等价物净增加情况：	
现金的期末余额	56
减：现金的期初余额	37
加：现金等价物的期末余额	
减：现金等价物的期初余额	
现金及现金等价物净增加额	19

对现金流量表分析，可初步得出企业日常运作的好坏。获得足够的现金是企业创建优良经营业绩的有力支撑，一个企业的账面利润再高，如果没有相应的现金流量，依然无法进行正常的经营活动，甚至会使财务状况恶化，最终导致破产。所以，只有现金流量与利润同步增长才能说明企业增长具有可信度。分析现金流量为评判企业价值提供了一种比考察利润更为客观的方法，它剔除了利润在各年的分布受折旧方法等人为因素的影响。

二、公司财务报表分析基础

（一）影响财务数据质量的因素

财务数据的质量分析要从两个类别去区别对待：第一类是辨别虚假的财务数据，包括各种通过操纵财务报表来粉饰或者故意低估上市公司业绩的行为。这类数据直接影响了财务数据的客观性和真实性，属于虚假信息披露的行为，辨别并纠正这些财务数据是对上市公司进行财务分析和估值的基础。第二类的财务数据是客观、真实的，但由于财务数据是按照会计原则进行整理的，在诸多方面并不能真实反映金融学意义上的财务情况。这就需要我们根据会计学和金融学对公司行为的不同理解，将财务数据调整成有意义的金融数据并进行分析。造成会计数据表现和其所代表的经济现实之间出现偏差的因素主要有以下三个。

1. 预测的偏差

企业的收入和费用的确认含有一定的主观成分。一项交易发生之后，由于有关人员并不能准确无误地对交易结果进行估测，就会造成会计数据和经营实际结果的偏差。如当一个企业卖出产品而尚未收回货款时，要求相关人员对应收账款的收回概率进行预测，以确定坏账准备的提取方法和提取比例。由于交易的复杂程度、对方企业的信誉及未来经济发展的状况都是不确定的因素，有关人员不可能对此做出完全准确的预测，最终产生预测的偏差。

2. 会计准则

会计准则固然能在一定程度上限制管理层对会计数据进行不当的处理，但同时也不可避免地减少了会计数据所代表的信息量。

3. 经理人员通过影响财务数据来达到自己的目的

管理层常常有能力和动机在会计准则许可的范围内，按自己的意愿对财务报表施加影响。在坏账准备提取的方法和比例上、在存货的计价上、在固定资产折旧的方法上，都有一定程度的自主选择灵活性。管理者常常由于满足借款条款规定、满足资本市场融资条件等而影响会计数据，当然股权激励、高额分红等管理者个人利益动机也会影响会计数据。

（二）公司财务报表分析的方法

分析财务报表的目的是将财务报表的数据转换成有用的信息，并提供给有关分析方，帮助财务报表使用者改善决策。同时财务分析也是股票估值的基础。

财务报表分析的方法有比较分析法和因素分析法两大类。比较是认识事物的最基本方法。报表分析的比较分析法是对两个或几个有关的可比数据进行对比，揭示财务指标的差异和矛盾的一种分析方法。因素分析法是依据财务指标与其驱动因素之间的关系，是从数量上确定各因素对指标影响程度的一种方法。

最常用的比较分析法有单个年度的财务比率分析、对公司不同时期的财务报表比较分析、与同行业其他公司之间的财务指标比较分析三种。

单个年度的财务比率分析是指对公司一个财务年度内的财务报表各项目之间进行比较，计算比率，判断年度内偿债能力、盈利能力等情况。

对公司不同时期的财务报表比较分析可以对公司持续经营能力、财务状况变动趋势、盈利能力做出判断，从一个较长的时期来动态地分析公司状况。

与同行业其他公司之间的财务指标比较分析可以了解公司各种指标的优劣，在群体中判断个体。使用本方法时常选用行业平均水平或行业标准水平，通过比较得出公司在行业中的地位，认识其优势与不足。

三、公司财务比率分析

财务报表中有大量的数据，可以组成许多有意义的财务比率。财务比率是指同一张财务报表的不同项目之间、不同类别之间、在同一年度不同财务报表的有关项目之间，各会计要素的相互关系。财务比率是比较分析的结果，通过财务分析从中发现企业经营存在的问题，并据以评价企业的财务状况。分析财务报表所使用的比率及对同一比率的解释和评价，因使用者的着眼点、目标和用途不同而异。

财务比率分析大致可分为以下四大类：偿债能力分析、营运能力分析、盈利能力分析和投资收益分析。

（一）偿债能力分析

对公司偿债能力分析主要是通过资产负债率、流动比率、速动比率几个指标的分析实现的。

1. 资产负债率

资产负债率是公司负债总额除以资产总额的百分比。它反映在总资产中有多大比例是通过借债来筹资的，可以衡量企业利用债权人提供资金进行经营活动的能力，是反映债权安全程度的一个指标。其计算公式如下：

$$资产负债率 = \frac{总负债}{总资产} \times 100\%$$

这一重要比率既可以被公司的债权人用来分析公司进一步举债的潜力，也可以被证券投资者用来分析判断是否应购买或抛出该公司的股票，当然这也是公司进行资金筹措决策时估计举债合理规模及融资风险的重要依据。它有以下几个方面的含义。

首先，从债权人看，公司负债率越低，说明公司自有资本的比例越高，偿还债务的潜在能力越强，因而其债权越安全。反之，会给债权人造成损失的概率增大。

其次，从股东的角度看，由于企业通过举债筹措的资金与股东提供的资金在经营中发挥同样的作用，而且能扩大生产规模，增加利润。所以，股东所关心的是全部资本利润率是否超过借入款项的利率，即借入资本的代价。在企业全部资本利润率超过因借款而支付的利息率时，股东所得到的利润就会加大。相反，如果运用全部资本所得的利润率低于借款利息率，则对股东不利，因为借入资本的一部分利息要用股东所得的利润份额来弥补。因此，从股东的立场看，在全部资本利润率高于借款利息率时，负债比例越大越好，否则相反。

最后，管理层利用资产负债率制定举债决策时，就是要把握风险同利润的置换关系，保证风险因素能最合理地置换为利润。如果过分保守而不敢借款，公司就缺乏活力，没有前途；若盲目过量举债，会使公司陷入债务而不能自拔，从而导致公司利润降低。

2. 流动比率与速动比率

流动比率与速动比率用来衡量公司的变现能力,是衡量公司短期偿债能力的通用比率。其实质是反映公司在短期债务到期前用以转化为现金的资产偿债的能力。具体地讲,流动比率是衡量公司流动资产在短期债务到期前可以变为现金用于偿还流动负债能力的一个指标;而速动比率是衡量公司流动资产中可以迅速变现,立即用于偿还流动负债能力的一个指标。

1)流动比率

流动比率是全部流动资产与流动负债的比值。其计算公式为

$$流动比率 = \frac{流动资产}{流动负债}$$

一般认为,生产企业合理的最低流动比率是 2。因为,流动资产中变现能力最差的存货金额约占流动资产总额的一半,剩下的流动性较大的流动资产至少要等于流动负债,这样企业的短期偿债能力才会有保证。人们长期以来的这种认识,因其未能从理论上证明,还不能成为一个统一标准。计算出来的流动比率只有和同行业平均流动比率、本企业历史的流动比率进行比较,才能知道这个比率是高还是低。

2)速动比率

速动比率是流动资产金额减去存货金额后,再除以流动负债得到的比值。其计算公式为

$$速动比率 = \frac{速动资产}{流动负债} = \frac{流动资产 - 存货}{流动负债}$$

速动比率计算公式中的数据来自资产负债表。速动资产(流动资产－存货)仅指几乎可以立即用来偿付流动负债的那些流动资产,即现金、有价证券和应收账款。其中,现金和有价证券本身就是货币或准货币,具有流动性较高的特点,而应收账款则需要转化成现金才能用于偿还债务。计算流动比率的流动资产除速动资产外,还包括各种存货。由于存货转变成现金需要较长的时间,并且,由于某种原因,部分存货可能已损失报废还没作处理;部分存货已抵押给某债权人,以及存货估价还存在着成本与合理市价相差悬殊的问题,把存货从流动资产总额中减去而计算出的速动比率反映的短期偿债能力更加令人可信。因此,速动比率更能准确地反映公司的短期偿债能力。通常,正常的速动比率为 1,低于 1 的速动比率被认为是短期偿债能力偏低。因为行业不同,速动比率会有很大的差别,没有统一标准的速动比率。例如,采用大量现金销售的商店,几乎没有应收账款,大大低于 1 的速动比率则是很正常的。相反,一些应收账款较多的企业,速动比率可能要大于 1。

(二)营运能力分析

营运能力是指公司经营管理中利用资金运营的能力,一般通过公司资产管理比率来衡量,主要表现为资产管理及资产利用的效率。从流动比率和速动比率两个指标的计算看出,应收账款和存货均被作为可转化为现金的资产。但是,多长时间才能将它们转化

为现金是关系到这两个比率可靠性的问题。因此，还必须引入能够表明应收账款及存货的现金转化速度的比率，以便能更全面地反映出公司财务的流动性，正确分析公司的营运能力。

1. **应收账款周转率**

应收账款周转率是销售收入与平均应收账款的比值。它反映年度内应收账款转为现金的平均次数，说明应收账款流动的速度。其计算公式为

$$应收账款周转率=\frac{销售收入}{平均应收账款} \quad (7.1)$$

式（7.1）中的销售收入数据来自利润表。平均应收账款是指未扣除坏账准备的应收账款金额，是资产负债表中应收账款期初数与期末数及对应坏账准备的平均数。

一般来说，应收账款周转率越高，平均收账期越短，说明应收账款的收回越快；否则，公司的营运资金会过多地滞留在应收账款上，而影响正常的资金周转。

2. **存货周转率**

存货周转率是销售成本与平均存货的比值。这是衡量公司销售能力强弱和存货是否过量的指标，也能反映公司将存货转化为现金的快慢程度。相同思路的衡量指标还包括存货周转天数，其计算公式为

$$存货周转率=\frac{销售成本}{平均存货}$$

$$存货周转天数=\frac{365}{存货周转率}$$

在平均存货销售利润率一定的条件下，存货周转越快，公司的利润就会越高。但是，由于工业企业存货结构相对较复杂，故在分析中有必要分别按产成品、在产品和原材料计算各自的周转率。

$$产成品周转率=\frac{销售产品成本}{产成品平均存货}$$

$$在产品周转率=\frac{年制造总成本}{在产品平均余额}$$

$$原材料周转率=\frac{年耗用原材料总成本}{原材料平均库存余额}$$

（三）盈利能力分析

盈利能力是企业赚取利润的能力。盈利是企业存在的根本目的，它不仅关系到公司所有者的利益，也是公司偿还债务的一个重要资金来源。因此，公司的债权人、所有者及管理者都十分关心公司的盈利能力。一般说来，企业的盈利能力只涉及正常的营业状况。因此，在分析企业盈利能力时，应当排除证券买卖等非正常项目、已经或将要停止的营业项目、重大事故或法律更改等特别项目、会计准则和财务制度变更带来的累计影响等因素。反映企业盈利能力的指标较多，通常使用的主要有总资产报酬率、资本金报

酬率、销售净利率、销售毛利率与成本费用利润率等。

1. **总资产报酬率**

总资产报酬率也称资产收益率或投资报酬率，是公司在一定时期内的净利润与平均资产总额的比率。其计算公式为

$$总资产报酬率 = \frac{净利润}{平均资产总额} \times 100\% \quad (7.2)$$

式（7.2）中的平均资产总额可用年初和年末的平均数，也可用期末数。总资产报酬率是一个综合指标，主要用来衡量公司利用资产获取利润的能力，它反映了公司总资产的利用效果。如果公司的总资产报酬率偏低，说明该公司资产利用效率较低，经营管理存在问题，应该调整经营策略，加强经营管理。

2. **资本金报酬率**

资本金报酬率是一个时期公司的净利润与资本金总额的比率，它直接反映了投资者投入公司的资本金的获利能力。其计算公式为

$$资本金报酬率 = \frac{净利润}{资本金总额} \times 100\%$$

资本金报酬率是用以衡量公司运用所有资本金所获经营成效的指标。资本金报酬率越高，表明公司资本的利用效率越高。

3. **销售净利率**

销售净利率是指净利润与销售收入的百分比，即净利润除以销售收入（净利润在我国会计制度中是指税后利润）。其计算公式为

$$销售净利率 = \frac{净利润}{销售收入} \times 100\%$$

销售净利率指标反映每一元销售收入带来的净利润的多少，表示销售收入的收益水平。从销售净利率的指标关系看，净利润与销售净利率成正比关系，而销售收入与销售净利率成反比关系。企业在增加销售收入的同时，必须相应地获得更多的净利润才能使销售净利率保持不变或有所提高。通过分析销售净利率的升降变动，可以看出，企业在扩大销售规模的同时，经营管理是否有所改进、盈利水平是否有所提高。

4. **销售毛利率**

销售毛利率是指毛利除以销售收入的比值。其计算公式为

$$销售毛利率 = \frac{销售收入 - 销售成本}{销售收入} \times 100\%$$

销售毛利率中的毛利是销售收入与销售成本（在利润表中）之差。销售毛利率表示每一元销售收入扣除销售成本后，有多少钱可以用于各项期间费用和形成盈利，它是企业销售净利率的基础，没有足够大的毛利率便不能盈利。

5. **成本费用利润率**

成本费用利润率是公司利润总额与成本费用总额的比率。其计算公式为

$$成本费用利润率 = \frac{利润总额}{成本费用总额} \times 100\%$$

成本费用是公司为了取得利润而付出的代价。这一比率越高,说明公司为获取收益而付出的代价越小,公司的获利能力就越强。因此,利用这一指标不仅可以评价公司获利能力的高低,而且可以评价公司对成本费用的控制能力和经营管理水平。

(四)投资收益分析

投资收益分析反映投资者的获利能力,不仅是公司投资者关注的核心问题也是债权人极为看重的问题。

1. 股东权益收益率

股东权益收益率又称净资产收益率(return on equity,ROE)是净利润与平均股东权益的百分比。其计算公式为

$$ROE = \frac{净利润}{平均股东权益} \times 100\%$$

这是企业自有资本的获利能力,它反映股东每一元资本赚取的净收益,可以用来衡量企业的总体盈利能力。

可以应用杜邦恒等式深入分析 ROE[和其相关的概念是资产回报率(return on assets,ROA)]见式(7.3)。

$$\begin{aligned}ROE &= \frac{税后利润}{权益总额} \times \frac{资产总额}{资产总额} \\ &= \frac{税后利润}{资产总额} \times \frac{资产总额}{权益总额} \\ &= \frac{税后利润}{资产总额} \times \frac{销售收入}{销售收入} \times \frac{资产总额}{权益总额} \\ &= \frac{税后利润}{销售收入} \times \frac{销售收入}{资产总额} \times \frac{资产总额}{权益总额} \\ &= ROA \times 权益乘数 \\ &= 销售利润率 \times 总资产周转率 \times 权益乘数\end{aligned} \quad (7.3)$$

从杜邦恒等式可以看出 ROE 取决于销售利润率、总资产周转率和权益乘数,既要重视销售利润率,也要重视总资产周转率,在总资产利润率高于债务利率的情况下,要加大权益乘数,才能获得较高 ROE。

2. 普通股获利能力分析

运用下面的五个指标就能从不同角度反映普通股的获利能力:

$$普通股权益报酬率 = \frac{净利润}{普通股权益} \times 100\%$$

$$普通股每股净收益 = \frac{企业净利润 - 优先股股利}{平均发行在外普通股股份数}$$

$$股利发放率 = \frac{普通股每股股利}{普通股每股收益} \times 100\%$$

$$股利收益率 = \frac{普通股每股股利}{普通股每股市价} \times 100\%$$

$$市盈率 = \frac{普通股每股市价}{普通股每股净收益} \times 100\%$$

第三节 公司财务分析中的关键问题

公司财务分析是公司分析的一个非常重要的方面。从某种意义上说，关于公司基本素质的分析是为了进一步深化、证实、理解对公司的财务分析。

公司财务分析虽然能提供一些关于企业财务状况、经营成果和现金流量的信息，但是在财务分析中仍应注意一些问题和考虑一些报表外的因素，因为这些问题和因素将会影响甚至改变分析人员由财务报表所得到的关于企业的分析和判断。下面分别就阅读财务报表和进行财务分析应注意的问题予以说明。

一、财务分析应重视的基本原则

财务报表是公司经营情况的重要报告，应仔细阅读。前面所讨论的公司财务分析是基于资产负债表和利润表的分析方法。现金流量表也是投资者及财务数据使用者必须重视的报表，它反映出企业获得现金的能力、投入产出的管理能力及偿付债务和扩大财务需求的能力。阅读者、投资者、管理者均应重视以下几个基本原则。

（一）关注财务报表数据的准确性、真实性与可靠性

财务报表应按会计准则编制，但有时合乎规范不一定反映该公司的客观实际。例如，报表数据未按通货膨胀或物价水平调整；非流动资产的余额是按历史成本减折旧或摊销计算的，不代表现行成本或变现价值。此外，财务报表极易粉饰，并且合法。根据人为修饰过的报表数字进行分析，其结果将毫无意义，并且相当危险。

（二）关注财务报表数据的关联性

财务报表上的数据，应互相关联起来进行分析，单独的数据是没有意义的。一是在阅读年度报表中的数据时，要对照以前年度的数据，对发生很大变化的数据应予以重视，并尽可能探究其原因。二是要关注关联科目之间的内在联系。如销售收入增长，要关注应收账款的增减变化和销售商品提供劳务收到现金的变化。如果应收账款增加额与销售收入增加额相当，或前者高于后者，并且销售商品收到的现金没有相应增长，则需要考

虑销售收入增长的可靠性。还比如公司增加投资会消耗现金，这时就应考虑投资与现金流入的平衡关系。

（三）关注财务报表中的现金流状况

现金流的平衡是维持企业正常运转的重要因素。持续的现金流出增加，现金流入减少，会引起企业财务危机。从长期看，企业经营业绩将影响现金流的增减变化；从短期看，企业筹措资金的运作方式是影响现金流的主要因素。

二、公司财务分析应注意的关键问题

进行财务分析的初步资料来自公司的财务报表——资产负债表和利润表，因此可以方便地获得用于分析的资料，这是财务分析的一个优点。但将公司财务分析运用于证券投资中，这些初步资料就显得不够，部分财务信息没有反映在会计报表中，部分信息会只出现在会计报表附注中，还有些信息只会出现在其他外部的经济资料中，因而投资者在财务分析中，还需要注意如下关键问题。

（一）财务数据背后的现实基础

财务报表的数据只是粗略的数字，要准确把握公司的财务状况，需对财务报表数据进行认真细致的分析，分析报表数据背后反映的情况，这样才能得出客观、恰当的结论。财务分析时有一重要的假设前提，即过去的各种条件不变，包括内部和外部条件不变。此假设往往不切实际，因为在经营期间，经济因素、政策因素、产业因素及企业内部因素都处在经常的变动中。这些变动产生的影响，要通过财务分析辨别出来是不可能的。公司的经济环境和经营条件发生变化后，原有的财务数据与新情况下的财务数据就不再具有直接可比性。因为，财务数据反映的基础发生了变化。如果忽略经济环境和经营条件的变化，就可能得出错误的结论。

（二）财务比率分析的比较

几乎所有的财务比率分析都有一共同限制，就是财务比率数字的大小不代表绝对的好坏。同时，财务比率分析主要依据的是历史性资料，这些资料反映了公司过去历史上的财务状况，并不能代表企业的未来。如果企业经营环境出现重大变化，历史性财务资料会误导我们的分析方向及对企业未来的判断。

此外，同一行业不同企业之间进行比较时，由于企业之间的差异，如经营规模过分悬殊或会计处理方法不同，会显得比较困难。此外，企业在其行业中的产品的细分市场的不同，以及经营规模与在该市场上的获利性无必然联系，都会使财务比率分析变得更困难和不切实际。

(三) 公司拟投资项目

投资者进行股票投资，一个非常重要的决策变量就是上市公司未来的业绩成长情况。而企业的价值，从根本上看，取决于其资产在经营过程中给所有者带来的收益。因此，企业投资项目的选择就与企业的发展有着极为密切的关系。但这里应明白一点：企业在报告年度有新增投资项目，并不一定就是利好消息。投资者要对公司的投资项目着重进行以下几个方面的分析：① 投资项目与公司目前产品的关联度，因为它体现了公司实行何种经营战略。同时，投资者还应注意分析这种经营战略与公司的市场地位是否吻合。② 若投资项目是一种全新的产品，投资者就必须对这种产品的市场前景进行分析，这种分析可以从产品的技术含量、进入壁垒等方面进行大致的估计。③ 分析投资项目的建设期及在建设期和回收期的现金流量状况，并了解该项目投资的回收期及净现值和内含报酬率。

(四) 资产重组

企业开展资产重组的目的是实现企业价值最大化。因为，开展资产重组能够使企业获得管理协同效应、财务协同效应和经营协同效应等效应。同时，它还能够实现经营业务的多样化。正是由于资产重组对企业的业绩和经营具有重大影响，且不同资产重组类型对企业的业绩和经营具有不同的影响，因此，在对上市公司的财务报表进行分析时，若上市公司在报告期内发生资产重组事项，必须格外小心。要区分资产重组的不同类型，区分报表性重组和实质性重组，并密切关注重组后企业的整合情况。

(五) 关联交易

关联交易是指在关联方之间转移资源或义务的事项，而不论是否收取价款。关联交易的存在对企业的经营业绩会产生较大的影响。因为关联方之间的交易可能不是建立在公平交易的基础上，它们往往通过高买低卖、低买高卖的交易方式进行利润转移或亏损转移，甚至进行虚假交易以提高企业经营业绩，粉饰财务报表。因此，投资者在进行报表分析时，必须高度重视上市公司对关联交易的信息披露，透过关联交易去发现公司真正的投资价值。

(六) 会计政策和会计估计变更

会计政策是指企业在会计核算时所遵循的具体原则，以及企业所采纳的具体会计处理方法。会计政策变更是指企业对相同的交易或事项由原来采用的会计政策改变为另一种会计政策的行为，也就是在不同的会计期间执行不同的会计政策。会计估计是指企业对其结果不确定的交易或事项以最近可利用的信息为基础所做的判断。会计估计变更是就现有信息对未来所做的判断，随着时间的推移，需要对会计估计进行变更。会计政策变更，一般要求采用追溯调整法，这会产生一个累积影响数，进而影响企业当前的经营业绩。会计估计变更要求采用未来调整法，也会由于前后期采用不同的会计估计，影响前后期数据的比较，从而形成对企业经营业绩不同的判断。特别是某些企业为了掩盖财务困境或为了其他目的，粉饰财务报表，有意识地变更会计政策和会计估计来提供对其有利的信息。因此，投资者在进行财务报表分析时必须高度关注公司是否发生会计政策和会计估计变更。

（七）税收政策变更

税收政策是一国经济政策的重要组成部分。税收政策的变更范围很广泛，包括纳税人、课税对象、课税标准、税率、课税基础及起征点、免税规定的调整或变动。上述任何一项的变动都会对企业的利润产生影响，从而对企业的经营业绩产生影响。其影响主要体现在两个方面：第一，直接影响，即直接对企业的利润和税后利润产生影响；第二，间接影响，主要体现为对企业投资的促进或抑制作用，进而对企业经营业绩产生影响。除了折旧和利息，投资成本受税收影响也较大。

三、财务分析中会影响财务数据质量的主要内容

投资者进行财务分析的目的较多，其中一项通常会是评估一个企业的会计记录是否真实地反映了其所代表的经济活动。因而投资者首先要弄清哪些会计政策对企业的经营的影响最大，其次重点检查容易出现数据不真实的会计科目，最后可以通过对企业的会计政策和会计预测进行评估，能够知道所使用的财务报表在多大程度上扭曲了经济现实，进而对这些扭曲进行恢复，为后面的财务分析提供一个真实的数据基础。从构成上说，影响利润的方面包含了：主营业务收入减去销售成本、期间费用；其他业务收入减去其他业务支出；投资收益；营业外收支；以前年度损益调整。上市公司也正是从以上各项收入与费用入手进行利润操纵的。以下是一些经常出现不真实数据的科目，也是分析财务数据质量的主要内容。

（一）与销售额增加相关的应收账款的大幅增加

这一现象可能是由于公司放宽了对赊款销售的控制，以扩大当期的收益。销售政策的改变可能是出于扩大市场占有率、提高存货周转率等原因，也可能是公司为了完成上级的考核指标（对国有控股的公司尤其要注意）、经理层红利获得等原因来粉饰财务报表。不论是何种情况，公司在以后的会计期间都将面临因客户违约而造成的应收账款冲销及下期销售收入增幅下降的问题。

上市公司为增加本年利润可以在本年内（一般是年末）向外销售商品，同时私下协议于下一年以销售退回的方式收回，从而增加本年的主营业务收入及主营业务利润。《股

份有限公司会计制度》中对销售后退回的规定是，上期销售退回的处理直接冲减本期销售收入，如在资产负债表财务报告发送之前则进行报表调整。所以，只要退货的时间安排在财务报告发送之后，公司就可以以这种假销售方式增加本年利润。虽然这会导致下一年销售收入的减少（冲减退回期的销售收入），但对于具有很强短期利益要求（如限期扭亏或10%配股限制）的公司来说，也不失为一个可行之策。

（二）公司的报表利润与由经营所产生的现金流量之间的比例变化

由公司经营活动所产生的现金流量是公司赖以生存和发展的根源。在会计政策没有发生变化的情况下，报表利润与经营所产生的现金流量之间应有一种相对固定的比例关系。经理人员可以通过对费用分摊计提方式的变化来影响报表利润，但却无法影响经营所产生的现金流量。

（三）因处置长期资产而产生的巨大利润

当上市公司的经营业绩较差的时候，公司往往倾向于出售固定资产，如土地、在其他公司的股权等长期资产来增加当期收益，这种收益是非持续的一次性收入，但对静态市盈率的影响很大，容易误导投资者。其主要方法有以下几种。

（1）进行债务重整，将应收账款转为长期股权投资。大量应收账款的存在使公司的应收账款周转率偏低，表现为经营效率的低下；同时，现行会计准则要求公司每年年末按应收账款余额的一定比例提取坏账准备，计入本期的期间费用（管理费用）。应收账款数额越大，提取的坏账准备越多，本期的费用也越高。如果年末应收账款大量减少，公司不仅不用继续提取坏账准备，而且上一年多提的坏账准备还可以冲减本期的管理费用。为了减少本期账面上的费用支出，上市公司可以采取债务重整方式将应收账款转化为对该企业的股权投资。这样，一方面使年末应收账款总额明显减少，因此计入本期期间费用（管理费用）并需要提取坏账准备的金额减少；另一方面使公司应收账款周转率提高，表现为经营管理效率的提高。公司对于这部分投资可以用成本法记账（即使对该单位的投资占有表决权资本总额的20%以上，也可因不具有重大影响而采用成本法计价），这样就可以不在账面上分担被投资企业每年的亏损——虽然投资收益额与长期投资相比表现的效率很低，但总比作为坏账冲销有利得多（至少不作为费用冲减利润）。

（2）向关联方出售长期股权投资。会计准则并不要求公司对出售长期投资的行为按公允价值调整，因为股权投资的价值很难确定，所以通常是按实际收到的金额减去该项投资账面价值的净额计入本期投资收益。公司常用此种方法将其持有的长期投资以较高的价格出售给其集团公司或不纳入合并报表的关联企业，以增加其投资收益。

（3）改变长期股权投资计价方法。会计制度规定，对于按权益法记账的长期股权投资，每年期末按所占股份的比例分担被投资企业的净损益，借记或贷记投资收益科目。如果上市公司持有长期效益不好（亏损）的长期投资，按规定每年都要分担被投资企业的净亏损，即投资收益为负值；而此时这部分股份的售价已低于账面价值，若在市场上出售会直接恶化本期投资收益，因此公司可以不再具有以重大影响为由将这部分股权投资的计价方法由权益法改为成本法核算（会计制度允许），从而将这部分长期投资对于公司损益表的不利影响化解。

（四）中期报表与年度报表的收益相差甚大

企业的经营是一个持续的过程，一般而言，在一个会计年度中上市公司的获利能力不会有太大的变化。有些上市公司中报收益与年报收益相差 10 余倍，经营业绩在一年中出现大幅波动，这种现象非常值得重视。企业的经营活动的确有季节的差别，如空调生产企业的销售旺季在夏季，其上半年的业绩一般要占到全年收益的 2/3；相反，彩电的销售额通常在下半年有所增长。但我们要注意到中期报表和年度报表在审计要求上的差别，中期不进行分红和配股的企业的中期报表不要求必须经过审计，因而不排除上市公司与庄家联手操纵中期报表收益，起到拉抬或打压股价的作用。

（五）关联交易带来的利润增加

关联方关系定义为在企业财务和经营决策中，如果一方有能力直接或间接控制、共同控制另一方或对另一方施加重大影响，即被视为关联方（同是国家控制的国有企业不能一概而论）；如果两方或多方同受一方控制，也视为关联方。有关联关系的企业主要指：母子公司之间或受同一母公司控制的子公司之间；合营企业、联营企业；主要投资者个人（持股 10%以上）、关键管理人员或与其关系密切的家庭成员及其直接控制的其他企业。关联企业之间的交易在作价上存在非市场因素干扰的可能，证券市场上大量的上市公司和其母公司或其他关联企业进行资产置换和资产买卖而带来的巨额利润增加，都是值得注意的。

在主营业务收入中制造虚增是比较困难的（也容易被注册会计师查出），公司可以通过其他业务收入的调整来影响利润总额。其他业务收入包括材料销售、技术转让、代购代销、包装物出租等收入。在这种操作中，通常并不采用一般商品的购销，因为一般商品交易存在市场公允价格，按规定需按公允价格进行调整。

上市公司更倾向于向关联交易人（主要是集团公司，因为被上市公司直接或间接控制的关联公司如子公司是要纳入合并报表的，内部之间的交易在编制合并报表时进行抵消，在合并报表中并不表现为销售收入）出售劳务活动来增加其他业务收入。与一般商品不同，有些劳务活动是独特的，很难找到公允价格。这些劳务主要有出售已有的研究开发成果、提供加工服务、提供经营管理服务、直接向集团公司收取收入；此外，上市公司也可以通过直接或间接让关联单位为其负担某些费用的方式减少费用开支，增加利润。具体有以下主要手段。

（1）转让研究开发成果。会计制度规定，自行开发过程中发生的费用，计入当期费用。如果是自行开发并按法律程序申请取得的无形资产，按依法取得时发生的注册费、聘请律师费等费用，借记无形资产，贷记银行存款等科目。

尽管这部分活动计入了费用，开发公司仍可转让其研究开发行为的成果，按实际取得的转让收入，借记银行存款，结转转让无形资产的摊余价值，借记其他业务支出（由于允许计入无形资产的开发费用很少，其他业务支出金额很少），贷记其他业务收入，因此上市公司可以通过关联交易对其花费很少的研究活动收取大量金额来增加本年收入（虽然这种转让不一定会为受让的关联方带来利益）。

（2）以费用分担方式转移期间费用。这种方式是以其他单位愿意承担上市公司某项费用的方式减少公司本年期间费用，从而使本年利润增加，如由集团公司承担保险费、运输费、广告费等（一般是承担影响主营业务利润的期间费用）。

（3）向关联方出租资产与土地使用权来增加收益。会计制度对出售资产的要求是必须以公允价格成交，而且需要结转资产的成本。一般来说，通过公允价格处置长期资产不一定会得到净收益。由于会计制度对租金收入合理性的规定较少，所以上市公司往往通过向关联方出租长期资产的方式由外部转移收入，取得确定的大额收入（与关联方交易经常用的另一种方法是出售公司的长期股权投资，在下一部分讲述）。

（4）向关联方借款融资，降低财务费用。对于资产负债率较高的上市公司来说，每年要负担固定的借款利息成本（计入财务费用），为了降低财务费用从而提高主营业务利润，公司可以通过改向关联方借款来减少对银行的负债，因为向关联方借款的利息支出可以在双方之间灵活确定是否支出、何时支出及支出金额的大小。

（六）利用会计政策、会计估计的选择与变更进行利润调整

（1）选择是否使用某一会计政策。《股份有限公司会计制度》中新增了三个跌价准备科目，即短期投资跌价准备、存货跌价准备、长期投资减值准备，要求境外上市公司、香港上市公司及在境内发行外资股的公司必须设立这三个科目；同时指出，其他上市公司也可按上述规定提取短期投资跌价准备、存货跌价准备、长期投资减值准备。这就为效益好的上市公司提供了将利润在不同年度之间转移的可能，即如果某一年度各种利润指标大大高于各种配股条件，则在期末可以提取跌价准备，在不影响公司必要收益指标的前提下，化解了下期资产跌价的风险，提高了公司未来年度利润的稳健性。

（2）对折旧要素的估计变更。固定资产折旧根据用途的不同分别计入产成品和管理费用，其中计入管理费用部分的大小直接影响期间费用及主营业务利润。折旧额的大小是由使用年限、预计净残值和折旧方法三个要素决定的。会计制度要求公司应当根据固定资产的性质和消耗方式合理地预计固定资产的使用年限、预计净残值和恰当地选用折旧方法，折旧方法一经确定，不得随意变更，如需变更，应在会计报表附注中予以说明。公司可以通过变更对固定资产残值的估计、对固定资产使用年限的估计、变更折旧方法来调整本年的折旧费用额（由于折旧方法的变更受到的限制较多，所以公司只是到不得已的时候才进行折旧方法的变更）。

（3）变更销售商品成本的计价方法。销售成本是根据存货（产成品）的发出来计量的，公司可以根据具体情况，采用先进先出法、加权平均法、移动平均法、后进先出法和个别计价法，方法一经确定，不得随意变更，如需变更，应在会计报表附注中予以

说明。使用不同的计价方法会直接影响本期销货成本的大小，进而影响主营业务利润的大小。由于公司产品销售量很大，变更销售商品成本的计价方法对主营业务成本及利润的影响是非常明显的，因此变更销售成本的计价方法也是上市公司调整本年利润常用的一个方法。

（七）利用其他应收账款科目回避费用的提取

会计制度规定，公司对于应收账款，应于中期期末或年末按规定提取坏账准备。境外上市公司、香港上市公司及在境内发行外资股的公司，坏账准备的提取方法、提取比例等由公司自行确定，国内上市的公司按统一规定以年末应收账款余额的 0.3%～0.5% 计提坏账准备，计入本期管理费用。

公司通过与欠款单位协商（尤其是关联企业）年底收回应收账款，同时以对该单位短期融资的方式（计入其他应收款）又将此笔金额转给对方（实际上只是账务的划转）。这样，一方面，使公司的应收账款减少（应收账款周转率指标明显好转）；另一方面，应收账款的收回使得本期期末应提的坏账准备减少，列入期间费用的金额减少（如果应收账款数小于年初数，还可以冲减管理费用）。对公司来说，这只是账务上的划转，并没有影响其资金运行，又降低了其列入损益表中的费用。

（八）利用推迟费用确认入账的时间降低本期费用

（1）将应计入本期的费用挂在待处理财产损溢科目。会计制度规定，公司在清查财产过程中查明的各种财产物资的盘盈、盘亏和毁损（待处理固定资产损溢、待处理流动资产损溢）应于办理年终决算前查明原因，并报经批准处理，未能在年终决算前处理完毕的，应在会计报表附注中予以说明。对待处理财产净损失的处理结果都是计入损益表抵减当期利润，所以公司为了保证当期利润指标的实现，往往尽可能地推迟确认该损失的时间。

（2）将费用挂在待摊费用科目。待摊费用虽然是一项费用，但在会计准则中表现为资产负债表中的一项资产，要在一定时间内逐步转为损益表中的费用。待摊费用的发生时间是公司可以控制的，待摊费用多是分摊期在 1 年以内的各项费用，如低值易耗品、预付保险费、固定资产修理费用及一次购买印花税税票和一次缴纳印花税税额较大需分摊的数额等。公司在年初、年中还是年末发生此项支出直接影响进入本期损益表费用的多少。还有一些支出的摊销期在 1 年以上（固定资产修理支出、租入固定资产的改良支出及其他摊销期限在 1 年以上的费用），在长期待摊费用中核算。

除待摊费用外，公司还可将已发生的费用挂在预提费用的借方，反映公司实际支出的费用大于预提的费用，即未摊销的费用，主要有预提的租金、保险费、借款利息、固定资产修理费用。

通过将实际发生的费用支出挂在资产类科目内而推迟计入损益表的费用或不全计入本期期间费用的办法，可以使上市公司公布的本年利润比实际情况更好一些。

（九）利用其他非常性收入增加利润总额

（1）争取地方政府的补贴收入。在损益表中列有一项补贴收入，用来核算公司取得的各种补贴收入。对于需要利润达标而又没能通过自我努力实现必要利润的上市公司，必然会向当地政府争取补贴收入作为最后的挣扎。地方政府从本地经济与上市指标角度考虑也会大力相助，政府可以只出一个准予补贴的文件，不必立即实际支付补贴的金额，公司按规定计算应收的补贴，借记应收补贴款，贷记补贴收入，从而顺利地增加利润总额。

（2）利用营业外收入增加利润总额。营业外收入是与公司生产经营无直接关系的各项收入，包括固定资产盘盈、处理固定资产净收益、资产再次评估增值、债务重组收益、接受捐赠转入、罚款净收入。营业外收入是利润总额的一个组成部分，上市公司常常通过从关联企业接受捐赠的方式增加营业外收入，实现当年的利润总额。

（十）对不真实的财务数据进行恢复

通过上面的分析发现了有些财务数据没有真实地反映经济现实，证券分析人员就必须运用自己的经验和知识对这些被扭曲了的财务数据进行恢复，使修正后的财务数据更贴近上市公司的实际经营情况。能对证券分析人员恢复或修正财务数据有较大帮助的数据来源有两个：一是财务报表附注；二是现金流量表。

审计制度规定，对于上市公司已经披露的重大信息，注册会计师应出具无保留意见，所以投资者还要关注会计报表附注中的信息。上市公司正在使用的会计政策与会计估计、会计政策与会计估计的变更、关联交易、重要项目的详细资料（如存货的构成、应收账款的账龄、长期投资的对象、借款的期限与利率等）都在附注中揭示，为进行会计数据分析与判断上市公司是否有操纵利润的迹象提供了可操作与决策的信息，如本期是否变更了某项会计政策、该变更对利润的影响如何，哪些交易是与关联方进行的，对利润的影响如何等。

根据附注中的说明，证券分析人员能够评价会计政策的改变对报表数据的影响，并根据自己的经验和行业中其他企业的参照数据进行修正。

现金流量表从收付实现制的角度对企业的经营业绩进行报告，它是对以权责发生制为基础编制的会计报表的一种验证。如果证券分析人员对权责发生制的报表产生怀疑，现金流量表能提供一种基准点式的参照。利润表中的会计数据是现金流量表中会计数据变化的结果。利润表是以权责发生制为基础的，由此产生的递延、应付、摊销和分配等会计处理为管理人员提供了合法地扭曲会计数据的机会，报告现金流量不涉及估计或分配，也很少涉及确认问题，因为一切现金的收付在其发生时已经得到了确认。证券分析人员可以通过现金流量表中的数据对相关的资产负债表中的数据进行修正。

如前所述，上市公司操纵利润总是通过一定方法进行的，而任何方法都有其表现形式，投资者可以通过查找这些迹象来判断并对公司的获利能力进行调整。

（1）应收账款与其他应收款的增减关系。如果是对同一单位的同一笔金额由应收账款调整到其他应收款，则表明存在操纵问题，应在利润总额中调增此笔应收账款按规定需计提的坏账准备金。

（2）应收账款与长期投资的增减关系。如果对一个单位的应收账款减少而对其长期投资增加，且增减金额相近，则表明存在操纵问题，应在利润总额中调增此笔应收账款按规定需计提的坏账准备金。

（3）待摊费用与待处理财产损失的数额。如果待摊费用与待处理财产损失数额较大，则说明存在拖延费用列入损益表的问题，需要从公布的利润总额中扣减这部分金额。

（4）借款、其他应付款与财务费用的比较。如果公司有对关联单位的大额其他应付款，同时财务费用较低（只是近似账面借款的利息，可以通过附注里的信息计算出借款的年利息支出），说明存在利用关联单位降低财务费用的问题，应将其他应付款按借款利率计算出利息费用，调减利润总额。

总之，投资者在利用财务报告时，应对上市公司进行全面分析，并对其公布的利润情况进行合理化调整，使调整后的信息具备可预测性，这样才能把握上市公司的长期获利能力，并根据公司状况的变化，及时回避风险。

▶本章复习思考题

1. 对公司的行业地位进行分析有何意义？
2. 影响财务数据质量的主要因素有哪些？
3. 简述财务分析应注意的主要问题。
4. 影响股票价格的因素有哪些？

第八章 证券投资技术分析理论

证券投资技术分析法是根据证券市场的历史交易资料,以证券价格的动态和变动规律为分析对象,运用统计技术和图形分析的技巧,通过对证券市场行为的分析,判断证券价格变动方向和变动程度的分析方法。本章主要介绍技术分析中的K线图理论、形态理论、道氏理论及波浪理论。

第一节 K线图理论

一、K线图概述

(一) K线的画法

K线图又被称为蜡烛图,最早出现在日本德川幕府时代,大阪的米商用来记录当时一天、一周或一月中米价涨跌行情的图示法,后被引入股市。一根K线记录的是股票在一天内价格变动情况,将每天的K线按时间顺序排列在一起,就组成了股票价格的历史变动情况,叫作K线图。

K线将买卖双方力量的增减与转变过程及实战结果用图形表示出来,经过百年来的使用与改进,K线图理论被投资人广泛接受。K线图有直观、立体感强、携带信息量大的特点,能充分显示股价趋势的强弱、买卖双方力量平衡的变化,预测后市走向较准确,是各类传播媒介、电脑实时分析系统应用较多的技术分析手段。其记录方法如图8-1所示。

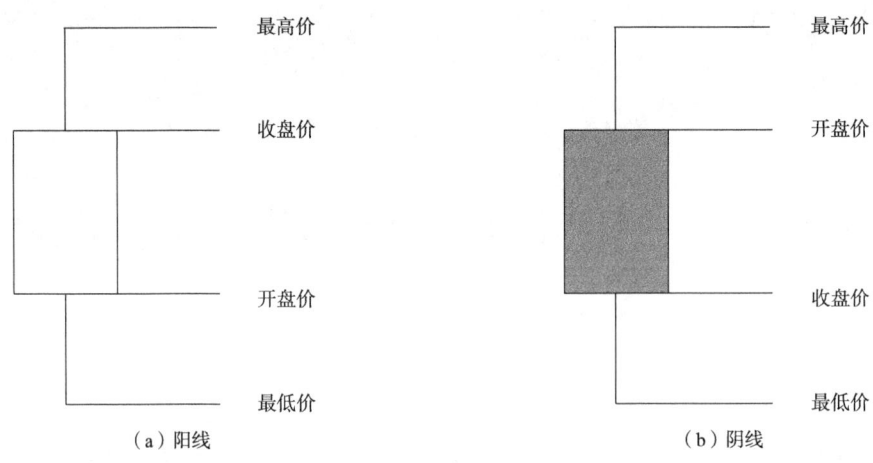

图 8-1　K 线图的记录方法

日 K 线是根据股价（指数）一天的走势中形成的四个价位即开盘价、收盘价、最高价、最低价绘制而成的。

K 线实体表示开盘价与收盘价之间的价格差距。如果收盘价高于开盘价，则实体部分一般绘成红色或空白，称为阳线；如果收盘价低于开盘价，则实体部分一般绘成绿色或黑色，称为阴线。

上影线表示最高价与实体之间的价格差距。如果最高价为实体所包含，则上影线不存在。下影线表示最低价与实体之间的价格差距。如果最低价为实体所包含，则下影线不存在。

由于 K 线的画法包括了四个最基本的数据，所以我们可以从 K 线的形态判断出交易时间内的多、空情况，投资者在看 K 线时，单个 K 线的意义不大，与以前的 K 线做比较才有意义。

（二）K 线周期

根据 K 线的计算周期可将其分为日 K 线、周 K 线、月 K 线、年 K 线。

周 K 线是指以周一的开盘价、周五的收盘价、全周最高价和全周最低价来画的 K 线图。月 K 线则是以一个月的第一个交易日的开盘价、最后一个交易日的收盘价和全月最高价与全月最低价来画的 K 线图，同理可以推得年 K 线定义。周 K 线、月 K 线常用于研判中期行情。对于短线操作者来说，5 分钟 K 线、15 分钟 K 线、30 分钟 K 线和 60 分钟 K 线也具有一定的参考价值。

（三）K 线的波动范围

根据开盘价与收盘价的波动范围，可将 K 线分为阴星、阳星，小阴、小阳，中阴、中阳和大阴、大阳等线型，它们的波动范围如图 8-2 所示。

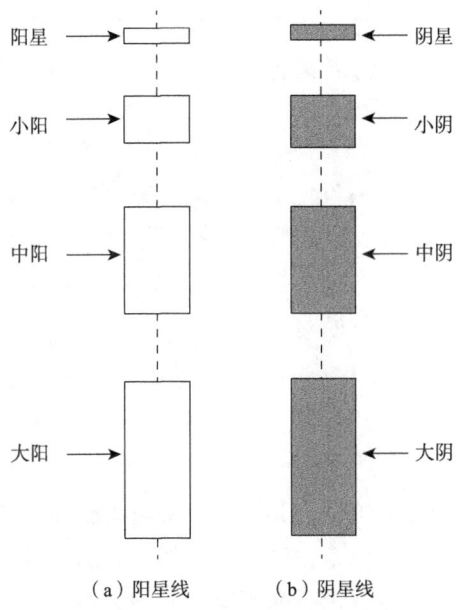

图 8-2　K 线的波动范围

阴星线和阳星线的波动范围在 0.5% 左右；小阴线和小阳线的波动范围在 0.6%~1.9%；中阴线和中阳线的波动范围在 2%~4.9%；大阴线和大阳线的波动范围在 5% 以上。

二、单根 K 线图的市场意义

按照 K 线三要素，即阴阳、长短、影线的不同情况，单根 K 线的基本形状分别代表了不同的市场含义。

（一）阳线

1. 大阳线

大阳线又称长阳，表示涨势极为强烈。若在横盘末期出现大阳线表明买方力量较强，在下跌趋势中出现大阳线则是反转信号。见到第一根大阳线一般可以买入。在 K 线图上，阳线实体的长短表示当日升幅的大小，即市场涨升的强弱程度。而光头光脚大阳线是大阳线中最为强烈的一种上升图形，是以最低价开盘，以最高价收盘。

2. 带下影线的阳线

开盘后股价曾经有一个下跌过程，在某一时刻跌破开盘价，但最终多方力量强于空方，股价上涨突破开盘价以全天最高价收盘。带下影线的阳线表明价低惜售，买方介入力量强，后市上涨可能性较大，但上涨的可靠性不如大阳线。

3. 带上影线的阳线

带上影线的阳线属于上升抵抗型，开盘价即最低价，一开盘买方强势，将股价一路上推，但在高价位遇卖方压力，使股价上升受阻，收盘时回落，构成上影线，但收盘价依然高于开盘价，卖方与买方交战结果为买方略胜一筹。但这种K线如出现在高价区，则后市看跌。

4. 带上下影线的阳线

带上下影线的阳线表明开盘后价位下跌，遇买方支撑，双方争斗之后，买方增强，价格一路上推，临收盘前，部分投资者获利回吐，在最高价之下收盘。这种K线的出现是一种反转信号。如在大涨之后出现，表示高位震荡；如成交量增大，后市可能会下跌；如在大跌后出现，后市可能会反弹。

（二）阴线

1. 大阴线

大阴线表明开盘后股价一路下跌，并以最低价收盘，而且开盘价就是最高价。大阴线通常出现在下降趋势中，预示后市依然疲弱。如果大阴线出现在上升趋势中，则是升势结束、反转向下的信号。一般来说，大阴线之后的交易股价还会继续下跌，阴实体的长短反映下跌幅度和市场多空力量的对比程度。而光头光脚大阴线是大阴线中最为强烈的一种下跌图形，是以最高价开盘，以最低价收盘。

2. 带下影线的阴线

带下影线的阴线表明当日股价先跌而后有所回升、构成下影线收盘，收盘价在最低价以上，说明已有上涨力量。这种K线如出现在低价区，则后市看涨。

3. 带上影线的阴线

带上影线的阴线属于先涨后跌型，收盘价是全日最低价。它表明买方力量很弱，后市看跌，但是在当日交易过程中股价曾一度冲破开盘价创出全天最高价，这种阴线比大阴线的下跌力量要弱一些。

4. 带上下影线的阴线

开盘后股价曾经上升，创出当日最高价，后下挫创出当日最低价，收盘于最低价之上。这表明多空双方力量相差不大，股价波动较大。

（三）特殊K线

在市场价格剧烈变动的交易日，K线价格会呈现特殊的形状。

1. 一字线

一字线的最高价、最低价、开盘价、收盘价均相等，全天只有一个成交价（图8-3）。在实行涨跌幅制度下的市场中较易出现一字形K线，开盘便以涨停板价或跌停板价成交，然后一直维持到收盘，表示极端的涨势或跌势。除此之外，一字线出现的机会比较少。

———

图8-3　一字线

2. 十字星

股价曾高于或低于开盘价，但收盘价与开盘价相同（图8-4）。十字星的出现表明多空双方力量相当，买方与卖方对于目前价格走势犹豫不决，非常谨慎。而随着时间变化，后市将出现重要转折。当高价区出现十字星时，后市往往转跌；当低价区出现十字星时，后市常常趋升。上影线越长，表示卖压越重；下影线越长，表示支撑越强。上、下影线等长的十字星K线为转换线。十字星K线有明显的顶部或底部警示作用。一般来说，在高价区域或低价区域出现十字星K线意味着可能出现反转形态。

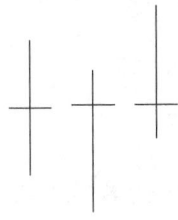

图8-4 十字星

3. 蜻蜓线

收盘价等于开盘价，也等于最高价（图8-5）。蜻蜓线的出现表示开盘后股价下跌，卖方一度领先，但是后来买方力量强于卖方，最终收复失地以开盘价报收。蜻蜓线K线出现之后的交易日中股价上涨的可能性较大。

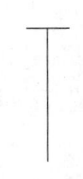

图8-5 蜻蜓线

4. 墓碑线

墓碑线又称为倒T字形K线。收盘价等于开盘价，也等于最低价（图8-6）。墓碑线表示开盘后股价虽然上涨，但抛压沉重，最终又以开盘价报收，说明买方力量虽强，但卖压更大。墓碑线K线若出现在一段上升之后，是明确的顶部信号，是即将结束上升趋势的强烈信号。

图8-6 墓碑线

三、K线的组合应用

K线本质上反映的是买卖力量和行为的变化与结果,无论是一根K线,还是多根K线的组合,都是对多空双方的争斗做出一个描述,由它们的组合得到的结论都是相对的,而不是绝对的。一般来说,多根K线组合的结论有效性要强于单根K线组合的结论有效性,月K线组合和周K线组合的结论有效性要强于日K线组合的结论有效性。

(一)上升K线形态

1. 红三兵

红三兵是由三根短小的连续上升的阳K线组成(图8-7),K线收盘价一日比一日高,表示士兵勇敢前进,基础扎实,后市涨幅将加大。

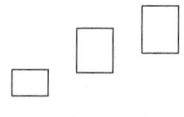

图8-7 红三兵

2. 两阳夹一阴

两阳夹一阴的K线组合就是一根小阴线夹在两根阳线中间(图8-8),在实践中是一组非常实用的K线组合。这种组合出现后,股价继续上涨的概率极大。

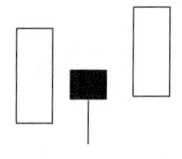

图8-8 两阳夹一阴

3. 上升三阶段

上升三阶段的K线组合出现在上升途中,由一根较大阳线接3~5根较小阴线,再接一根较大阳线组成(图8-9),预示后市将继续上涨。

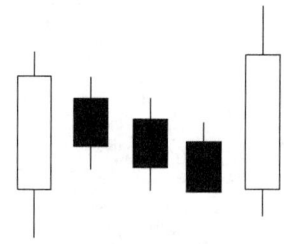

图8-9 上升三阶段

（二）下跌 K 线形态

1. 三只乌鸦

三只乌鸦由三个短小的连续下跌的小阴线实体组成（图 8-10），K 线的收盘价一日比一日低，表示空方力量在逐步加强，后市看淡，下跌速度将加快。

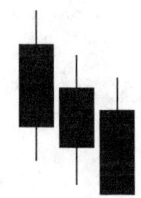

图 8-10　三只乌鸦

2. 两阴夹一阳

两阴夹一阳的 K 线组合就是一个阳线夹在两根阴线中间（图 8-11），这通常是一个下跌途中的形态，表示股价下跌中，中间遇到小阳线的抵抗，但还是抵挡不住卖方的力量，股价将继续下跌。

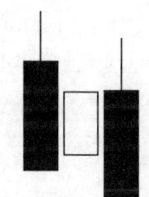

图 8-11　两阴夹一阳

3. 下跌三阶段

一根长阴线后跟三根连续小幅上涨的小阳线，随后又是一根大阴线（图 8-12），表示市场极度虚弱，小涨大跌，空方绝对占优。

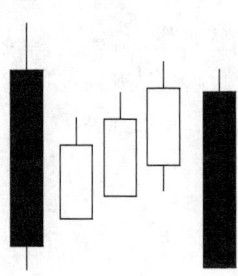

图 8-12　下跌三阶段

(三)反转 K 线

1. 穿头破脚

穿头破脚是股价经过较长时间的上升,当日 K 线高开低走,收出一根长阴线,这根长阴线将前一日或前两日的阳线全部覆盖掉,因此这根长阴线被称为穿头破脚,如图 8-13 所示。穿头破脚包含这样的信息:市场主力已将股价推至较高处,并借买方市场情绪高昂拉高出货,制造假象,吸引跟风盘,随后大肆出货,将所有跟风盘全部套牢。此种 K 线形态属于杀伤力极强的顶部反转形态,随后的下跌空间较大,遇此形态投资者应及时杀跌。

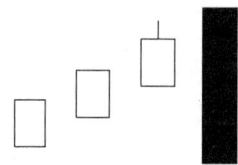

图 8-13 穿头破脚

2. 乌云盖顶

乌云盖顶 K 线形态也属于拉高出货的一种顶部反转形态,发生的时间和情况与穿头破脚相似,只是在图形上乌云盖顶像黑云压城似的收出一根大阴线,如图 8-14 所示。但此根阴线的收盘切入到前一根阳线的三分之二处,乌云盖顶的杀伤力仅次于穿头破脚,属于杀伤力极强的顶部反转形态,遇此形态,投资者应坚决出货。

图 8-14 乌云盖顶

3. 曙光初现

曙光初现常发生在股价连续大幅下跌,超跌严重,结果当日股价借下跌惯性跳空低开,随后股价在超跌买盘的介入下,当日收出阳线,阳线收盘的位置插入到前一日阴线实体的二分之一以上(图 8-15)。当曙光形态出现后,表示黑暗已经过去,曙光已经开始,股价将展开反转的上升行情。

图 8-15 曙光初现

4. T 字形

T 字形也可以成为一种反转形态，前提是股价经过了较长时间的连续大幅下跌。当日股价开盘后，走势继续下跌，并带出最后一批抛盘，随后在盘中股价开始稳步上升，最后以开盘价的位置收盘（图 8-16）。T 字形在低位出现，反映下部支撑极强，股价可能出现反转走势。

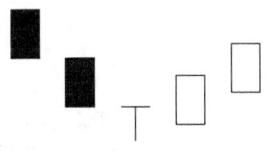

图 8-16　T 字形

锤头线是一个小实体下面带有一定长度下影线的 K 线形态，形状较为类似 T 字形，市场意义也较为类似。

四、K 线缺口理论

K 线缺口是指股价在快速大幅变动中有一段价格没有任何交易，显示在股价趋势图上是一个真空区域，这个区域称缺口，它通常又称为跳空。当股价出现缺口，经过几天，甚至更长时间的变动，然后反转过来，回到原来缺口的价位时，称为缺口的封闭，又称补缺。

（一）缺口的种类

缺口分普通缺口、突破缺口、持续性缺口与消耗性缺口等四种。从缺口发生的部位大小，可以预测走势的强弱，确定是突破还是已到趋势的尽头，它是研判各种形态时最有力的辅助手段，具体如下。

1. 普通缺口

普通缺口通常在密集的交易区域中出现，因此许多需要较长时间形成的整理或转向形态如三角形、矩形等都可能由这类缺口形成。

2. 突破缺口

突破缺口是当一个密集的反转或整理形态完成后突破盘局时产生的缺口。当股价以一个很大的缺口跳空远离形态时，这表示真正的突破已经形成了。因为错误的移动很少会产生缺口，同时缺口能显示突破的强劲性，突破缺口越大，表示未来的变动越强烈。

3. 持续性缺口

在上升或下跌途中出现缺口，可能是持续性缺口。这种缺口不会和突破缺口混淆，任何离开形态或密集交易区域后的急速上升或下跌，所出现的缺口大多是持续性缺口。这种缺口可帮助我们估计未来后市波幅的幅度，因此也称为量度性缺口。

4. 消耗性缺口

和持续性缺口一样，消耗性缺口伴随快的、大幅的股价波幅而出现。在急速的上升或下跌中，股价的波动并非渐渐出现阻力，而是越来越急。这时价格的跳升可能发生，此缺口就是消耗性缺口。通常消耗性缺口大多在恐慌性抛售或消耗性上升的末段出现。

（二）缺口的市场含义

（1）普通缺口并无特别的分析意义，一般在几个交易日内便会完全填补，它只能帮助我们辨认清楚某种形态的形成。普通缺口在整理形态要比在反转形态时出现的机会大得多，所以当发现形成的三角形和矩形有许多缺口，就应该增强它是整理形态的信念。

（2）突破缺口的分析意义较大，经常在重要的转向形态如头肩式的突破时出现，这缺口可帮助我们辨认突破讯号的真伪。如果股价突破支持线或阻力线后以一个很大的缺口跳离形态，可见突破十分强而有力，很少有错误发生。形成突破缺口的原因是其水平的阻力经过时间的争持后，供给的力量完全被吸收，短暂时间缺乏货源，买进的投资者被迫要以更高价求货。又或是其水平的支持经过一段时间的供给后，购买力完全被消耗，沽出的需以更低价才能找到买家，因此便形成缺口。

（3）持续性缺口的技术性分析意义最大，股价在突破其区域时急速上升，成交量在初期量大，然后在上升中不断减少，当股价停止原来的趋势时成交量又迅速增加，这是双方激烈争持的结果，其中一方得到压倒性胜利之后，便形成一个巨大的缺口，这时候成交量又开始减少了，这就是持续性缺口形成时的成交量变化情形。

持续性缺口通常是在股价突破后远离形态至下一个反转或整理形态的中途出现，因此持续性缺口能大概地预测股价未来可能移动的距离，所以又称为量度性缺口。其量度的方法是从突破点开始，到持续性缺口始点的垂直距离，就是未来股价将会达到的幅度。或者我们可以说：股价未来所走的距离，和过去已走的距离一样。

（4）消耗性缺口的出现，表示股价的趋势将暂告一段落。如果在上升途中，即表示将下跌；若在下跌趋势中出现，就表示即将回升。

在缺口发生的当天或后一天若成交量特别大，而且趋势的未来似乎无法随成交量而有大幅的变动时，这就可能是消耗性缺口，假如在缺口出现的后一天其收盘价停在缺口的边缘形成了一天行情的反转时，就更可确定这是消耗性缺口。

持续性缺口是股价大幅变动中途产生的，因而不会于短时期内封闭，但是消耗性缺口是变动即将到达终点的最后现象，所以多半在2~5天的短期内被封闭。消耗性缺口通常是形成缺口的一天成交量最高（但也有可能在成交量最高的翌日出现），接着成交量减少，显示市场购买力已经消耗殆尽，于是股价很快便告回落（或回升）。

（5）一般缺口都会填补。因为缺口是一段没有成交的真空区域，反映出投资者当时的冲动行为，当投资情绪平静下来时，投资者反省过去行为有些过分，于是缺口便告补回。其实并非所有类型的缺口都会填补，其中突破缺口、持续性缺口未必会填补，或不会马上填补;只有消耗性缺口和普通缺口才可能在短期内补回,所以缺口填补与否对分析者观察后市的帮助不大。

在一次上升或下跌的过程里,缺口出现越多,显示其趋势越快接近终结。例如,当升市出现第三个缺口时,暗示升市快告终结;当第四个缺口出现时,短期下跌的可能性更大。

第二节 形态理论

单根K线可反映出单日的股价强弱变化,但它不能准确地反映出股价在一段时间内的变化趋势。那么,对于一段时间的股价变化,我们不再利用K线的阴、阳、上影、下影线进行判断,而利用K线连接后所形成的中长期形态加以判断,研究股价所运动的轨迹,分析多空双方力量的对比结果。

一、K线的基本形态

K线的基本形态包括了反转形态和持续整理形态两类常见的类型,其中,反转形态包括:头肩形态、双重顶(底)形态、圆弧形态、V形形态、喇叭形态和菱形形态。持续整理形态包括:三角形形态、箱形形态、旗形形态和楔形形态。其中,反转形态对于行情走势的分析具有重要意义,其特性如下。

(1)反转形态的形成在于先有一个主要趋势的存在,即如果目前并无上升或下降的趋势存在,那么当时所出现的类似反转图形就没有什么意义。

(2)趋势将要反转的第一个信号通常表示为对重要趋势线的突破,如趋势线、支撑线、阻力线等。但对重要趋势线的突破,也有可能形成整理形态,所以该条件不可倒推。

(3)形态规模越大,随后的价格移动越大。这里的规模是就价格形态的高度和宽度而言的。高度标志着价格变动的强弱,宽度意味着所耗费时间的长短。

(4)顶部形态形成的时间较底部形态形成的时间短且震荡大。因为价格倾向于慢升快跌,对于在顶部做空而言,通常盈利的速度比较快。

(5)底部形态的价格幅度较顶部形态的价格幅度小,但形成的时间较长。因为聚集人气需要时间,而此时交易并不疯狂,因而底部形态容易被识别。

(6)对于形态的价格目标的测量,均是以形态高度为基础的,但绝大多数测量技术只能给出最小的价格目标或运动空间。通常而言,最小的价格目标是前趋势的起点。

二、头肩形态

K线在经过一段时日聚集后,在某一价位区域内,会出现三个顶点或底点,这种形态称为头肩形态,如图8-17所示。其中一顶二肩的为头肩顶;一底二肩的为头肩底。

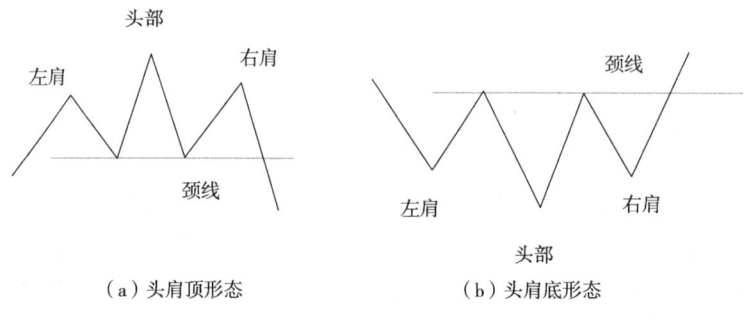

图8-17 头肩顶形态与头肩底形态

(一)头肩顶形态形成原理

当股价被大众蜂拥推到左肩时,成交量剧增;随后出于获利回吐的需要,股价开始向下调整,但由于后市仍被人看好,所以只是缩量下跌;随后,股价又开始在利好消息的鼓动下继续攀升,成交量仍为可观;但是在接近头部的时候,成交量将出现萎缩和递减的现象,这是买盘不足的表现,于是出现了头部;此后市场出现了意见分歧,但由于多头力量不足,股价开始回落到颈线部位,此时的成交量往往是递减的;当股价到达颈线部位后,部分持乐观预期的投资者继续买入,但有人怀疑头部已经形成,所以看好的人群开始减少,于是在股价无力维持高位的时候出现了右肩;随后股价开始回调,并在跌到颈线部位的时候开始带量突破;由于有人怀疑是假突破,故而后市有了两天的反弹,使股价向颈线部位进行了反抽;当反抽后的股价未能站在颈线之上时,颈线由支撑线变成了阻力线,经典的头肩顶形态完全显露,股价开始带量持续下跌,也可以不带量下跌,当市场并没有出现恐慌性抛售的时候,市场会因买盘不足而自然回落。

实际上,头肩顶形态是道氏理论或趋势论的具体应用。在头部形成以前,其高点不断被创新,而低点不断被提升;在头部形成以后,其反弹高点不断降低,而低点也不断被刷新。所以,头肩顶形态是上升趋势和下降趋势紧密结合的范例,只是由于支撑线或压力线的作用,其显得比较对称而已。需要注意的是,头肩顶(底)形态在实际的图表中都不是很完整的,也不一定很标准,大致相似就基本可以认定了。

(二)头肩底形态与头肩顶形态的区别

(1)头肩底形态的形成时间较长且形态较为平缓,不像头肩顶形态那样剧烈而急促地形成。

（2）头肩底形态的总成交量比头肩顶形态的总成交量要少，这是由底部供货不足而顶部恐慌抛售所致；在头肩顶形态中，左肩成交量比头部成交量可能多，可能持平，也可能少，但理想的状况是：左肩量最大，头部量次之，右肩量显著减少，突破颈线时量能增加，反抽时量能减少，反抽结束后量能再度扩张加剧下跌。

（3）头肩底形态突破颈线时必须要有量的剧增才能算有效，而头肩顶形态突破颈线时则可以是无量下跌，突破有效的确认可以用 1~3 天来检验，也可以用突破后的价格是否达到了总价的 3% 来确认，但都以收盘价为准。

（4）头肩底形态的价格在突破颈线后更习惯于反抽，原因是落袋为安的交易者比较多，头肩顶则不一定。

（5）头肩底形态的颈线常常向右方下倾，如果颈线向右方上倾，则意味着市场更加坚挺。在图 8-17（a）里的头肩顶形态中，其颈线是水平的，但是很多的时候，颈线可能会从左右向上或向下倾斜，向下倾斜的颈线往往意味着行情更加疲软。处于颈线位的反抽并不一定会发生，如果在突破颈线时成交量很大，那么反抽的可能性就会降低；而在市场十分疲软的时候，即使没有什么成交量，反抽也不易发生。

此外，在进行反抽时，股价也可能会重新站到颈线之上，又开始向高位进军，这说明向下突破是假突破，这种假突破为"扫止损"行为。

（三）头肩形态的运动空间

如图 8-17 所示，当价格反抽失败后，将继续下跌，下跌的空间从颈线开始算起，最小幅度为头部到颈线的垂直距离。事实上，通常价格运动都会超出上述测量目标。但是这个目标有助于我们把握价格将来下跌的幅度是否足够，或者是否超出了很多而必须提高警惕。当然，最大的下跌幅度是前趋势形成的起点，即从哪里升起就跌回哪里，因为买的人迟早都会卖掉，市场也迟早会自动平衡。

但是，在我们测量价格目标的时候，除了使用上述颈线部位的预测方法，也必须同时考虑到附近的趋势线、支撑位、阻力位、回撤水平位、缺口等一切跟支撑或阻力有关的技术位。

（四）复合型头肩形态

在日本 K 线技术分析里，头肩顶形态叫三尊顶形态（三尊菩萨，中间最高），头肩底形态叫倒三尊形态。然而，有时也可能出现三个以上的顶点或底点，若出现一个或两个头部（或底部），两个左肩与右肩，称为复合头肩顶（或复合头肩底），具体如图 8-18 所示。

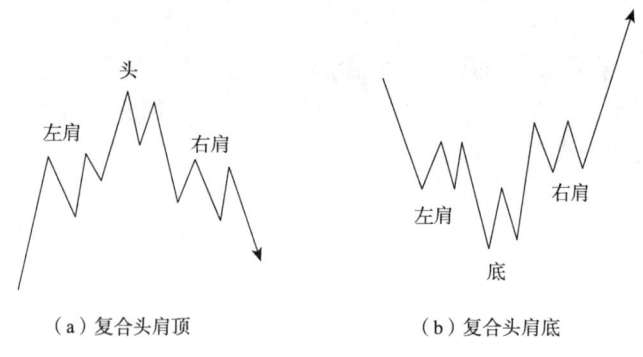

图 8-18 复合头肩顶与复合头肩底

三、双重顶（底）形态

双重顶形态是指股价在顶部形成两个波峰的形状，常称为 M 形顶；双重底形态是指股价在底部形成两个波谷的形状，常称为 W 形底。双重顶形态突破后的涨（跌）幅通常是形态本身颈高的 1~3 倍（图 8-19）。

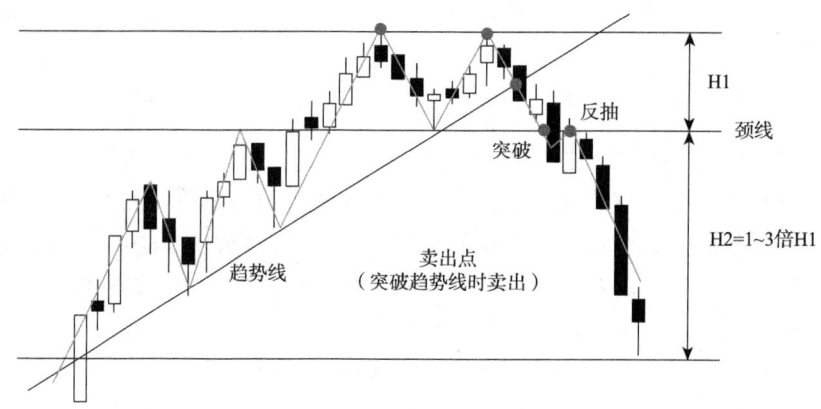

图 8-19 双重顶形态

（一）市场含义

股价一直沿趋势线在向上爬升，当它两次爬到同一高度而折回时，可以感觉到那里有较强的卖压；而一旦股价折回到趋势线以下时，我们则大致可以判断 M 头可能会形成，于是在股价突破趋势线的时候，就是第一个比较理想的卖出点。既然预知 M 头会形成，我们就会在最近一个低点处画出与顶部平行的颈线，等待股价完成突破和反抽的过程。在股价突破颈线的时候是第二个比较理想的卖出点，而当股价进行反抽的时候，则是第三个很好的卖出点。双重底反转形态与双重顶反转形态基本相反。

（二）形态的变化

双重顶（底）反转形态并不一定意味着股价必定反转。股价如在回落到颈线部位时获得支撑，则有可能再创新高，继续朝原趋势方向运动；或者退回来继而形成三重顶、多重顶、矩形等多种形态，如图 8-20 所示。

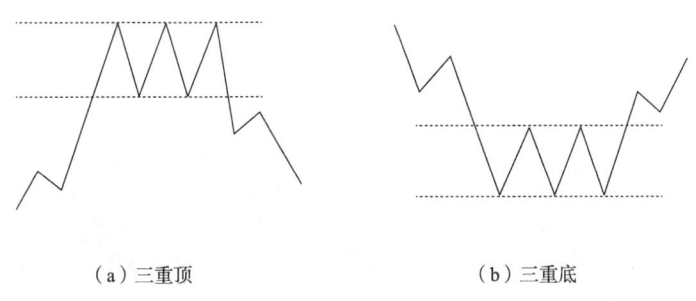

（a）三重顶　　　　　　　　　（b）三重底

图 8-20　三重顶形态与三重底形态

在判断 M 形态到来后趋势是否继续进行时，有三个标准可以用来衡量，以双重顶为例：最快的是看价格是否跌破了原有的左斜向上的趋势线，当跌破该趋势线时，下一个支撑位就是颈线，出现了颈线，自然就有可能出现双重顶、三重顶、矩形等形态。

（三）形态与时间

如果两个顶之间形成的时间间隔较长（如一个月），那么形成顶部的可能性较大，因为其中消耗了大量的多头热情而局势得不到迅速的上升，产生了压制下跌、维持出货的嫌疑；还有一个是 M 形态的高度，即峰顶回撤的幅度，如果从两个顶部位回撤的幅度是原来上涨趋势的 15%~20%，那么这种有力度的回撤也有可能意味着顶部正在形成。但两个顶之间间隔的时间越长，对于顶之间下跌的幅度要求就越小。

此外，双重顶（底）形态的两个峰（谷）之间的距离越远，也就是形成两顶（底）所持续的时间越长，那么，将来双重顶（底）形态反转的潜力就越大，反转之后的波动也就越剧烈，这又体现了时间和空间的互换含义。

四、V 形形态

V 形形态虽然是一种反转现象，但由于它的出现是一段时期内演化的结果，形态不容易判断，因为它的反转通常没有什么征兆，而且反转前也没有逐渐缓和的趋势（逐渐平衡的买卖实力）可供参考，急来急去，预示作用较弱，具体如图 8-21 所示。

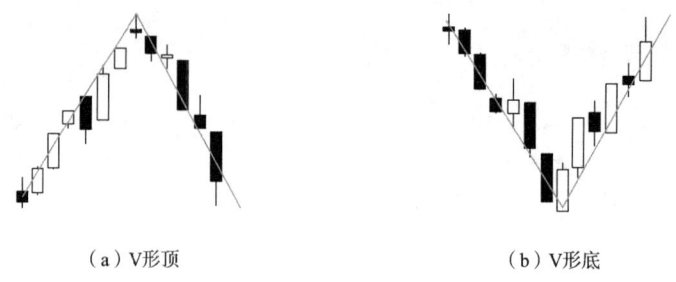

(a) V形顶　　　　　　　　　(b) V形底

图 8-21　V 形顶与 V 形底

（一）市场含义

V 形顶（底）形态的出现，通常是报复性回撤（反弹）的结果。它往往在重大利空（利好）消息来临时产生，或是在严重的超买（超卖）运动中产生，由此形成了短期内价格的剧烈波动。

V 形顶形态的涨势很凶猛，但在突如其来的利空消息下，其跌势也十分迅速，只用两个星期就完成了 V 形顶的形态；反观 V 形底也一样，在带量下跌下，多方认为超卖十分严重，于是报复性反弹很快就完成了。

（二）形态规律

（1）在反转之前，原趋势一路猛进，很少调整，且出现多次价格缺口，当局势突然不利时，反向运动就会猛烈地开始，体现出暴涨暴跌的特性。

（2）在反转的顶点，往往会出现岛形反转形态或者关键日反转形态，即某一日的 K 线出现很长的上影线，或者出现吞没形态，且成交量巨大。

（3）原有的趋势线非常陡峭，对反趋势运行的支撑很薄弱。于是当反转开始时，价格会急速突破原有趋势线，以更陡峭的方式反向行驶。

（4）因为前期价格运行速度快，所以在反转时往往没有重要的支撑位或阻力位可以提供，以至于价格回撤（反弹）至原趋势的 1/3 或 1/2 才得以停住。

（三）岛形反转

在日本技术分析中，与岛形反转对应的是塔形顶部和塔形底部。稍微有些区别的是，塔形顶部和塔形底部的价格可以在最高位或最低位徘徊几日，但其上涨和下跌同样很迅速，类似于岛形反转形态，岛形反转形态有较为清晰的指示作用，如图 8-22 所示。

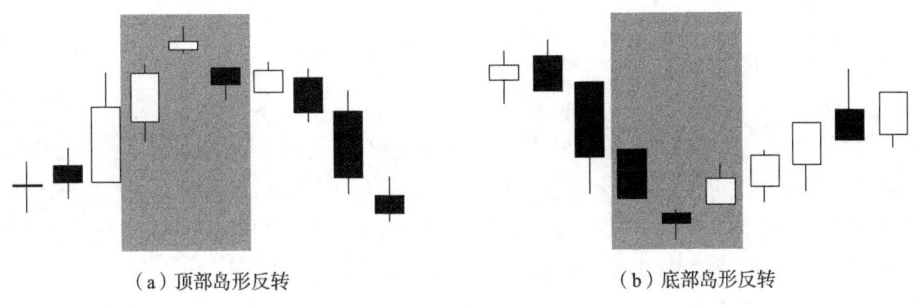

(a) 顶部岛形反转　　　　　　(b) 底部岛形反转

图 8-22　岛形反转

五、圆弧形态

当复杂的头肩形态不是在两条水平线中进行类似于箱形整理的时候，错落的高低则有可能是围绕着一段弧线进行的，这常称为圆弧反转。这种形态较为少见，也称为碟形、碗形、圆顶形或圆底形，它代表趋势在缓慢而渐进地改变。如果可以看到成交量的话，那么成交量也会按时间顺序排列为一个圆形，如图 8-23 所示。

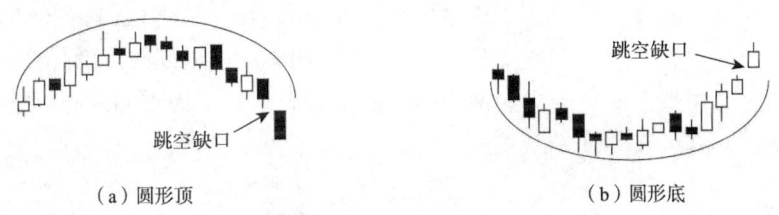

(a) 圆形顶　　　　　　(b) 圆形底

图 8-23　圆弧形态

（一）市场含义

如图 8-23 所示，当圆形顶部形成以后，股价往往并不马上下跌，而是横向发展，形成徘徊区域，徘徊区一般称作碗柄。这种局面的形成在很大程度上是一些机构大户炒作股票的产物。这些人手里有足够的股票，如果一下抛出太多，股价下落太快，手里的货也许不能全部出手，只能一点一点地往外抛，形成众多的来回拉锯，直到手中股票接近抛完时，才会大幅度打压，一举使股价下跌到很深的位置。如果这些人手里持有足够的资金，一下子买得太多，股价上得太快，也不利于今后的买入，也要逐渐地分批建仓，直到股价一点一点地来回拉锯，往上接近圆弧缘时，才会用少量的资金一举往上提拉到一个很高的高度。因为这时股票大部分在机构大户手中，别人无法打压股价。

通常情况下，碗柄会被突破，而且往往是以跳空的形式突破，它说明人群终于按捺不住了，蜂拥开始了行动。在成交量方面，随着价格上升到圆形顶部，成交量开始萎缩，然后随着下降的趋势稍有增加，在跳空突破后成交量继续增加，并由此形成了一个圆弧形，只是与上面的圆弧相反，类似于圆底形。

（二）形态与空间

判断圆弧形态完成的标准看它是否带量突破右边的碗沿，从而与圆弧彻底脱离。此外，圆弧形态所形成的时间越长，其后的上升或下降的空间可能越大。尤其是底部的圆形反转形态，一旦脱离其长达几个月之久的盘桓，则上浮空间非常可观。但我们只能从其形成的时间和其前面趋势的大小来判断上涨空间，没有什么其他的度量方法。

在实际的价格运动中，圆形顶部极少出现，圆形底部有时会以不太标准的姿态出现，但成交量却往往呈现出一个与价格同模样的圆弧形，只是正好反向。当圆形底部出现后，往往一轮大的上涨趋势即将来临，只是它的上升趋势经常很缓慢，而且会被频繁打断，让没有耐心的交易者出局，但最终的收益还是相当可观的。总体说来，圆形状态不会出现在投机性强的品种当中，它体现着温和品种的特性。

六、喇叭形态与钻石形态

股价经过一段时间的上升后下跌，然后再上升再下跌，上升的高点较上次为高，下跌的低点亦较上次的低点为低。整个形态以狭窄的波动开始，然后向上下两方扩大，如果我们把上下的高点和低点分别连接起来，就可以画出一个喇叭形，如图8-24所示。成交量方面，喇叭形在整个形态形成的过程中，保持着高而且不规则的成交。喇叭形分为上升型和下降型，其含义一样。

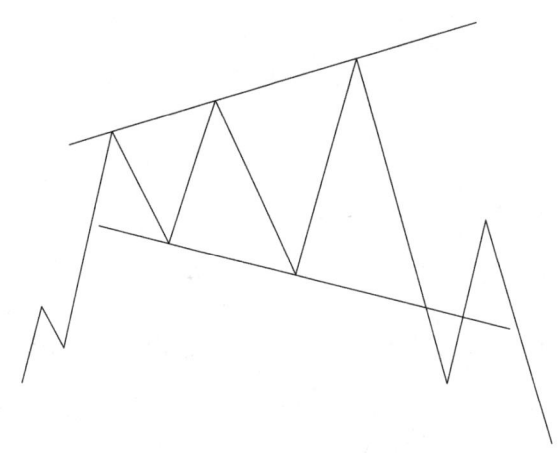

图 8-24　喇叭形态

（一）市场含义

整个喇叭形态是由投资者冲动的投资情绪所造成的，通常在长期性上升的最后阶段出现，这是一个缺乏理性和失去控制的市场，投资者受到市场炽烈的投机风气或传言所感染，当股价上升时便疯狂追上，但他们对市场的前景（或公司前景）却一无所知，又或是没有信心，所以当股价下跌时又盲目地加入抛售行列。他们冲动和杂乱无章的行动，使得股价不正常地大涨大落，上升时，高点较上次为高，低点则较上次为低。至于不规则但巨额的成交，正反映出投资者激动的买卖情绪。

这形态是大跌市来临前的先兆，因此喇叭形态可说是一个下跌形态，暗示升势将到尽头，可是形态却没有明确指出跌市出现的时间。只有当下限跌破时，形态便可确定，未离市的投资者就该马上沽出撤离了。

（二）形态特点

（1）一个标准的喇叭形态应该有三个高点，两个低点。这三个高点一个比一个高，中间的两个低点则一个较一个低；当股价从第三个高点回跌，其回落的低点较前一个低点为低时，可以假设形态的成立。和头肩顶形态一样，喇叭形态属于"五点转向"形态，故此一个较平缓的喇叭形态也可视为一个有较高右肩和下倾颈线的头肩式走势。

（2）喇叭形态在整个形态形成的过程中，成交量保持着高而且不规则的波动。喇叭形态是投资者冲动和非理性的情绪造成的，绝少在跌市的底部出现，因为股价经过一段时间的下跌之后，市场毫无人气，在低沉的市场气氛中，不可能形成这种形态。而不规则的成交波动，反映出投资激动且不稳定的买卖情绪，这也是大跌市来临前的先兆。因此，喇叭形态为下跌形态，暗示升势将到尽头。

（3）喇叭形态下跌的幅度无法测量，也就是说并没有最少跌幅的量度公式，来估计未来跌势。但一般来说，跌幅都将极深。同时喇叭形态右肩的上涨速度虽快，但右肩破位下行的速度更快，且形态没有明确指出跌市出现的时间。只有当下限跌破时形态便可确定，投资者该马上止盈或止损出局了。

（4）喇叭形态也有可能会向上突破，如果股价以高成交量向上突破（收市价超越阻力水平百分之三），那么该形态最初预期的分析意义就要修正，它显示前面上升的趋势仍会持续，未来的升幅将十分可观。这是因为当喇叭形态向上冲破时，理论上是一次消耗性上升的开始，显示市场激动的投资情绪进一步扩大，投资者已完全失去理性的控制，疯狂地不计价追入。当购买力消耗完结后，股价最终便大幅跌下来。但对于稳健保守的投资者而言，"宁可错过，不能做错"，不必过于迷恋于这种风险大于收益的行情，毕竟喇叭形态构筑头部的概率十分大。

（三）钻石形态

钻石形态又称为菱形形态，形状犹如钻石，实际是喇叭形和对称三角形的结合。左半部和喇叭形一样，第二个上升点较前一个高，回落低点亦较前一个为低；当第三次回升时，高点却不能升越第二个高点水平，接着的下跌回落点却又较上一个为高。股价的波动从不断地向外扩散转为向内收窄，右半部的变化类似于对称三角形，如图8-25所示。

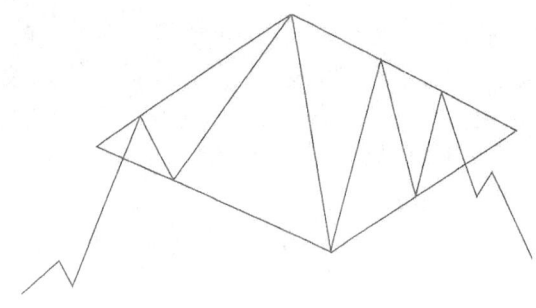

图 8-25 钻石形态

（1）菱形很少为底部反转，通常它在中级下跌前的顶部或大量成交的顶点出现，是个转向形态。

（2）当菱形右下方支持跌破后，就是一个沽出信号；但如果股价向上突破右方阻力，而且成交量激增，那就是一个买入信号。

（3）其最小跌幅的量度方法是从股价向下跌破菱形右下线开始，量度出形态内最高点和最低点的垂直距离，这距离就是未来股价将会下跌的最少幅度。

七、三角形形态与楔形形态

市场因为多空对峙，在短期达到一种平衡，这时在技术形态上往往表现为三角形、旗形或箱体平台形态。三角形形态最主要的特征是，在急速上涨或者下跌之后波动的幅度逐步减小，而后震荡幅度还会不断缩小，之后将选择新的运行方向。当然，根据具体情况，三角形形态又分为上升三角形、下降三角形和对称三角形，如图 8-26 所示。

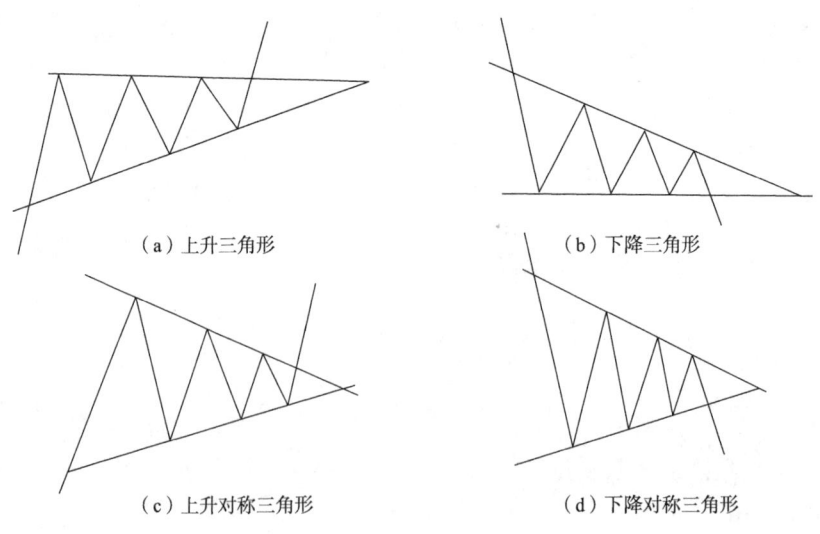

（a）上升三角形　　　　　　　　　（b）下降三角形

（c）上升对称三角形　　　　　　　（d）下降对称三角形

图 8-26 三角形形态

（一）市场含义

之所以会出现三角形的技术形态，主要是由于市场从一边倒的走势中进入多空争夺时期，市场或者个股从单边下跌或者上涨后，市场分歧加大。它是多空双方反复争夺在技术形态上的体现。其中，正三角形又被称为敏感三角形，不易判断未来走势，其特点是价格变动区域从左至右由大变小、由宽变窄，且一个高点比一个高点低，一个低点比一个低点高，当发展至形态的尾端时，其价格波动幅度显得异常萎缩，不久价格将会发生变化，选择新的方向；上升三角形是对称三角形的变体，因为多方不断加大买入力度，最终市场选择向上走高；下降三角形则相反，最终选择的方向是走低的。

（二）形态特点

有的投资者对三角形的外部形态特征过于执着，因此在判断上升三角形和下降三角形时会有误判。实际上，上升和下降三角形的根本判断可以依据原本的大趋势来进行，其准确率往往较高。一般而言，在大的上升通道中，如果趋势是不断向上的，此时如果出现了三角形形态，之后最终选择的方向还是向上；如果是趋势向下过程中出现的三角形形态，则最终会选择下行，也就是下降三角形。因此，不必拘泥于底部抬高还是顶部下移，其总体是服从于大的趋势的。

所以，对于三角形形态的操作建议，要根据大趋势来判断。正三角形往往是大趋势处于转变过程中，后市方向难以判断，此时应采取观望的策略；对于上升三角形形态，可以在下跌调整中逢低参与；下降三角形则相反，要择机逢高退出。当然，这只是理论上的，因为形态没有确定之前无法判断是不是三角形形态，而一旦明确，往往是股价要进入新的方向的时候。因此，总的指导原则是根据大趋势来判断，三角形形态的指导意义并不大。

（三）楔形形态

楔形是股价介于两条收敛的直线中变动。与三角线不同之处在于两条界线同时上倾或下斜，成交量变化和三角形一样向顶端递减，楔形又分为上升楔形和下降楔形，如图 8-27 所示。

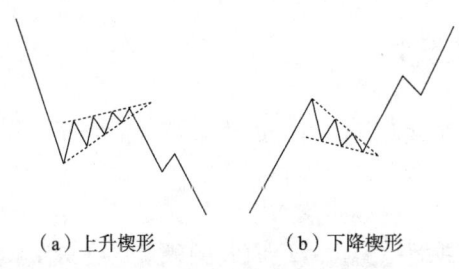

（a）上升楔形　　　（b）下降楔形

图 8-27　楔形形态

从表面上看来，上升三角形只有一边上倾，所代表的是多头趋势，而上升楔形两边上倾，多头趋势应该更浓，但实际上并非如此，因为上升三角形的顶线代表股价在一定价格才卖出，当供给被吸收后，上档压力解除，股价便会往上跳。在上升楔形中，股价上升，卖出压力亦不大，但投资人的兴趣却逐渐减少，股价虽上扬，可是每一个新的上升波动都比前一个弱，最后当需求完全消失时，股价便反转回跌，因此，上升楔形表示一个技术性的意义的渐次减弱的情况。上升楔形是一个整理形态，常在跌市中回升阶段出现，上升楔形显示尚未跌见底，只是一次跌后技术性反弹而已，当其下限跌破后，就是沽出讯号。上升楔形的下跌幅度，至少将新上升的价格跌掉，而且要跌得更多，因为尚未见底。

下降楔形市场含义和上升楔形刚刚相反。股价经过一段时间上升后，出现了获利回吐，虽然下降楔形的底线往下倾斜，似乎说明市场的承接力量不强，但新的回落浪较上一个回落浪波幅为小，说明沽售力量正减弱中，加上成交量在这一阶段中的减少可证明市场卖压的减弱。下降楔形通常在中、长期升市的回落调整阶段中出现，告诉我们升市尚未见顶，这仅是升后的正常调整现象。一般来说，形态大多是向上突破，当其上限阻力突破时，就是一个买入信号。

八、旗形形态

旗形走势就如同一面挂在旗杆上的旗帜，这种图形经常出现在急速、大幅变动的市况中，股价经过一连串紧密短期波动后，形成一个略与原走势呈反方向倾斜的平行四边形，这种图形又可再分为上升旗形与下降旗形，如图8-28所示。

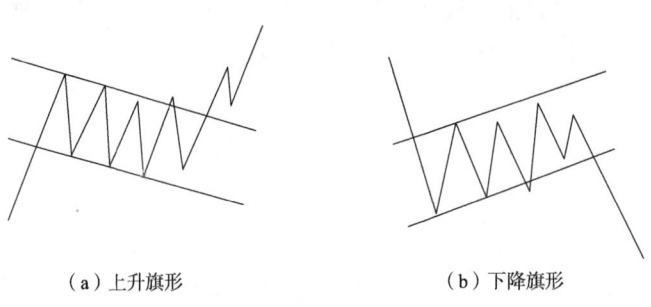

(a) 上升旗形　　　　　　　　(b) 下降旗形

图8-28　旗形形态

（一）旗形的市场含义

在上升旗形中，先是投资人共同看好股市出现争购现象，促使股价上升到一个短期中的高点，原先买进股票者因上升产生利润而卖出了结。上升趋势受到阻力开始回落，但多数投资者依然看好后市，造成回落速度不快，幅度也不十分大，成交量有不断减少之状，反映做空力量不断减弱。经过一段时间的整理，在成交量的配合下，股价又沿着原来上升的方向急速上升，形成了"上升—整理—再上升"的规律。下降旗形则恰恰与上述情形相反。

（二）形态特点

（1）旗形必须在急升或急跌之后出现并且成交量在形态构成期间不断地显著减少。

（2）形态完成后成交量必须剧增，即不论是向上或向下发展行情时，成交量均有激增。

（3）如果形态为旗形而成交量与上述不一致时，则该旗形将成为反转形态而非整理形态，即上升旗形在形成期间成交量并未逐渐减少而是不规则或急剧增大，则可能向下突破而非上升，同理下降旗形则会向上发展。

（4）一般来讲，股价应在三周内向预定方向突破，在此限期内特别小心，注意形态与量的关系。

九、矩形形态

矩形是股价在上下两条水平界线之间上下起伏所构成的技术形态。股价上升到某水平时遇到阻力，无法上升调头回落。但回落到某一低点又获支撑而回升。可是回到上次同一价位时又一次受阻，而跌落到上次低点时则再次得到支撑。这种振荡会持续一个阶段，这些短期高点和低点分别以直线相连，便形成一条非下降平行发展的通道，如图8-29所示。

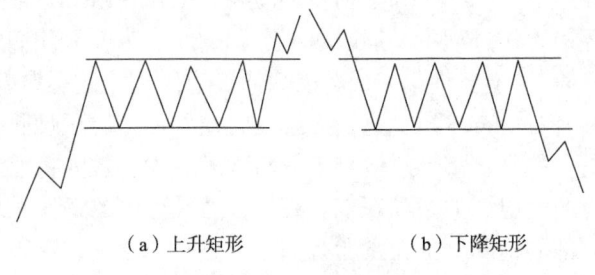

（a）上升矩形　　　　（b）下降矩形

图8-29　矩形形态

（一）市场含义

矩形表示一种实力相当的拉锯争斗。看好后市者在回落的低点买进，造成股价无法下跌的支撑力量，而看淡后市，认为股价无法上越前一价位者则纷纷沽售，形成总体上的牛皮市况，而市场主力处于观望之中。

（二）形态特点

（1）一般矩形是整理形态，为牛皮市道。这种形态与对称三角形一样，出现于反转形态的次数并不多,其中发生在底部的反转次数又比顶部要多。

(2)矩形形态一旦形成,短线投资者便会大展身手,低进高出反复短跑。由于在形态结束前很难预计将向什么方向发展,故矩形初具时,投资者就应调整投资策略。

(3)在矩形形成过程中,除非有突发消息干扰,否则成交量是逐步递减。向上突破上限时须有大成交量相配,向下突破下界不要求有成交量的增加。

(4)矩形突破后,股价常会出现反抽。向上突破的反抽回落应在顶线之上;往下突破的反抽回升应受阻于底线之下。

(5)矩形形态突破后的度量方法:向上或向下的涨跌幅度等于矩形自身的宽度。

第三节 道氏理论

一、道氏理论简介

道氏理论是所有市场技术研究的基础,尽管它经常因为反应太迟而受到批评,并且有时还受到那些拒不相信其判定的人士的讥讽(尤其是在熊市的早期),但只要对股市稍有经历的人都对它有所听闻,并受到大多数人的敬重。

道氏理论的形成经历了几十年。1902 年,在查尔斯·道去世以后,威廉姆·皮特·汉密尔顿 (William Peter Hamilton)和罗伯特·雷亚(Robert Rhea)继承了道氏理论,并在其后有关股市的评论写作过程中,加以组织与归纳而成为今天我们所见到的理论。他们所著的《股市晴雨表》《道氏理论》成为后人研究道氏理论的经典著作。

道氏理论的创始者——查尔斯·道,声称其理论并不是用于预测股市,甚至不是用于指导投资者,而是一种反映市场总体趋势的晴雨表。大多数人将道氏理论当作一种技术分析手段——这是非常遗憾的一种观点。其实,道氏理论的最伟大之处在于其宝贵的哲学思想,这是它全部的精髓。雷亚在所有相关著述中都强调,道氏理论在设计上是一种提升投机者或投资者知识的配备或工具,并不是可以脱离经济基本条件与市场现况的一种全方位的严格技术理论。根据定义,道氏理论是一种技术理论;换言之,它是根据价格模式的研究,推测未来价格行为的一种方法。

二、道氏理论三大假设

道氏理论有极其重要的三个假设,与人们平常所看到的技术分析理论的三大假设有相似的地方,不过,在这里,道氏理论更侧重于对市场含义的理解。

（一）人为操作

指数或证券每天、每星期的波动可能受到人为操作，次级折返走势也可能受到这方面有限的影响，如常见的调整走势，但主要趋势（primary trend）不会受到人为的操作。

有人也许会说，机构投资者能操作证券的主要趋势。就短期而言，他如果不操作，这种适合操作的证券的内质也会受到他人的操作；就长期而言，公司基本面的变化不断创造出适合操作证券的条件。总的来说，公司的主要趋势仍是无法人为操作，只是证券换了不同的机构投资者和不同的操作条件而已。

（二）市场指数会反映每一条信息

每一位对于金融事务有所了解的市场人士，他所有的希望、失望与知识，都会反映在上证指数与深证指数或其他指数每天的收盘价波动中；因此，市场指数永远会适当地预期未来事件的影响。如果发生火灾、地震、战争等灾难，市场指数也会迅速地加以评估。

在市场中，人们每天对于诸如财经政策、扩容、领导人讲话、机构违规、创业板等层出不尽的题材不断加以评估和判断，并不断将自己的心理因素反映到市场的决策中。因此，对大多数人来说市场总是看起来难以把握和理解。

（三）道氏理论是客观化的分析理论

成功利用它协助投机或投资行为，需要深入研究，并客观判断。当主观使用它时，就会不断犯错，不断亏损。

三、道氏理论五大定理

（一）市场三种走势

股票指数与任何市场都有三种趋势：短期趋势，持续数天至数个星期；中期趋势，持续数个星期至数个月；长期趋势，持续数个月至数年。任何市场中，这三种趋势必然同时存在，彼此的方向可能相反，可把市场变动比喻成海浪的起伏，具有潮汐、浪涛、波纹三种形式。

长期趋势最为重要，也最容易被辨认、归类与了解。它是投资者主要的考量，对于投机者较为次要。中期与短期趋势都属于长期趋势之中，唯有明白它们在长期趋势中的位置，才可以充分了解它们，并从中获利。

中期趋势对于投资者较为次要，但却是投机者的主要考虑因素。它与长期趋势的方向可能相同，也可能相反。如果中期趋势严重背离长期趋势，则被视为次级的折返走势或修正（correction）。次级折返走势必须谨慎评估，不可将其误认为是长期趋势的改变。

短期趋势最难预测，唯有交易者才会随时考虑它。投机者与投资者仅在少数情况下，才会关心短期趋势，在短期趋势中寻找适当的买进或卖出时机，以追求最大的获利，或尽可能减少损失。

将价格走势归类为三种趋势，并不是一种学术上的游戏。因为投资者如果了解这三种趋势而专注于长期趋势，也可以运用逆向的中期与短期趋势提升获利。运用的方式有许多种。第一，如果长期趋势是向上，投资者可在次级的折返走势中卖空股票，并在修正走势的转折点附近，以空头头寸的获利追加多头头寸的规模。第二，上述操作中，投资者也可以购买卖权选择权或售出买权选择权。第三，由于他知道这只是次级的折返走势，而不是长期趋势的改变，所以他可以在有信心的情况下，渡过这段修正走势。第四，他也可以利用短期趋势决定买、卖的价位，提高投资的获利能力。

上述策略也适用于投机者，但他不会在次级的折返走势中持有反向头寸；他的操作目标是顺着中期趋势的方向建立头寸。投机者可以利用短期趋势的发展，观察中期趋势的变化征兆。他的心态虽然不同于投资者，但辨识趋势变化的基本原则相当类似。

（二）主要走势

主要走势代表整体的基本趋势，通常称为多头或空头市场，持续时间可能在一年以内，乃至数年之久。正确判断主要走势的方向，是投机行为成功的最重要因素。没有任何已知的方法可以预测主要走势的持续期限。

了解长期趋势（主要趋势）是成功投机或投资的最起码条件。一位投机者如果对长期趋势有信心，只要在进场时机上有适当的判断，便可以有相当不错的获利。有关主要趋势的幅度大小与期限长度，虽然没有明确的预测方法，但可以利用历史上的价格走势资料，以统计方法归纳主要趋势与次级的折返走势。

雷亚将道琼斯工业指数历史上的所有价格走势，根据类型、幅度大小与期间长短分别归类，他当时仅有30年的资料可供运用。非常令人惊讶，他当时归类的结果与1992年的资料几乎没有什么差异。例如，次级折返走势的幅度与期间，不论就多头与空头市场的资料分别或综合归类，目前正态分布的情况几乎与雷亚当时的资料完全相同；唯一的差别仅在于资料点的多寡。

这个现象确实值得注意，因为它告诉我们，虽然近半个世纪以来的科技与知识有了突破性的发展，但驱动市场价格走势的心理性因素基本上仍相同。这对专业投机者具有重大的意义：目前面临的价格走势，幅度与期间都非常可能落在历史对应资料平均数的有限范围内。如果某个价格走势超出对应的平均数水准，介入该走势的统计风险便与日俱增。若经过适当地权衡与应用，这项评估风险的知识，可以显著提高未来价格预测在统计上的精确性。

（三）主要的空头市场包含三个主要的阶段

主要的空头市场是长期向下的走势，其间夹杂着重要的反弹。它来自各种不利的经济因素，唯有股票价格充分反映可能出现的最糟情况后，这种走势才会结束。

空头市场会历经三个主要的阶段：第一阶段，市场参与者不再期待股票可以维持过度膨胀的价格；第二阶段的卖压是反映经济状况与企业盈余的衰退；第三阶段是来自健全股票的失望性卖压，不论价值如何，许多人急于求现至少一部分的股票。这项定义有几个层面需要理清。重要的反弹（次级的修正走势）是空头市场的特色，但不论是工业指数，还是运输指数，都绝对不会穿越多头市场的顶部，两项指数也不会同时穿越前一个中期走势的高点。不利的经济因素是指（几乎毫无例外）政府行为的结果：干预性的立法、非常严格的税务与贸易政策、不负责任的货币或（与）财政政策及重要战争。

空头市场的主要特质如下。

（1）由前一个多头市场的高点起算，空头市场跌幅的平均数为 29.4%，其中 75% 的跌幅介于 20.4%和 47.1%。

（2）空头市场持续期限的平均数是 1.1 年，其中 75%的期间介于 0.8 年和 2.8 年。

（3）空头市场开始时，通常会以偏低的成交量试探前一个多头市场的高点，接着出现大量急跌的走势。试探是指价格接近而绝对不会穿越前一个高点。试探期间，成交量偏低显示信心减退，很容易演变为不再期待股票可以维持过度膨胀的价格。

（4）经过一段相当程度的下跌之后，突然会出现急速上涨的次级折返走势，接着便形成小幅盘整而成交量缩小的走势，但最后仍将下滑至新的低点。

（5）空头市场的确认日（confirmation date）是指两种主要市场指数都向下突破多头市场最近一个修正低点的日期。两种指数突破的时间可能有落差，并不是不正常的现象。

（6）空头市场的中期反弹，通常都呈现颠倒的 V 形，其中低价的成交量偏高，而高价的成交量偏低。

（7）空头行情末期，市场对于进一步的利空消息与悲观论调已经产生了免疫力。然而，在严重挫折之后，股价也似乎丧失了反弹的能力，种种征兆都显示，市场已经达到均衡的状态，投机活动不活跃，卖出行为也不会再压低股价，但买盘的力道显然不足以推升价格，市场笼罩在悲观的气氛中，股息被取消，某些大型企业通常会出现财务困难。基于上述原因，股价会呈现狭幅盘整的走势。一旦这种狭幅走势明确向上突破，市场指数将出现一波比一波高的上升走势，其中夹杂的跌势都未跌破前一波跌势的低点。

（四）主要的多头市场也有三个主要的阶段

主要的多头市场是一种整体性的上涨走势，其中夹杂次级折返走势，平均的持续期间长于两年。在此期间，由于经济情况好转与投机活动转盛，所以投资性与投机性的需求增加，并因此推高股票价格。

多头市场有三个阶段：第一阶段，人们对于未来的景气恢复信心；第二阶段，股票对于已知的公司盈余改善产生反应；第三阶段，投机热潮转炽而股价明显膨胀，这阶段的股价上涨是基于期待与希望。

多头市场的特色是所有主要指数都持续联袂走高，拉回走势不会跌破前一个次级折返走势的低点，然后再继续上涨而创新高价。在次级折返走势中，指数不会同时跌破先前的重要低点。主要多头市场的重要特点如下。

（1）由前一个空头市场的低点起算，主要多头市场的价格涨幅平均为77.5%。

（2）主要多头市场的期间长度平均数为两年四个月（2.33年）。历史上的所有的多头市场中，75%的主要多头市场期间长度超过657天（1.8年），67%介于1.8年与4.1年。

（3）多头市场的开始，以及空头市场最后一波的次级折返走势，两者之间几乎无法区别，唯有等待时间确认。

（4）多头市场中的次级折返走势，跌势通常较先前与随后的涨势剧烈。另外，折返走势开始的成交量通常相当大，但低点的成交量则偏低。

（5）多头市场的确认日是两种指数都向上突破空头市场前一个修正走势的高点，并持续向上挺升的日子。

（五）次级折返走势

次级折返走势是多头市场中重要的下跌走势，或空头市场中重要的上涨走势，持续的时间通常在三个星期至数个月；此期间内折返的幅度为前一次级折返走势结束之后主要走势幅度的33%至66%。次级折返走势经常被误以为是主要走势的改变，因为多头市场的初期走势，显然可能仅是空头市场的次级折返走势，相反的情况则会发生在多头市场出现顶部后。

次级折返走势是一种重要的中期走势，它是逆于主要趋势的重大折返走势。判断何者是逆于主要趋势的重要中期走势，这是道氏理论中最困难的一环。判断中期趋势是否为修正走势时，需要观察成交量的关系，修正走势之历史或然率的统计资料、市场参与者的普遍态度、各个企业的财务状况、政策及其他许多因素。走势在归类上确实有些主观成分，但判断的精确性却关系重大。一个走势究竟属于次级折返走势，还是主要趋势的结束，经常很难判断。

价格的变动速度是明显的特色，相对于主要趋势而言，次级折返走势有暴涨暴跌的倾向。次级折返走势不可与小型折返走势相互混淆，后者经常出现在主要与次要的走势中。小型折返走势是逆于中期趋势的走势，在98.7%的情况下，持续的期间不超过两个星期。它们对于中期与长期趋势几乎完全没有影响。

雷亚将次级折返走势比喻为锅炉中的压力控制系统。在多头市场中，次级折返走势相当于安全阀，它可以释放市场中的超买压力。在空头市场中，次级修正走势相当于为锅炉添加燃料，以补充超卖流失的压力。

四、道氏理论的缺陷

（一）无法判断波动空间

道氏理论主要目标是探讨股市的基本趋势。一旦基本趋势确立，道氏理论假设这种趋势会一路持续，直到趋势遇到外来因素破坏而改变为止。需要注意的是，道氏理论只推断股市的大势所趋，却不能判断大趋势里面的升幅或者跌幅。

（二）反应较慢

道氏理论每次都要两种指数互相确认，这样做已经慢了半拍，故而丧失了最好的买入和卖出机会。

（三）只适用于长期投资

道氏理论注重长期趋势，对中期、短期趋势的描述较为困难。道氏理论对于中期趋势的转变几乎不会给出任何信号。然而，如果选准了股票购买，那么交易者仅从主要趋势中就可获利颇丰了。一些交易者在道氏理论的基础上总结出一些额外的规则，运用于中期阶段，但结果却不尽如人意。

第四节 波浪理论

一、波浪理论简介

波浪理论是技术分析大师艾略特发明的一种分析工具，群体心理是该理论的重要依据，清淡的交易市场难以发挥它的作用。道氏理论告诉人们何谓大海，而波浪理论则指导你如何在大海上冲浪。

艾略特利用道琼斯工业指数作为研究工具，发现不断变化的股价结构性形态反映了自然和谐之美。根据这一发现他提出了一套相关的市场分析理论，精炼出市场的 13 种形态，在市场上这些形态重复出现，但是出现的时间间隔及幅度大小并不一定具有再现性。然后他又发现了这些呈结构性形态的图形可以连接起来形成同样形态的更大图形。这样提出了一系列权威性的演绎法则用来解释市场的行为，并特别强调波动原理的预测价值。

波浪理论是技术分析中运用最多,而又最难了解的分析工具。与道氏理论一样,波浪理论主要用于分析指数,这一理论包括了三个理论出发点:人类社会永远进步向前;人类群体的行为是可以预测的;股市反映的就是人类的群体行为。

二、波浪理论基本形态

艾略特波浪理论中的基本信条之一是"时间的长短不会改变波浪的形态,因为市场仍会依照其基本的形态发展。波浪在其运行中可以拉长,也可以缩短,但其根本的形态则永恒不变"。根据上述理论,一个超级循环的波浪与一个极短线的波浪(如分时价格走势)比较,其基本的形态也会依照一定的模式进行。波浪理论基本形态如图 8-30 所示。

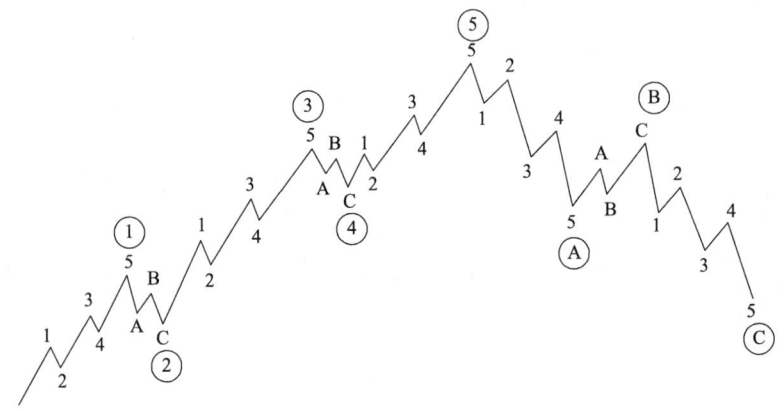

图 8-30　波浪理论基本形态

在艾略特的波浪理论中,将最小至最大的波浪给予不同的名称。不过名称对于波浪分析者工作实际上并不重要。通常而言,一个超级循环的波浪可包含数年甚至数十年的走势。至于微波和最细波则属于短期的波浪,需要利用每小时走势图方能加以分析。

波浪形态包括如下具体特点。

(1)股价的运动方式不是单纯的呈一条直线,而是如波浪起伏般变化的。

(2)推动波或主要趋势行进方向相关的波浪,可细分为五个小级波浪,修正波或者和主要趋势行进方向相反的波浪,可细分三个更小等级的波浪。

(3)当一个完整股市的八波运动构成一个周期(五升三跌)后,这个周期便又成为另一个更大等级的股市周期中的一部分。图 8-30 中的每一个级别的五浪分别用 1、2、3、4、5 代表,三浪分别用 A、B、C 代表,加上圆圈代表更大级别的波浪。

(4)波浪的形状会成为扩张或紧缩式行进,但其基本形态并不因时间而改变。

三、波浪理论的缺陷

（一）主观性太强

波浪理论家对现象的看法并不统一。每一个波浪理论家很多时候都会受一个问题的困扰，就是一个浪是否已经完成而开始了另外一个浪呢？有时甲看是第一浪，乙看是第二浪。差之毫厘，失之千里，看错的后果却可能十分严重。

（二）伸展浪太多

波浪理论有伸展浪，有时五个浪可以伸展成九个浪。但在什么时候或者在什么准则之下波浪可以伸展呢？艾略特却没有明言，使数浪成了事后准确。

> **本章复习思考题**

1. 简述 K 线缺口理论。
2. 简述旗形形态的市场含义。
3. 道氏理论的假设有哪些？
4. 波浪理论有什么缺陷？

第九章 证券组合分析

证券组合分析法是根据投资者对收益率和风险的共同偏好及投资者的个人偏好确定投资者的最优证券组合并进行组合管理的方法。在投资分析中,投资者可以运用证券组合分析法对风险进行分类和定量化描述,建立收益与风险之间的关系,并运用定量化的方法求解证券组合中各证券的最佳比例关系,克服传统证券组合法在确定各证券投资比例时的盲目性,以实现投资收益与风险的最佳平衡。

第一节 证券组合管理概述

1952年,美国经济学家马科维茨在《金融杂志》上发表了题为《证券组合选择》的论文,标志着现代证券投资组合理论的诞生。在这篇文章中,马科维茨利用一套数学分析方法演示了在一定的风险水平下,如何通过投资组合取得最大的预期收益。或者说在一定的预期收益水平下,通过投资组合让风险最小化。证券组合理论的产生,开创了一个全新的投资研究领域,在马科维茨之后,许多学者涉足这个领域,开展了较为深入的研究,极大地丰富了该理论,从而大大提高了其使用价值。

一、证券组合管理的含义

证券投资的目的在于获取最大的预期收益,为此,投资者会经常把资金全部投到一种或几种收益较高的证券上。但是,投资的风险和收益是相匹配的,即收益越高风险就越大,收益越小风险也就相对较小。聪明的投资者为了避免投资中的高风险,会选择几种证券进行搭配,而不是把资金集中到某种证券上,这种选择几种证券进行搭配的思想就是证券组合。

投资学上讲的组合是指个人或者机构投资者同时拥有股票、债券、商品、流动资产、不动产投资等多项资产。证券组合是指投资者选择不同的证券而形成的投资组合,如包含各种股票、债券等。证券组合管理又称证券投资组合管理，是指投资者将不同的证券按一定的比例组合在一起以形成合理的资产组合，如股票、债券和债券衍生品等，以实现在一定的风险水平下收益最大化或者在预期收益水平下投资风险最小化。

二、证券组合管理的特点

根据组合管理理论可知证券组合管理具有以下特点。
（1）证券组合管理的直接对象是各种证券，但实际上是对投资者的资金进行管理。
（2）证券组合管理的目标是实现在一定的风险水平下收益最大化或者在预期收益水平下投资风险最小化。
（3）证券组合管理包含各种具体的管理活动，即计划、分析、决策、调整和评估等。
（4）投资具有分散性。证券组合理论认为，证券投资的风险与投资组合所包含的证券数量成反比，即当组合中证券的数量较多时投资风险相对较小，反之亦然，尤其当投资组合中各种证券间的关联度极低时可以有效地降低系统风险。因此证券组合管理强调构成组合的证券应多元化。
（5）风险与收益具有匹配性。证券组合理论认为投资收益是对其所承担风险的补偿。投资所承担的风险越大，收益就越高，反之亦然。

三、证券组合管理的意义

证券组合管理以实现一定的风险水平下收益最大化或者预期收益水平下投资风险最小化为目标，具有非常重要的意义。

（一）降低风险

当投资者把全部资金投放到某种证券上时，它就决定了总的投资收益，当这种证券收益高时，总的投资收益就高，反之亦然，这时投资者就面临了巨大的风险。但是，通过证券组合，投资者将资金分散到不同的证券上，总的投资收益取决于所有的证券，一种证券收益的好坏对总收益的影响相对较小，这样投资的风险就大大降低了。这就是俗称的"不要把鸡蛋放在一个篮子里"。

（二）实现收益最大化

投资某种证券时，风险与收益总是成正比。但是，将不同的证券按一定的比例进行组合时，可以使证券组合整体的收益——风险特征达到在同等风险水平上收益最高或者同等收益水平上风险最小的理想状态。

四、马科维茨资产组合理论

马科维茨在《证券组合选择》的论文中讨论了如下问题：投资者将一笔给定的资金在一给定的时期（持有期）里进行投资。在期初，他购买一些证券，然后在期末卖出。那么在期初他要决定购买哪些证券及资金在这些证券上如何分配？在现代投资理论中，将资金按一定比例投资于若干证券成为一个证券组合。因此投资者实际上需要在期初从所有可能的证券组合中选择一个最优的证券组合进行投资。这一问题被马科维茨称为证券组合选择问题。在考虑这一问题时，马科维茨指出，投资者的选择应该实现两个相互制约的目标——预期收益率的最大化和收益率的不确定性（风险）的最小化之间的某种平衡。在均值—方差模型中，投资者以期望收益率（亦称收益率均值）来衡量未来实际收益率的总体水平，以收益率的方差（或者标准差）来衡量收益的不确定性（风险），因而投资者在决策中只关心投资的期望收益率和方差。

（一）均值—方差模型的假设

马科维茨在提供证券组合选择方法时先通过假设来简化和明确上述两个目标。这些假设如下。

（1）投资者通过投资组合在某一段时间内的预期收益率和标准差来评价这一组合。

（2）投资者是不知足和厌恶风险的，即投资者总是希望期望收益率越高越好，方差越小越好。

（3）假定证券市场是有效的，即市场上每种股票的风险和收益的变动及其产生的因素都是人所共知的。

（4）假设投资者想要减少风险，必须在组合中增加若干其他证券。可是这样做的同时也降低了收益。如果证券数目减少，则风险和收益都会提高。

（5）假设每种证券之间的收益都是有关联的，如果求得各种证券之间的相关系数，就有可能决定证券组合所产生的最低风险。

马科维茨均值—方差模型就是在上述五个假设下导出投资者只在有效边界上选择证券组合，并提供确定有效边界的技术路径的一个数理模型。

（二）模型表述

根据以上假设，马科维茨确立了证券组合预期收益、风险的计算方法和有效边界理论，建立了资产优化配置的均值—方差模型：假设有 n 种证券，证券 i 的预期收益率为 $E(r_i)$，收益率之间的协方差为 $\sigma_{ij}(i,j=1,2,\cdots,n)$，设投资组合为 $P=(w_1,w_2,\cdots,w_n)$，如果我们取组合的预期收益水平 r_0，则以组合风险最小化表述马科维茨模型为

$$\text{目标函数：} \min \sigma_p^2 = \sum_{i=1}^{n}\sum_{j=1}^{n} w_i w_j \sigma_{ij}$$

$$\text{s.t.} \quad E(r_p) = \sum_{i=1}^{n} w_i E(r_i) = r_0 \quad (9.1)$$

$$\sum_{i=1}^{n} w_i = 1 \text{（存在允许卖空的条件下）}$$

当不允许卖空时，应有附加条件 $w_i \geqslant 0 (i = 1, 2, \cdots, n)$。式（9.1）表明，在限制条件下求解 w_i 证券收益率使组合风险 σ_p^2 最小，可通过拉格朗日目标函数求得。其经济学意义是，投资者可预先确定一个期望收益，通过式（9.1）可确定投资者在每个投资项目（如股票）上的投资比例（项目资金分配），使其总投资风险最小。不同的期望收益就有不同的最小方差组合，这就构成了最小方差集合。

（三）马科维茨模型的意义

马科维茨的投资组合理论不仅揭示了组合资产风险的决定因素，而且更为重要的是还揭示了资产的期望收益由其自身的风险的大小来决定这一重要结论，即资产（单个资产和组合资产）由其风险大小来定价，单个资产价格由其方差或标准差来决定，组合资产价格由其协方差来决定。马科维茨的风险定价思想在他创建的均值—方差或均值—标准差二维空间中投资机会集的有效边界上表现得最清楚。下文在均值—标准差二维空间中给出投资机会集的有效边界，如图9-1所示。

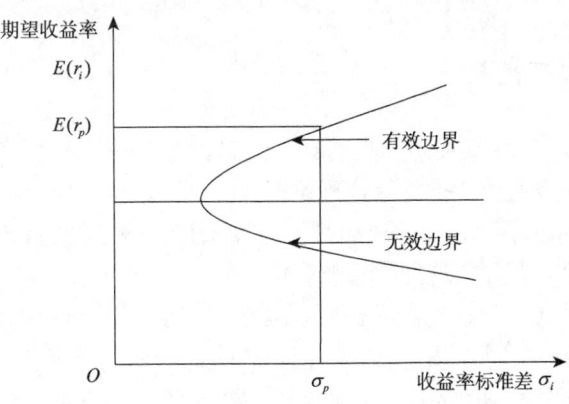

图9-1 投资机会集的有效边界

图形揭示出：单个资产或组合资产的期望收益率由风险测度指标标准差来决定；风险越大收益率越高，风险越小收益率越低；风险对收益的决定是非线性的双曲线形式，这一结论是基于投资者为风险规避型这一假定而得出的。具体的风险定价模型为

$$E(r_p) = \sqrt[2]{D\sigma_p^2 - D/C} + A/C$$

其中，$A = 1^T \Omega^{-1} R, B = R^T \Omega^{-1} R, C = 1^T \Omega^{-1} 1, D = BC - A^2 > 0$，且 A、B、C、D 为常量；R 为 N 个证券收益率的均值（期望）列向量，Ω 为资产组合协方差矩阵，1 表示分量为1

的 N 维列向量，上标 T 表示向量（矩阵）转置公式的推导过程。

同上图，在马科维茨均值—方差模型中，每一种证券或证券组合可由均值、方差坐标系中的点来表示，那么所有存在的证券和合法的证券组合在平面上构成一个区域，这个区域被称为可行区域。可行区域的左边界的顶部称为有效边界，有效边界上的点所对应的证券组合称为有效组合。

第二节　主要资产定价模型

根据马科维茨提出的资产组合选择思想，学界提出了各种各样的资产定价模型，形成了资本市场均衡理论体系。这些模型形式不尽相同，但都在解决一个共同的问题，即投资者在采用马科维茨资产组合选择理论的条件下，资产的均衡价格是如何在风险和收益的权衡中形成的。本节将重点讲述 CAPM、APT 和期权定价模型等主要的资产定价模型。

一、资本资产定价模型

CAPM 是由威廉·夏普、约翰·林特纳和杰克·特里纳于 1964 年创立的，是现代金融学的奠基石。

（一）模型的前提假设

（1）投资者使用预期收益率和收益标准差这两个指标来对资产组合进行评价，也就说投资者是遵循马科维茨的投资组合理论的。

（2）投资者永不知足。证券投资的目的是追求最大化的收益，当面临其他条件相同的两种组合时，投资者总会选择收益较高的那个组合。

（3）投资者总是厌恶风险。当投资的风险一定时，投资者总会选择收益高的那一个组合；当投资收益一定时，投资者总会选择风险低的那一个组合。

（4）完全市场假设。市场中存在大量的投资者，每个投资者拥有的财富在整个市场总财富中所占的比重很小，因此，任何人的买卖行为都不能影响市场的价格，价格由市场决定。没有税收和交易成本；所有投资者都能免费获得信息，这些信息是相同的。

（5）投资者以相同的方法来分析和处理信息，因此，他们对预期收益率、收益方差和协方差的看法一致。

（二）资本市场线

马科维茨的投资组合理论考虑的是在给定风险水平下构建具有高收益率的资产组

合，并没有考虑无风险下的最优资产组合。如果将无风险引入马科维茨的投资组合理论，就形成了资本市场线。资本市场线是以预期收益和标准差为坐标轴的坐标系上，表示风险资产的有效率组合与一种无风险资产再组合的有效率的组合线。其中，$E(r_{p1})$ 为风险资产的预期收益，σ_{p1}^2 为风险资产组合的方差，r_f 为无风险资产的收益率，χ 为资产的投资比例，此时，无风险资产和风险资产组合再次组合后形成的新的资产组合的预期收益和方差的计算公式分别为

$$E(r_p) = \chi_{p1} E(r_{p1}) + (1-\chi_{p1}) r_f$$

$$\sigma_p^2 = \chi_{p1}^2 \sigma_{p1}^2 + (1-\chi_{p1})^2 \sigma_f^2 + 2\chi_{p1}(1-\chi_{p1})\rho_{p1f}\sigma_{p1}\sigma_f$$

因为 $\sigma_f = 0$，所以 $\sigma_p = \chi_{p1}\sigma_{p1}$。

把 $\sigma_p = \chi_{p1}\sigma_{p1}$ 代入新的资产组合的预期收益，得组合线方程为

$$E(r_p) = r_f + \frac{E(r_{p1}) - r_f}{\sigma_{p1}} \sigma_p$$

可见，无风险资产与风险资产的组合进行再组合形成的组合线是直线，直线的截距为 r_f，斜率为 $\dfrac{E(r_m) - r_f}{\sigma_m}$，其中 r_m 为资产组合的收益率。由于 r_f 是常量，所以组合线的截距是固定的，斜率取决于风险资产组合的选择，由于有效边界上的所有资产组合都可供选择，因此，斜率就有一组值。也就说，无风险资产与有效资产组合集合再组合后的组合是一组截距相同、斜率不同的组合线集合，见图 9-2。

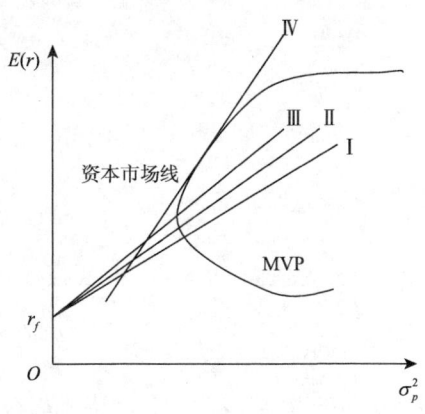

图 9-2　资本市场线

最小方差的组合（minimum variance portfolio，MVP）

这些组合线之间的风险和收益是有区别的，根据理性的投资者在风险一定的情况下会选择收益率较高的资产组合的理论，第Ⅱ线优于第Ⅰ线，第Ⅳ线是组合线所能达到的最高点与有效边界相切。因此，如果没有限制的情况下，第Ⅳ线显然是无风险资产和风险资产的有效组合在相切后的有效边界，理性的投资者会选择这线上的资产组合，这条第Ⅳ线便是资本市场线。其表达式为

$$E(r_p) = r_f + \frac{E(r_p^*) - r_f}{\sigma_p^*} \sigma_p$$

(三)证券市场线

在市场均衡的条件下,包含所有风险资产的资产组合被称为市场组合,以 M 表示。它应包含全世界的各种风险资产,即股票、债券、不动产等。

我们可以利用资本市场线和市场组合 M 推导出某项风险资产的预期收益和风险之间的关系,从而形成证券市场线(security market line,SML)。

假设由一项风险资产 I 和市场组合 M 组合一个新的资产组合 P,此时 P 的预期收益和标准差的计算公式分别为

$$E(r_p) = \chi_i E(r_i) + (1-\chi_i) E(r_m)$$

$$\sigma_p = \left[\chi_i^2 \sigma_i^2 + (1-\chi_i)^2 \sigma_m^2 + 2\chi_i(1-\chi_i) \text{cov}(r_i, r_m) \right]^{\frac{1}{2}}$$

在允许卖空的情况下,I 资产与 M 的有效组合的集合应在 II' 线上(图9-3),与 II' 相切的资本市场线与前面推导的资本市场线重合,二者斜率相同,即

$$\frac{\partial E(r_p)}{\partial \sigma_p} = \frac{\partial E(r_p)}{\partial \chi_i} \div \frac{\partial \sigma_p}{\partial x_i} = \frac{E(r_m) - r_f}{\sigma_m}$$

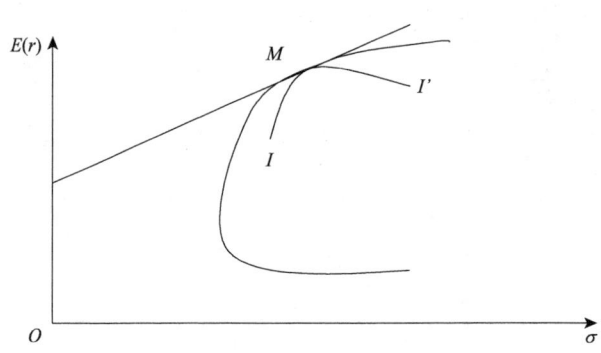

图9-3 证券市场线

从风险资产 I 和市场组合 M 再组合后形成的新的资产组合 P 的预期收益和标准差的计算公式可推导出

$$\frac{\partial E(r_p)}{\partial x_i} \div \frac{\partial \sigma_p}{\partial x_i} = \frac{E(r_i) - E(r_m)}{x_i \sigma_i^2 - \sigma_m^2 + x_i \sigma_m^2 + (1-2x_i)\text{cov}(r_i, r_m)} \sigma_p = \frac{E(r_m) - r_f}{\sigma_m} \quad (9.2)$$

由于在切点 M 处,$x_i = 0, \sigma_p = \sigma_m$,所以式(9.2)可以变为

$$\frac{E(r_i) - E(r_m)}{(1-2x_i)\text{cov}(r_i, r_m) - \sigma_m^2} \sigma_m = \frac{E(r_m) - r_f}{\sigma_m}$$

变形后得，$E(r_i) = r_f + \left[E(r_m) - r_f\right] \times \dfrac{\text{cov}(r_i, r_m)}{\sigma_m} = r_f + \left[E(r_m) - r_f\right]\beta_i$，这便是 CAPM 的传统形式。

二、套利定价模型

APT 由美国经济学家斯蒂芬·罗斯于 1976 年提出的。其中心思想是：证券的投资收益会受到诸多因素的影响，如果市场处于均衡状态，受相同因素影响的资产或资产组合预期收益率是相同的，如果受其他未知因素的影响，便存在套利机会。投资者会利用这一机会进行套利，买进价值被低估的证券资产，卖出被高估的证券资产，最终使得证券市场上的各种证券的期望收益率趋于均衡状态，这时套利机会便消失了。

（一）APT 的假设条件

（1）投资者是理性的，在风险不增加而收益增加的情况下，投资者一定会利用一切机会进行套利。
（2）市场是完全竞争的。
（3）单个证券或证券组合受 K 个因素影响。
（4）任何一种证券的收益率都是 K 个影响因素的线性组合。
（5）证券或证券组合的品种 n 远远大于影响因素 K 的数量。

（二）多因素模型

基于上述的假设，罗斯提出了 APT 多因素模型，其将某种证券或者证券组合的收益和风险的关系表示为

$$E(K) = r_f + \left(\overline{K}_1 - r_f\right)\beta_1 + \cdots + \left(\overline{K}_i - r_f\right)\beta_i + \cdots + \left(\overline{K}_j - r_f\right)\beta_j \tag{9.3}$$

其中，$E(K)$ 为某种证券或者证券组合的预期收益；r_f 为无风险利率；β_i 为某种证券或者证券组合对应的第 i 个因素的风险；$\overline{K}_i$ 为某种证券或者证券组合对应的第 i 个因素的收益率。由式（9.3）可知，某种证券或证券组合的预期收益率由两部分组成，一是无风险收益率，二是这种证券或证券组合对应的各因素的风险 β_i 和对应的各因素的收益与无风险利率之差这两项的乘积。

APT 的核心与 CAMP 的一样，即寻找价值低估或者高估的证券或证券组合，较之 CAMP，APT 主要有两方面的优点，一是该模型考虑多个资产的定价因素；二是该模型的假设宽松，应用价值高。当然 APT 也存在缺陷，即模型中各种因素的确定具有主观性和随意性。

三、期权定价理论

CAPM 和 APT 都是建立在均衡市场的假设上,只有在这种情况下,我们才能依赖市场来确定资产的价格。当市场非均衡时,这些模型就失去了效用,需要用新的定价方法来替代它们,于是期权定价理论就应运而生了。

(一)期权及影响其价格的因素

期权是指其持有人在未来一定时期内可以购买某项资产的权利,具体可以分为实值期权、平价期权和虚值期权三类。实值期权是指如果期权执行,持有人能够从中获益的期权。平价期权是指如果期权执行,持有人的收支相抵,或者说执行价格和资产的市场价格相等的期权。虚值期权是指如果期权执行,持有人将出现亏损的期权。

影响期权价格的因素主要有:标的资产的市场价格、执行价格、期权的期限、标的资产的价格波动性、无风险利率等。

(二)布朗运动

布朗运动(Brownian motion)这一概念来源于物理学,它是对完全浸没于液体或气体中的小粒子运动的描述。它分为标准布朗运动和普通布朗运动。

1. 标准布朗运动(维纳过程)

标准布朗运动起源于物理学中对完全浸没于液体或气体中,处于大量微小分子撞击下的小粒子运动的描述。

设 Δt 代表一个小的时间间隔长度,Δz 代表变量 z 在 Δt 时间内的变化,遵循标准布朗运动的 Δz 具有两种特征。

特征 1:Δz 和 Δt 的关系满足

$$\Delta z = \varepsilon \sqrt{\Delta t} \tag{9.4}$$

其中,ε 为从标准正态分布中取的一个随机值。

从特征 1 可知:Δz 本身也具有正态分布特征,其均值为零,标准差为 $\sqrt{\Delta t}$,方差为 Δt。

特征 2:对于任何两个不同时间间隔 Δt、Δz 的值相互独立。

从特征 2 可知,标准布朗运动符合马尔可夫过程:只有变量的当前值才与未来的预测有关,变量过去的历史和变量从过去到现在的演变方式与未来的预测无关。因此标准布朗运动是马尔可夫过程的一种特殊形式。

考察变量 z 在一段较长时间 T 中的变化情形:$z(T)-z(0)$ 为变量 z 在 T 中的变化量,又可被看作在 N 个长度为 Δt 的小时间间隔中 z 的变化总量,其中 $N=T/\Delta t$。

很显然,这是 n 个相互独立的正态分布的和,即

$$z(T)-z(0)=\sum_{i=1}^{N}\varepsilon_i\sqrt{\Delta t} \tag{9.5}$$

因此，$z(T)-z(0)$ 也具有正态分布特征，其均值为 0，方差为 N，$\Delta t = T$，标准差为 $\sqrt{T}$。

小结：①在任意长度的时间间隔 T 中，遵循标准布朗运动的变量的变化值具有均值为 0，标准差为 $\sqrt{T}$ 的正态分布。②期望值和方差具有可加性，而标准差不具有可加性。

当 $\Delta t \to 0$ 时，我们可以得到极限标准布朗运动

$$dz = \varepsilon\sqrt{dt} \tag{9.6}$$

2. 普通布朗运动

首先我们需要了解两个概念：漂移率和方差率。漂移率（drift rate）是指单位时间内变量 x 均值的变化值；方差率（variance rate）是指单位时间的方差。

标准布朗运动是漂移率为 0、方差率为 1.0 的运动。这意味着在未来任意时刻 z 的均值都等于它的当前值；在一段长度为 T 的时间段后，z 的方差为 $1.0 \times T$。我们令漂移率的期望值为 a，方差率的期望值为 b，则可以得到变量 x 的普通布朗运动

$$dx = adt + bdz \tag{9.7}$$

其中，a 和 b 均为常数，z 遵循标准布朗运动。

这个过程指出变量 x 关于时间和 dz 的动态过程。其中第一项 adt 为确定项，它意味着 x 的期望漂移率是每单位时间为 a。第二项 bdz 是随机项，它表明对 x 的动态过程添加的噪声。这种噪声是由维纳过程的 b 倍给出的。

从式（9.4）和式（9.7）中可知，在短时间，x 值的变化值 Δx 为

$$\Delta x = a\Delta t + b\varepsilon\sqrt{\Delta t}$$

其中，Δx 具有正态分布特征，其均值为 $a\Delta t$，方差为 $b2\Delta t$。同样地，在任意时间长度 T 后，x 值的变化也具有正态分布特征，其均值为 aT，方差为 $b2T$。

（三）伊藤过程和伊藤引理

1. 伊藤过程（Ito process）

普通布朗运动假定漂移率和方差率为常数，若把变量 x 的漂移率和方差率当作变量 x 和时间 t 的函数，我们就可以从式（9.7）得到伊藤过程：

$$dx = a(x,t)dt + b(x,t)dz \tag{9.8}$$

其中，dz 遵循一个标准布朗运动；a、b 是变量 x 和 t 的函数，变量 x 的漂移率为 a，方差率为 $b2$ 都随时间变化。

2. 伊藤引理

在伊藤过程的基础上，变量 x 和 t 的函数 G 将遵循如下过程：

$$dG = \left(\frac{\partial G}{\partial x}a + \frac{\partial G}{\partial t} + \frac{1}{2} \times \frac{\partial^2 G}{\partial x^2}b^2\right)dt + \frac{\partial G}{\partial x}bdz \tag{9.9}$$

其中，dz 遵循一个标准布朗运动。由于 $\frac{\partial G}{\partial x}a + \frac{\partial G}{\partial t} + \frac{1}{2} \times \frac{\partial^2 G}{\partial x^2}b^2$ 和 $\partial G/\partial x \times b$ 都是 x 和 t 的函数，因此函数 G 也遵循伊藤过程，它的漂移率为 $\frac{\partial G}{\partial x}a + \frac{\partial G}{\partial t} + \frac{1}{2} \times \frac{\partial^2 G}{\partial x^2}b^2$，方差率为 $\left(\frac{\partial G}{\partial x}\right)^2 b^2$。

（四）Black-Scholes 期权定价模型

B-S 模型是由费希尔·布莱克（Black Fisher）和迈伦·斯科尔斯（Myron Scholes）于 1973 年在《期权定价与公司》一文中提出的。他们认为金融资产的价格波动遵从随机游走的布朗运动，且其收益服从正态分布。

1. B-S 模型的假设条件
（1）资产的收益率服从对数正态分布。
（2）市场不存在交易成本和税收。
（3）期权是欧式期权，在到期日之前不得执行。
（4）在期权有效期内，无风险利率和金融资产收益率变量恒定。
（5）证券价格遵从布朗运动。

2. B-S 微分方程
假定证券价格 S 遵从几何布朗运动，因此得

$$dS = \mu S dt + \sigma S dz \quad (9.10)$$

其中一个小的时间间隔 Δt 中，S 的变化值为

$$\Delta S = \mu S \Delta t + \sigma S \Delta z$$

假设 f 是依赖于 S 的衍生证券的价格，则 f 一定是 S 和 t 的函数，

$$df = \left(\frac{\partial f}{\partial S}\mu S + \frac{\partial f}{\partial t} + \frac{1}{2} \times \frac{\partial^2 f}{\partial S^2}\sigma^2 S^2\right)dt + \frac{\partial f}{\partial S}\sigma S dz$$

在一个小的时间间隔 Δt 中，f 的变化值 Δf 为

$$\Delta f = \left(\frac{\partial f}{\partial S}\mu S + \frac{\partial f}{\partial t} + \frac{1}{2} \times \frac{\partial^2 f}{\partial S^2}\sigma^2 S^2\right)\Delta t + \frac{\partial f}{\partial S}\sigma S \Delta z \quad (9.11)$$

由于 dz 都是代表标准布朗运动，因此式（9.10）和式（9.11）中的 Δz 相同，都等于 $\varepsilon\sqrt{\Delta t}$。因此只要选择适当的衍生证券和证券的组合就可以消除不确定性。为了消除 Δz，我们可以构建一个包括一单位衍生证券空头和 $\frac{\partial f}{\partial S}$ 单位标的证券多头的组合。令 Π 代表该投资组合的价值，则

$$\Pi = -f + \frac{\partial f}{\partial S}S \quad (9.12)$$

在 Δt 时间后，该投资组合的价值变化 $\Delta \Pi$ 为

$$\Delta \Pi = r\Pi\Delta t \quad (9.13)$$

将式（9.10）和式（9.11）代入式（9.12），可得

$$\Delta \Pi = \left(-\frac{\partial f}{\partial t} - \frac{1}{2} \times \frac{\partial^2 f}{\partial S^2} \sigma^2 S^2 \right) \Delta t \tag{9.14}$$

由于式（9.14）中不含有 Δz，该组合的价值在一个小时间间隔 Δt 后必定没有风险，因此该组合在 Δt 中的瞬时收益率一定等于 Δt 中的无风险收益率。否则，套利者就可以通过套利获得无风险收益率。因此，在没有套利机会的条件下

$$\Delta \Pi = r \Pi \Delta t$$

把式（9.12）和式（9.14）代入上式得

$$\left(\frac{\partial f}{\partial t} + \frac{1}{2} \times \frac{\partial^2 f}{\partial S^2} \sigma^2 S^2 \right) \Delta t = r\left(f - \frac{\partial f}{\partial S} S \right) \Delta t$$

化简为

$$\frac{\partial f}{\partial t} + rS \frac{\partial f}{\partial S} + \frac{1}{2} \sigma^2 S^2 \frac{\partial^2 f}{\partial S^2} = rf$$

这就是著名的 B-S 微分方程，它适合于其价格取决于标的证券价格 S 的所有衍生证券的定价。

3. B-S 期权定价公式

布莱克和斯科尔斯于 1973 年成功地解出微分方程，从而获得了欧式看涨期权的看跌期权的精确公式。

在风险中性的条件下，欧式看涨期权到期时（T 时刻）的期望值为

$$\widehat{E}\left[\max(S_T - X, O) \right]$$

其中，$\widehat{E}$ 为风险中性条件下的期望。根据风险中性定价原理，欧式看涨期权的价格 c 等于将此期权值按无风险利率进行贴现后的现值，即

$$c = e^{-r(T-t)} \widehat{E}\left[\max(S_T - X, O) \right] \tag{9.15}$$

在风险中性条件下，我们可以用无风险利率取代预期收益率。

$\ln S_T \sim \phi\left[\ln S + \left(\mu - \frac{\sigma^2}{2} \right)(T-t), \sigma\sqrt{T-t} \right]$ 表示 $\ln S_T$ 概率分布中的 μ，即

$$\left(\frac{\partial f}{\partial t} + rS \frac{\partial f}{\partial S} + \frac{1}{2} \sigma^2 S^2 \frac{\partial^2 f}{\partial S^2} \right) \Delta t = rf \tag{9.16}$$

对式（9.15）右边求值是一种积分过程，结果为

$$c = SN(d_1) - Xe^{-r(T-t)} N(d_2) \tag{9.17}$$

其中

$$d_1 = \frac{\ln(S/X) + (r + \sigma^2/2)(T-t)}{\sigma\sqrt{T-t}}$$

$$d_2 = \frac{\ln(S/X) + (r - \sigma^2/2)(T-t)}{\sigma\sqrt{T-t}} = d_1 - \sigma\sqrt{T-t}$$

$N(x)$ 为标准正态分布变量的累计概率分布函数（即这个变量小于 X 的概率），根

据标准正态分布函数特性，我们有 $N(-x)=1-N(x)$。

这就是无收益资产欧式看涨期权的定价公式。

在标的资产无收益情况下，由于 $C=c$，因此式（9.17）也给出了无收益资产美式看涨期权的价值。

由于欧式看涨期权和看跌期权之间存在平价关系，可以得到无收益资产欧式看跌期权的定价公式

$$p = Xe^{-r(T-t)}N(-d_2) - SN(-d_1) \quad (9.18)$$

由于美式看跌期权与看涨期权之间不存在严密的平价关系，因此美式看跌期权的定价还没有一个精确的解析公式，但可以用蒙特卡罗模拟、二叉树和有限差分三种数值方法及解析近似方法求出。

➤本章复习思考题

1. 简述证券组合管理的意义。
2. 证券组合管理的特点有哪些？
3. 简述 CAPM 的假设。

第十章 行为金融分析

行为金融学是进行心理、社会和行为等多种学科的有效融合的综合性学科，拥有前沿的理论支撑，能够给金融市场的发展和证券投资理论的研究提供很好的理论支持，同时也给证券市场的投资者进行科学合理投资提供相应的方法和策略。本章对行为金融理论进行了阐述，对证券行为和投资风险从行为金融的角度进行了分析。

第一节 行为金融对传统理论的修正

一、行为金融与标准金融的研究差异

行为金融学认为投资者是有限理性人，情绪与认知偏差的存在使投资者无法做到理性预期和效用最大化，并且其非理性行为会导致市场的非有效，资产价格偏离其基本价值，其研究的具体差异表现在以下多方面。

（一）相对逆向的逻辑

行为金融学的研究思想相对于传统经济学是一种逆向的逻辑。传统经济理论是首先创造理想，然后逐步走向现实，关注的中心是理想情况下应该发生什么；而行为金融理论则是以经验的态度关注实际上发生了什么及深层的原因是什么，这种逻辑是一种现实的逻辑、发现的逻辑。

从最根本上来说，行为金融学研究的是市场参与者表现出的真实情况是什么样的，以及从市场参与者表现出的特性来解释一些金融现象。在现实市场中，以有效市场假说和理性人假设为前提的标准金融学对现实金融市场的大量异象无法进行解释，而行为金融学则以其逼近真实市场行为的理论分析，展示出广阔的发展前景。

（二）经验法则取代贝叶斯法则

在针对处理信息这个问题时，标准金融学假定投资者能够正确、恰当地使用统计工具，是遵循贝叶斯法则来处理信息的。行为金融学却认为交易者依赖启发式处理数据，如依赖"过去的业绩是对未来最好的预测依据，所以投资于具有五年好业绩的共同基金"这样的经验法则。但是，由于经验法则是不完善的，所以基于它们所形成的预期带有各种偏差。

（三）框定依赖取代框定独立

在决策问题的形式是否会影响最终决策这个问题上，标准金融学认为投资者不会因形式的不同而干扰其决策，投资者作为理性人将洞察各种不同形式，认识事物本质所在，从而做出正确的决策。但是，行为金融学认为交易者对风险和收益的理解会受到决策问题构造形式的影响，其决策是依赖于问题的形式的。相对于标准金融学假定投资者的框定独立，现实投资者实际上是框定依赖的。

（四）心理原理取代均衡原理

标准金融学把金融投资过程看作一个动态均衡过程，根据均衡原理，在理性人假设和有效市场假说下推导出证券市场的均衡模型。行为金融学基于心理学原理，把金融投资过程看成一个心理过程，包括对市场的认知过程、情绪过程和意志过程。

人的心理活动，分为认知过程和非认知过程。前者涉及感觉、知觉、注意、学习、记忆、思维等，后者涉及情绪、人格、气质、意志等。认知心理学是行为金融的理论基础，认知过程往往会产生系统性的认知偏差；情绪过程可能会导致系统性的或非系统性的情绪偏差；意志过程则既可能受到认知偏差的影响，又可能受到情绪偏差的影响。

这些个体偏差加上金融市场上存在的群体偏差或羊群效应，可能导致投资或投资组合中的决策偏差。投资决策偏差就会使资产价格偏离其内在的价值，导致资产定价的偏差。然而，资产定价偏差往往会产生一种锚定效应或框定效应，反过来影响投资者对资产价值的判断，进一步产生的认知偏差和情绪偏差，这就形成了一种反馈机制。如果这种反馈机制受到市场其他因素的激励或强化，就会形成一种不断放大的自发性"庞氏骗局"，这一反馈环的出现，会对现有偏离的走势进行强化，从而容易导致市场狂涨和股市崩盘，具体如图10-1所示。

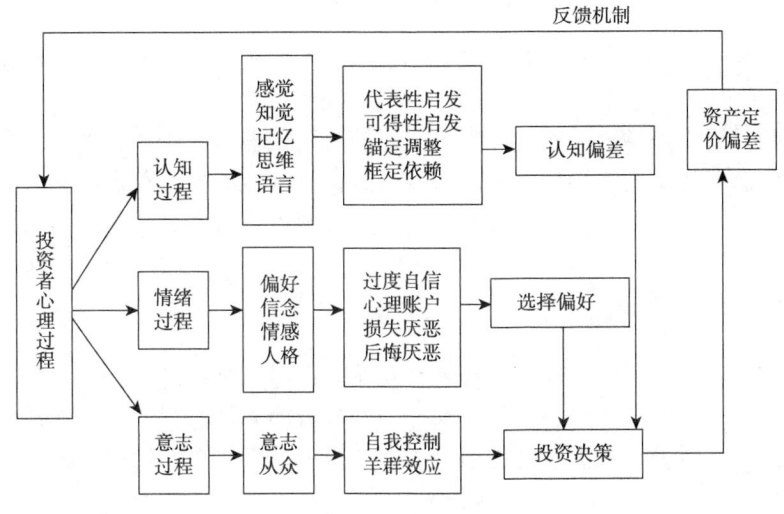

图 10-1 心理原理

行为金融学实际上就是试图探讨从投资者心理到市场的反应,再从市场表现到投资者心理这样一个交互过程的客观规律和客观机理,从而对人的行为和市场的效率做出更符合实际的解释和更富有成效的指导。

二、行为金融学对有效市场假说的修正

市场是否有效的争论是行为金融学与标准金融学争论的核心。行为金融修正了有效市场假说,但它也并非对经典金融理论全盘否定,它是以经典金融理论为基础,批判地继承了经典金融理论中一些健全合理的理论。

(一)行为偏差导致市场很难有效

行为金融学家 Fuller 于 2000 年认为证券市场中典型的行为偏差可以分为两大类。

1. 非财富最大化行为(nonwealth-maximizing behavior)

理性人行为观点假设投资者的行为目标是追求他们投资组合的预期价值最大化,而现实中,投资者可能把最大化其他某些因素看得比财富更重要。

2. 系统性的心理错误(systematic mental mistakes)

启发式偏差及其他认知偏差导致投资者犯系统性的心理错误,从而对所获信息做出错误的处理,在做出某个投资决策之前,投资者认为他们已经正确地理解和加工信息,并以其预期财富最大化进行投资,之后他们可能才发现认知上的错误,但他们通常甚至根本意识不到这种错误。

（二）交易的随机性也不能消除投资者非理性行为对资产价格的影响

个别人们的行为是随机性的，但人们整体的行为偏差其实是系统性的。许多投资者倾向于在相同的时间买卖相同的证券。当噪声交易者通过流言或者跟从他人的决策而决策时，这种状况将更加严重。投资者情绪实际上反映许多投资者的共同判断误差。

（三）机构的有限理性

个人投资者不是唯一的非理性投资者，在西方发达的金融市场中，大量的资金由代表个人投资者和公司的共同基金、养老基金的专业管理人员控制。他们既有个人投资者可能产生的误差，还因为他们是管理他人资金的代理人员，存在代理矛盾而带来了决策中更大的偏差。

（四）学习也不能导致市场有效

投资者存在非理性的一面，而且投资者在经历几次相同的错误经验后，也不可能借由学习而学会正确的评价。由于学习的机会成本可能高过投资人所愿意负担的程度，或者学习正确的评价所需的时间可能非常长，而且有些决策并没有很多的学习机会，所以学习的效果并没有得到很充分的证据支持。

（五）套利限制

理论上套利行为可以使市场保持有效，但 Mullainathan 和 Thlaer 于 2000 年的研究也表明，套利本身具有风险，不仅要取决于是否具有完美的替代品存在，还要取决于套利期限的长短，如果这两个条件不具备，套利行为就会失败，典型的案例就是以传统主流金融理论为投资理念的 Long-Term Capital Management 投资基金的亏损事件。

综上所述，行为金融理论认为，金融市场的经济行为是社会人在相互作用过程中以客观形式外在表现出来的对经济刺激的主观反映。经济刺激（如价格指数、通货膨胀、税收及经济信息媒介等）是经济行为产生的必要条件，而非充分条件。经济行为不仅是经济刺激的直接映射，其间还包括一系列的中介变量，如个人目标、价值观念、期望、认知方式、收集及整合信息的能力、对经济政治问题的兴趣等。因此，行为金融不但需要讨论人们应该如何决策（最优决策），而且需要建立一套能够正确反映投资者实际决策行为和市场运行状况的描述性模型来讨论投资者实际上是如何决策的、金融市场价格实际上是如何确定的，这就是行为金融解决的问题。

同时，基于以上内容，行为金融学认为市场连弱式有效都很难达到，因而技术分析和基本分析在证券投资分析中都是可行的。

三、行为金融学对投资分析方法的修正

（一）技术分析中可能存在的认知偏差

技术分析是以统计学为基础，通过图表或技术指标的记录，研究市场过去和现在的股价行为反应，以推测未来价格的变动趋势，其基本假设之一是历史会重演，它包括指标技术分析和形态技术分析。但无论是指标技术分析还是形态技术分析，其目的都是预测市场未来发展趋势，同时表明这种趋势处于哪个阶段。技术分析的基本观点是：股票价格和交易量已经体现了影响的种种因素，除了决定公司价值的基本因素以外，还包括股票市场上的投资者对未来的希望、担心、恐惧等心理因素。

从行为金融学的观点来看，技术分析方法实质上是一种代表性启发法，于是不可避免犯启发式认知偏差，特别是代表性偏差。由于市场的复杂性，股票价格的变动受到许多因素的影响，价格预测是一件很艰巨的任务，于是人们找到了一个将复杂问题简单化的方法，即人们试图用过去熟悉的模式来对不确定的未来做出判断。

然而技术分析方法如果不考虑代表性启发法模式产生的客观信息基础或代表性启发法模式重复的可能性，那么这种代表性启发策略的运用可以使价格预测这个复杂的问题变得简单，但其预测结果可能是正确的也可能是错误的。

例如，当人们发现一个具有较为典型特征的形态时，就会与历史图表上的类似形态进行比较，如出现头肩顶的形态，人们会认为市场趋势将会发生反转了。一些技术分析的书籍和报告常常这样来描述对市场的判断与预测，他们会寻找那些印证其观点的案例来进行佐证，但忽略了那些可能存在的反向案例。事实上，运用统计工具后很容易发现，那些支持技术分析结果的案例与不支持的案例几乎一样多，然而许多使用技术分析的人都忽略了这个基准率，人们对它正确的一面情有独钟，而对错误的一面则视而不见，这就是人具有认知偏差的证据。

所以，在一个有效性程度较低的市场，用技术分析的方法来判断市场的走势并获得超额利润，理论上是可行的。然而，在使用这些方法时是很容易犯启发式认知偏差，特别是当投资者缺乏足够的经验，并缺乏对股票及市场内在因素的深刻了解时，简单地使用技术分析往往容易得出错误的判断，从而误导投资者做出错误的决策。

（二）基本分析中可能存在的认知偏差

基本分析方法是指把对股票的分析研究重点放在它本身的内在价值上，由于它具有比较系统的理论，既受到学者的赞赏，又受到投资者的欢迎，成为股票价格分析的主流。

然而，从行为金融学的研究来看，基本分析中人们容易犯的认知错误之一是框定依赖偏差。上市公司的内在价值只有一个，但不同的表现形式会让投资者得出不同的结论，

不同的人对同样信息的理解也各不相同，因而不可避免地出现不同程度的框定依赖偏差，人们试图发现掩盖在复杂的表面形式下的上市公司本质时，会不自主地受到表面现象干扰。

特别是当上市公司本身为了掩盖自身经营中存在的问题时，往往会进行一些诱导效应——运用错综复杂的业务结构、频繁的购并活动和令人眼花缭乱的财务表现，来误导投资者对公司的判断。在这种情况下，投资者要对公司的真实基本面做出正确的判断是非常困难的，所以巴菲特在他2002年的投资报告中有这样的告诫："你之所以无法看懂年报中的信息，是因为这家公司的CEO本来就不想让你知道这些内容。"

在一个并非有效的市场中，基本分析方法通常能够获得超常的收益，然而，基本分析中往往容易出现判断的框定依赖偏差，克服框定依赖偏差的办法：第一是深入的调查和分析，透过现象，特别是错综复杂的表象去认清公司价值的本质，这需要投资者有足够的知识、智慧和投入的时间及精力；第二则是避免投资那些过于复杂和新颖的公司，那些公司即使没有在形式上进行框定诱导，也会因为经营活动过程过于复杂、业务过于超前、收购兼并活动过于频繁、扩张和业务发展过于快速等原因，令企业经理人自身也难以驾驭和把握，其自身的认知不足也足以出现财务决策失误而导致公司价值的损害。巴菲特长期投资理念的核心是投资于易了解的企业，其实质就是避开基本分析中的框定依赖偏差。

第二节　行为金融的心理学基础

一、过度自信理论

（一）概念的提出

Gervaris 等（2002）将过度自信定义为认为自己知识的准确性比事实中的程度更高的一种信念，即对自己的信息赋予的权重大于事实上的权重。关于主观概率测度的研究也发现确实存在过度估计自身知识准确性的情况。

心理学家的研究发现一些职业领域往往与过度自信相联系，如投资银行家、工程师、律师、投资者和经理在判断和决策中会存在过度自信特征。Grifin 和 Amos Tversky（1992）发现人们在回答中遇到极度困难的问题时，倾向于过度自信。在回答容易问题时，倾向于不自信；当从事的是可预测性较强，有快速、清晰反馈的、重复性的任务时，倾向于仔细推算。如专业桥牌运动员、赌马者和气象学者在决策时都倾向于仔细推算。

Frank（1935）发现人们过度估计了其完成任务的能力，并且这种过度估计随着个人在任务中的重要性而增强，人们对未来事件有不切实际的乐观主义。Kunda 和 Ziva（1987）

发现人们期望好事情发生在自己身上的概率高于发生在别人身上的概率，甚至对于纯粹的随机事件有不切实际的乐观。人们会有不切实际的积极的自我评价，往往认为自己的能力、前途等会比其他人更好。过度自信的人往往有事后聪明的特点，夸大自己预测的准确性，尤其在他们期望一种结果，而这种结果确实发生时，往往会过度估计自己在产生这种合意结果中的作用。Daniel 等（1998）认为成功者会将自己的成功归因于自己知识的准确性和个人能力，这种自我归因偏差会使成功者过度自信。

过度自信的人在做决策时，会过度重视引人注意的信息，尤其会过度估计与其已经存在的信念一致的信息，并倾向于搜集那些支持其信念的信息，而忽略那些不支持其信念的信息。当某些观点得到活灵活现的信息、重要的案例和明显的场景支持的时候，人们会更自信，并对这些信息反应过度。而当某些观点得到相关性强的、简洁的、统计性的和基本概率信息支持的时候，人们通常会低估这些信息，并对这些信息反应不足。

（二）过度自信理论的主要内容

人类倾向于从无序中看出规律，尤其是从一大堆随机的经济数据中，推出所谓的规律。Amos Tversky 提供了大量的统计数据，来说明许多事件的发生完全是由于运气和偶然因素的结果，而人类有一种表征直觉推理（representative heuristic）特点，即从一些数据的表面特征，直觉推断出其内在的规律性，从而产生认知和判断上的偏差（biases of cognition and judgment）。投资者的归因偏好也加重了这种认知偏差，即将偶然的成功归因于自己操作的技巧，将失败的投资操作归于外界无法控制因素，从而产生了过度自信（overconfidence）的心理现象。过度自信是指人们对自己的判断能力过于自信。投资者趋向于认为别人的投资决策都是非理性的，而自己的决定是理性的，是在根据优势的信息基础上进行操作的，但事实并非如此。Daniel Kadmeman 认为：过度自信来源于投资者对概率事件的错误估计，人们对于小概率事件发生的可能性产生过高的估计，认为其总是可能发生的，这也是各种博彩行为的心理依据；而对于中等偏高程度的概率性事件，易产生过低的估计；但对于90%以上的概率性事件，则认为肯定会发生。这是过度自信产生的一个主要原因。此外，参加投资活动会让投资者产生一种控制错觉（illusion of control），控制错觉也是产生过度自信的一个重要原因。

投资者和证券分析师在他们有一定知识的领域中特别过于自信。然而，提高自信水平与成功投资并无相关。基金经理人、股评家及投资者总认为自己有能力跑赢大盘，然而事实并非如此。Brad Barber 和 Terrance Odean 在此领域做了大量研究。男性在许多领域（体育技能、领导能力、与别人相处能力）中总是过高估计自己。他们在1991年至1997年中，研究了38 000名投资者的投资行为，将年交易量作为过度自信的指标，发现男性投资者的年交易量比女性投资者的年交易量总体高出20%以上，而投资收益却略低于女性投资者。数据显示：过度自信的投资者在市场中会频繁交易，总体表现为年交易量的放大。但由于过度自信而频繁地进行交易并不能让投资者获得更高的收益。在另一个研究中，他们取样1991年至1996年中的78 000名投资者，发现年交易量越高的投资者的实际投资收益越低。在一系列的研究中，他们还发现过度自信的投资者更喜欢冒风险，同时也容易忽略交易成本。这也是其投资收益低于正常水平的两大原因。

（三）过度自信对金融市场的影响

在传统的金融理论中都假设行为人是风险规避的，但现实中人往往是风险中性甚至是风险寻求的。Friedman 和 Savage（1948）就发现，尽管赢得彩票的概率只有数百万分之一，但还是有很多人去买彩票，这种购买彩票的行为就表现为风险寻求。风险寻求的原因很可能是过度自信。

投资者的过度自信对金融市场也会造成影响。Odean（1998b）将市场参与者分为价格接受者、内部人和做市商，分析过度自信对金融市场的影响。在我国，价格接受者相当于中小散户投资者；机构投资者由于其较强的获得信息的能力，相当于内部人；我国不存在做市商，但是庄家的某些行为类似于做市商，可以作为做市商来分析其对金融市场的影响。这三类投资者在获取信息和价格决定上具有不同的机制。

1. 过度自信对交易量的影响

当投资者过度自信时，市场中的交易量会增大。在无噪声的完全理性预期的市场中，如果不考虑流动性需求，交易量应该是零。如果理性是共识，当一个投资者买进股票时，另外的投资者卖出股票，买进者会考虑是否存在卖出者知道而买进者不知道的信息，这时就不会有交易产生，而现实中金融市场的交易量是非常大的。Dow 和 Gorton（1997）发现，全球外汇的日交易量大约是年度世界贸易总额和投资流动总额之和的四分之一。1998 年纽约证券交易所的周转率超过 75%。我国的情况更是惊人，1996 年上海证券交易所的换手率是 591%，深圳证券交易所的换手率是 902%。由于没有模型来说明在理性市场中交易量应该是多少，所以很难证明什么样的交易量是过多的。Odean（1998a）分析了投资者的买卖行为，发现在考虑了流动性需求、风险管理和税收影响后，投资者买进的股票表现差于卖出的股票，这些投资者交易过多，由于交易成本的原因，过多的交易损害了其收益，其解释是投资者的过度自信，过度评价了其私人信息的准确性并错误地解释了这些信号，才导致了差的决策。Odean 观察了 166 个投资俱乐部 6 年的交易，发现平均每年的周转量是 65%，年净收益是 14.1%，而作为基准的标准普尔 500 指数收益是 18%。

2. 过度自信对市场效率的影响

在理性市场中，只有当新的信息出来时，价格才会有变动。但是当投资者过度自信时，会对市场波动性产生影响。过度自信对市场效率的影响取决于信息在市场中是如何散布的。如果少量信息被大量投资者获得，或者公开披露的信息被许多投资者做了不同的解释，过度自信会使这些信息被过度估计，导致价格偏离资产真实价值，这时过度自信损害了市场效率。如果信息仅为内部人所拥有，过度自信的内部人会过度估计其获得的私人信号，其过多的交易显示其私人信息，那么做市商、其他的投资者会迅速使得资产价格向其真实价值靠拢。如果内部人的信息对时间敏感，在其交易后会迅速成为公共信息，那么这种效率收益是短暂的，这时过度自信提高了市场效率。

3. 过度自信对波动性的影响

过度自信的价格接受者会过度估计他们的个人信息，这会导致总的信号被过度估计，使得价格偏离真实价格。过度自信使投资者扭曲了价格所带来的影响，使市场波动增加。过度自信的做市商会促使内部人揭示更多的私人信息，从而将价格设定更接近真实价格，这时过度自信使市场波动增加，同时当做市商过度自信时，其风险规避程度会小于其不具有过度自信特征的程度，会认为持有存货的风险不大，这增加了其存货量，存货量的增加降低了市场波动。过度自信对价格的影响取决于不同特征交易者的数量、财富、风险承受能力和信息。如果市场中价格接受者和内部人的数量与财富都较大，而做市商的数量较少、力量较小，则价格的波动性会更大。

4. 过度自信对投资者期望效用的影响

当投资者过度自信时，其资产组合并没有完全分散化，集中的资产组合会降低期望效用。如果信息是有成本的，过度自信的投资者会花费更大的成本去成为知情者，同时进行更频繁的交易，由于交易费用的原因，过多的交易会降低其净收益（Odean，1998a）。Lakonishok 等（1992）发现在 1983~1989 年，积极的基金经理的业绩差于标准普尔 500 指数的表现，扣除管理费，积极的管理减少了基金价值。这可能是过度自信使得基金经理在获取信息上花费太大，或者是对其选股能力过度自信所导致。但是 de Long 等（1990）证明了过度自信的交易者能够在市场中存活下来。Odean 和 Benos（1997）用双寡头模型证明了过度自信的基金经理不仅能够获得比他的理性竞争对手更高的期望收益和效用，而且也比他理性时的收益和效用更高，所以过度自信严格占优于理性。

二、过度反应理论

（一）过度反应理论的概念

过度反应理论说明了市场总是会出现过度反应的现象，人们一系列的情绪与认知等心理因素，会在投资过程中表现出加强的投资心理，从而导致市场的过度反应。

（二）过度反应理论的非理性因素

经典的经济学和金融理论认为，个体在投资活动中是理性的。他们在进行投资决策时会进行理智的分析，当股票价格低于上市公司的内在价值时，投资者开始买入股票；而当股票价格高于上市公司的内在价值时，开始卖出股票。证券市场也由此形成了一种价值投资的氛围，但事实并非如此。投资领域中存在着价格长期严重偏离其内在价值的情况，主要原因是上市公司未来的价值本身具有许多不确定性，正是这种不确定性引发了投资者的心理上的非理性因素，投资者共同的非理性投机形成了市场的暴涨和崩盘现象。

(三)过度反应理论的主要内容

耶鲁大学的 Robert Shiller 教授是这一领域的专家,他在 2000 年 3 月出版了《非理性繁荣》(Irrational Exuberance)一书,将当时一路涨升的股票市场称作一场非理性的、自我驱动的、自我膨胀的泡沫。2000 年 4 月,代表美国新经济的 NASDAQ 股票指数由最高峰的 5000 多点跌至 3000 点,2002 年 10 月,跌至 1100 多点。互联网泡沫类似于荷兰郁金香、南海公司泡沫,在投资领域中屡见不鲜。为什么人们总会犯同样的错误呢?Robert Shiller 认为:人类的非理性因素在其中起着主要作用,而历史教训并不足以让人们变得理性起来,非理性是人类根深蒂固的局限性。Shiller 教授曾在一个研究中发现:当日本股市见顶时,只有 14%的人认为股市会暴跌,但当股市暴跌以后,有 32%的投资者认为股市还会暴跌。投资者通常是对于最近的经验考虑过多,并从中推导出最近的趋势,而很少考虑其与长期平均数的偏离程度。换句话说:市场总是会出现过度反应。

Richard Thaler 和 Werner de Bondt 在 1985 年的一个研究中发现,投资者对于受损失的股票会变得越来越悲观,而对于获利的股票会变得越来越乐观,他们对于利好消息和利空消息都会表现出过度反应。当牛市来临时,股价会不断上涨,涨到让人不敢相信,远远超出上市公司的投资价值;而当熊市来临时,股价会不断下跌,也会跌到大家无法接受的程度。除了从众心理(herd mentality)在其中起作用外,还有人类非理性的情绪状态,以及由此产生的认知偏差。当市场持续上涨时,投资者倾向于越来越乐观。因为实际操作产生了盈利,这种成功的投资行为会增强其乐观的情绪状态,在信息加工上造成选择性认知偏差,即投资者会对利好消息过于敏感,而对利空消息麻木。这种情绪和认知状态又会加强其行为上的买入操作,形成一种相互加强效应;当市场持续下跌时,情况刚好相反,投资者会越来越悲观。因为实际操作产生了亏损,这种失败的投资操作会加强其悲观情绪,同样也造成了选择性认知偏差,即投资者会对利空消息过于敏感,而对利好消息麻木。因而,市场也就形成了所谓的过度反应现象。

三、后悔理论

(一)概念

贝尔把后悔描述为将一件给定事件的结果或状态与将要选择的状态进行比较所产生的情绪(Bell,1982)。后悔理论又称为遗憾理论,认为个人评估对未来事件或情形的预期反应。例如,当在熟悉和不熟悉事物之间进行选择时,人们通常考虑选择不熟悉事物造成效果不佳时的遗憾要比选择熟悉事物的遗憾要大,因而,人们很少选择不熟悉事物。

（二）后悔理论的主要内容

后悔理论可以被应用在股票市场中投资者心理学领域。无论投资者是否打算购买下降或上升的股票或基金，实际上购买自己属意的证券就将产生情绪上的反应。投资者可能回避卖掉价格已下跌的股票，这是为了回避曾经做出的错误决策的遗憾和报告损失带来的尴尬。当所做选择未能达到预期结果或结果劣于其他选择时，做出错误决策的遗憾心理伴随而生。因此即使决策结果相同，如果某种决策方式可以减少遗憾，对于投资者来说，这种决策方式依然优于其他决策方式。

1. 羊群效应

实质上，投资者正是有了从众心理，为避免做出错误决策带来的遗憾，可能拒绝卖掉价格已经下降的股票。当投资者考虑到大量投资者也在同一投资上遭受损失时，投资者可能降低其情绪反应或感觉。所以投资者发现遵从从众心理，购买本周热门或受大家追涨的股票很容易导致股市中羊群效应的产生。

2. 后悔厌恶

投资者在投资过程中常出现后悔的心理状态。在大牛市背景下，没有及时介入自己看好的股票会后悔，过早卖出获利的股票也会后悔；在熊市背景下，没能及时止损出局会后悔，获点小利没能兑现，然后又被套牢也会后悔；在平衡市场中，自己持有的股票不涨不跌，别人推荐的股票上涨，自己会因为没有听从别人的劝告而及时换股后悔；当下定决心，卖出手中不涨的股票，而买入专家推荐的股票，又发现自己原来持有的股票不断上涨，而专家推荐的股票不涨反跌时，更加后悔。Santa Clara 大学的 Meir Statman 教授是研究害怕后悔行为的专家。由于人们在投资判断和决策上经常容易出现错误，而当出现这种失误操作时，通常感到非常难过和悲哀。所以，投资者在投资过程中，为了避免后悔心态的出现，经常会表现出一种优柔寡断的性格特点。投资者在决定是否卖出一只股票时，往往受到买入时的成本比现价高或是低的情绪影响，由于害怕后悔而想方设法尽量避免后悔的发生。

有研究者认为：投资者不愿卖出已下跌的股票，是为了避免做了一次失败投资的痛苦和后悔心情，向其他人报告投资亏损的难堪也使其不愿去卖出已亏损的股票。另一些研究者认为：投资者的从众行为（herding behavior）和追随常识，是为了避免做出了一个错误的投资决定而后悔。许多投资者认为：买一只大家都看好的股票比较容易，因为大家都看好它并且买了它，即使股价下跌也没什么。大家都错了，所以我错了也没什么！而如果自作主张买了一只市场形象不佳的股票，如果买入之后它就下跌，自己就很难合理地解释当时买它的理由。此外，基金经理人和股评家喜欢名气大的上市公司股票，主要原因也是如果这些股票下跌，他们因为操作得不好而被解雇的可能性较小。后悔厌恶也反映了投资者对自我的一种期望。

3. 卖出效应

Hersh Shefrin 和 Meir Statman 在一个研究中发现：投资者在投资过程中除了避免后

悔以外，还有一种追求自豪的动机在起作用。害怕后悔与追求自豪造成了投资者持有获利股票的时间太短，而持有亏损股票的时间太长，他们称这种现象为卖出效应。他们发现：当投资者持有两只股票，股票 A 获利 20%，而股票 B 亏损 20%，此时又有一个新的投资机会，而投资者由于没有别的钱，必须先卖掉一只股票时，多数投资者往往卖掉股票 A 而不是股票 B。因为卖出股票 B 会对从前的买入决策后悔，而卖出股票 A 会让投资者有一种做出正确投资的自豪感。

四、前景理论

（一）前景理论概述

很多学者研究风险及不确定性条件下的决策，提出的模型非常多，其中最常用的被接受的理性选择模型是 Vind（1953）发展的财富预期效用理论。该理论提供了数学化的公理，是一个标准化的模型（解决了当人们面对风险选择时他们应该怎样行动的问题），应用起来比较方便。但是在最近的几十年，该理论遇到了很多问题，它不能解释众多的异象，它的几个基础性的公理与实验数据所违背，这些问题也刺激了其他的一些试图解释风险或者不确定性条件下个人行为的理论的发展。前景理论（prospect theory）就是其中比较优秀的一个。

前景理论认为人们通常不是从财富的角度考虑问题，而是从输赢的角度考虑，关心收益和损失的多少，2002 年，卡尼曼因前景理论获诺贝尔经济学奖。

（二）前景理论的产生

前景理论先由国外学者卡尼曼和阿莫斯·特沃斯基（Amos Tversky）在 1979 年明确提出，他们认为个人在风险情形下的选择所展示出的特性和 Von Neumann—Morgenstem 的效用理论的基本原理是不相符的。

第一是他们发现和确定性的结果相比个人会低估概率性结果，他们称之为确定性效应（certainty effect）。确定性效应导致了当选择中包含确定性收益时的风险厌恶及当选择中包含确定性损失的风险寻求。

第二是他们还发现了孤立效应（isolation effect），即当个人面对在不同前景的选项中进行选择的问题时，他们会忽视所有前景所共有的部分。孤立效应会导致一个前景的描述方法会改变个人决策者决策的变化。

第三是发现了反射效应（reflection effect），当正负前景的前景绝对值相等时，在负前景之间的选择和在正前景之间的选择呈现镜像关系。为了补偿上述这些效应所不能解释的关于个人行为的特征，两位学者才最终提出了前景理论模型。

(三）前景理论二定律

面对风险做出决策，人们会选择躲避还是勇往直前？这当然不能简单绝对的回答，因为还要考虑到决策者所处的环境、企业状况等情况，我们先抛开这些条件来研究在只考虑风险本身的时候，人们的心理对决策的影响。这时候我们会得出很有意思的结论。

卡尼曼的前景理论有两大定律。

（1）人们在面临获得时，往往小心翼翼，不愿冒风险；而在面对损失时，人人都变成了冒险家。

（2）人们对损失和获得的敏感程度是不同的，损失的痛苦要远远大于获得的快乐。前景理论还可以用来解释一些决策现象。如群体在进行奖惩决策时，奖励往往是就低不就高，惩罚往往是就宽不就严。为什么会有这种向中间回归的趋向呢？可以这么解释：获奖励者并非大多数人，多少有奖金就可以了，重要的是名誉，多几块钱少几块钱人们不会太在意；受到惩罚者也非大多数人，名誉上已经惩罚了，物质上象征性地惩罚一下，给人改过的机会。

此外，前景理论可以解释大量的金融市场异象，是在行为金融领域里，解释力和系统性最为完整的理论。

五、决策中的认知偏差

（一）锚定效应

锚定效应是指当人们需要对某个事件做定量估测时，会将某些特定数值作为起始值，起始值像锚一样制约着估测值。在做决策的时候，会不自觉地给予最初获得的信息过多的重视。

锚定是指人们倾向于把对将来的估计和已采用过的估计联系起来，同时易受他人建议的影响。当人们对某件事的好坏做估测的时候，其实并不存在绝对意义上的好与坏，一切都是相对的，关键看你如何定位基点。基点定位就像一只锚一样，它定了，评价体系也就定了，好坏也就评定出来了。

1973年，卡纳曼和特沃斯基指出，人们在进行判断时常常过分看重那些显著的、难忘的证据，甚至从中产生歪曲的认识。例如，医生在估计病人因极度失望而产生自杀可能性时，常常容易想起病人自杀的偶然性事件。这时，如果进行代表性的经济判断，则可能夸大极度失望病人自杀的概率，这就是人们在判断中存在的锚定效应。

1974年，卡纳曼和特沃斯基通过实验来进一步证明锚定效应。实验要求实验者对非洲国家在联合国所占席位的百分比进行估计。因为分母为100，所以实际上要求实验者对分子数值进行估计。首先，实验者被要求旋转摆放在其面前的罗盘并随机地选择一个在0到100的数字；其次，实验者被暗示他所选择的数字比实际值是大还是小；最后，要求实验者对随机选择的数字向下或向上调整来估计分子值。通过这个实验，卡纳曼和特沃斯基发现,当不同的小组随机确定的数字不同时,这些随机确定的数字对后面的估计有显著的影响。例如,两个分别随机选定 10 和 65 作为开始点的小组,他们对分子值的平均估计分别为 25 和 45。由此可见,尽管实验者对随机确定的数字有所调整,但他们还是将分子值的估计锚定在这一数字的一定范围内。

许多金融和经济现象都受锚定效应的影响。比如,股票当前价格的确定就会受过去价格影响,呈现锚定效应。证券市场股票的价值是不明确的,人们很难知道它们的真实价值。在没有更多的信息时,过去的价格(或其他可比价格)就可能是现在价格的重要决定因素,通过锚定过去的价格来确定当前的价格。锚定效应同时发生在商品定价的其他经济现象中,它类似于宏观经济学中的黏性价格,只要把过去的价格作为新价格的一种参考(建议),那么新价格就会趋于接近过去的价格。如果商品的价值越模糊,参考就可能越重要,锚定就可能是更重要的价格决定因素。

(二)心理账户

心理账户是芝加哥大学行为科学教授理查德·萨勒(Richard Thaler)提出的概念。他认为,除了荷包这种实际账户外,在人的头脑里还存在着另一种心理账户。人们会把在现实中客观等价的支出或收益在心理上划分到不同的账户中。比如,我们会把工资划归到靠辛苦劳动日积月累下来的勤劳致富账户中;把年终奖视为一种额外的恩赐,放到奖励账户中;而把买彩票赢来的钱,放到天上掉下的馅饼账户中。

对于勤劳致富账户里的钱,我们会精打细算,谨慎支出。对奖励账户里的钱,我们就会抱着更轻松的态度花费掉,如买一些平日舍不得买的衣服,作为送给自己的新年礼物等。天上掉下的馅饼账户里的钱最不经用了,通常是来也匆匆,去也匆匆。想想那些中了头彩的人,不论平日多么的节俭,一旦中了 500 万元,也会立马改变。

实际上,绝大多数的人都会受到心理账户的影响,因此总是以不同的态度对待等值的钱财,并做出不同的决策行为。从经济学的角度来看,1 万元的工资、1 万元的年终奖和 1 万元的中奖彩票并没有区别,可是普通人却对三者做出了不同的消费决策。

所以知晓心理账户的存在,是精明投资的第一步,精明的理财者会换一个角度来考虑自己的决策。

(三)证实偏差

人们既有观念或期望会影响他的社会知觉和行为。他们总是有选择地去解释并记忆某些能够证实自己既存的信念或图式的信息,此为认知证实偏差。例如,当我们认为某个人是外向型的,以后对该人所表现出的与外向有关的品质(如热情、好交际等)注意得更多,并容易回忆起来;而该人所表现的与外向无关的品质(如谨慎、敏锐等)则不怎么注意。同样,人们根据社会刻板印象去评价个体也是要证实个体与其头脑中既存的图式是相吻合的。证实偏差导致个体过分相信自己判断的准确性,评价一旦形成便不轻易改变。这种偏差在错觉相关效应中最明显,如果两种因素相互联系,人们就更容易注意并记住它们相互联系的信息，这种期望歪曲了人的知觉和记忆，使人将两种因素之间的联系，感知得比实际上更强烈。

证实偏差是导致恶性加仓的重要心理因素。在瞬息万变的交易过程中，当面临平仓结束当前交易，或继续加仓扩大风险的抉择时，我们需要更多的信息来帮助我们做出判断。然而，证实偏差的心理特征会阻碍对自己不利信息的采纳接受，使得我们对未来的趋势过于乐观，以致耽误平仓时机甚至恶性加仓。

（四）代表性偏差

代表性偏差是指这样一种认知倾向：人们喜欢把事物分为典型的几个类别，然后，在对事件进行概率估计时，过分强调这种典型类别的重要性，而不顾有关其他潜在可能性的证据。代表性偏差的后果势必使人们倾向把实际上是随机的数据系列误以为特定的数据系列，从而造成系统性的预测偏差。大多数投资人坚信好公司就是好股票，这就是一种代表性偏差。这种代表性偏差的产生是由于投资者将好公司的股票认同为好股票。其实好公司的股票价格过高时就成了坏，坏公司的股票价格过低也就成了好股票。

第三节 行为投资策略

一、集中投资策略

（一）集中投资策略概述

集中投资策略的具体含义：选择少数几种可以在长期拉锯战中产生高于平均收益的股票，将大部分资本集中在这些股票上，不管股市短期涨跌，长期持股，稳中求胜。简言之，集中持股，长期持有，这也是巴菲特惯用的投资策略。

投资集中于价值被低估的投资策略之所以能够获得稳定的回报，主要有两个方面的原因：一是，集中投资策略有助于减少投资者的认知偏差；二是，该策略能够运用价值投资的理念而获利。

（二）集中投资策略的原理

利用其他投资者的认识偏差或锚定效应等心理特点来实施成本集中策略。一般的投资者受传统均值方差投资理念的影响，注重投资选择的多样化和时间的间隔化来分散风险，从而不会在机会到来时集中资金进行投资，导致收益随着风险的分散也同时分散。行为金融投资者则在捕捉到市场价格被错误定价的股票后，率先集中资金进行集中投资，赢取更大的收益。对被错误定价股票的选择主要是通过尽力获取相对于市场来说要超前的优势信息，尤其是未公开的信息，通过对行业、产业及政策、法规、相关事件等多种因素的分析、权衡与判断，综合各种信息来形成自己的独特信息优势，同时利用较其他投资者更加有效的模型来处理信息，这些模型也并不是越复杂就越好，关键是实用和有效。

（三）集中投资策略的操作方法

（1）使用巴菲特的投资策略的有关原则，选择几家在过去投资回报高于一般水平的公司。相信这些公司有很高的成功率，而且，能够继续将过去的优秀业绩保持到未来。巴菲特认为，如果一家公司经营有方，管理者智慧超群，公司的内在价值将会逐步显示在它的股票价值上。其企业原则是：这家企业应当简单易懂；具有持之以恒的运作历史，并具有良好的发展前景。管理原则是：管理层应当理智，管理层对股民应当忠诚，并拒绝机构的跟风作法。财务原则是：注重权益回报而不是每股收益，计算股东收益，寻求高利润的公司，公司每保留 1 美元要确保创立 1 美元的市值。市场原则是：企业估值如何，企业是否会被大打折扣以便低值买进。

（2）将你的投资基金按比例分配，将大头押在高概率的股票上。

（3）只要事情没有变得很糟，保持股本原封不动至少五年，教会自己在股价的波动中沉着应对，顺利过关。

（四）集中投资策略的关键点

一是对公司的深入分析，而这一分析需要大量的精力和时间，二是需要克服导致投资决策偏差的心理作用，保持清醒的头脑，在别人狂热时谨慎，在别人恐慌时大胆，换句话说，就是利用部分投资者的心理、行为偏差获利。另外，为避免可获得性偏误，一旦经过分析做出投资决策，不要仓促改变决定。要时刻谨防一些生动的、新异的新闻、消息和故事，影响自己的投资决策，更不要成为情绪的俘虏。

巴菲特认为，成功的投资者应该具备以下四项心理品质。

第一，在投资过程中，能时刻控制自己的贪婪和狂热。

第二，要有耐心。

第三，要有信心。

第四，要勇于承认错误。

二、小盘股投资策略

（一）策略的提出

20 世纪 70 年代，芝加哥大学的两位博士 Banz 和 Siegel 提出了小盘股的高回报效应用来挑战有效市场理论。他们的论文验证了小盘股股票收益长期优于市场平均水平。

小盘股投资策略选择流通股本数量较小的价值型股票进行投资，再低价买进，高价卖出，由于小盘股流通盘子小，股价极易波动，投资者极易采用波段操作方法获得收益。Banz（1981）根据上市公司规模大小，将纽约股票交易所的全部股票分为5组，发现规模最小一组股票的平均收益率，比规模最大一组股票的平均收益率高1918%。这种股票收益率与上市公司规模大小呈负相关的现象，被称为规模效应。Siegel（1998）研究发现，就平均而言，小盘股比大盘股的年收益率高出417%，而且，这种小公司效应大部分集中在元月，这种现象被称为小公司元月效应。

当然，在这个定义中，关于小盘股的数量界定，不同的市场有不同的判断标准，另外，不同的时期，对小盘股的数量定义可能也有变化。因此，在选用小盘股时要结合投资时实际情况。

（二）小盘股投资策略的操作

小盘股投资策略就是利用这种小公司效应，对小盘股进行投资的一种策略。在使用该策略时，投资者找到具有投资价值的小盘股，当预期小盘股的实际价值与将来股票价格的变动有较大的差距时，可以考虑选择该种股票；先前被低估的小盘价值股一旦有利好消息传出时，市场上可能导致投资者对新信息反应过度，从而使股票价格大幅上涨。另外，由于小盘股流通盘较小，市场上投资者所犯系统性错误对其股价波动的影响更大，从而为掌握该种投资策略的投资者带来超额投资收益。

小盘股的特性主要是流通市值较小，炒作资金较大盘股要少得多，较易吸引主力介入，因而股价的涨跌幅度较大，所以经常成为熊市独立行情的代表品种。应对此类股票的招式主要有：耐心等待股价走出缩量的上升通道，且上市公司行业景气度转好时买进，卖出时机可根据市场及上市公司的环境因素和业绩情况，注意在历史的高价区域附近获利了结。一般来讲，小盘股在1~2年，大多存在数次涨跌循环机会，只要能够有效把握节奏且方法得当，套利小盘股获利大多较为可观，这是国际资本市场上流行的投资策略。

行为金融学的大师Richard Thaler和Russell Fuller一起发起成立的以他们的名字命名的Fuller&Thaler资产管理公司，该公司管理着15亿美元资产，实施的主要投资策略就是小盘股策略，1992~2001年，其基金的报酬率高达31.5%，而同时期的大盘指数收益仅为16.1%。

（三）小盘股投资策略的原理

根据行为金融学有关观点，在某种条件下，投资者在处理信息的过程中会犯系统性的精神和心理错误。这些精神和心理错误是投资者犯代表性偏差和框定依赖偏差等认知偏差的根源。由于代表性偏差或框定依赖偏差的存在，投资者对当前的负面信息会存在过度反应。利用投资者的过度反应，投资者要找到那些在长期内业绩被低估的小公司股票，这些公司股票价值将被恢复的信息由于投资者的行为偏差而被忽视。但随着时间的延长，这种公司的投资价值会逐渐显现，当大家都认识到这种公司的价值时，行为投资经理则可以抽身离开，以这种策略可以获得较好的投资收益。

首先，选中易受一系列的令人失望的消息的影响的公司，这些消息会产生一个股价长期下降的模式。对于这些公司，要求投资者对被选中的公司管理失去信心，并将业绩不好的表现类推到未来，预期从公司将带来更多的坏消息，从而忽略了公司得到改善的信号。

其次，决定是否一个公司存在价值改善的信号，这些信号如内部股票购买或公司股份回购等。

再次，分析公司价值改进信号的力量和质量，管理层乐观预期的合理理由，导致结果改善的潜在的催化剂是什么？

最后，当股票有下列情形时卖出：①当前股票价格已经反映公司价值的改进基础。②相对于同类或历史范围卖出已经有溢价收入。③来自管理层导向表明不再有好的市场预期。④有来自管理层的负面信息。⑤公司发行股票。⑥内部抛售股票。⑦潜在的催发剂因素对公司无影响。⑧管理层对公司预期前景是错误的。⑨经营基础没有得到改善。

三、动量交易策略

（一）动量交易策略概述

动量交易策略即预先对股票收益和交易量设定过滤准则，当股票收益和交易量同时满足过滤准则就买入或卖出股票的投资策略。行为金融意义上的动量交易策略的提出，源于对股市中股票价格中期收益延续性的研究。

Jegadeesh 和 Titman（1993）在对资产股票组合的中期收益进行研究时发现，与 Bondt 和 Thaler（1985）的价格长期回归趋势、Jegadeesh（1990）的以周为间隔的短期价格回归趋势的实证结果不同，以 3 到 12 个月为间隔所构造的股票组合的中期收益呈现出延续性，即中期价格具有向某一方向连续变动的动量效应。

Rouvenhorst（1998）在其他十二个国家发现了类似的中期价格动量效应，表明这种效应并非来自数据采样偏差。事实上，动量交易策略也称相对强度交易策略，在实践中早在这些研究之前就已有了广泛的应用，如美国的价值线排名的利用等。

（二）动量投资策略的原理

动量投资策略的主要论据是反应不足和保守心理，研究认为动量交易策略能够获利，存在着许多解释：一种解释是，收益动量即当股票收益的增长超过预期，或者当投资者一致预测股票未来收益的增长时，股票的收益会趋于升高。因此，动量交易策略所获得的利润是由股票基本价值的变动带来的。另一种解释是，基于价格动量和收益动量的策略因为利用了市场对不同信息的反应不足而获利。收益动量策略是利用了对公司短期前景的反应不足最终体现在短期收益中；价格动量策略利用了对公司价值有关信息反应迟缓和在短期收益中未被近期收益及历史收益增长充分反应的公司长期前景。

（三）动量投资策略的操作

动量策略是指买入赢家组合，同时卖空输家组合的交易策略。其主要步骤如下。

（1）确定目标证券市场作为交易对象的范围。

（2）选定一个时间长度作为证券业绩评价期，通常称为投资组合的形成期或排名期。

（3）计算形成期各样本证券的收益率。

（4）根据形成期各样本证券的收益率的大小，对目标市场所有样本证券进行升序、降序排列，然后等分成若干组，其中收益率最大的一组称为赢家组合，收益率最小的一组称为输家组合。

（5）形成期之后或间隔一段时间后，再选一个时间长度，作为买卖赢家组合和输家组合后的持有期限。

（6）连续或间隔一段时期，不断重复（2）~（5）行为。

（四）动量投资策略的局限

动量投资策略的理论假设是市场并不总是有效的，通过模型开发、大势研判和个股选择可以获得超常收益，而且对于优秀的投资者来说，这种超常收益在一定程度上是持续的。从技术层面上看，一方面随着这种零成本的套利策略的普及，动量现象将消失；另一方面动量策略必然结果是频繁的交易，大量的交易成本抵消动量策略的赢利。

四、反向投资策略

（一）反向投资策略概述

在近二十年来的实证研究中不断发现股票收益率具有一定可预测性的证据，这些异常现象使得传统的资产定价模型和市场效率理论遇到了巨大的挑战，如规模效应、价益比效应及账面市值比效应。在此背景下行为金融理论产生并发展起来，同时也产生了许多不同于传统的行为金融投资策略，反向投资策略就是其中之一。反向投资策略就是根据过去一段时间的股票收益率情况排序，买入过去表现较差的股票而卖出过去表现较好的股票，据此构成的零投资组合在未来一段时间内将获得较高收益的投资策略。

（二）反向投资策略的原理

Bondt 和 Thaler（1985）认为市场会过度反应。也就是表现好的股票股价会过度高估，而表现差的股票股价则会被过度低估，所以在过一段时间以后，表现好的股票股价会向下修正，而表现差的股票股价会向上修正；因此反向投资策略可以获得超额报酬。

Chang（1995）对 1975 年到 1991 年的日本证券市场资料进行分析，发现反向投资短期内存在获利机会。

Conrad 和 Kaul（1998）以八种不同的形成期，交叉探讨反向投资策略和动量投资策略在不同持有期间的获利性。发现反向投资可以在极短期（1月或是1个星期）和极长期（3年到5年或者更长）可以获利。Blume 等（1995）将交易量作为技术分析的依据，发现将交易量加入投资策略中有显著的收益。

（三）反向投资策略的意义

反向投资策略是行为金融理论发展至今最为成熟的投资策略，主要源于人们对信息过度反应的结果，是基于投资者心理的锚定和过度自信特征。这种策略最初的提出是基于 Bondt 和 Thaler 对股市过度反应的实证研究。此后一系列的研究也对股市的过度反应及长期的股价反转的看法提供了支持。对此，行为金融理论认为，这是由于投资者在实际投资决策中，往往过分注重上市公司近期表现的结果，通过简单外推的方法，根据公司的近期表现对未来进行决策，从而导致对公司近期业绩情况做出持续过度反应，形成对绩差公司股价的过分低估和对绩优公司股价的过分高估现象。这就为投资者利用反向投资策略提供了套利的机会。

运用反向投资策略进行投资，实质上是通过使投资者对基于过度自信等引起的噪声交易者反应偏差的修正而获利。这种修正是证券市场运行的一个自然的过程。投资者应当密切关注证券市场上各种股票的价格走势，并将其价格与基本价值进行比较，寻找价格远远偏离价值的股票，构建投资组合，等价格回归价值时获得收益。在实际的证券交易中，投资者可以选择低市盈率的股票、低市净率的股票、历史收益率低的股票、鲜有人问津的股票，这些股票由于长期不被投资者看好，价格的负泡沫现象比较严重，其未来的走势就可能是价值回归。特别是当股市走熊时，市场往往对具有较大潜力的中小盘成长股关注不够，投资者应该努力挖掘这类成长型股票并提前介入，等待市场走好、价值回归时就可以出售获利。

五、时间分散化策略和成本平均策略

（一）时间分散化策略概述

时间分散化策略是指根据投资股票的风险将随着投资期限的延长而降低的信念，建议投资者在年轻时较大比例地投资股票，随后逐渐减少此比例的投资策略。

Fisher 和 Statman（2000）对这种策略进行了系统解释，提出了其合理性并给出了实施中加强自我控制的建议。时间分散化策略有两个方面，一方面是认为股市的风险会随着投资期限的增加而降低；另一方面是建议投资者在年轻时将资产组合中的较大比例投入股市中，而随着年龄的增长则不断地减少股票在资产组合中比例。无论是个人投资者还是机构投资者，都认为时间分散会减少风险。

1998年，Ibbotson和Associate通过研究股票不同时间范围内的收益——从1年到20年，结果发现时间分散的影响，长时间地持有资产可以降低损失的风险，并且认为如果期限15年或者以上，基本就可以获得非负的收益。

时间分散化策略得到了经验研究的支持，如Siegel在《长期股票》一书中，通过实证分析1802~1992年的滚动20年期的股票、债券、国库券的收益表现，发现股票在91.28%的时间里优于债券，而在94.19%的时间里优于国库券。

（二）成本平均策略概述

成本平均策略是指投资者在投资股票时，按照预定计划根据不同的价格分批进行，以备不测时摊薄成本，从而规避一次性投入可能带来较大风险的策略。

成本平均策略假定投资者的财富只有一种形式，并且想把资产转化为另一种形式。成本平均策略的投资者通常会把现金分成不同的部分，然后每次以同样数量的现金按照事先确定的方案投资，这样可以避免一次性投资带来的风险。成本平均策略使得投资者在股票价格较高时投资的股数少，而股票价格低时投资的股数多，即可以减少投资成本。成本平均策略的投资者其实是次优的而非最优的投资策略。1994年，Warther的实证研究发现，基金公司的现金流入和流出存在着强烈的联系，采用成本平均策略的投资者在经过股价下跌一段时间以后更有可能买进股票。

六、择时投资策略

择时投资策略基于一月效应和周末效应，认为可以于年底或者周末买入股票，收益率相对较高。

（一）一月效应

一月效应由Wachtel首先在1942年发现，Rozeff和Kinney（1976）进一步的研究发现，1904~1974年NASDAQ的股价指数1月的收益率明显高于其他11个月的收益率。Gultekin M和Gultekin N（1983）研究了17个国家1959~1979年的股票收益率，发现其中13个国家1月的股票收益率高于其他月份。Lakonishok（1998）发现在1926年至1989年，在1月最小的10%的股票收益超过其他股票收益。

对于一月效应的解释最主要的有减税卖出假说和橱窗效应假说；减税卖出假说认为，人们会在年底抛售下跌的股票，抵消当年其他股票的增值，以达到少缴税收的目的。而年关过后，人们又重新买回这些股票。这种集体买卖行为导致了年终股市的下跌而次年一月股市的上扬。Laura（2003）研究了美国市政债券封闭式基金减税卖出和一月效应的关系，实证证明了减税卖出假说，且发现与经纪商相关的市政债券基金呈现出更大的减税卖出行为。

橱窗效应假说认为机构投资者希望卖出亏损股票买入赢利股票以装点年终报表，这种买卖在年底对于赢利股票产生正向价格压力而对于亏损股票产生反向压力，当年终机构投资者的卖出行为停止时，前一年度被打压的亏损股票在一月将产生巨大反弹，引起较大的正收益的产生。

（二）周末效应

French（1980）研究了标准普尔500指数收益发现周五买入取得较高的平均收益而周一买入取得的平均收益较低。Gibbons和Hess（1981）和Keim（1984）发现Dow Jones指数周一存在负收益。Rogalski（1984）发现所有周五收盘至周一收盘之间的平均负收益发生在非交易时间，平均交易日收益（从开盘至收盘）所有天都是一致的。其他美国金融市场如期货市场、国债市场、中期债券市场表现出和股票市场类似的效应（Cornell，1985；Dyl and Maberly，1986）。Jaffe和Westerfield（1985）研究了澳大利亚、加拿大、日本和英国四个发达市场的结果表明在所研究的国家中存在周末效应。

▶本章复习思考题

1. 何为锚定效应？
2. 行为金融和标准金融的研究差异。
3. 基本分析可能存在的认知偏差。
4. 技术分析可能存在的认知偏差。

第三篇　实务与实训篇

第十一章　股票投资实训基础

在对股票的概念及基本知识进行全面学习之后，投资实务的学习对于股票投资的实训尤为重要。本章主要介绍了股票投资市场相关知识、股票投资规程，以及一些重要股票投资软件的实际操作。其中，东方财富可用于技术分析与初步的基本分析实训，而WIND则更适用于较为专业的基本分析实训。

第一节　股票交易基础

一、基本要素

（一）股票名称与编号

为了交易的方便，每只股票都有一个名称和一个编号，股票的名称一般都是和公司名称有关的，大多数以4个字命名，也有少数用3个字的。前面两个字不少都是地名，像青岛啤酒、云南白药，也有的后面两个字有不少是行业产品特征，像天齐锂业、微芯生物。

1. 上海证券交易所证券代码

主板A股的代码为以"600"打头的6位阿拉伯数字。"600xxx"其中"xxx"根据一定次序排列，如"600036"为招商银行。

2. 深圳证券交易所证券代码

主板A股的代码为以"0"打头的6位阿拉伯数字，为"0xxxxx"。后5位数字按顺序排列，如"000002"为万科A。

创业板的代码为以"3"打头的6位阿拉伯数字,为"3xxxxx"。后5位数字按顺序排列,如"300024"为机器人。

3. 科创板代码

根据《上海证券交易所证券代码分配规则(2009年)》,科创板股票代码为"688xxx",后3位数字按顺序排列。

(二)股票分类

(1)我国上市公司股票有A股、B股、H股、N股、L股等。

A股即人民币普通股,是由中国境内公司发行,供境内机构、组织或个人以人民币认购和交易的普通股票;B股正式名称是人民币特种股票,它是以人民币标明面值,以港币或美元认购和买卖;H股也称国企股,指注册地在内地、上市地在香港的股票;N股企业的注册地在中国内地,但企业在纽约证券交易所上市;L股是股份有限公司注册地在中国内地,上市地在伦敦的股票。

(2)根据普通股的风险特征又有蓝筹股、红筹股、ST股等。

蓝筹股:具备稳定盈利记录的大公司发行的,能定期分派股利的,并被公认具有较高投资价值的普通股。蓝筹股的名称源于赌场蓝色的筹码最值钱。

红筹股:中国香港和国际投资者把在境外注册、在香港上市的那些带有中国内地概念的股票称为红筹股。

ST股:特别处理(special treatment)。

(三)股票交易时间、数量及价格

1. 交易时间

股市交易日是除节假日以外的工作日。因调休将周六或周日变为工作日的,股市仍不开市。股市每天交易时段及起止时间为:9:15~11:30,13:00~15:00。

另外,9:15~9:25和14:57~15:00为集合竞价时段。

2. 交易数量

股票市场的交易单位为手,1手=100股。每次交易必须是100股或其整数倍,即买卖多少手。因分红、送股、配股等原因产生零股情况的,可一次性卖出,不可以买入零股。

3. 交易价格

沪深A股市场的最小报价单位为0.01元。买入和卖出股票,需将价格精确至0.01元。沪市B股最小报价单位为0.001美元,深市B股最小报价单位为0.01港元。

二、证券交易相关制度

（一）转托管制度

由于深圳股票是采用托管证券商模式，即由券商和证交所中央登记结算公司分级管理。投资者在甲证券商处买入的股票，在未办理转托管前只能在该证券商处卖出；若要从乙证券商处卖出该股票，须办理转托管手续。

（二）涨跌停板制

对于当日股价的涨跌幅度是否限制，交易所一般有限制与不限制两种管理办法。在股价涨跌幅度不受限制的市场中，股价会出现暴涨暴跌的大幅波动行情，当日内股价翻倍或损失过半并不罕见，真可谓一夜暴富一夜暴赔，给投资人带来很大的风险。为了防范风险、稳定市场、抑制过度投机，交易所通常采取涨跌停板制，即对当日股价的涨跌幅度加以限制，使股价的波动维持在一定的范围之内。

对于涨跌停板的限制幅度，不同的交易所或不同的交易品种都有差异。目前我国证券市场分别采用了 5%、10%和 20%等不同的涨跌幅度限制。对于涨跌停板的计算，以前一日收盘价，乘以停板幅度四舍五入计算。

涨跌停板制能在一定程度上，特别是在短期内对股价的波动有所限制，但并不能改变股价的运行趋势。这一点投资者特别要有清醒的认识，切不可以为有了这种风险控制机制，就放松风险意识。对于一些极端强势或弱势的股票来说，涨跌停板的使用常常有助涨和助跌的作用。特别是一些庄家利用涨跌停板制造逼多或逼空行情，一连串十几个涨停板或一连串十几个跌停板的情况，在股市中时常可以见到，从而加剧了市场风险。

（三）T+0、T+1 与 T+3 交割制度

目前，上海和深圳两市目前实行 T+1 交割制度。T 是交易的英文单词 trade 的第一个字母。T+1 是指当日买入的股票不能在当日卖出，资金收付与证券交割只能在成交日的下一个交易日进行，且不能在当日从账户上提取现金。

T+1 交割制度目前只用于 A 股、基金和债券的交割。实行这种制度是为了扼制股市的过度投机。同一只股票当日买入后只能在下一交易日卖出，而当日卖出的这只股票，当日可以买入这只股票。

T+3 交割制度则用于两市的 B 股交易，即当日买入的股票只能在成交日后的第三个交易日卖出，资金与证券的收付也是在成交日后的第三个交易日进行。

T+0 交割制度是指成交当日就可以获得股票和现金。投资者买入股票后当天就可以

卖出，卖出股票后当天又可以买入。在这种情况下，股市交易较为活跃。中国香港和西方的股票市场都采用 T+0 交割制度。

第二节　分析软件的下载与使用

一、东方财富

（一）软件的下载与安装

1. 软件简介

2010 年 3 月，东方财富信息股份有限公司成功登陆深圳证券交易所创业板，股票代码为 300059。东方财富是深证成份指数、创业板指数、中证 100 指数、沪深 300 指数和深证 100 指数的样本股。该公司提供的股票软件免费使用，且功能较为全面，本部分实训选用其作为实训软件使用范例。投资者如果使用券商提供的其他分析软件，功能也大多相似。

2. 软件下载、安装与注册

在浏览器的地址栏中输入 https://www.eastmoney.com/。

如图 11-1 所示，在其页面左侧可选下载东方财富电脑版或手机版，以下展示和教学将以电脑版操作展开。下载完成后，双击安装包，根据操作提示进行安装。安装完成后用手机号或邮箱进行用户注册，注册成功后即可了解咨讯、模拟操作等。

图 11-1　东方财富下载页面

（二）主页面

东方财富软件主页面如图 11-2 所示。

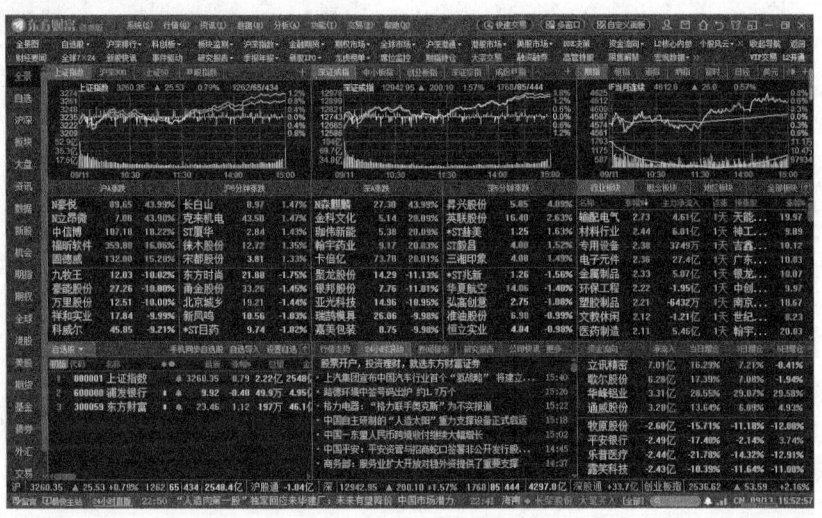

图 11-2　东方财富软件主页面

东方财富软件界面窗口中主要包括了主菜单、导航栏、左侧导航树等三大模块。首先登录成功进入页面看到的是全景图。

主菜单栏位于东方财富软件主界面最上端，主要包括系统、行情、资讯、数据、分析、工具、交易、帮助等菜单功能。

左侧导航树位于东方财富软件主界面的左侧，左侧导航树主要包括全景图、自选股、沪深个股、沪深板块、沪深指数、资讯中心、数据中心、新股 IPO（initial public offering，首次公开募股）、投资机会、股指期货、期权市场、全球指数、港股美股、期货现货、基金债券、外汇市场、委托交易等功能。

（三）系统

单击【系统】菜单选项，投资者可以进行重新登录服务器、断开行情、网络监测、最小化设置、弹窗设置、皮肤设置、修改密码、退出系统等相关操作。

（四）行情

单击【行情】菜单选项，投资者可以查看包括自选股、沪深指数、沪深板块、沪深个股、涨幅排行、综合排行、股指期货、基金、股转系统、债券、全球指数、港股美股、期货现货、期权、外汇等在内的所有品种的分时图和 K 线图走势。

（五）资讯

单击【资讯】菜单选项，投资者可以查看东方财富网提供的各类资讯，包括股吧、事件驱动、财经要闻、全球 7×24、财经热点、市场动态、研究报告、行业资讯、公司导读、主力动向、深度评论、新股研究、基金、股指期货、B 股、股转系统、全球动态、港股、期货、债券、外汇、银行、保险、公告大全、财经日历、实盘快讯等最新资讯信息。

（1）东方财富股吧：除了可以在【行情】菜单中对某只股票进行详细查看外，投资者还可以在东方财富股吧论坛中阅读别人有关的炒股心得及最新的炒股信息等。

（2）研究报告：研究报告为投资者提供了券商、研究机构出具的官方研究报告，为投资者提供晨会纪要、宏观研究、策略研究、公司研究、行业研究、商品期货、债券、基金、股指期货等研究报告，为投资者提供更加权威的资讯作为参考。

（3）事件驱动：事件驱动功能是提示当日沪深两市上市公司发生的突发性事件，并对事件划分热门等级（以☆来表示），让投资者可以简单、清晰地了解股票的利多或者利空消息，便于投资者迅速做出投资决策。

（六）数据

单击【数据】菜单，投资者可看到东方财富软件推出的特色数据功能，包括个股风云榜、分析师指数、高管增持、大股东增持、机构增仓、一致预期、高成长低估值、机构推荐、热点追击、龙虎榜单、席位监控、期指持仓、融资融券、高管持股、大宗交易、解禁股、新股 IPO、停复牌信息、股东人数、季报年报、宏观数据、机构持仓和比价数据等重要的数据信息。

（1）个股风云榜：个股风云榜是东方财富软件的特色功能之一，能够上个股风云榜的股票基本从一致预期、热点追击、高成长性、高管增持和股东增持等五大板块中择优选出。

（2）分析师指数：分析师指数功能是东方财富软件的特色功能之一，是东方财富网首推的对国内 A 股分析师研究能力的一套评价体系，利用指数化方式处理得到每个分析师的实时指数值，为投资者甄别分析师研究水平、跟踪明星分析师提供数据支持。投资者可以查看明星基金经理不同阶段的收益排名。

（3）机构增仓：机构增仓是统计公司报表中的主力机构增仓的股票，主力机构包括基金、QFII、社保、券商、信托等，通过分析它们的持仓变化，从而获晓它们对市场、行业和个股的判断。当这些机构在报表中增仓某只股票或某些行业的股票时，意味着机构比较看好该股或者该行业，投资者可以重点关注这些股票和行业。

（4）龙虎榜单：对交易所每日披露的席位交易情况进行再加工，不仅揭示证券营业部席位股票进出情况，同时算出各营业部的上榜次数、阶段买入的成功率，并对近期活跃的席位及近期的活跃股票进行跟踪。

(5)新股 IPO：将已上市新股和未上市新股上下分别列出，投资者既可以根据机构认购倍率、市盈率、所属行业等指标选择申购的股票，还为您提供机构认购倍率、首日大户净买等相应的指标。

(七) 分析

单击【分析】菜单选项，投资者将可以查看东方财富软件特色分析功能，主要包括 DDE 决策、资金流向、增仓排名、板块监测、板块星空图、中美联动、AH 联动、选股器、高级选股、深度、F10 资料、研究报告、财务数据、盈利预测、数据浏览、分时图、K 线图、技术分析、公式管理器、成交明细、分价表、多股同列、多周期同列、主图叠加、量比、委比、内外盘差、筹码分布、盘口异动和贡献点数等专业分析数据。

(1) DDE 决策：DDE 决策系统采用最先进的云计算技术，实时整合沪深高速行情及成交数据，通过海量运算和智能统计构建而成的决策系统。DDE 决策系统能揭示真实交易的本质，帮助投资者有效地把握主力的运作方向。

DDE 决策系统指标主要有以下三种。

第一种，DDX 代表主力强度，表示当日主力买入净量占流通盘的比率。这个排序代表当日大资金买入比例的排序，排行靠前的股票表示短期该股有大资金明显流入。

第二种，DDY 代表散户动向，是衡量当日成交中散户参与度大小的指标，正值越大，表示当日散户离场现象明显，负值越小，表示当日散户进场意愿强烈。

第三种，DDZ 代表主力博弈，是衡量买卖双方大单力度的指标，对于成交量大或者多空分歧较大的股票比较有效。红色彩带表示大资金买入强度，色带越宽、越高表示买入强度越大。

(2) 资金流向：东方财富软件的资金流向统计系统采用最先进的云计算技术，实时采集上海证券交易所、深圳证券交易所的行情数据，通过服务器集群的海量运算，精确分析成交单交易瞬时的资金流方向和大小，利用还原算法揭示市场主力资金的流向。用户可以通过观测板块资金明细和个股资金明细，实时把握主力资金的实时动态。

(3) 增仓排名：东方财富主力增仓统计系统实时采集上海证券交易所、深圳证券交易所高速行情数据，通过服务器集群的海量运算，精确统计每日交易过程中主力增减仓的成交数据，揭示市场主力资金的仓位变化情况。用户可以通过观测板块和个股的增仓数据，把握主力的运作方向。用户可以从主力增仓统计系统中 3 日、5 日、10 日的增仓排名顺序及股价变化中可以清晰地观察手中个股的主力阶段运作趋势。

(4) 量比：量比是衡量相对成交量的指标，是开市后每分钟的平均成交量与过去 5 个交易日每分钟平均成交量之比。其公式为：量比＝现成交总手／（过去 5 日平均每分钟成交量×当日累计开市时间）。若量比>1，则当日每分钟的平均成交量大于过去 5 天的平均成交量，成交放大；若量比<1，则当日每分钟的平均成交量小于过去 5 天的平均成交量，成交萎缩。

(5) 委比：委比是衡量某一时段买卖盘相对强度的指标。它的计算公式为委比＝[（委买手数−委卖手数）／（委买手数+委卖手数）]×100%。委比的取值范围从−100%

至+100%。若委比为正值，说明场内买盘较强，且数值越大，买盘就越强劲。反之，若委比为负值，则说明市道较弱。

（6）内外盘差：外盘是主动性买盘，暗示资金流入；内盘是主动性卖盘，暗示资金流出；内外盘差就是指外盘与内盘之间的差额。红色、绿色柱状图反映当前大盘所有股票的买盘与卖盘的数量对比情况。红柱增长，表示买盘大于卖盘，指数将逐渐上涨；红柱缩短，表示卖盘大于买盘，指数将逐渐下跌；绿柱增长，表示买盘小于卖盘，指数下跌量增加；绿柱缩短，表示卖盘小于买盘，指数下跌量减小。

（7）盘口异动：盘口异动是指分时图成交量上呈现的一些有别于平常走势的现象，比如，突然拉高、有大买单、突然下跌、有大卖单、有大托单、有大压单等都属于盘口异动。

（8）筹码分布：筹码分布即成本分析，基于流通盘是固定的，无论流通筹码在盘中如何分布，累计量必然等于总流通盘。筹码分布是寻找中长线牛股的利器，因此对长线投资者有更大的参考价值。

（八）工具

单击【工具】菜单选项，将弹出工具菜单，包括设置自选股、自选导入、预警、画图工具、条件选股、数据下载、数据复原、字号设置、计算器、记事本和安装目录等相关操作。

（九）交易

单击【交易】选项，将弹出交易菜单，包括理财增值、委托交易、设置委托、修改委托、帮助说明、模拟炒股、校园模拟炒股大赛、高手成交排行、大赛排行和校园巴菲特等在内的功能。

（1）委托交易：东方财富系统软件本身不承担交易委托，需要有外部委托程序支持，在进行委托之前需要投资者在开户的证券公司官方网站下载委托交易软件。

（2）模拟炒股：东方财富的模拟炒股功能最大限度地模拟出了真实的炒股平台，采用交易所的规则，力求环境真实。东方财富软件的注册用户都可以使用模拟炒股的功能，而且没有报名期限，随时可以参加。模拟炒股的账户没有时间限制，可以永久保留。

（十）快捷功能键的使用

1. 快捷键
Insert：将当前个股加入自选股。
Del：删除自选股中的个股。
Ctrl+Q：标记股票。

2. 功能快捷键

使用方法：在主页右下角键盘精灵处输入，具体如表 11-1 所示。

表 11-1 功能快捷键

键入	结果	键入	结果
ZCPM	增仓排名	85	上证债券综合排行
ZJLX	资金流向	86	深证债券综合排行
YBZX	研报中心	87	上证基金综合排行
YLYC	盈利预测	88	深证基金综合排行
CWSJ	财务数据	0	全景图
XGQ	选股器	1	上证 A 股行情
01	上证指数成交明细	2	上证 B 股行情
02	上证指数分价表	3	深证 A 股行情
03（F3）	上证指数	4	深证 B 股行情
04（F4）	深证成指	5	上证债券行情
05（F5）	分时/K 线切换	6	深证债券行情
06（F6）	自选股	7	上证基金行情
07	高级选股	8	深证基金行情
08（F8）	分析周期（K 线切换周期）	9	中小板块行情
09（F9）	深度 F9（F9=09）	10（F10）	个股资料
60	沪深两市涨幅排行	11	刷新数据（F11）
61	上证 A 股涨幅排行	12	委托下单
62	上证 B 股涨幅排行	30	全部板块列表
63	深证 A 股涨幅排行	301	行业板块列表
64	深证 B 股涨幅排行	302	概念板块列表
65	上证债券涨幅排行	303	地区板块列表
66	深证债券涨幅排行	92	5 分钟 K 线图
67	上证基金涨幅排行	93	15 分钟 K 线图
68	深证基金涨幅排行	94	30 分钟 K 线图
69	中小板块涨幅排行	95	60 分钟 K 线图
80	沪深两市综合排行	96	日线 K 线图
81	上证 A 股综合排行	97	周线 K 线图
82	上证 B 股综合排行	98	月线 K 线图
83	深证 A 股综合排行	99	年线 K 线图
84	深证 B 股综合排行		

3. 分时图页面

←与→：移动十字光标。

↑与↓：查看多日分时。

Tab：打开或隐藏报价信息。

4. K 线图页面：

Ctrl+←：向左快速平移一段 K 线。
Ctrl+→：向右快速平移一段 K 线。
Home：光标移至当前屏第一根 K 线。
End：光标移至当前屏最后一根 K 线。

二、Wind 资讯金融终端（万德）

（一）软件简介

Wind 资讯金融终端版基于 Internet 在线使用，提供最齐全的中国金融市场数据与信息。Wind 资讯金融终端覆盖股票、债券、商品、外汇、基金、指数、资管、量化、新闻、宏观等多项品种，不间断地为金融人士提供最准确、最及时、最完整的金融资讯。

（二）下载与安装

在浏览器的地址栏中输入 https://www.wind.com.cn/，进入 Wind 网站的首页，如图 11-3 所示。

图 11-3　Wind 网站首页

在 Wind 网站页面下方可选下载 Wind 资讯金融终端电脑版或手机版，以下展示和教学将以电脑版操作展开。下载完成后，双击安装包，根据操作提示进行安装。安装完成后用手机号或邮箱进行用户注册，注册成功后即可了解资讯、模拟操作等。

（三）终端的入门使用

1. 首页

进入 Wind 资讯金融终端，首页清晰的展示了各个品种及功能列表。点击功能列表，即能进入各功能模块，具体见图 11-4。

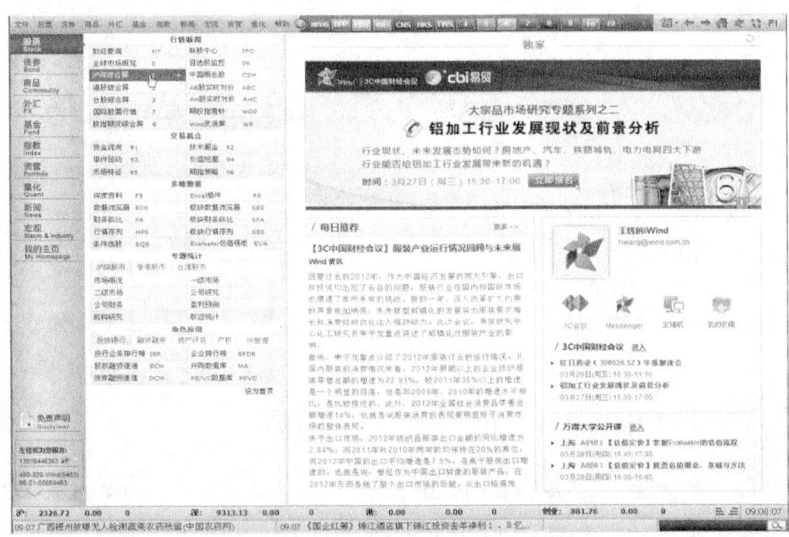

图 11-4　Wind 资讯金融终端首页

2. 菜单

点击菜单栏可以直接进入相应功能模块，具体见图 11-5。

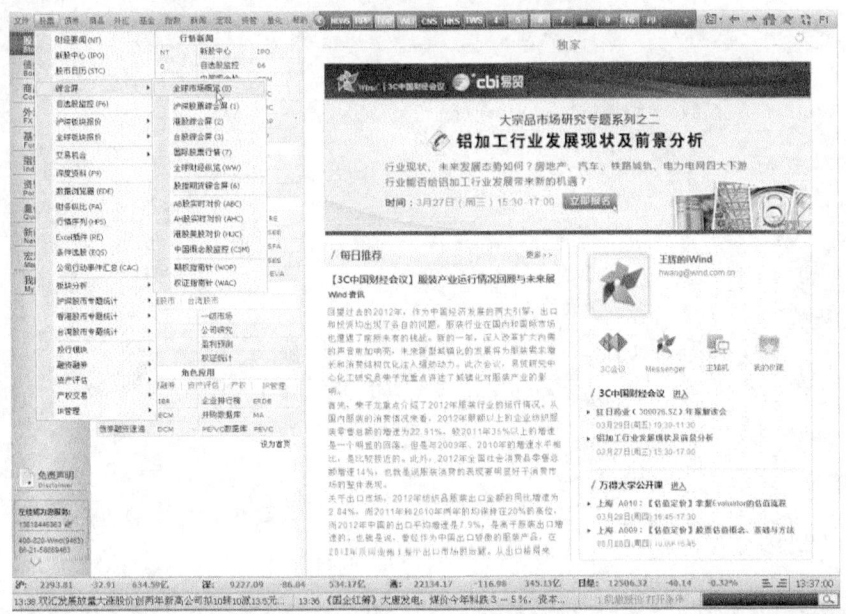

图 11-5　Wind 资讯金融终端菜单栏

3. 键盘精灵

在键盘精灵收入证券代码,可以直接进入证券行情界面。

例如,输入"600000",回车,则可进入浦发银行行情界面,如图11-6和图11-7所示。

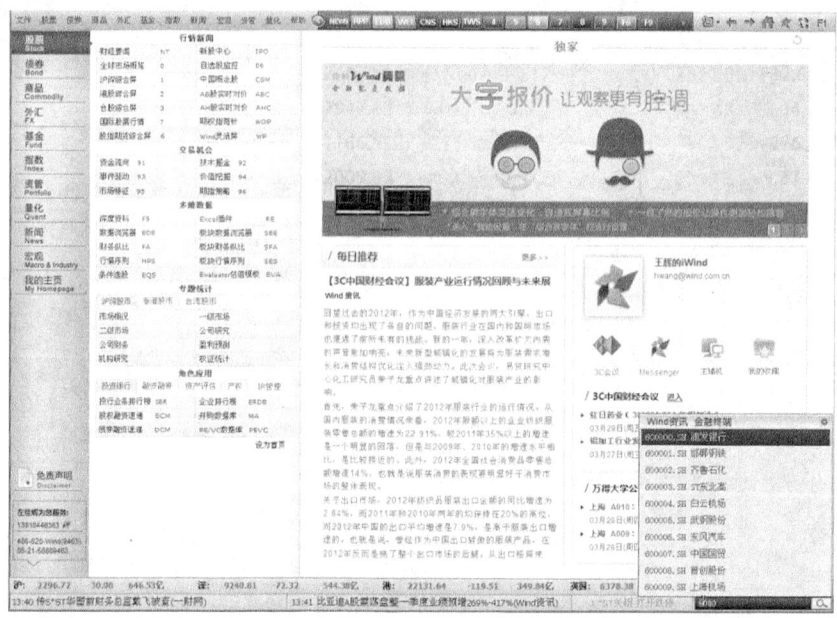

图11-6 行情界面

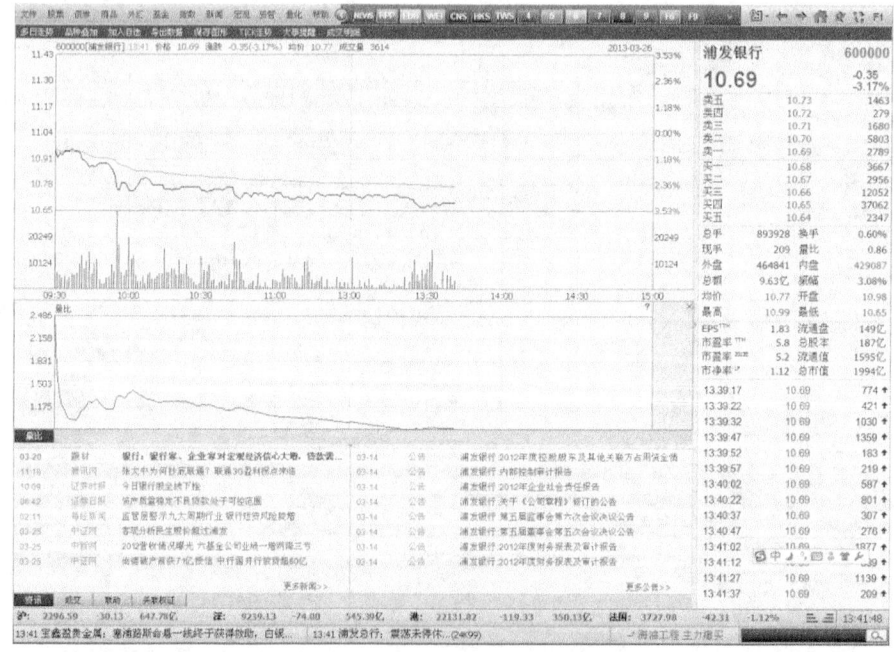

图11-7 浦发银行行情界面

键盘精灵输入功能简称,可以直接进入功能界面,如图11-8和图11-9所示。

例如,输入"JJBJ"或者"MFCP",回车,进入基金比较界面。

第十一章 股票投资实训基础

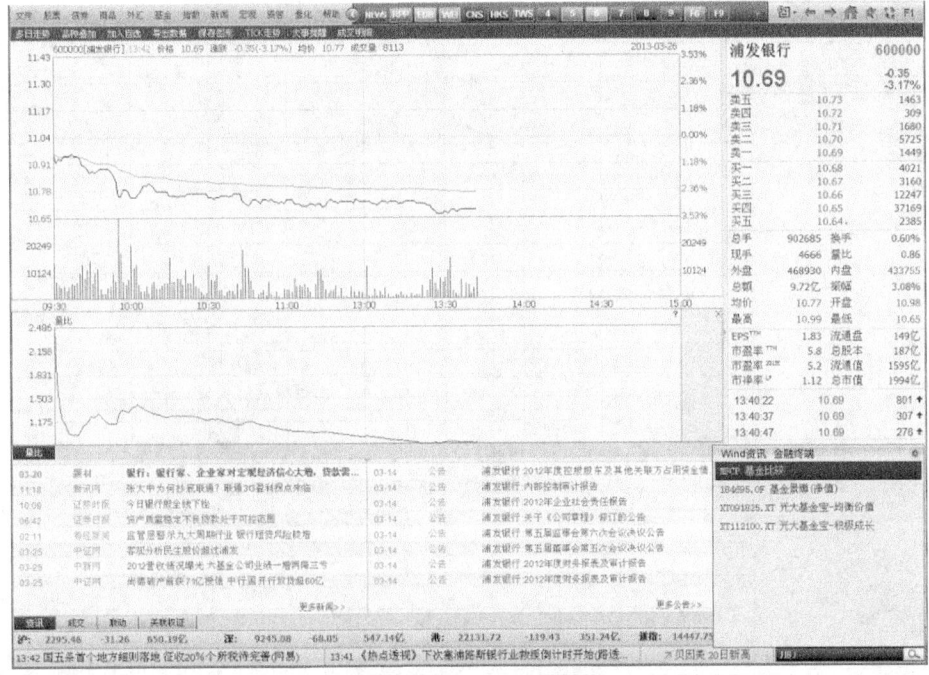

图 11-8 输入"JJBJ"界面

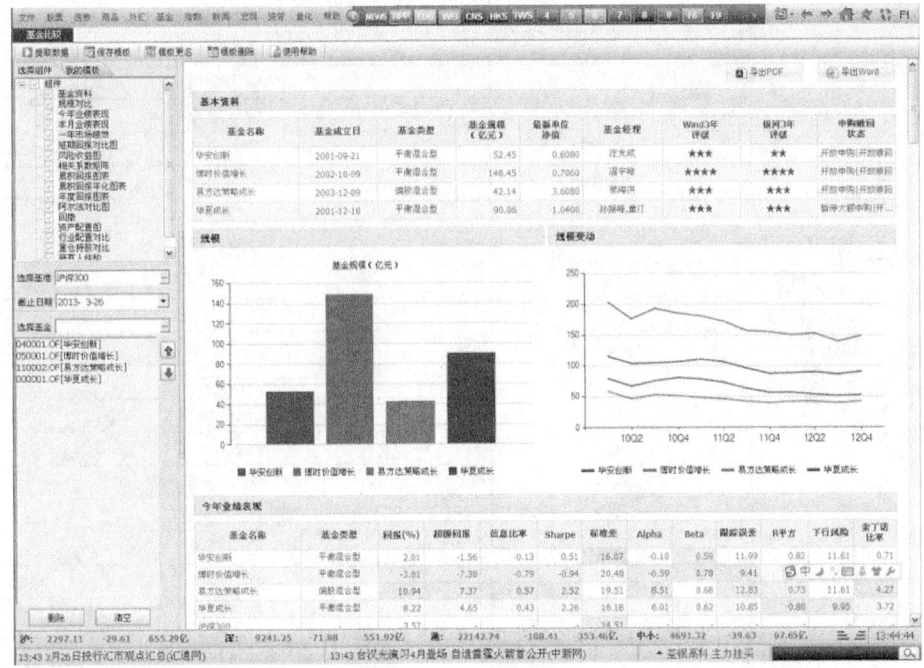

图 11-9 基金比较界面

4. 快捷方式

Wind 资讯金融终端提供一系列快捷方式。重要功能如表 11-2 所示。

表 11-2　Wind 资讯金融终端快捷方式

类别	快捷方式	对应
系统功能	HOME	首页
	F1	在线服务
	F2\WM	即时通信
	F3\03	上证指数
	F4\04	深证成指
	F5\05	切换走势/K 线
	F6\06\WL	自选股
	WS	Wind 搜索
	07	板块管理
	WP	万得灵活屏（WindPad）
	WU	万得大学
	CHN	设置中文语言
	ENG	设置英文语言
	FLSC	切换全屏显示
	EXIT	退出应用程序
	NSC	新建主窗口
	RE	运行 Excel
	RW	运行 Word
	RC	运行计算器
	RN	运行记事本
	LUP	最新更新
	DC	文档中心
综合行情	0\WEI	全球市场概览
	1\CNS	沪深股市
	2\HKS	香港股市
	3\TWS	台湾股市
	7\S	全球股市
	WW	全球财经纵览
	CSM	中国概念股
	AHC	AH 股比价
	HUC	HU 股比价
	ABC	AB 股实时对价
	WAC	港股权证指南针
深度数据	IPO	新股中心
	F9\09\DES	深度资料
	EDE	股票数据浏览器
	EQS	条件选股
	HPS	行情序列
	FA	财务纵比
	SEE	板块数据浏览器
	SES	板块行情序列
	SFA	板块财务纵比
	STC	股市日历
	CAC	公司行动事件汇总

续表

类别	快捷方式	对应
债券行情	5\CNB	债券综合屏
	IBQ	银行间现券报价
	IMM	银行间拆借
	IBP	银行间债券
	FIP	上证所固定收益平台
	CBA	可转债综合分析
	MIO	基准利率速览
	TPS	国利货币现券报价
	CFIC	国际货币现券报价
	IRS	利率互换报价
	QMA	债券报价深度分析
	BQF	债券远期交易
债券计算器	BC1	债券综合分析
	BC2	持有期收益分析
	BC3	质押式回购分析
	BC4	买断式回购分析—单券
	BC5	买断式回购分析—多券
	BC6	拆借分析
	BC1M	迷你债券综合分析
	BC2M	迷你持有期收益分析
	BC3M	迷你质押式回购分析
	BC4M	迷你买断式回购分析—单券
	BC5M	迷你买断式回购分析—多券
	BC6M	迷你拆借分析
资产管理	组合分析 PMS	组合管理
	CA	组合对比分析
	BA	组合债券分析
	PM	组合实时监控
	资管交易 AMS	资产与投资管理系统
	WTT	超级股票交易终端
	WTTF	超级期货交易终端
	TS	交易设置
宏观行业	EDB	经济数据库
	ERDB	企业排行榜
	CMF	中国宏观预测
	ECO	全球经济日历

➤本章复习思考题

1. 如何从股票代码判断属于哪一个证券交易所？
2. 试分析涨跌停板制度对我国股票市场的影响。
3. 请简单介绍 Wind 资讯金融终端中的数据浏览器，阐述其内容及使用方法。
4. 选择一只自己熟悉的股票，利用本章所学软件，对其进行基本分析和技术分析。

第十二章 基金投资实训基础

本章主要介绍了关于基金估值、基金费用、基金投资风险管理、基金绩效评价与基金选择、基金评级及基金套利方面的知识,涉及范围较广。基金估值的三个相关概念是进行基金部分学习的基础,也是本章的重点。对于基金费用部分涉及的概念较多,要注意对各种费用进行区分。许多部分都涉及了计算,具有一定的难度,需要加强对计算过程的理解,以及最后的基金套利部分,也具有一定的难度,要注重对其中的案例进行理解。

第一节 基金估值

一、基金估值的相关概念

基金资产估值是指通过对基金所拥有的全部资产及全部负债按一定的原则和方法进行估算,进而确定基金资产公允价值的过程。

（一）基金资产净值

NAV 是指在某一基金估值时点上,按照公允价值计算的基金资产的总市值扣除负债后的余额,该余额是基金份额持有人的权益。按照公允价值计算基金资产的过程就是基金的估值。

NAV 的计算公式为

$$NAV=基金总资产-基金总负债$$

总资产是指基金拥有的所有资产（包括股票、债券、银行存款和其他有价证券等）按照公允价格计算的资产总额。总负债是指基金运作及融资时所形成的负债,包括应付给他人的各项费用、应付资金利息等。NAV 是衡量一个基金经营业绩的主要指标,也是基金份额交易价格的内在价值和计算依据。

（二）基金份额净值

基金份额净值是指每一基金份额代表的基金资产的净值。基金份额总数是指当时发行在外的基金份额的总量。

基金份额净值的计算公式为

$$基金份额净值=（总资产-总负债）/基金单位总数$$

基金份额净值是计算投资者申购基金份额、赎回资金金额的基础，也是评价基金投资业绩的基础指标之一。

计算基金份额净值有两种常用的方法包括已知价法和未知价法。

1. 已知价法

已知价又称事前价，或称历史计价，是指基金管理公司根据上一个交易日的收盘价来计算基金所拥有的金融资产，包括现金、股票、债券、期货合约、期权等的总值，减去其对外负债总值，然后再除以已售出的基金单位总数，得出每个基金单位的资产净值。

2. 未知价法

未知价又称事后价，或者预约计价，是指根据当日证券市场上各种金融资产的收盘价，计算的 NAV。投资者在收盘前进行基金买卖，是无法确切知道当日收盘价的，因此，就叫未知价法。

采用已知价定价，会加剧股市的波动，损害其他持有人的利益。因为如果按已知价格交易，容易给基金内部人造成可乘之机，牟取套利机会。例如，在开放日基金资产价值实际上已经上涨时，基金经理及其关联人知晓内情，却可以依然按前一天的较低价格申购基金单位。

采用未知价定价，相对于已知价定价，可以增加基金投资者购买和赎回基金单位的不确定性，从而在股市上涨（下跌）的时候减轻来自投资者的申购（赎回）压力，对股市的剧烈波动起缓冲作用。

根据我国《证券投资基金管理公司管理办法》，开放式基金的申购赎回价格采取未知价法。

（三）基金累计份额净值

基金累计份额净值是指基金份额净值与基金历来分红累计份额分红金额之和。

基金累计份额净值的计算公式为

$$基金累计份额净值=基金份额净值+基金累计份额分红金额$$

基金累计份额净值是评价基金投资业绩的一个重要指标，一般来说，累计净值越高，表明基金的历史业绩越好。当然，基金累计份额净值的高低并不是选择基金的主要依据，基金净值未来的成长性才是判断基金投资价值的关键。

二、基金资产估值的对象

基金资产估值的对象主要包括基金所持有的全部资产和基金所承担的所有负债。资产包括股票、债券及配股权证等证券类资产，银行存款、结算备付金等现金资产，应收利息等应收项目，以及按照有关法规规定应作为资产类的投资估值增值等。

三、基金资产估值的重要性

基金资产估值的重要性主要体现在以下几个方面。

（1）基金份额净值是开放式基金申购份额、赎回金额计算的基础，直接关系到基金投资者的利益。因此基金份额净值的计算必须准确。

（2）基金投资者和持有者对基金估值有不同的期望：①对基金投资者来说，申购者希望以低于实际价值的价格进行申购，而赎回者希望以高于实际价值的价格进行赎回；②对基金持有人来说，他们希望流入比实际价值更多的资金，流出比实际价值更少的资金。因此，基金份额净值必须是公允的。

（3）基金管理人有可能为了达到吸引投资者的目的提高基金业绩，而操纵估值结果，造成资产估值不公允。

（4）在估值过程中一般均采用资产最新价格，否则申购或赎回的价格错误将会引起基金资产价值的稀释或浓缩。

四、基金资产估值需要考虑的因素

1. 估值方法的公开性及一致性

估值方法的公开性是指基金管理人应履行与基金估值相关的披露义务，应当在半年度和年度报告中披露估值程序、估值技术及重大变化、假设、输入值、对 NAV 及当期损益的影响等对基金估值有重大影响的信息；当基金管理人改变估值技术时，应本着最大限度保护基金份额持有人的原则及时进行临时公告。

估值方法的一致性是指基金在进行资产估值时均应采取同样的估值方法，遵守同样的估值规则，基金管理人对投资品种进行估值时应保持程序和技术的一致性。同一基金管理人对管理的不同基金持有的具有相同特征的同一投资品种的估值原则、程序及技术应当一致。

2. 估值频率

基金一般都按照固定的时间间隔对基金资产进行估值，通常监管法规会规定一个最小的估值频率。封闭式基金每周披露一次基金份额净值，但每个交易日也都进行估值。

对开放式基金来说，估值的时间通常与开放申购、赎回的时间一致。目前，我国的开放式基金于每个交易日估值，并于次日公告基金份额净值。

3. 交易价格及其公允性

当基金只投资于交易活跃的证券时，对其资产进行估值较为容易。在这种情况下，市场交易价格是可接受的，也是可信的，直接采用市场交易价格就可以对基金资产估值。

当基金投资于交易不活跃的证券时，资产估值问题则要复杂得多。在这种情况下，基金持有的证券要么没有交易价格，要么交易价格不可信。在这种情况下对基金资产进行估值时就要非常慎重，其中证券资产的流动性是非常关键的考虑因素。

五、基金资产估值程序

基金资产应按以下程序进行估值。

（1）基金份额净值是按照每个开放日闭市后，NAV 除以当日基金份额的余额数量计算。

（2）基金日常估值由基金管理人进行，并将基金份额净值结果发给基金托管人。

（3）基金托管人按基金合同约定的估值方法、时间、程序对基金管理人的计算结果进行复核，复核无误后签章返回给基金管理人，由基金管理人对外公布，并由基金注册登记机构根据确认的基金份额净值计算申购、赎回数额。月末、年中和年末估值复核与基金会计账目的核对同时进行。

六、基金资产估值的基本原则

基金管理人在确定相关金融资产和金融负债的公允价值时，应根据《企业会计准则》采用在当前情况下适用并且有足够可利用数据和其他信息支持的估值技术。

（1）对存在活跃市场且能够获取相同资产或负债报价的投资品种，在估值日有报价的，除会计准则规定的例外情况外，应将该报价不加调整地应用于该资产或负债的公允价值计量。估值日无报价且最近交易日后未发生影响公允价值计量的重大事件的，应采用最近交易日的报价确定公允价值。有充足证据表明估值日或最近交易日的报价不能真实反映公允价值的，应对报价进行调整，确定公允价值。

与上述投资品种相同，但具有不同特征的，应以相同资产或负债的公允价值为基础，并在估值技术中考虑不同特征因素带来的影响。特征是指对资产出售或使用的限制等，如果该限制是针对资产持有者的，那么在估值技术中不应将该限制作为特征考虑。此外，基金管理人不应考虑因其大量持有相关资产或负债所产生的溢价或折价。

（2）对不存在活跃市场的投资品种，应采用在当前情况下适用并且有足够可利用数据和其他信息支持的估值技术确定公允价值。采用估值技术确定公允价值时，应优先使用可观察输入值，只有在无法取得相关资产或负债可观察输入值或取得不切实可行的情况下,才可以使用不可观察输入值。

(3)如经济环境发生重大变化或证券发行人发生影响证券价格的重大事件,使潜在估值调整对前一估值日的 NAV 的影响在 0.25%以上的,应对估值进行调整并确定公允价值。

第二节 基 金 费 用

一、基金费用的概念

证券投资基金的费用包括基金持有人费用和基金运营费用两大类。基金持有人费用是指投资者交易证券投资基金时一次性支付的费用,直接由投资者承担。基金运营费用是指在证券投资基金的运作过程中一次性或周期性发生的费用,从基金资产中扣除。这些费用主要包括:管理费、托管费、其他费用等。

二、基金持有人费用

(一)封闭式基金的持有人费用

封闭式基金的持有人费用包括基金发行费、交易佣金、过户登记费、分红手续费、查询费和其他费用。基金发行费包括会计师费、律师费、发行协调人费、发行公告费、材料制作费及上网发行费等,中签认购部分的发行费用在扣除以上费用后的余额作为基金的资产。目前我国的封闭式证券投资基金的基金发行费用为面值的 1%,即每单位基金收取 0.01 元的发行费用。

(二)开放式基金的持有人费用

开放式基金的持有人费用分为交易收费和非交易收费。交易收费包括认购费、申购费、赎回费、红利再投资费、基金转换费等。非交易收费包括开户费、账户维持费、注册登记费、分红手续费、查询费、代理公司直销网点资金结算费等。

认购费(申购费),又称认购(申购)佣金,指投资者购买基金单位时需支付的费用,主要用于向基金销售机构支付销售费用及广告费和其他营销支出。在基金份额认购上存在两种收费模式,一种是前端收费模式,另一种是后端收费模式。前端收费模式是指在认购基金份额时就支付申购费用的付费模式。后端收费模式是指在认购基金份额时不收费,在赎回基金时才支付认购费用的收费模式。后端收费设计的目的是鼓励投资者能够长期持有基金,因为后端收费的认购费率一般会随着投资时机的延长而递减甚至不再收取认购费用。

赎回费指基金持有人赎回基金单位时需缴纳的费用。作为一种后端收费,赎回费与后收申购费不同,后收申购费属于销售佣金,只不过在时间上不是在申购时而是在赎回时收取。赎回费是针对赎回行为本身而收取的一次性费用。有的基金在申购费收取上采取后收费方式,同时也另外收取赎回费。后收申购费收入由基金管理公司或销售机构支配,而赎回费收入则归基金资产所有,不能用于补贴销售人或广告费。

红利再投资费指基金持有人将从开放式基金所得到的分配收益继续投资于基金时,所要支付的申购费用。为了鼓励投资者将现金红利继续投资,一般基金都不收取红利再投资费。

基金转换费是指基金持有人在同一家基金管理公司所管理的不同基金品种之间,由一只基金转换为另一只基金时,所要支付的费用。目前绝大多数基金公司都可以提供旗下管理基金之间的相互转换,有的基金之间的转换是需要收取转换费的,有的转换不收费。

开户费指投资者在开立基金账户时支付的费用。账户维护费一般只有当投资者余额低于某一水平时方才收取。与基金托管费不同,一旦投资余额恢复到最低限额以上时,便不再收取账户维护费。多数基金并不收取账户维护费。有的基金规定,当投资余额低于某一限额时,投资者或者补足到一定金额,或者全部赎回。开户费和账户维护费以固定金额的方式收取。

三、基金运营费用

基金运营费用指基金在运作过程中发生的费用,主要包括管理费、托管费、其他费用等。管理费、托管费可按基金净资产的一定比例逐日计算、按月支付,其他费用则在收益期内摊销或据实列支。

(一)基金管理费

基金管理费是指基金管理人管理基金资产而向基金收取的费用。基金管理费费率通常与基金规模成反比,与风险成正比。基金规模越大,基金管理费费率越低;基金风险程度越高,基金管理费费率越高。目前我国股票基金大部分按照 1.5% 的比例计提,债券基金的管理费率一般低于 1%,货币市场基金的管理费率不高于 0.33%。基金管理费用收取的比例与基金规模、基金类型有一定关系。基金管理费通常按照 NAV 的一定比例逐日计提。在我国,基金管理费是按前一日 NAV 的一定比例逐日计提。计算方法如下:

$$H = E \cdot R / 当年实际天数$$

其中,H 为每日计提的费用;E 为前一日的 NAV;R 为基金管理费费率。

按照我国有关规定，基金成立3个月后，如基金持有现金比例高于NAV的20%，超过部分则不计提管理费。目前，我国基金管理人的管理费每日计提并累计，按月支付。

（二）基金托管费

基金托管费是指基金托管人为托管基金资产而向基金收取的费用。目前我国封闭式基金按0.25%的比例计提基金托管费；开放式基金根据基金合同的规定比例计提，通常低于0.25%。股票型基金的托管费率要高于债券型基金及货币市场基金的托管费率。在我国，基金托管费按前一日NAV的一定比例逐日计提累计至每月月末，按月支付。计算方法如下：

$$H = E \cdot R / 当年实际天数$$

其中，H为每日计提的托管费；E为前一日的NAV；R为托管费费率。

第三节 基金投资风险管理

一、基金投资风险管理概述

（一）风险管理的概述

风险管理是证券投资基金的核心功能之一，风险管理是指通过对风险的认识、衡量和分析，选择最有效的方式，主动地、有目的地、有计划地处理风险，以最小成本争取获得最大安全保证的管理方法。风险并不总是需要避免的，有的风险需要避免，因为它会给投资带来损失，有的风险则需要加以监控和管理，因为这些风险是产生收益的源泉。成功实现风险管理最重要的因素是建立一个科学的风险管理体系并将其严格、一致地应用到基金管理中去。

（二）风险管理的目标和流程

证券投资基金风险管理的目标一般而言有三个。

首先是建立一套客观的评估和监控风险的方法，并严格、一致地应用这套方法，使基金管理风险减低到可以接受的水平。

其次是让整个基金管理团队了解投资和基金运作的风险。

最后是让高层管理者和持有人知道基金承担的风险，而且应让他们知道这些风险是可控和可接受的。

证券投资基金在实施风险管理时的业务流程主要有五个,风险识别、风险测量、风险分析和监控、风险报告及风险确认和完善。

1. 风险识别

风险识别是指对所有可能存在的、对基金运作有重大影响的潜在风险点进行考察和识别,它是有效实施风险管理的前提和基础。风险识别可采用"自下而上""自上而下"或二者相结合的方法。在这个过程中,保持一种客观和怀疑的态度是非常必要的。

2. 风险测量

风险测量是指风险控制委员会、督察员、监察稽核部及风险评估小组根据职责对风险发生的可能性与对基金运作可能产生的影响进行评估。风险识别的重点在于发现风险,而风险测量的重点在于衡量风险的潜在危害。风险测量通常采用定性和定量相结合的方法,定性是经验和制度的总结,定量分析则有助于风险评估的准确性。

3. 风险分析和监控

风险分析和监控是一个日常的操作程序,它在风险管理流程中是非常重要的一环。风险管理人员对基金的投资和经营活动进行监控,检查公司制定的风险管理政策是否被很好地执行。

4. 风险报告

风险报告是指供基金内部和外部使用的,能够客观反映企业风险状况的报告。

5. 风险确认和完善

风险确认和完善是指对风险管理程序和模型的适用性及有效性做出确认。通过这种定期评价,适时调整风险管理的工具和模型,使得基金的风险管理更具有效性。

二、投资风险的测量

(一)风险测度

风险管理的基础是风险测度。风险测度的质量在很大程度上决定了风险管理的有效性。风险测度包括事前风险测度和事后风险测度。具体如表 12-1 所示。

表 12-1　风险测度

要点	内容
事前风险测度	事前风险测度是在风险发生前,衡量投资组合在将来的表现和风险情况
事后风险测度	事后风险测度是在风险发生后,主要目的是研究投资组合在历史上的表现和风险情况,常用来衡量风险调整后的收益情况

(二)风险指标

风险指标是对风险的抽象描述,不存在一个单一的风险指标就能够反映投资组合的全部风险特征。反映投资组合市场风险的指标包括:①基于收益率及方差的风险指标,用来描述收益的不确定性，即偏离期望收益的程度，如回撤、下行风险标准差、波动率等；②基于投资价值对风险因子敏感程度的指标（统称风险敏感性度量指标），这些指标分别从利率、市场等不同角度反映投资组合的风险暴露，如久期、凸性、贝塔（β）系数等。

1. 贝塔系数

贝塔系数是一种评估证券系统性风险的指标，用以度量一种证券或一个投资证券组合相对总体市场的波动性，反映的是投资对象对市场变化的敏感度。

贝塔系数的相关计算如下。

（1）贝塔系数是一个统计指标，采用回归方法计算，公式为

$$\beta_P = \frac{\text{cov}(r_p, r_m)}{\sigma_m^2}$$

其中，$\text{cov}(r_p, r_m)$ 为投资组合 P 的收益与市场收益的协方差；σ_m^2 为市场收益的方差。

（2）贝塔系数也可以通过相关系数计算得到，公式为

$$\beta_P = \rho_{pm} \times \frac{\sigma_p}{\sigma_m}$$

其中，σ_p 为投资组合 P 的标准差；σ_m 为市场的标准差；ρ_{pm} 为投资组合 P 与市场收益的相关系数，且 $\rho_{pm} = \dfrac{\text{cov}(r_p, r_m)}{\sigma_p \times \sigma_m}$。

通常贝塔系数是用历史数据来计算的，由此可以反映单个证券或证券组合未来将面临的市场风险状况。

当 $\beta < 0$ 时，该投资组合的价格变动方向与市场相反；当 $\beta > 0$ 时，该投资组合的价格变动方向与市场一致；当 $0 < \beta < 1$ 时，该投资组合的价格变动幅度比市场小；当 $\beta = 1$ 时，该投资组合的价格变动幅度与市场一致；当 $\beta > 1$ 时，该投资组合的价格变动幅度比市场更大。

2. 波动率

波动率是一个绝对风险指标。在风险管理中，投资组合波动率是单位时间收益率的标准差。单位时间根据资料来源和应用场景可以取每日、每周、每月、每年等。

波动率的计算方法如下。

假定基金净值在第 i 天末为 S_i，u_i 为第 i 天的收益率，即

$$u_i = \frac{S_i - S_{i-1}}{S_{i-1}}$$

假定 σ_n 为第 $n-1$ 天估计的投资组合收益率在第 n 天的波动率，相应的方差为 σ_n^2。利用 u_i 最近 m 天的观察数据，可以估算投资组合波动率为这 m 天组合收益率的标准差：

$$\sigma_n = \sqrt{\frac{1}{m-1} \sum_1^m \left(u_{n-i} - \bar{u}\right)^2}$$

其中，$\bar{u}$ 为 u_i 的平均值：

$$\bar{u} = \frac{1}{m}\sum_1^m u_{n-1}$$

假设每日收益率独立且具有相同的方差，则 T 乘以每日收益率方差的积为 T 个交易日总收益率的方差。那么 T 日总收益率的标准差是每日收益率标准差的 $\sqrt{T}$ 倍，即

$$\sigma_T = \sigma_{\text{day}}\sqrt{T}$$

在计算波动率时，通常仅计算交易日的数量，忽略交易所关闭的日子。

3. 下行标准差

下行标准差的计算公式如下：

$$下行标准差 = \sqrt{\frac{\sum_{i=1}^n (r_i - r_T)^2}{n}}, r_i < r_T$$

其中，r_i 为第 i 期基金收益率；r_T 为目标收益率，可以是区间平均收益率，也可以是无风险利率或者自定义的目标收益率；n 为基金收益率小于目标收益率的期数。

通常需要对下行标准差进行年化处理，如果收益率采用每月收益率，则乘以 12 的开方；如果收益率采用每日收益，则乘以交易日数量的开方。

下行标准差具有一定的局限性，下行标准差的计算需要获取足够多的收益低于目标的数据。如果投资组合在考察期内表现一直超越目标，该指标将得不到足够的数据点进行计算。

4. 最大回撤

最大回撤测量投资组合在指定区间内从最高点到最低点的回撤，计算结果是在选定区间内任一历史时点往后推，产品净值走到最低点时的收益率回撤幅度的最大值。最大回撤用于衡量投资管理人对下行风险的控制能力。最大回撤的缺点是只能衡量损失的大小，而不能衡量损失发生的可能频率。在不同的基金之间使用该指标时，应尽量控制在同一个评估期间，因为指定区间越长，这个指标就越不利。最大回撤是要将损失控制在相对于其投资期间最大财富的一个固定比例。

（三）风险价值

风险价值（value at risk，VaR）又称风险收益、风险报酬、在险价值，是指在一定的持有期和给定的置信水平下，利率、汇率等市场风险要素发生变化时可能对某项资金头寸、资产组合或投资机构造成的潜在最大损失。

目前，VaR 已成为计量市场风险的主要指标，也是银行采用内部模型计算市场风险资本要求的主要依据。最常用的 VaR 估算方法有历史模拟法、参数法和蒙特卡洛模拟法，如表 12-2 所示。

表 12-2　VaR 估算方法

要点	内容
历史模拟法	历史模拟法假设市场未来的变化方向与市场的历史发展状况大致相同，依据风险因子收益的近期历史数据的估算，模拟出未来的风险因子收益变化。历史模拟法选用的历史区间应尽量与所测算区间大致相同，而且时间上越相近的区间越会有相似的发展方向，因此要选用最近的历史数据作为数据来源
参数法	参数法也叫方差—协方差法，该方法假设投资组合中的金融工具是基本风险因子的现行组合，且风险因子收益率服从某特定类型的概率分布，依据历史数据计算出风险因子收益率分布的参数值，如方差、均值和风险因子间的相关系数等
蒙特卡洛模拟法	蒙特卡洛模拟法在估算之前，需要有风险因子的概率分布模型，继而重复模拟风险因子变动的过程。蒙特卡洛模拟法虽然计算量比较大，但这种方法被认为是最精确贴近的计算 VaR 的方法

（四）风险敞口

风险敞口是对风险因子的暴露程度，可以通过多个维度加以测量。在单因子模型中，该因子的占比大小即为其风险敞口的大小；在某些多因子模型中，可以用偏离均值多少个标准差来衡量对该因子的风险敞口。

对于无法直接测量风险敞口的情形，可以计算风险敏感度指标，即风险因子的变化对组合价值的影响程度。常见的风险敏感度指标有贝塔系数、久期、凸性等。

三、不同类型基金的风险管理

（一）股票型基金的风险管理

股票型基金是指基金资产 80%以上投资于股票的基金。股票基金提供了一种长期而高额的增值性，但收益越高风险越大。相对于混合基金、债券基金与货币基金，股票基金的预期收益与风险最高。股票基金面临的风险主要是系统性风险和非系统性风险。

系统性风险由于其往往是投资回报的来源，是投资组合需要主动暴露的风险，且不同类型的股票基金所面临的系统性风险不同，因此，从风险管理的角度看，需要控制的是投资经理在该系统性风险的暴露是否符合投资方针的规定。可以通过分散投资降低个股的非系统性风险，或设置个股最高比例来控制个股风险，实现风险分散化。

1. 股票型基金的风险指标

常用来反映股票型基金风险的指标有标准差、贝塔系数、持股集中度、行业投资集中度、持股数量等（表 12-3）。

表12-3 股票型基金的风险指标

指标	含义
标准差	净值增长率波动程度越大,基金的风险就越高 基金净值增长率的波动程度可以用标准差来计量,并通常按月计算。在净值增长率服从正态分布时,可以期望2/3(约67%)的情况下,净值增长率会落入平均值正负1个标准差的范围内,95%的情况下,基金净值增长率会落在正负2个标准差的范围内
贝塔系数	股票基金以股票市场为活动母体,其净值变动受到证券市场系统风险的影响,通常可以用贝塔系数(β)的大小,衡量一只股票基金面临的市场风险的大小。 (1)$\beta=1$,说明该基金净值的变化与指数的变化幅度相当 (2)$\beta>1$,说明该基金是一只活跃或激进型基金 (3)$\beta<1$,说明该基金是一只稳定或防御型基金
持股集中度	持股集中度的计算公式为:持股集中度=前十大重仓股投资市值÷基金股票投资总市值×100%。 持股集中度越高,说明基金在前十大重仓股的投资越多
行业投资集中度	行业投资集中度越高,说明基金在设定行业内的投资越多
持股数量	持股数量越多,基金的投资风险越分散,风险越低

2. 股票型基金操作策略分析指标

基金的操作策略可以通过分析基金股票换手率,即基金买卖股票频率来衡量。基金股票换手率的计算公式为

$$基金股票换手率=\frac{期间基金股票交易量÷2}{期间基金平均资产净值}$$

$$基金持股的平均时间=1÷基金股票换手率$$

如果一只股票基金的年周转率为100%,意味着该基金持有股票的平均时间为1年。低周转率的基金倾向于对股票的长期持有,所付出的交易佣金与印花税较低;高周转率的基金则倾向于对股票频繁买卖,所付出的交易佣金与印花税较高。

(二)债券型基金的风险管理

债券基金指的是基金资产80%以上投资于债券的基金。债券基金的投资对象主要有国债、可转债、企业债等,由于债券收益波动较小,所以债券基金具有风险低、收益低的特点。债券基金主要的投资风险包括信用风险、利率风险及提前赎回风险。

债券基金的风险控制包括以下两个方面。①控制投资对象指的是对债券投资对象进行选择,通过信用等级、控制企业债比例的方法可以有效地将债券的信用风险进行降低。②合理配置资产即通过对整体市场的有效分析和债券市场的分析,把握市场利率的走向,避免利率变动所带来的债券基金价值变动风险。

(三)货币基金的风险管理

货币基金是指以货币市场工具为投资对象的基金。货币基金的收益率相对活期储蓄

存款的收益率较高，且其高流动性、低风险，是短期投资的良好选择。低风险和高流动性是货币市场基金的主要特征。

货币基金不保证收益水平，因此，尽管其风险较低，但并不意味着货币基金没有投资风险。货币基金在面临信用风险、利率风险、购买力风险、流动性风险等的同时，也面临其独特的风险，包括：①部分货币基金承诺投资人兑付方式为 $T+0$，当出现市场不乐观时极易出现挤兑风险；②货币基金内部可能出现期限错配问题。

融资比例、投资组合平均剩余期限、浮动利率债券投资情况等指标常用于反映货币市场基金风险水平。

1. 融资比例

货币市场基金的收益率受同期财务杠杆运用程度的影响。一般来说，货币市场基金财务杠杆的运用程度越高，其潜在的收益可能越高，风险也相应越大。另外，按照规定，除非发生巨额赎回，否则货币市场基金债券正回购的资金余额不得超过 20%。

2. 投资组合平均剩余期限

投资组合平均剩余期限是反映基金组合风险的重要指标。投资组合平均剩余期限越短，货币市场基金收益的利率敏感性越低，利率风险越低。目前，我国法规要求货币市场基金投资组合的平均剩余期限不得超过 120 天，平均剩余存续期不得超过 240 天。

3. 浮动利率债券投资情况

货币市场基金可以投资于剩余期限小于 397 天，但剩余存续期超过 397 天的浮动利率债券。

（四）指数基金的风险管理

指数基金是以指数成份股为投资对象的基金，通过构建指数基金的投资组合，使组合与指数有着相同的变化趋势，以达到分散风险并取得收益的目的。对于指数基金的管理主要体现在对基础指数的选择和对指数的严格跟踪上，可利用跟踪误差对指数基金风险进行衡量。

跟踪误差是指指数基金收益率与标的指数收益率之间的偏差，用来表述指数基金与标的指数之间的相关程度，并揭示基金收益率围绕标的指数收益率的波动情况。作为衡量基金风险的指标，跟踪误差越大，反映其跟踪标的偏离度越大，风险越高；跟踪误差越小，反映其跟踪标的偏离度越小，风险越低。

ETF 本质上是一种指数基金，其风险主要来自所跟踪指数面临的系统性风险和市场供求关系的影响。另外，由于抽样复制、现金留存、基金分红及基金费用等的存在，ETF 的收益率与所跟踪指数的收益率之间往往存在跟踪误差。

第四节 基金绩效评价与基金选择

一、基金绩效衡量

基金绩效衡量是指对评估期内资产管理人实现的收益进行计算。在此基础上，绩效评估可以对基金管理人的业绩优劣进行判断。为了对基金绩效做出有效的衡量，必须考虑以下五个因素：①基金的投资目标；②基金的风险水平；③比较基准；④时期选择；⑤基金组合的稳定性。对于同一基金管理人来说，不同的基金衡量方法可能产生不同的计算结果，进而得到不同的评估结论。

基金绩效衡量是对基金经理投资能力的衡量，其目的在于将具有超凡投资能力的优秀基金经理鉴别出来。基金绩效衡量不同于对基金组合本身表现的衡量。基金组合本身表现的衡量着重在于反映组合本身的回报情况，并不考虑投资目标、投资范围、投资约束、组合风险、投资风格的不同对基金组合表现的影响。然而，为了对基金经理的投资能力做出正确的衡量，基金绩效衡量必须对投资能力以外的因素加以控制或进行可比性处理。

二、基金业绩比较基准的选择

基金业绩比较基准是投资者评价基金管理公司业绩的重要标准。如果某基金的净值增长率超过了业绩比较基准，那就意味着这只基金战胜了大盘；反之就是落后于大盘。投资者可以由此来评判基金公司的管理能力。很显然，基金业绩比较基准是基金业界的标杆，是影响基金销售的一个很重要的指标，基金业绩比较基准的准确与否直接关系到基金行业的发展。

我们评估一个基金业绩的好坏，不能仅从基金的收益率上去判断，还要把它与它相似的基金平均业绩或其他标准进行对比，这种被用来进行对比的标准被称为业绩比较基准。基准是基金业绩评价中一个极为重要的工具，对于投资者评价基金的业绩和管理者认识自己的投资成效都有极其重要的作用。

基金选择的首要条件是必须与要评价的基金高度相关，两者的投资类型、投资结构等都要相同或相似。在实际操作中有两种选择基准的做法，一种是以市场指数为基准，另一种是以类似基金为基准。

（一）以市场指数为基准

在投资市场上有许多现存的指数，它们是事先选定的与整个或部分市场的运行高度相关的一组证券。这些指数可以直接拿来作为基准，成为基准指数。不过不同类型的基金选择哪一个指数作为基准指数是由该基金的性质、类型所决定的。如果是股票型基金，应该选择一种与投资组合类型相同的股价指数作为基准；如果是债券型基金，基准指数就应该选择一种债券指数。

（二）以类似基金为基准

以市场指数作基准简单方便，指数是现成的，可以直接使用，但指数是用已经规定好的一组证券综合计算出来的，毕竟与自己的基金投资类型有差异，不够准确。因此，一些人就使用类似基金作为基准资产。类似基金指一组投资风格相近的基金组合。这种方法从某种角度来说更加真实可靠，因为它不像指数那样是一种理论的业绩表现，而是众多现存的风格相似的基金的平均业绩表现，更能反映该类基金的理论的运行业绩。

三、基金净值收益率的计算

（一）简单（净值）收益率计算

简单（净值）收益率的计算不考虑分红再投资影响，其计算公式与股票持有期收益率的计算类似：

$$R = \frac{\text{NAV}_t + D - \text{NAV}_{t-1}}{\text{NAV}_{t-1}} \times 100\%$$

其中，R 为简单收益率；$\text{NAV}_t, \text{NAV}_{t-1}$ 为期末、期初基金的份额净值；D 为考察期内每份基金的分红金额。

（二）时间加权收益率

时间加权收益率的假设前提是红利以除息前一日的单位净值减去单位基金分红后的单位净值立即进行了再投资，分别计算分红前后的分段收益率，时间加权收益率可由分段收益率的连乘得到：

$$R = \left[(1+R_1)(1+R_2)\cdots(1+R_n) - 1\right] \times 100\%$$

$$R = \left[\frac{\text{NAV}_1}{\text{NAV}_0} \times \frac{\text{NAV}_2}{\text{NAV}_1 - D_1} \times \cdots \times \frac{\text{NAV}_{n-1}}{\text{NAV}_{n-2} - D_{n-2}} \times \frac{\text{NAV}_n}{\text{NAV}_{n-1} - D_{n-1}} - 1\right] \times 100\%$$

其中，R_1 为第一次分红之前的收益率；R_2 为第一次分红至第二次分红期间的收益率，R_n

以此类推；NAV_0 为基金期初份额净值；$NAV_1,\cdots,NAV_{n-1}$ 为除息前一日基金份额净值；NAV_n 为基金期末份额净值；$D_1,D_2,\cdots,D_{n-1}$ 为份额基金分红。

时间加权收益率由于考虑到了分红再投资，更能准确地对基金的真实投资表现做出衡量。

（三）算术平均收益率与几何平均收益率

在对多期收益率的衡量与比较上，常常会用到平均收益率指标。平均收益率的计算有两种方法：算术平均收益率与几何平均收益率。

算术平均收益率是将所有的收益率加起来除以收益率的个数。几何平均收益率是将所有收益率相乘再开方，所以几何平均收益率更科学一些。一般来说，算术平均收益率要大于几何平均收益率，每期的收益率差距越大，两种平均方法的差距越大。算术平均收益率是对平均收益率的一个无偏估计，常用于对将来收益率的估计。几何平均收益率可以准确地衡量基金表现的实际收益情况，常用于对基金过去收益率的衡量。

一年期以上的长期收益率往往需要用几何平均法转换为便于比较的年平均收益率。

四、基金绩效评价指标

投资者在投资时不仅要考虑投资的收益，也要考虑投资的风险。基金业绩评价的传统方法主要是考察基金的单位净资产、投资收益率和回报率等，然而这些指标并未对基金资产组合的风险进行系统和合理的量化分析。特雷诺指数（Treynor ratio，TR）、夏普比率和詹森阿尔法是资产组合理论及 CAPM 提出后出现的三个综合考虑基金风险与收益的绩效评估指标，对于客观、公正地评价基金业绩具有积极的意义。

（一）特雷诺指数

1965 年，杰克·特雷诺（Jack Treynor）在美国《哈佛商业评论》上发表《如何评价投资基金的管理》一文中，首次提出了一种经风险调整后的投资基金业绩的评价指标，即特雷诺指数。

特雷诺指数是以基金收益的系统风险作为基金绩效调整的因子，反映基金承担单位系统风险所获得的超额收益。在财务理论中，衡量投资收益的风险一般采用两个指标：一是其历史收益率标准差 σ，衡量投资收益的总风险；二是其系统性风险，即 β 的估计值。特雷诺认为，基金管理者通过有效投资组合应能完全消除单一资产所有的非系统性风险，那么，其系统性风险就能较好地刻画基金的风险。因此，特雷诺指数是投资者判断某一基金管理者在管理基金过程中所冒风险是否有利于投资者的判断指标。特雷诺指数越大，单位风险溢价越高，开放式基金的绩效越好，基金管理者在管理的过程中所冒风险有利于投资者获利。相反特雷诺指数越小，单位风险溢价越低，开放式基金的绩效越差，基金管理者在管理的过程中所冒风险不利于投资者获利。

特雷诺指数的计算公式：

$$\text{特雷诺指数} = \frac{r_p - r_f}{\beta_p}$$

其中，r_p 为某只基金投资考察期内的平均收益率；r_f 为考察期内的平均无风险利率；β_p 为某只基金的系统风险。

特雷诺指数的数值越大，说明基金承担的每单位市场风险的收益率越高，基金的业绩越好；反之，基金的业绩越差。如果某基金的特雷诺指数超过 $r_m - r_f$（$r_m - r_f$ 为市场组合的特雷诺测度），说明基金的业绩超过市场收益率，否则基金业绩低于市场收益率。

特雷诺指数是基于 CAPM 提出的，它认为基金投资组合的非系统性风险已经被充分分散，因此基金投资组合的风险只有系统性风险。在基金投资组合的非系统性风险已经充分分散的情况下，特雷诺指数是比较恰当的评价指标。

（二）夏普比率

1966 年，威廉·夏普（William Sharpe）在美国《商业学刊》上发表《共同基金的业绩》一文，提出用单位总风险的超额收益率来评价基金业绩，即夏普比率。夏普比率表示用标准差作为衡量投资组合风险时，投资组合单位风险对无风险资产的超额投资收益率，即投资者承担单位风险所得到的风险补偿。夏普比率反映了单位风险基金净值增长率超过无风险收益率的程度。

夏普比率的计算公式：

$$\text{夏普比率} = \frac{r_p - r_f}{\sigma_p}$$

其中，r_p 为投资组合的平均收益率；r_f 为无风险利率；σ_p 为组合收益率的标准差。

如果夏普比率为正值，说明在衡量期内基金的平均净值增长率超过了无风险利率；反之，则说明了在衡量期内基金的平均净值增长率低于无风险利率。夏普比率越大，说明基金单位风险所获得的风险回报越高。

夏普比率和特雷诺指数一样，都能够反映基金经理的市场调节能力。然而，特雷诺指数只考虑了系统性风险，没有考虑非系统性风险。夏普比率考虑了总风险，因此，夏普比率还能反映基金经理分散和拥有降低非系统性风险的能力。在基金投资组合的非系统性风险没有充分分散的情况下，采用夏普比率评价基金绩效更为恰当。如果基金的投资组合已经完全分散了非系统性风险，此时夏普比率的分母中的总风险等于系统性风险，这时采用特雷诺指数和夏普比率的评价结果是一样的。

（三）詹森阿尔法（α）

1968 年，詹森（Jensen）在美国《财务学刊》上发表了《1945~1964 年间共同基金的业绩》一文，提出了一种以 CAPM 为基础的评价基金业绩的绝对指标，即詹森阿尔法。

詹森阿尔法衡量的不是基金的单位风险收益，它计算的是差额回报率，即在给定基金面临的风险条件下，求出基金的期望收益率，然后将基金的实际收益率与期望收益率比较，后者和前者的差额即为詹森阿尔法。

詹森阿尔法的公式为

$$E(r_p) = r_f + \beta_p(r_m - r_f)$$
$$\alpha = r_p - E(r_p)$$

其中，$E(r_p)$ 为基金的预期收益率；α 为詹森阿尔法。

詹森阿尔法为绝对绩效指标，表示基金的投资组合收益率与相同系统风险水平下市场投资组合收益率的差异。如果 α 显著大于 0，说明基金的实际收益率高于其期望收益率，该基金业绩比市场对它的期望更好；反之，如果 α 显著小于 0，说明基金的业绩低于市场对它的期望。

詹森阿尔法评估基金整体绩效时隐含了一个假设，即基金的非系统性风险已通过投资组合彻底分散掉了，因此，该指标只反映了收益率和系统性风险因子之间的关系。如果基金并没有完全消除掉非系统性风险，则詹森阿尔法可能给出错误信息。詹森阿尔法事实上是假设基金投资组合的预期收益率是由该投资组合风险与市场组合风险的相关程度决定的，即由 β_p 系数决定。由此可见，市场根据各投资组合承担市场风险分配收益。

五、基金绩效评价指标的发展

（一）信息比率

信息比率（information ratio，IR）以马科维茨的均值—方差模型为基础，用来衡量超额风险所带来的超额收益。

信息比率的计算公式为

$$信息比率 = \frac{\overline{D_p}}{\sigma_D}$$

其中，$D_p = R_p - R_b$ 为基金与基准组合的差异收益率；$\overline{D_p}$ 为差异收益率的均值；σ_D 为差异收益率的标准差。

基金收益率相对于基准组合收益率的差异收益率的均值，反映了基金收益率相对于基准组合收益率的表现。基金收益率与基准组合收益率之间差异收益率的标准差，通常被称为跟踪误差，反映了积极管理基金的风险。信息比率越大，说明基金经理单位跟踪误差所获得的超额收益率越高。因此，信息比率较大的基金的表现要好于信息比率较低的基金。

（二）M^2指数测度

1997年，诺贝尔经济学奖获得者弗兰克·莫迪格利安尼（Franco Modigliani）和其孙女李·莫迪格利安尼（Leah Modigliani）在美国《资产组合管理学刊》上发表《风险调整的业绩》一文，提出改进的夏普比率，即M^2指数。他们把国债引入基金的实际资产组合，构建一个虚拟的资产组合，使其总风险等于市场组合的风险，通过比较虚拟资产组合与市场组合的平均收益率评价基金业绩。

M^2指数的计算公式为

$$M^2 = \overline{R}_{P*} - \overline{R}_m = S_{p\sigma_m} + R_f - \overline{R}_m = \frac{\sigma_m}{\sigma_p}(\overline{R}_p - R_f) + R_f - \overline{R}_m$$

其中，M^2为测度指标；$\overline{R}_{P*}$、$\overline{R}_p$为基金P在σ_m与σ_p水平下的平均收益率；σ_m、σ_p为市场组合M和基金P的标准差；R_f为无风险收益率。

这一方法的基本思想就是通过无风险利率下的借贷，将被评价基金组合的标准差调整到与基准指数相同的水平下，进而评价基金相对基金指数（fund index）的表现。由于M^2指数实际上表现为两个收益率之差，因此也就比夏普指数更容易为人们所理解与接受。不过，M^2指数与夏普比率对基金绩效表现的排序是一致的。

六、基金选择的结构指标

基金以往的业绩是评估基金时的一个非常重要的因素，也是投资者在选择证券投资基金时必须考虑的因素。但仅仅通过基金以往业绩来选择基金是远远不够的。因为基金管理人在宣传基金时可能会为了吸引投资者，而刻意突出基金业绩好的时候，淡化基金业绩差的时候，使基金表面上的业绩大大超过其实际的业绩。因此，在选择基金时，还应该考察基金的结构指标。基金的结构指标是指涉及会影响基金业绩的潜在因素，分为外部结构指标和内部结构指标。外部结构指标包括基金的规模、基金经理人的背景、基金的费用等，内部结构指标包括基金的投资周转率、现金流量、基金的资产结构、基金投资的行业结构、基金投资的股票结构及基金投资的时间结构等。

（一）外部结构指标

1. 基金的规模

一般来说，小型基金的费用相比于大型基金更高，在实际操作中风险承担能力也比大型基金更小，对投资者来说具有较高的风险。然而，较大型的股票投资基金对市场变化做出的反应较为迟钝，如一个大型基金将1%的基金资产投资于一个有潜力的小公司时，可能会遇到小公司的股票数量不够买卖，而且巨额的资金买卖该公司的股票必将使得该公司的股价大幅波动，就可能对收益造成冲击。小规模的基金在投资这类小公司的股票时，相比之下就具有优势。

2. 基金经理人的背景

目前国际上通行的证券投资基金，有的是由一组经理人员或者由一个管理公司来管理的，有的则是由单个经理来操作的。在前一种情况下，由于重大决策都是由一组管理者做出的，因此这些决策受个人的性格、偏好等方面的因素影响就小一些，风险也就会小一些。在后一种情况，这也是大多数情况，投资者在投资之前就应该对经理人有一个明确的了解，如基金经理人的个人经历、管理风格、是否富有经验等。投资者要切记两点：一是前任经理的辉煌业绩与现任经理无关；二是基金的管理工作只是投资者进行投资时应该考虑的许多因素之一。

3. 基金的费用

在证券投资基金操作过程中，会产生一些费用。在投资之前应将这些费用因素考虑在内。在证券市场收益较高的时候，基金费用可能现在无足轻重，但在股市低迷，行情不好的时候，低收益率甚至负收益率就会使基金费用成为投资者沉重的负担，甚至给投资者带来损失。

（二）内部结构指标

1. 基金的投资周转率

基金的投资周转率就是买卖其持有的有价证券的频率，具体又可分为股票周转率和债券周转率。投资周转率是一项显示基金投资战略的重要指标。周转率低，表明基金管理公司有一种长期投资倾向；周转率高，说明短期投资倾向占主导地位。周转率高的基金的交易成本要高于周转率低的基金的交易成本。如果证券市场正处于上升期，投资收益会远远大于其交易成本，此时较高的投资周转率是有利的；反之，如果证券市场处于衰退期，较高的投资周转率会增加交易成本从而使得实际收益率降低，因此，低周转率策略更为有利。

2. 现金流量

对于开放式基金而言，现金流量一般指投资于基金的现金净增长，也就是说申购基金超出赎回基金现金的部分，或称净申购资金。现金流量在证券投资基金总资产中所占比重对选择基金的投资者来说，是一个非常重要的评价指标。

对于开放式证券投资基金而言，大规模现金流量的负增长应当引起投资者的警惕，这种现象意味着投资者不断从基金中撤出，或者出于对基金的业绩不满，或者由于基金的费用率增加，或者由于其他消极因素。这样就会迫使经理人采取一些可能会造成损失的应急措施，基金会因此萎缩，整个经理阶层可能会失去信心和稳定，基金的费用率也会因此而上升。

3. 基金的资产结构

在不同的证券投资工具中，国债具有收益稳定、价格变化小、风险相对小的特点。

而股票则具有价格波动大、收益不稳定的特点，是一种高收益、高风险的投资工具。正是由于这些不同收益和风险的特点，很好地搭配债券、现金和股票的比例对风险防范具有积极的作用，特别是在中国股票市场波动较大、系统性风险高的情况下，投资债券市场就显得相对稳健。

4. 基金投资的行业结构

在我国目前的情况下，不同行业有不同的收益，人们对这些不同行业的预期也存在较大的差异。将资金在朝阳产业与夕阳产业之间、成熟型产业与成长型产业之间进行合理配置同样可以起到防范风险、提高收益的作用。

5. 基金投资的股票结构

证券投资基金在市场运作中的主要投资方式是组合投资。根据现代组合投资理论，系统性风险无法通过购买多种证券来化解，而非系统性风险可以通过证券投资的多样化来规避。因此评判证券投资基金进行投资组合的目的就是使非系统性风险降至最小，或者在风险既定的条件下，使收益最大。投资者可以根据各基金公布的投资组合，有效地分析和追踪基金的业绩，判断基金管理者的管理水平和投资理念，从而进一步了解基金的投资战略、基金风险和基金收益。

6. 基金投资的时间结构

在投资策略上，各个证券投资基金在坚持中、长线持股的同时，都在及时根据整个市场大势的变化对所持有股票进行必要的减持、增持和变换调整。但在具体的转换、调查研究与投资战术运用上，各基金在不同时期和不同条件下存在许多差异。

通过进行投资结构的时间组合，不仅可以降低非系统性风险，更重要的是还可以在一定程度上化解系统风险。一般系统风险对市场总体的影响是有时间限制的，过了这一段时间，系统风险便暂时解除，因此根据市场大势或政策的起伏分散投资时机，将资金分散在几个月或更长的时间可以在某种程度上避开系统风险。通常可以采用以下几种方法：第一，在经济周期的不同阶段进行组合，分别给予不同阶段以不同的权重。第二，将资金进行长、中、短期结合，根据当时的实际情况将长、中、短期资金合理分配。第三，在经济发展和经济衰退时期进行组合。

第五节　基金套利

一、期现套利

（一）期现套利的概念

期现套利即股指期货与股指现货之间的套利，是利用期货合约与其对应的现货指数之间的定价偏差进行的套利交易，属于无风险套利，即在买入（卖出）某个月份的股指期货合约的同时卖出（买入）相同价值的标的指数的现货股票组合，并在未来某个时间对两笔头寸同时进行平仓的一种套利交易方式。期现套利主要涉及的内容包括定价模型、指数复制、冲击成本、保证金管理等。

1. 定价模型

定价模型主要计算以现货为基础所对应的股指期货市值大小，在扣除所有的成本之后，如果股指期货和现货之间的差距为正，则意味着存在正向套利空间；反之，则存在反向套利空间。

2. 指数复制

指数复制是指利用各种方法来构建一个能够尽可能拟合指数的现货组合，包括完全复制和抽样复制两种。当复制目标是最小化复制差异时（跟踪误差最小化），称为被动复制；当复制目标是最大化信息比率时，称为增强复制。

完全复制是指数复制最自然的方法，这一方法通过购买所有指数成份股，完全按照股票在指数中的权重配置、在指数结构调整时也同步调整的方法来试图实现与指数完全相同的收益率。这种方法简单明了，获得的跟踪误差也较小，同时也是其他复制方法的出发点。但在实际投资过程中，由于具有冲击成本完全复制并不容易实现。对于流动性较差的股票，复制过程中买卖的冲击成本会对复制效果造成巨大影响。

抽样复制即采用具有相同因子的部分指数成份股进行指数复制，由于指数成份股之间有很多共同因子，当组合中缺失一些股票时，可以使用具有相同因子（包括行业、市值等）的其他股票来替代，被选择用于复制指数的股票称为核心股票。对于抽样复制的股票替代部分而言，由于存在与被替代股票的差别，用于替代的各个部分的权重与实际需要改变了组合复制的代表性。因此，必须经常检测跟踪误差，根据预测的跟踪误差的扩大情况及时更新复制组合，将其降低到可接受的水平。

3. 冲击成本

冲击成本的全称是价格冲击成本，国际上通常用它来衡量股市的流动性。它也被称为流动性成本，是指一定数量的委托（订单）迅速成交时对价格的影响，因此是一个包含即时性和合理价格两方面要素的指标。

股指期货套利中所有头寸的交易都存在冲击成本，比如，在现货构建中，会有股票组合冲击成本、ETF 组合冲击成本、开放式投资组合冲击成本。股指期货也有冲击成本。

4. 保证金管理

保证金管理对期限套利来说十分重要，在市场出现剧烈波动时，尤其是在大幅上涨的行情中，如果保证金覆盖不足，就可能会出现爆仓情况。所以在建仓初始，需要进行保证金覆盖的测算，使得初始保证金能够在较大的概率下覆盖整个套利期间内的波动。

保证金管理采用的主要方法就是 VaR 方法。

VaR 是一种重要的风险分析与管理工具，其基本表述是：在市场正常波动条件下，某一金融资产或资产组合在未来特定的时期内和一定的置信水平下可能发生的最大损失，即 VaR 为某些前提条件下确定的一个数值，表示为

$$P(\Delta W > \text{VaR}) = 1 - \alpha$$

其中，ΔW 为在市场正常波动条件下，某一金融资产或资产组合在未来特定时期 Δt 内在置信水平为 α 的情况下的损失。

VaR 方法中涉及两个主要参数：持有金融资产的期限和置信水平。所有 VaR 方法的使用和计算都要在这两个参数给定的情况下才有意义。

（二）期现套利的步骤

期现套利的步骤如下。
（1）计算股指期货的理论价格，计算股指期货无套利区间。
（2）确定是否存在套利机会（当期货价格大于现货价格时，称为正向市场；反之则为反向市场）。
（3）确定交易规模，同时进行股指合约与一揽子股票交易。
（4）价差收敛时平仓获利了结；或者持有至到期时，将现货卖出，期货交割获利。

期现套利的案例

当某一到期月份的股指期货合约被市场高估或低估时，通过做多现货做空期货或做空现货做多期货的方式（融券卖出股票的同时在期货市场构建多头头寸），锁定期货和现货之间的差价，等待期现差价回归时平掉套利头寸或通过交割结束套利。

2010 年 5 月 6 日，股指期货 1005 合约高于沪深 300 指数 70.54 点，买进一揽子沪深 300 的股票，同时卖出一手股指期货 1005 合约。此时距离股指期货 1005 合约到期交割还有 15 天，若在此区间内期现基差能够收敛，则可以获得套利收益。2010 年 5 月 6 日至 5 月 19 日期现基差收窄至 1.23 点，此时可对套利头寸进行平仓，卖出股票，买入股指期货合约。收益为 70.54-1.23=69.31 点，扣除各项成本总计 15 点，则净获利 16 293 元。

二、跨期套利

跨期套利是指利用两个不同交割月份的股指期货合约之间的差价进行的套利交易。一般来说，相同标的指数的股指期货合约在市场上会有不同交割月的若干份合约同时交易。由于同时交易的不同交割月合约均基于同一标的指数，所以在市场预期相对稳定的情况下，不同交割日期合约间的价差应该是稳定的，一旦价差发生了变化，则会产生跨期套利机会。跨期套利的案例如下。

跨期套利的案例

当两份不同到期月份的股指期货合约产生较大的价格偏差时，通过做多被低估合约、做空被高估合约的方法，待其价差恢复正常时获利平仓。

2010 年 5 月 6 日，股指期货 1006 合约为 3018.8 点，1005 合约为 2967.4 点，二者

差价为 51.4 点，明显高于合约间正常水平。此时进行卖出 1006 合约并买入 1005 合约的开仓操作，持有至 2010 年 5 月 17 日。此时 1006 合约为 2722.4 点，1005 合约为 2719 点，二者差价为 3.4 点，可进行平仓操作，买入 1006 合约并卖出 1005 合约，获得套利收益为 51.4–3.4=48 点，同时扣除各项成本（以 10 点计），到期平仓的收益为（48–10）×300=11 400 元。

三、ETF 套利

（一）ETF 套利的概念

由于 ETF 同时在两个市场上交易，ETF 具有实际交易价格和资产净值双重属性，这两者按道理来说应该是相等的，但在实际交易过程中，由于供求关系等因素，两者有可能会出现较大偏差，投资者可以买入便宜的一方，等待两者的靠拢，赚取中间的差价，实现 ETF 的套利。

（二）ETF 的净值和市价

ETF 都对应于一个指数样本股所组成的一揽子股票组合。以上证 50ETF 为例，上证 50ETF 根据上证 50 指数的构成所建立的投资组合，套利所规定的最低买卖计量单位为 100 万份 50ETF，分别对应多少股中国联通、多少股中国石化等 50 只股票。申购就是用这一个揽子股票组合向基金公司交换得到 100 万份 ETF，赎回就是拿 100 万份 ETF 向基金公司交换得到一揽子股票组合。由一揽子股票组合得到的实时市值，除以 100 万份就得到 50ETF 的实时净值；而上证 50ETF 作为一个交易所交易的品种，最新成交价即为实时市值。

（三）ETF 套利原理

ETF 套利原理来源于一价原则，即同一个金融产品，虽然在两个不同的市场进行交易，但其价格应该相等。ETF 既可以在一级市场进行申购和赎回，又可以在二级市场进行买卖交易，这样同一个物质具有两种价格：一是一级市场上的申购、赎回价格（ETF 净值）；二是二级市场上的市场价格（ETF 市值）。根据一价原则，ETF 这一个产品在两个市场中的价格应该相等。但在实际交易中，ETF 的净资产值与其二级市场价格往往并不一致，ETF 市价会高于或者低于其净资产值（溢、折价）。这就给 ETF 投资者在一、二级市场套利提供了机会。

若 ETF 出现正溢价情形，我们可以通过买入 ETF 成份股，申购 ETF，再在二级市场卖出 ETF，即可获利；若 ETF 出现折价情形，我们可以通过在二级市场买入 ETF，再赎回成一揽子股票，然后卖出这一揽子股票，以此获利。

（四）ETF 套利模式

在套利模式成立的前提下，最重要的是考虑交易成本，因为这是决定套利区间的关键因素。ETF 套利交易成本包括申购赎回费、投资组合交易费用、证券交易费用（即股票佣金，因为 ETF 申购和赎回的对象都是一揽子股票组合，因此套利过程还涉及股票交易）。按照公开披露的信息，申购赎回费不超过 0.5%，投资组合交易费用不超过 0.25%，证券交易费用不超过 0.4%，总的交易成本不超过 1.05%。具体的套利过程分两种情况。

1. 溢价套利：ETF 市值>ETF 净值

溢价套利（正向套利）：当 ETF 市价大于净值时，买入一揽子股票，申购 ETF 份额，然后卖出 ETF。

假设投资者有资金 Y 元，投资者选择在场内买入投资组合份额=Y/[场内价格×（1+0.25%）]，再将买入的投资组合份额赎回，并将一揽子股票卖出变现赎回的一揽子股票并变现后的价值=Y×场外价格×（1-0.5%）×（1-0.4%）/[场内价格×（1+0.25%）]。如果这次套利交易有盈利，那么套利后的价值和原始资金的比值应该大于 1，根据上述两个计算式，得到：场外价格/场内价格×（1+0.25%）/[（1-0.5%）×（1-0.4%）]=1.0116。也就是说，如果差别超过 1.16%，理论上可以进行套利。

实际上在套利活动中共涉及 3 个价格，即场内交易价格、场外价格（投资组合份额净值）和实际股票组合价格。投资组合的招募说明书上写明，投资组合份额净值追踪 50 指数，其误差范围控制在 0.001。因此，在刚才的计算中，把实际股票组合价格近似为投资组合份额净值，但在实际操作中，由于股票交易的多变性，不可能做到完全按净值变现。所以还要增加变现溢价，估计在 0.3%（变现溢价会随着 Y 的增大而增加）。因此，价格差异超过 1.5% 进行套利交易的风险较低。

2. 折价套利：ETF 市值<ETF 净值

折价套利（反向套利）：当 ETF 市价小于净值时，买入 ETF，赎回 ETF 得到一揽子股票，然后卖出一揽子股票。

投资策略是先买入一揽子股票，在场外申购投资组合份额，然后在场内卖出投资组合份额。计算如下：买入股票后申购的投资组合份额=Y/(1+0.4%)×场外价格×(1+0.5%)；卖出投资组合份额后的资金=Y×场内价格×(1-0.25%)/(1+0.4%)×场外价格×(1+0.5%)。得出：场内价格/场外价格（1+0.4%）(1+0.5%) / (1-0.25%) =1.0116；同样要考虑实际股票组合价格与投资组合份额净值间的差异，也要增加溢价，估计在 0.3%（溢价会随着 Y 的增大而增加）。因此价格差异超过 1.5%，进行套利交易的风险较低。

从以上两种情况分析，一般的套利区间为（-1.5%，1.5%）。但不同的机构有不同的交易成本，只要价格差别超过机构的成本，就能进行套利。但对于资金大的机构而言，大额的股票交易带来的股票价格变动是要考虑的重要因素。

（五）套利方法

对套利交易而言，短期暴利是不可能的，关键是要在长期中累积小幅盈利，从而获得稳定的高回报。ETF 套利有两种方法：瞬间套利和延时套利。瞬间套利是一旦发现套利机会，立马完成。而延时套利是发现了套利机会，建好仓后并不立马平仓获利，而是等待趋势进一步扩大之后，再进行平仓，基于对走势的判断，赚取更多利润，但这也存在走势判断失误的风险。

1. 瞬间套利

瞬间套利操作几乎没有风险，而且由于瞬间套利的资金使用效率非常高，机会一旦出现，收益率会非常惊人。瞬间套利目标是同时或尽可能同时买卖 ETF 和揽子股票；上市首日机会密集，时常有套利机会，但盈利空间有限，市场大涨大跌时更容易出现套利机会。瞬间套利的案例如下。

瞬间套利的案例

2005 年 2 月 23 日，50ETF 上市首日，存在很多的套利机会，如图 12-1 所示，操作流程如下：①买入 100 万份 ETF 花费 87.2 万元，包含交易费用和冲击成本因素。②立即赎回，并以立即成交的价格卖出成份股，扣除所有费用后得到 87.63 万元现金。③一笔套利赚 4300 元，花费时间在 10～20 秒。

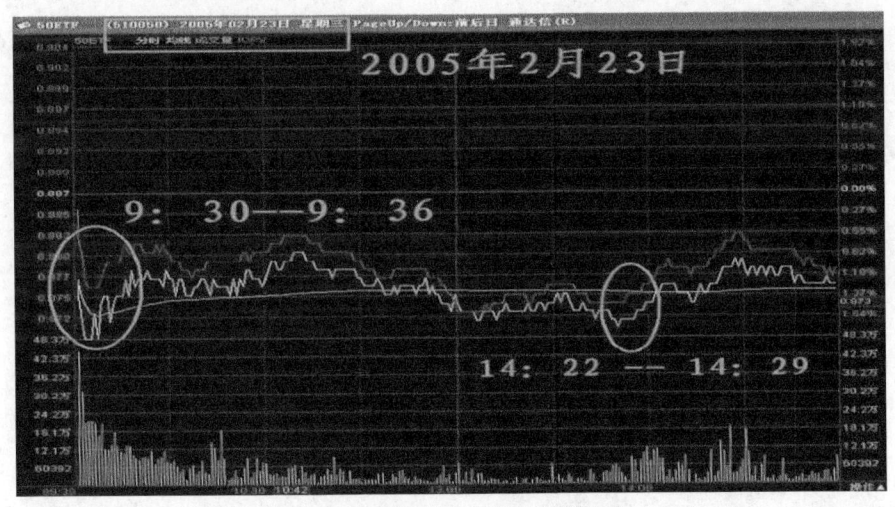

图 12-1　50ETF 上市首日套利机会

2. 延时套利

延时套利的原理则是：当 ETF 市值大于净值时，买入 ETF、赎回成份股；但在赎回一揽子股票后不立即抛出，等待股价涨到一定高点的时候再抛出股票。这样就可以实现 T+0 的操作，延时套利是对 T+0 高手的考验，在震荡市中或熊市反弹的时候，采用延时套利的策略收益会比较丰厚。

与瞬间套利相比，延时套利机会较多，即使在价差较小的情况下也可以操作。延时套利讲究的是策略性地非同步买卖 ETF 和一揽子股票。对买卖时机的把握是扩大套利收益及控制套利风险最为关键的因素。如能对指数的低点判断比较准确，则可利用此策略赚钱。这种策略在市场当日波动越大机会越多。一般来说，大盘向上波动 0.5% 就有操作机会，收益的高低取决于入市时机选择。关键是要严格执行交易纪律，避免 $T+1$ 操作。折溢价都可以进行 $T+0$ 操作，但是要根据折溢价情况考虑操作方向。

3. ETF 事件套利

事件套利主要是指由于 ETF 成份股因公告、股改、配股、增发等事项而停牌，利用该成份股停牌期间，预估它的价格在开盘会暴涨暴跌的可能性，从而可以进行溢价或者折价套利操作，获取套利的收益。

例如，A 股票因事件 B 停牌，预计复牌后股价大涨，如果 A 股票是 ETF 的成份股，那么可以通过 ETF 来变相买入 A 股票。具体操作方法是在二级市场买入 ETF，同时申请赎回 ETF，取回相应的一揽子股票，卖出除 A 股票以外的其他股票，保留 A 股票。ETF 折价看涨套利案例如下。

ETF 折价看涨套利案例

2005 年 6 月 8 日，大盘暴涨，但是中原高速出现停牌，预计在复牌后，中原高速将会出现补涨行情，这时候我们就可以通过 ETF 买入中原高速。

操作决策流程如下：①2005 年 6 月 8 日大盘暴涨而中原高速停牌。②核实中原高速公司停牌原因无重大利空。③选择 2005 年 6 月 8 日 50ETF 存在平价（或折价）时点。④预期利润高于交易成本。⑤启动 50ETF 折价或赎回套利，除中原高速外其他股票以 $T+0$ 卖出。⑥中原高速复牌后补涨获利。

结果如下：①当日做一笔折价套利，相当于以 7.15 元买入 2400 股中原高速。②次日该股以 7.85 元跳空高开，上涨 9.8%（开盘卖出即获利）。③本策略适用于补涨概念股的操作。

四、LOF 套利

（一）LOF 套利基本概念

LOF 投资组合称为上市型开放式投资组合，也就是上市型开放式投资组合发行结束后，投资者既可以在指定网点申购与赎回投资组合份额，也可以在交易所买卖该投资组合。不过投资者如果是在指定网点申购的投资组合份额，想要上网抛出，则需办理一定的转托管手续；同样，如果是在交易所网上买进的投资组合份额，想要在指定网点赎回，也要办理一定的转托管手续。

LOF 采用交易所交易和场外代销机构申购、赎回同时进行的交易机制，这种交易机制为投资者带来了全新的套利模式——跨市场套利。①当二级市场价格高于投资组合净资产的幅度超过手续费，投资者就可以从投资组合公司申购 LOF 投资组合份额，然后在二级市场上卖出。②如果二级市场价格低于投资组合净资产，投资者就可以先在二级市场买入投资组合份额，再到投资组合公司办理赎回业务完成套利过程。需要注意的是，由于套利过程中进行跨系统转登记手续的时间较长，加上手续费的存在，当一、二级市场的价格差异并不明显时，套利行为可能并不能获利。

（二）LOF 套利策略

LOF 投资组合套利操作给投资者提供了正向套利和反向套利两种套利机会。

1. 正向套利

LOF 投资组合有二级市场交易价格和投资组合净值两种价格。LOF 投资组合二级市场交易价格和股票二级市场交易价格一样，是投资者之间互相买卖所产生的价格。而 LOF 投资组合净值是投资组合管理公司利用募集资金购买股票、债券和其他金融工具后所形成的实际价值。二级市场交易价格在一天的交易时间中是连续波动的；而投资组合净值是在每天收市后，由投资组合管理公司根据当天股票和债券等收盘价计算出来的净值（一天只有一个）。当 LOF 投资组合二级市场交易价格超过投资组合净值时，并且这样的差价足够大过其中的交易费用（一般申购费 1.5%+二级市场 0.3%交易费用），那么正向套利机会就出现了。

正向套利的过程如下：①进入资金账户，选择股票交易项目下的场内投资组合申赎，输入 LOF 投资组合代码，然后单击申购按钮和购买金额后，完成投资组合申购。②$T+2$ 交易日，投资组合份额将到达客户账户。也就是说，星期一申购的 LOF 投资组合，如中间无休息日，份额将在星期三到达投资者账户。③从申购（也包括认购）份额到达投资者账户的这一天开始，任何一天，只要市场价格大于净值的幅度超过套利交易费用（一般情况下，该费用=1.5%申购费+0.15%交易费用=1.65%），无风险套利机会就出现了。

例如，投资者以 1 元净值申购，二级市场价格在 1.0165 元以上时，如价格在 1.04 元，那么投资者以 1.04 元卖出，扣除交易费用 0.0165 元，您将获益 1.04-1.0165=0.0235 元，收益率达 2.35%。

2. 反向套利

当 LOF 投资组合二级市场交易价格低于投资组合净值时（这种情况常常出现于熊市或下跌市），称为反向套利。

当 LOF 投资组合二级市场交易价格低于投资组合净值时，并且这样的差价足够大过其中的交易费用（一般情况下，该费用=二级市场 0.15%交易费用+赎回费用 0.5%=0.65%）时，那么反向套利机会就出现了。

反向套利的过程如下：①进入资金账户，选择股票交易，像正常股票买卖交易一样，输入投资组合代码（注意：此处不进入场内投资组合申赎）买入即可，这个过程被称为 LOF 投资组合二级市场买入，和买卖封闭式投资组合一样。②投资者在二级市场买入的 LOF 投资组合份额，在第二天（$T+1$ 日）到达投资者账户，从这一天开始，任何一天，当 LOF 投资组合二级市场交易价格低于投资组合净值，并且这样的差价足够大过其中的交易费用（一般情况下为 0.65%）时，那么投资者就可以在股票交易项目下的"场内投资组合申赎"赎回了。

例如，投资者第一天以 1.0 元在二级市场买入 LOF 投资组合，第二天投资者就可以赎回了，并且投资者赎回时，当天投资组合净值是 1.04 元，那么扣除 0.0065 元交易费后，投资者获益 0.335 元，收益率达 3.35%。

➢本章复习思考题

1. 基金资产的估值有何重要性？试述我国基金资产估值的原则及方法。
2. 简述基金费用的种类及它们的计提标准如何。
3. 如何利用 NAV 这一财务分析指标衡量基金的业绩？
4. 什么是特雷诺指数？什么是夏普比率？什么是詹森阿尔法？三大指标的结果是否一致？
5. 比较 ETF 套利与 LOF 套利的异同。

第十三章　证券分析实训基础

本章将首先对证券价格指数进行介绍，证券价格指数可以反映估值水平及总体变化趋势，通过单个资产的价格水平无法判断整个市场的情况，不论何时都应当重视证券价格指数的位置及走势。其次，本章将对投资步骤、投资策略及投资成功关键因素等多个投资者应当了解的内容进行介绍。最后，本章还将对债券市场基础知识进行简略介绍，由于在我国，个人投资者的主要投资方向是 A 股，而衍生证券产品则主要由专业机构投资者进行投资，因此，本章将不会涉及可转债、可交换债、资产支持证券等的具体介绍。本篇余下各章的内容也将主要针对股票市场进行展开，不再涉及债券市场。

第一节　股票价格指数分析

一、证券价格指数

证券价格指数是衡量证券市场总体价格水平及其变化的指标。就其作用而言，首先能从一个角度反映一个国家或地区经济发展的情况，其次可以用来衡量证券投资基金的经营业绩，对于主动型基金而言，业绩的好坏以基金收益率是否超越指数收益率（即基准组和表现）来衡量，而对于被动型基金（即指数基金）而言，它一般选取特定指数作为跟踪对象，业绩的好坏却是以基金收益率能否很好的拟合指数收益率来衡量（但由于组合构建差异和交易成本等因素的存在，始终无法做到完全拟合），基金收益率能够大幅超越指数收益率的被动型基金反而不被认为是业绩优越的。此外，很多衍生金融工具的设计依赖于证券市场指数，如股票价格指数期货、股票价格指数期权等，而这些衍生金融工具则会成为套期保值、投机及对冲基金实施阿尔法策略时用以对冲系统性风险敞口的工具之一。

按照证券市场中交易标的不同可以将证券价格指数分为股票价格指数（share price index）、债券价格指数（bond price index）和基金指数。

对于股票价格指数而言，我国主要的股票价格指数有：上证指数、深证指数、中证指数、中国香港恒生指数。国际上主要的股票价格指数有：美国标准普尔指数、道琼斯指数、NASDAQ指数和纽约证交所指数、英国伦敦金融时报指数或称英国富时指数、法国巴黎股价指数、德国法兰克福综合指数、日本日经平均股价指数（简称日经指数）、加拿大多伦多股市指数及摩根士丹利资本国际编制的一系列国际金融市场指数等。

对于债券价格指数而言，我国常见的债券价格指数有中证全债指数、上证国债指数、上证企业债指数、中国债券指数、中信债券指数、中国银行银债指数、银行间同业拆借中心银债指数等。国际上主要的债券价格指数有美林证券、巴克莱银行（曾经是雷曼兄弟）和所罗门美邦（现隶属于花旗集团）三家机构编制并提供，由于债券交易不频繁，因此不像股票市场那样能够快速获得最新价格，进而难以及时计算债券的实际收益率，因此在实务中很多债券价格还是会依靠债券估值模型进行估值。

对于基金指数而言，我国常见的基金指数有中证基金指数系列、中证协基金行业股票估值指数（SAC行业指数）、上证基金指数和深证基金指数。

当投资者使用这些指数时，需要对所使用的指数选用的样本股及样本股选取原则、编制的具体计算方法等进行大概了解，这些知识几乎都可从有关证券投资的书籍、网站或编制指数的机构的官网上查询得到，只有对这些内容有了大概的了解，才能理解这些指数的变化反映了什么内容或传递出什么信息。

二、股票价格指数

（一）股票价格指数概述

股票价格指数即股价指数，是由证券交易所、金融服务机构、研究咨询机构或财经媒体等主体运用统计学中的指数方法编制和发布的用以衡量股票市场上股价综合变动方向及幅度的一种动态相对数，其是用于反映股票总体价格或某类股价变动和走势的指标。股价变化无常，投资者时刻面临着股票价格变化带来的市场风险。股价指数的出现，使得投资者能够及时了解整个股票市场的价格总体水平成为可能，同时为投资者衡量投资业绩建立了基准、为预测股票市场动向提供了一种工具，为外界观察投资者的预期和信心提供了一个参考指标，也为衍生金融工具的设计提供了一种标的。

根据股价指数反映的价格走势所涵盖的范围不同，可以将股价指数划分为反映整个市场走势的综合性指数和反映某一行业或某一类股价走势的分类指数。如上证综合指数能够反映沪市整体股价走势，上证工业类指数则反映沪市工业类上市公司股价走势。

（二）股票价格指数的编制步骤

股票价格指数的编制分为四步。

第一步，选择样本股。选择一定数量有代表性的上市公司股票作为编制股价指数的样本股。样本股可以是全部上市股票，也可以是其中有代表性的一部分。选择样本股一是要考虑样本股的市价总值或市场规模，二是样本股票的流动性情况。

第二步，选定基期，并计算基期平均股价或市值。可以选择某一有代表性的日期作为基期，并按选定的某一种方法计算这一天的样本股平均价格或总市值。

第三步，计算计算期平均股价或市值，并做必要的修正。收集样本股在计算期的价格，并按选定的方法计算平均价格或市值。在实践中，上市公司会有派发现金股利、股票股利、增资和拆股等行为，使股价产生除权、除息效应，破坏连续性和可比性，因此在计算股价指数时要对指数进行修正，从而保证股价指数具有连续性和可比性。

第四步，指数化。如果计算股价指数，就需要将计算期的平均股价或市值转化为指数值，即将基期平均股价或市值定为某一常数（通常为 10、100 或 1000），并据此计算计算期股价的指数值。例如，上海证券交易所和深圳证券交易所发布的综合指数基准日指数为 100 点，而两所发布的成份指数基准日指数为 1000 点。

（三）股票价格指数的计算方法

股价指数的计算方法，有算术平均法和加权平均法两种。算术平均法是将成份股股价进行简单平均，计算得出一个平均值。加权平均法是根据每只股票对市场影响的大小（实践中，一般以股票的发行量或成交量来衡量，称为权数），对平均值进行调整。

1. 股价平均数

股价平均数可分为算术平均数、加权平均数和修正平均数。

1）算术平均数

算术平均数是以样本股每日收盘价之和除以样本数。计算公式为

$$\overline{P} = \frac{\sum P_i}{N}$$

其中，$\overline{P}$ 为平均股价；P_i 为各样本股收盘价；N 为样本股票种数。

算术平均数优点是计算简单方便，缺点是没有考虑上市公司发生派发现金股利、股票股利、增资和拆股等行为后股价的修正问题，也没有考虑权数，忽略了发行量或成交量的影响。

2）加权平均数

加权平均数是将各样本股的发行量或成交量作为权数计算出的股价平均数。计算公式为

$$\overline{P} = \frac{\sum_{i=1}^{n} P_i W_i}{\sum_{i=1}^{n} W_i}$$

其中，W_i 为样本股的发行量或成交量。

以样本股发行量为权数计算出来的是平均市场价格，以样本股成交量为权数计算出来的是平均成交价。

3）修正平均数

修正平均数是在简单算术股价平均数法的基础上,当样本股发生变化或样本股的股本结构发生变化时(上市公司派发现金股利、股票股利、增资和拆股等),可以通过下式修正：

$$\frac{\text{修正前的总价格(或总市值)}}{\text{原除数}} = \frac{\text{修正后的总价格(或总市值)}}{\text{新除数}}$$

由此公式得出新除数,即修正后的除数,又被称为新基期,并据此计算以后的指数。

$$\text{修正股价平均数} = \frac{\text{股价变动后的总价格}}{\text{新除数}}$$

2. 股价指数

股价指数是将计算期的股价或市值与某一基期的股价或市值相比较的相对变化值,用于反映股票市场价格的相对水平。股价指数的编制方法有算术股价指数和加权股价指数两类。

1）算术股价指数

简单算术股价指数又有相对法和综合法之分。

A. 相对法

相对法是先计算样本股的个别指数,再计算算术平均数。设股价指数为 P',基期第 i 种股票价格为 P_{0i},计算期第 i 种股票价格为 P_{1i},样本数为 N,计算公式为

$$P' = \frac{1}{N} \sum_{i=1}^{n} \frac{P_{1i}}{P_{0i}} \times \text{基期指数值}$$

B. 综合法

综合法是将样本股票基期价格和计算期价格分别加总,然后再求出股价指数,计算公式为

$$P' = \frac{\sum_{i=1}^{n} P_{1i}}{\sum_{i=1}^{n} P_{0i}} \times \text{基期指数值}$$

2）加权股价指数

加权股价指数是以样本股票发行量或成交量为权数加以计算,又可分为基期加权、计算期加权和几何加权。

A. 基期加权股价指数

基期加权股价指数又称拉氏指数(Laspeyer index),采用基期发行量或成交量作为权数,计算公式为

$$P' = \frac{\sum_{i=1}^{n} P_{1i} Q_{0i}}{\sum_{i=1}^{n} P_{0i} Q_{0i}} \times \text{基期指数值}$$

其中, Q_{0i} 为第 i 种股票基期发行量或成交量。

B. 计算期加权股价指数

计算期加权股价指数又称派氏指数（Paasche index），采用计算期发行量或成交量作为权数，计算公式为

$$P' = \frac{\sum_{i=1}^{n} P_{1i}Q_{1i}}{\sum_{i=1}^{n} P_{0i}Q_{1i}} \times 基期指数值$$

其中，Q_{1i} 为第 i 种股票基期发行量或成交量。

C. 几何加权股价指数

几何加权股价指数是对两种指数作几何平均。计算公式为

$$P' = \sqrt{\frac{\sum_{i=1}^{n} P_{1i}Q_{0i}}{\sum_{i=1}^{n} P_{0i}Q_{0i}} \times \frac{\sum_{i=1}^{n} P_{1i}Q_{1i}}{\sum_{i=1}^{n} P_{0i}Q_{1i}}} \times 基期指数值$$

（四）几种著名的国际股票指数

1. 道·琼斯指数

道·琼斯指数又称道氏指数，它采用算术平均法计算，是国际上历史最悠久、最有影响力而又为公众最为熟悉的美国股价指数，由美国道·琼斯公司编制，并在《华尔街日报》上公布。现在人们所说的道·琼斯指数实际上是一组股价平均数，包括5组指标：道氏工业股价平均数（即平时简称的道·琼斯指数，以美国埃克森石油公司、通用汽车公司和美国钢铁公司等30家著名大工商业公司股票为样本股）、道氏运输业股价平均数（以美国泛美航空公司、环球航空公司、国际联运公司等20家具有代表性的运输业公司股票为样本股）、道氏公用事业股价平均数（以美国电力公司、煤气公司等15种具有代表性的公用事业大公司股票为样本股）、道氏股价综合平均数（以上述65家公司股票为样本股）、道·琼斯公正市价指数（以700种不同规模或实力的公司股票为样本股）。道·琼斯股票价格平均指数以1928年10月1日为基期，用当日当时的股票价格算术平均数与基期的比值求得。

2. 标准普尔指数

标准普尔指数又称标准普尔500指数，标准普尔指数由美国标准普尔公司于1923年开始编制发表，当时主要编制两种指数，一种是包括90种股票每日发表一次的指数，另一种是包括480种股票每月发表一次的指数。1957年扩展为现行的、以500种采样股票通过加权平均综合计算得出的指数，在开市时间实时公布。标准普尔指数以1941~1943年为基数，用发行量为权数，以纽约证券交易所上市股票的绝大多数普通股票为样本股计算得出，因此比道·琼斯指数更具代表性。

3. NASDAQ 指数

NASDAQ 是美国全国证券交易商协会于1968年着手创建的"全美证券交易商自动报价系统"名称的英文简称，于1971年正式启用。它利用现代电子计算机技术，将美国6000多个证券商网点连接在一起，收集和发布场外交易非上市股票的证券商报价，形成了一个全美统一的场外二级市场。NASDAQ 市场设立了13种指数，分别为：

NASDAQ 综合指数、 NASDAQ-100 指数、NASDAQ 金融-100 指数、NASDAQ 银行指数、NASDAQ 生物指数、NASDAQ 计算机指数、NASDAQ 工业指数、 NASDAQ 保险指数、NASDAQ 其他金融指数、NASDAQ 通信指数、NASDAQ 运输指数、NASDAQ 全国市场综合指数和 NASDAQ 全国市场工业指数。

4. 日经指数

日经 225 股价指数是日本经济新闻社编制和公布的反映日本股票市场价格变动的股价指数。该指数从 1950 年 9 月开始编制，最初根据在东京证券交易所第一市场上市的 225 家公司的股票算出修正平均股价，被称为东证修正平均股价。1975 年 5 月 1 日，日本经济新闻社向美国道·琼斯公司买进商标，并将指数名称改为日本经济新闻社道·琼斯股票平均价格指数（或称日经道氏平均股价指标），1985 年 5 月 1 日合同届满，协商更名为日经平均股价指数，简称日经指数。现在日经股价指数分成两组：一是日经 225 种股价指数。这一指数以在东京证券交易所第一市场上市的 225 种股票为样本股，包括 150 家制造业、15 家金融业、14 家运输业和 46 家其他行业。二是日经 500 种股价指数。该指数从 1982 年 1 月 4 日起开始编制，样本股扩大到 500 种。

5. 金融时报证券交易所指数（富时指数）

金融时报证券交易所指数（也译为富时指数）是英国最具权威性的股价指数，原由《金融时报》编制和公布，现由《金融时报》和伦敦证券交易所共同拥有的富时集团编制。这一指数包括三种：一是金融时报工业股票指数，又被称为 30 种股票指数。该指数包括 30 种最优良的工业股票价格，其中有烟草、食油、电子、化学药品、金属机械、原油等。二是 100 种股票交易指数，又称 FT-100 指数。该指数挑选了 100 家有代表性的大公司股票作为样本股，自 1984 年 1 月 3 日起编制并公布。三是综合精算股票指数。该指数以伦敦股市上 700 多种股票作为样本股，自 1962 年 4 月 10 日起编制和公布。

6. 费城半导体指数

费城半导体指数由美国费城证券交易所编制，取样标准覆盖半导体的设计、制造和销售，以 1993 年 12 月 1 日为基期，以加权法进行计算，有 19 种成份股，包括了超威、运用材料、英特尔、德州仪器等全球重要的半导体行业股票。

费城半导体指数可协助投资者研判半导体类股和科技类股票的股价走势，是目前最受重视的全球科技类股指数，被誉为 NASDAQ 指数的先行指标。

7. 星股海峡指数

星股海峡指数又称为海峡时报指数、星股指数、海峡时报指数，是全球投资新加坡股市观察的最佳指标，是新兴证券市场的典型代表指数。海峡时报指数是由《海峡时报》于 1998 年 8 月 28 日公布，而其所选的标的以权值高、流动性高的优质公司为主，指数以市值加权平均编制，而指数基期为 885.26。一般市场上所听到的星股指数指的就是海峡时报指数，2018 年，海峡时报指数的成份股有 50 只，市值约占整个股市总值的六成。

（五）我国主要的股价指数

1. 中证指数有限公司的指数

中证指数有限公司成立于 2005 年 8 月 25 日，是由上海证券交易所和深圳证券交易所共同出资发起设立的一家专业从事证券指数及指数衍生产品开发服务的公司。

1）沪深 300 指数

沪深 300 指数由上海证券交易所和深圳证券交易所联合编制，于 2005 年 4 月 8 日正式发布，以 2004 年 12 月 31 日为基期，基期点位 1000 点。是从上海和深圳证券市场中选取 300 只 A 股作为样本，样本选择标准为规模大、流动性好的股票。沪深 300 指数样本覆盖了沪深市场八成左右的市值，具有良好的市场代表性。

沪深两个市场各自均有独立的综合指数和成份指数，这些指数在投资者中有较高的认同度，但市场缺乏反映沪深市场整体走势的跨市场指数。沪深 300 指数的推出切合了市场需求，适应了投资者结构的变化，为市场增加了一项用于观察市场走势的指标，也进一步为市场产品创新提供了条件。指数样本选自沪深两个证券市场，覆盖了大部分流通市值，成份股为市场中市场代表性好、流动性高、交易活跃的主流投资股票，能够反映市场主流投资的收益情况。

中证指数有限公司成立后，沪、深证券交易所将沪深 300 指数的经营管理及相关权益转移至中证指数有限公司。

2）中证规模指数

中证规模指数包括中证 100 指数、中证 200 指数、中证 500 指数、中证 700 指数、中证 800 指数和中证流通指数。这些指数与沪深 300 指数共同构成中证规模指数体系。其中，中证 100 指数定位于大盘指数，中证 200 指数为中盘指数，沪深 300 指数为大中盘指数，中证 500 指数为小盘指数，中证 700 指数为中小盘指数，中证 800 指数则由大中小盘指数构成。

除此以外，中证指数有限公司还编制和发布中证行业指数系列、中证风格指数系列、中证主题指数系列、中证策略指数系列和中证海外指数系列。

3）中证 100 指数

其中最有代表性的中证 100 指数是继沪深 300 指数之后出现的综合反映沪深两市全流通 A 股的跨市场指数，该指数的样本由已经实施股权分置改革、股改前已经全流通及新上市全流通的沪深两市 A 股股票组成，以综合反映我国沪深 A 股市场中全流通股票的股价变动整体情况，为投资者提投资分析工具和业绩评价基准，为推进和深化股权分置改革提供服务。

该指数综合反映了沪深证券市场中最具市场影响力的一批大市值公司的整体状况，中证指数有限公司于 2006 年 5 月 29 日正式发布该指数，以 2005 年 12 月 30 日为基日，以该日所有样本股票的调整市值为基期，基点 1000 点。

2. 上海证券交易所的指数

1）上证综合指数

上证综合指数，它是上海证券交易所从 1991 年 7 月 15 日起编制并公布、反映上海证券交易市场的总体走势的指数，它以 1990 年 12 月 19 日为基期，以上海证券交易所挂牌上市的全部股票为样本，以股票发行量为权数，通过加权平均法计算。上证综合指数是中国内地最有影响力的指数，其最初是中国工商银行上海分行信托投资公司静安证券业务部根据上海股市的实际情况，参考国外股价指标的生成方法编制而成。

2）上证 180 指数

上证 180 指数即上证成份股指数，于 2002 年 7 月 1 日正式发布，基点为 2002 年 6 月 28 日上证 30 指数的收盘点数 3299.05 点。上证 180 指数的样本股共有 180 只股票，选择样本股的标准是市场规模（总市值、流通市值）、流动性（成交金额、换手率）和行业代表性三项指标，即选取规模较大、流动性较好且具有行业代表性的股票作为样本，建立一个反映上海证券市场的概貌和运行状况的基准指数。

3）上证 50 指数

上证 50 指数由上海证券交易所编制，于 2004 年 1 月 2 日正式发布，该指数简称为上证 50，指数代码 000016，基日为 2003 年 12 月 31 日，基点为 1000 点。

上证 50 指数根据流通市值、成交金额对股票进行综合排名，从上证 180 指数样本中挑选上海证券市场规模大、流动性好的最具代表性的 50 只股票组成样本股，以综合反映上海证券市场最具市场影响力的一批优质大盘企业的整体状况。

4）科创 50 指数

设立科创板并试点注册制是深化资本市场改革的基础性制度安排。经过近一年的发展，科创板整体规模体量显著增长，截至 2020 年 5 月底，科创板上市公司数量达 105 家，总市值约 1.6 万亿元，集中了一批具有关键核心技术、科技创新能力突出的科创企业，科创板的市场重要性日益凸显，科创板指数的推出是顺应市场发展、推进市场建设、完善市场功能、丰富上海交易所多层次市场指数体系的一项重要举措。考虑到目前国际上具有影响力、认知度较高的指数主要为成份指数，并采用成份指数来反映市场发展状况，为集中体现科创板核心上市公司股价表现，上海证券交易所推出上证科创板 50 成份指数，简称科创 50 指数，作为反映科创板证券价格表现的首条指数，科创 50 指数的推出为投资者提供客观表征市场和业绩评价基准的工具，并为指数型投资产品提供跟踪标的。科创 50 指数于 2020 年 7 月 22 日正式发布，由上海证券交易所科创板中市值大、流动性好的 50 只证券组成，反映最具市场代表性的一批科创企业的整体表现。该指数以 2019 年 12 月 31 日为基日，以 1000 点为基点，指数代码为 SH000688。

5）其他指数

上海证券交易所还按全部上市公司的主营范围，以在上海证券交易所上市的全部工业类股票、商业类股票、地产类股票、公用事业类股票、综合类股票为样本，以全部发行股数为权数分别进行计算出工业类指数、商业类指数、地产类指数、公用事业类指数和综合类指数。上证工业类指数、商业类指数、地产类指数、公用事业类指数、综合类指数均以 1993 年 4 月 30 日为基期，基期指数设为 1358.78 点，于 1993 年 6 月 1 日正式对外公布。

上海证券交易所编制和发布的指数还有上证行业指数系列、上证策略指数系列、上证风格指数系列、上证主题指数系列等。

3. 深圳证券交易所的指数

1）深证成份指数

深证成份指数简称深证成指，是深圳证券交易所的主要股指。它是按一定标准选出 40 家有代表性的上市公司作为成份股，用成份股的可流通数作为权数，采用加权综合法进行编制而成的股价指标。成份股指数以 1994 年 7 月 20 日为基日，基日指数为 1000 点，起始计算日为 1995 年 1 月 23 日。为保证成份股样本的客观性和公正性，成份股定期调整。深圳交易所定期考察成份股的代表性，及时更换代表性降低的公司，选入更有代表性的公司。深圳证券交易所选取成份股的一般原则是：有一定的上市交易时间；有一定的上市规模，以每家公司一段时期内的平均可流通股市值和平均总市值作为衡量标准；交易活跃，以每家公司一段时期内的总成交金额和换手率作为衡量标准。

2）深证综合指数

深圳综合指数由深圳证券交易所编制的股票指数，以 1991 年 4 月 3 日为基期，该股票指数的计算方法基本与上证指数相同，其样本为所有在深圳证券交易所挂牌上市的股票，权数为股票的总股本，基期为 100 点。由于以所有挂牌的上市公司为样本，其代表性非常广泛，且它与深圳股市的行情同步发布，它是证券从业人员研判深圳股市股票价格变化趋势必不可少的参考依据。

3）创业板指数

创业板指数以在深圳证券交易所创业板上市的全部股票为样本，以可流通股本数为权数，进行加权逐日连锁计算。创业板指数以 2010 年 5 月 31 日为基日，基日指数为 1000 点，2010 年 8 月 20 日开始发布。其中，要注意区分创业板综合指数和创业板成份指数，创业板综合指数简称创业板综，代码是 399102；创业板成份指数简称创业板指，代码是 399006。

4）中小板指数

中小板指数以在深圳证券交易所中小板上市的全部股票为样本，以可流通股本数为权数，进行加权逐日连锁计算。其中，要注意区分中小板综合指数和中小板成份指数，中小板综合指数简称中小综指，代码是 399101；中小板成份指数简称中小板指，代码是 399005。

4. 中国香港恒生指数

恒生指数是香港股市历史最久、最有代表性和影响最大的一种股价指数，由香港恒生银行于 1969 年 11 月 24 日起编制公布、系统反映香港股票市场行情变动。它挑选了 33 种有代表性的上市股票为成份股，用加权平均法计算。33 种成份股中包括金融业 4 种、公用事业 6 种、地产业 9 种、其他工商业 14 种，它们的市价总值要占香港所有上市股票市价总值的 70%左右，所以恒生指数是目前香港股票市场最具权威性和代表性的股票价格指数。同时，香港的国企指数也日益受到投资者的重视。

三、我国主要的债券指数和基金指数

（一）我国主要的债券指数

1. 中证全债指数

中证指数有限公司于 2007 年 12 月 17 日发布中证全债指数。该指数的样本债券是在上海证券交易所、深圳证券交易所，以及银行间市场上市的国债、金融债及企业债，债券的信用级别为投资级以上、币种为人民币、剩余期限为一年以上、付息方式为固定利率付息或一次还本付息。指数的基日为 2002 年 12 月 31 日，基点为 100 点。

中证指数有限公司于 2008 年 1 月 28 日正式发布中证国债指数、中证金融债指数、中证企业债指数等三只中证分类债券指数，三只指数以中证全债指数样本券为选样空间，分别挑选国债、金融债及企业债组成样本券，三只指数的基日均为 2002 年 12 月 31 日，基点均为 100 点。

2. 上证国债指数

上海证券交易所自 2003 年 1 月 2 日起发布上证国债指数，上证国债指数以在上海证券交易所上市的、剩余期限在一年以上的固定利率国债和一次还本付息国债为样本，按照国债发行量加权，基日为 2002 年 12 月 31 日，基点为 100 点。

3. 上证企业债指数

上海证券交易所于 2003 年 6 月 9 日起发布企业债指数，指数代码为 000013。该指数以在沪、深证券交易所上市交易的固定利率付息和一次还本付息、剩余期限在一年以上（含一年）、信用评级为投资级（BBB）以上的非股权连接类企业债券为样本，以 2002 年 12 月 31 日为基准日，基日指数为 100 点，采用派许加权综合价格指数公式计算。

上海证券交易所还编制和发布沪公司债指数和沪分离债指数，这两个指数均以在上海证券交易所上市的公司债和分离债作为样本，以 2007 年 12 月 31 日为基期，设定基期指数为 100 点。

4. 中国债券指数

中国债券指数由中国证券登记结算有限责任公司于 2002 年 12 月 31 日开始发布，该指数体系包括国债指数、企业债指数、政策性银行金融债指数、银行间债券指数、交易所债券指数、中短期债券指数和长期国债指数等，覆盖了交易所市场和银行间市场所有发行额在 50 亿元人民币以上、待偿期限在一年以上的债券，指数样本债券每月末调整一次。该指数系列以 2001 年 12 月 31 日为基日，基期指数为 100，每个工作日计算一次。

（二）我国主要的基金指数

1. 中证基金指数系列

中证基金指数由中证指数有限公司于 2008 年 2 月 4 日正式发布，样本空间为当前市场上的所有开放式基金，可以反映中国开放式基金市场的整体表现。该指数系列有27只指数，均以2002年12月31日为基日，基点为1000点。

2. 中证协基金行业股票估值指数

中国证券业协会和中证指数有限公司于2009年6月15日发布中证协基金行业股票估值指数。该指数是按照中国证券监督管理委员会《指引》标准编制的跨沪、深证券交易所市场的行业指数，分12门类和制造业9个辅类，共21只指数，均以2008年12月31日为基日，基点为1000点。

3. 上证基金指数

上海证券交易所于2000年6月9日开始正式发布的上证基金指数，指数代码为000011，指数以2000年5月8日为基日，以该日所有证券投资基金市价总值为基期，设基日指数为1000点，选样范围为在上海证券交易所上市的所有证券投资基金。

4. 深证基金指数

深证基金指数于2000年7月3日开始发布，以2000年6月30日为基日，以该日所有证券投资基金市价总值为基期，设基日指数为1000点，选样范围为在深圳证券交易所上市的全部封闭式基金（不包含创新型基金）。

第二节 股票投资实践基础

一、证券投资步骤

证券投资是一个复杂的、动态的、连续的过程，理性的证券投资一般包括六个基本步骤：一是明确投资目标，二是制定投资策略，三是展开投资分析，四是构建投资组合，五是调整投资组合，六是评估投资业绩。这六个步骤相辅相成，循环往复，是密切相关的一个整体。

（一）明确投资目标

证券投资是一种风险投资，投资的总体目的是希望通过合理地配置金融资产来获得收益，如股息收益、利息收益、资本损益等，并最终实现资产的保值增值，但投资收益是未来的，未来又是充满不确定性的，因此投资者在追求这一目标的过程之中时刻面临着各种各样的风险，如政治风险、经济周期风险、利率风险、汇率风险、通货膨胀风险等系统性风险，或是个别公司或行业的信用风险、经营风险、财务风险等非系统性风险，这些风险都有可能导致证券投资预期收益的减少甚至是本金的损失，从而导致投资的目的无法实现，因此，在投资过程中要时刻对风险性和收益性进行权衡并做出投资决策。

和投资总体目的不同，投资的总目标是实现效用的最大化，并且是实现一生效用的最大化。但投资者具有异质性，因此为了实现这个总目标，每个人在自己人生各个阶段的投资目标也是不一样的，投资者要根据自己的人生目标、人生规划、年龄阶段、家庭情况、财富状况、收入状况、知识储备情况、风险偏好、风险承受能力、闲暇时间长短等各种因素来确定自己不同人生阶段的投资目标。要随时思考自己的投资追求是什么，是追求高收益承担高风险还是追求低收益承担较低的风险？大体而言，可以按照如下思路来确定具体的投资目标。

20～25岁（含）：这个阶段的大部分投资者一般还在上学或刚进入工作岗位，收入不多，家庭负担不重，个人消费比重较大，可用于证券投资的资金量也不足。在这个阶段，最重要的是做好投资前准备。一是要做好知识上的储备，证券投资是一项专业性和技术性都比较强的活动，因此在进行证券投资前，要尽可能多地了解投资工具、法律法规，尽可能多地积累经济理论、投资理论及各行各业的知识，这些都将助益于投资者在今后的投资生涯中发现投资机会与识别投资风险。二是积累投资经验，投资者可以在这一阶段通过模拟账户进行模拟投资来积累投资经验并不断验证自己所学习到的投资理论与方法。三是积累投资资金，关键在于收入的提高及储蓄观念的加强。

25～35岁（含）：这个阶段的大部分投资者工作已趋于平稳，事业压力与家庭负担也不算很重，闲暇时间也较多，并且随着收入的提高与储蓄观念的形成，有一定的结余资金可以用于证券投资。这一阶段风险承受能力较强，可以在理性投资的基础上进行一些高收益投资，同时承担与收益匹配的较高的投资风险。

35～55岁（含）：这个阶段的大部分投资者处于事业压力最大、家庭负担最重的人生阶段，需要承担较大的工作责任和照顾孩子、老人、配偶的家庭责任，虽然收入和储蓄都有很大的提高，但是家庭开支也较大，虽然知识储备和投资经验都有了较多的积累，但闲暇时间却减少了。因此在这个阶段需要结合近期家庭实际开支、潜在开支和风险承受能力谨慎确定投资目标、制订投资规划，最好向专业人士寻求帮助，做出一个全面、周全的投资方案。

55～60岁（含）：这个阶段的大部分投资者工作压力和家庭负担都有所减少，闲暇时间也有所增加，对未来的生活安排和人生目标也更加清晰，资金储备、知识储备和投资经验又有了进一步的积累，可以结合未来的收入状况及享受生活、养老、医疗的预计支出来确定投资目标，要做好退休后收入减少情况下的财务规划，风险管理此时应当作为第一要务。

60岁以后：这个阶段的大部分投资者可能都已经退休或即将在未来几年内退休，这个阶段收入有所减少，闲暇时间也较多，在这个人生阶段应当规划如何合理使用曾经的积蓄和投资收益规划来享受生活，同时做好预防性支出的准备，因此在投资的首要目标是追求安全，如投资国债等低风险产品，在安全的基础上获得一定收益来对冲通货膨胀风险，保证生活质量。

（二）制定投资策略

在明确投资追求之后，要进一步根据投资目标、风险态度及投资期限等主客观因素来制定投资策略。投资策略具体会涉及资产配置、证券选择、时机把握、风险管理、投资规则等因素。根据投资决策的灵活性不同，可将投资策略分为主动型投资策略与被动型投资策略；按照策略适用期限的不同，可将投资策略分为战略性投资策略和战术性投资策略；根据投资品种的不同，可将投资策略分为股票投资策略、债券投资策略、另类产品投资策略等。下节中会进一步对投资策略进行介绍。

（三）展开投资分析

证券投资分析是证券投资的基础和核心。首先分析的是各种证券的价格形成机制，即影响证券价格波动的各种因素和它们的作用机理；其次分析的是对证券的价值进行评估，竭力发现那些价格偏离其内在价值的证券，将价格低于价值的证券吸收进证券组合，而尽量避免或剔除价格偏高的证券。

进行证券投资分析的方法很多，这些方法大致可归为三类：第一类称为基本分析，第二类称为技术分析，第三类称为行为金融分析。这些分析方法是证券投资分析的主要内容，本书已在第二篇分析篇中对传统的股票分析方法进行了讨论，并将在后文中介绍其他一些同样需要重视的方法。

（四）构建投资组合

构建证券投资组合也是投资过程中较为关键的一步。在对各种不同证券品种和同一品种中不同证券进行深入细致分析的基础上，以投资目标和投资策略为指导，确定具体投资的证券品种和财富在各种证券上的分配比例。在进行投资组合的构造时，投资者要注意三个问题：证券选择、投资时机和风险分散。证券选择主要依据证券投资分析的结论，从微观层面把握所关注的个别证券的价格走势及波动情况。投资时机是指从宏观层面上分析经济政策和经济形势及其对不同品种证券价格走势的当前及潜在的影响。风险分散是指所组建的投资组合中证券的多样性和风险分散。组合中不同证券的风险特征及其存在的相关性，能使投资组合的风险得到有效的分解，从而在收益一定的情况下，使风险降到最小。

（五）调整投资组合

投资过程是一个动态过程，这是由投资对象和投资环境的动态性所决定的。作为投资对象的证券的价值，会随着公司经营情况的变化而变化，也会随着宏观经济形势的变化而变化。证券的价格更是随着资本市场上许多影响因素的变化而频繁变化。因此，任何一个投资组合都不可能一劳永逸，都要随着情况的变化进行新的调整和修正。同时随着时间的推移，投资者会调整投资目标和投资策略，从而使当前持有的投资组合不再符合的投资目标和策略，为此需要对其进行调整，抛售现有组合中的一些证券，同时购进一些新的证券以形成新的组合。投资组合的调整，实际上就是定期重温前三步，它主要取决于交易成本和组合调整后的投资业绩改善的边际效应。

（六）评估投资业绩

投资组合的业绩评估，实际是针对投资前确定的目标，进行是否达到或超过预期收益的一种最终成果确认，其主要依据是投资组合的回报率和对应的风险，因此，需要有计量收益和风险的标准。投资业绩评估很重要，它为投资组合的调整和确定下一次投资战略奠定了基础。

二、证券投资策略

证券投资策略是我们基于对证券市场规律和投资者自身特征，根据投资目标制定的，指导投资者进行证券投资时所采用的投资规则体系、行为模式、投资流程、行动计划方案的总称，它综合地反映了投资者的投资目标、风险偏好、投资期限等主客观因素。

根据不同的分类标准，可以将投资策略大致分为以下类别。

（一）主动型投资策略与被动型投资策略

根据投资决策的主动性不同，分为主动型投资策略与被动型投资策略。

1. 主动型投资策略

主动型投资策略的假设前提是市场有效性存在瑕疵，证券的市场价格偏离内在价值，存在套利机会，投资者可以根据证券的市场价格偏离内在价值的程度对投资组合进行积极调整来获取超额收益，这种策略通常将战胜市场作为基本目标。根据板块轮动、市场风格转换调整投资组合就是一种常见的主动型投资策略。

2. 被动型投资策略

被动型投资策略是指根据既定的投资组合构成及调整规则进行投资，不根据证券的市场价格的变化主动地进行调整。其理论依据依然是市场有效性假说，即证券市场价格反映了证券内在价值，即使有所偏离，也会很快回归，在这种情况下买入并持有，被动接受市场价格变化而不进行调整，更有可能获取市场收益，而且可以避免了交易成本和错误判断带来的损失。通常认为指数化投资策略是一种常见的被动型投资策略。

（二）战略性投资策略和战术性投资策略

按照策略适用期限的不同，分为战略性投资策略和战术性投资策略。

1. 战略性投资策略

战略性投资策略着眼较长期的投资期限，不会随市场行情的短期变化而轻易变动投资组合。常见的长期投资策略包括如下几个。

1）买入持有策略（buy-and-hold）

买入持有策略是一种典型的被动型投资策略，按照科学的方法确定一个资产组合，并在较长期的时间内持有这个组合，具有较低的交易成本和管理费用。

2）固定比例策略（constant mix strategy）

保持投资组合中各类资产占总市值的比例固定不变，需要不断地进行再平衡，即在各类资产的市场价格变化时，其占总市值的比例就会发生变化，这时就要进行相应调整，卖出价格上涨的资产，再买入价格下跌的资产。

3）投资组合保险策略（portfolio insurance）

投资组合保险策略强调投资人对最大风险损失的保障。固定比例投资组合保险策略（constant proportion portfolio insurance，CPPI）最具代表性，思路是将资产分为高风险资产和低风险资产，首先确定投资者所能接受的资产组合市值底线，然后以总市值减去市值底线得到安全边际，将这个安全边际乘以事先确定的乘数就得到风险性资产的投资额。

2. 战术性投资策略

战术性投资策略通常按照对市场的预测不断调整投资组合，是一种短期主动型投资策略。常见的战术性投资策略包括如下几个。

1）交易型策略（trading strategy）

根据市场交易中经常出现的规律性现象，制定某种投资策略，如反转策略、动量策略等。反转策略假定证券价格存在一个均值，高于或低于此均值时会反向变动，回归均值。动量策略的基本原理是买入赢家组合（即历史表现优于大盘的组合），试图获取惯性收益。

2）阿尔法策略

阿尔法策略即买入某个看好的资产，同时卖空另一种资产组合，试图抵消市场风险而获取单个证券的阿尔法收益。

3）事件驱动策略（event-driven strategy）

根据特殊事件，如政府政策变动、公司重大事件、特殊自然灾害或社会事件等，制定相应的灵活投资策略。

（三）股票投资策略、债券投资策略、另类产品投资策略等

根据投资品种的不同，分为股票投资策略、债券投资策略、另类产品投资策略等。

1. 股票投资策略

按照不同分类标准，可以把常见的股票投资策略分为以下类别。

（1）按照投资风格划分，可以区分为价值型投资策略、成长性投资策略和平衡型投资策略。

（2）按收益与市场比较基准的关系划分，可以分为市场中性策略、指数化策略、指数增强型策略及绝对收益策略。

（3）按照投资决策的层次划分，可以分为配置策略、选股策略和择时策略。

2. 债券投资策略

通常可以按照投资的主动性程度，把债券投资策略分为两类。

（1）消极投资策略，如指数化投资策略、久期免疫策略、现金流匹配策略、阶梯形组合策略、哑铃型组合策略等。

（2）积极投资策略，如子弹型策略、收益曲线骑乘策略、或有免疫策略、债券互换策略等。

3. 另类产品投资策略

通常将除股票、债券之外的其他投资品称为另类产品投资，如大宗商品、贵金属、房地产、艺术品、古玩、金融衍生品等，不同类别的投资品均有其专业化的投资策略。

三、证券投资成功的关键因素

（一）投资哲学与投资心态

投资者要能获得最终的成功，需要最终塑造适合自己的投资哲学。几乎每一项投资决策与行为背后都反映着投资者的投资哲学和理念，投资哲学和理念决定着你的投资目标、投资策略和交易系统，当然，一开始你的投资哲学可能是模糊的、不明确的，当然，也可能是不合理的，而投资理念则没有固定的模板和标准，投资大师各有各的投资哲学和理念。投资理念应当是符合所处投资环境的，更重要的是适合投资者自己的。

要形成自己的投资哲学和理念，最初的办法往往是向投资大师学习和借鉴，并结合自身、时代和环境加以改造，不断内化成为自己的投资哲学和理念。有许多投资大师是值得学习的，投资者应当不断重复研读他们的著作，相信这会对投资理念的形成大有裨益。值得研读的书籍如下：杰西·利弗莫尔的《股票作手回忆录》、菲利普·费舍的《怎样选择成长股》、彼得·林奇的《彼得·林奇的成功投资》《战胜华尔街》、格雷厄姆的《证券分析》《聪明的投资者》、沃伦·巴菲特的《巴菲特致股东的信》、查理·芒格的《穷查理宝典：查理·芒格的智慧箴言录》、乔治·索罗斯的《金融炼金术》《超越金融：索罗斯的投资哲学》。但投资哲学的最终形成，还依赖于投资者长期的投资实践、最终的人生哲学感悟等多因素的综合作用，是一个相当长时间的过程。

在投资哲学和理念尚未成型之时，投资者常常面临多种多样的亏损，而学习行为金融学及金融心理学则能有效避免许多无谓的亏损，可以作为这一过渡时期的较好选择。行为金融学的有限套利、有限理性、前景理论、羊群效应、过度自信、后悔规避、框定偏差、心理账户等概念和理论给予我们启示：投资者常常会做出次优的投资决策，市场也不是完全有效的，资产价格常常会偏离其内在价值，甚至会持续很长一段时间。在这样的情况下，即使你的估值是正确的，但由于市场定价的错误，你很可能在较长一段时间内不会获得收益，甚至在短期会蒙受损失。

在这样的情况下，投资者往往会极度沮丧，怀疑自己的判断，极度消极的情绪会引导你做出错误的决策，将你带入恶性循环，因此，同样重要的是要保持良好的投资心态，保持一种极为平和的投资心态，但这知易行难，需要投资者在实践中不断磨炼自己的心性，更需要有投资哲学的支撑。

另外有几种心态或品质也是值得强调的，一是持之以恒，投资者的一生就是投资的一生，只有坚持，才能不断从成功和错误的投资经历中获得经验，收获智慧，获得成长和进步，当然，悟性也很重要，因为并非只要持之以恒就能成为一名成功的投资者，如果方向错误，不能及时的反省修正和总结，那只不过就是在持之以恒地重复错误罢了，只会离成功越来越远，投资是一项专业的活动，不能够持之以恒肯定不能成功，但持之以恒并不一定就能获得成功，还需要其他一些因素的保证。二是保持热爱，投资的过程要能给你带来幸福感、愉悦感和满足感，而非痛苦，这也是投资者能够做到持之以恒的内在原因之一，只有热爱才能使投资者坚持主动总结和主动思考，才能有动力去进行投资和研究活动，最终脱颖而出，成为专业的和卓越的成功投资者，而财富不过是这个过程带来的副产品罢了。三是独立思考，几乎所有成功的投资者都是孤独者，因为成功的投资者始终要保持独立的信息分析判断和投资决策，在这个过程之中，不但要能够克服自身心理情绪影响（如贪婪和恐惧），同时还要能够过滤身边的噪声，如来自外行的毫无依据的投资建议，如果投资者不能够保持独立的思考，或者人云亦云，成为羊群中的一员，那么你始终不可能脱颖而出，成功的投资者往往是在大多数人都看好股市、极度狂热之时作为悲观者悄然卖出、退出，而在大多数人都看空股市、极度悲观之时作为乐观者悄然抄底进入。四是严守纪律，严守纪律就是要严格遵守交易的规则，而不能够受情绪的影响而随意操作，无论多么理性的分析和多么正确的结论，长期而言，一个毫无纪律的操作也必然带来最终的亏损。

（二）交易系统

1. 概述

交易系统（trading system）这个词在 20 世纪 70 年代末始流行于华尔街，大约 20 世纪 90 年代中后期进入国内投资界。交易系统是一种决策系统，而不是具体的买卖系统。每个投资者都有自己的投资方法，如有的是打听消息，有的是技术分析，有的是价值分析，有的是靠感觉，当一个投资者逐渐形成一套比较稳定的方法时，就可以认为他有了自己的交易系统。

交易系统的本质意义有两个。其一是它的一致性，也就是投资者要比较相信这一套模式，并一以贯之地按其进行操作，这样有助于避免情绪化。当然，能在多大程度上避免情绪化，有时更取决于系统本身的表现。

意义之二是它的系统性，大的系统可能是包括几十项买卖规则，小的系统可能就是两条规则，如大盘在历史成本均线之上、个股股价创历史新高即买入，买入后从新的新高点回调 5%即卖出，或者价格低于价值就可以买入、越跌越加仓等，都可以构成一个完整的交易系统。

真正成功的交易系统要对投资有从哲学到工具的全面的整合，无数投资界成功者的经验之谈，都少不了投资哲学，其要求对投资要有理论、原理层次上的认识。这些认识首先是建立在掌握全面知识的基础上的。工具也很重要，除极个别投资机构或个人有能力条件自己开发一套软件外，一般人只有利用现有的市面流行的软件平台。建立好的投资体系的第一步是阅读优秀投资者的著作，学习和模仿，然后不断去实践和完善。没有任何学习的直接实践，对于多数投资者来说，从中很难总结出出色的构建性体系。

事实上，和形成自己的投资理念一样，形成自己的交易系统或者投资决策体系最简单的办法依然是向投资大师模仿、学习和借鉴并结合自身、时代和环境加以改造，不断内化成为自己的。伟大投资者的投资决策体系非常完善，如与巴菲特合作40年的查理·芒格可能需要思考492个问题。投资决策是一项扩展思考边界的活动（行动），思考的边界存在太多问题，因此，这充分说明了投资所展示的人类思维与所面临环境的复杂性，也反过来说明，一般投资者在问题面前的思考是多么轻率而浮浅——很少有人会思考如此多的问题，即便这些问题价值连城或生死攸关。实际上，查理·芒格思考的492个问题中，很多问题不仅可以用于决定购买哪只股票，当你在生活的十字路口前犹豫不决时，也可以把这些问题作为权衡的准则。多数普通投资者没有办法思考那么多问题后才做投资决策，并且即使思考了很多问题后做出决策可能还有失误。不过，思考这么多问题本身就有巨大价值，当你开始阅读并研究这些问题，那么你就迈出了理性思考和建立适合自己的分析框架体系的第一步。或许大师不能复制，但没有投资者会介意变得更聪明，决策更有效，因此，多阅读和思考是非常必要的。

2. 系统开发注意事项

交易系统并不是交易的全部，试图依靠一套交易系统在证券市场长期稳定地获利，不管是线性的系统，还是非线性自适应的系统，都是可能性较小，还必须考虑到股市的博弈特征，但在开发正确的系统交易中，至少应注意以下基本问题。

1）交易系统只是一个捕捉利润的系统

我们开发一个交易系统，目的是盈利，也只需符合这一个目标。然而，在实际开发与应用中，相当多的一部分人把它当作一个预测系统，也就是说，如果出现做多信号，便认为或者告诉别人，行情会涨；或者说，在开发的过程中，过分追求信号的成功率，即如果出现了做多信号，行情一定会沿信号给出的方向运行。产生这种原因是投资者长期形成的依赖行情预测的交易思想已深入自己的交易理念中，而对系统交易的本质把握不准而致。

实际上，全球大多数顶尖的交易员，他们的交易成功率均低于50%，他们获利的根本原因是能够将亏损的交易控制在小的范围内而将给赢利的交易足够的空间去发展，他们只是顺着行情方向走的路程大于亏损的时候走的路程，而不是预测对行情的次数多于预测错行情的次数，因为后者与盈利与否没有必然联系。关键是，如果发生了亏损和盈利，我们开发的交易系统如何去处理它，才能使我们对的时候走得更远，错的时候走得更短。过分地追求成功率会使系统的开发工作偏离方向。

2）盈利的系统只是一个盈利大于亏损的系统

很多投资者设计过一些简单的交易系统，测试成绩很不错，而且在实际的交易过程中效果挺好。但投资者在使用的过程中还是经常抱怨使用系统中所面临的亏损，绞尽脑汁地想办法去避免那些亏损的交易，然后又去寻找其他的指标来和原来的指标叠加来决定下面的交易要不要执行。这是投资者心态不好、过于追求完美或者配备的资金管理模式不对而导致的。

实际上,交易系统是一个复杂的、各方面因素互相影响的系统。投资者使用其他指标叠加的时候,有可能过滤掉一些亏损的交易,然而,这样的叠加也会对赢利的交易进行过滤,甚至有时候可能出现虽然减少了亏损量,但集中了亏损分布反而造成更大的资金回撤的情况。世界上不存在完美的交易系统,每个交易系统都是存在缺点的,都有亏损的时候,过于追求完美只会增加系统的复杂性。要克服系统使用中的亏损带来的不适,可以考虑使用多种系统,多个品种的组合方式来处理。

3)好的交易系统是资金稳定增长的系统

一个好的交易系统就是一个资金稳定增长的系统,而不在于赢利率,即使赢利率很低,但"复利效应"最终将使资金长期而言增值巨大,巴菲特就是一个形象的说明。所以,对交易系统的开发的主要目标,要放在使资金曲线平稳增长和减少资金最大回撤上,而不是单纯的赢利率上。

4)优秀的交易系统必须有完善的资金管理系统

一个投资者在使用没有资金管理系统的交易系统的时候无法确定开仓头寸,如果发生了在系统盈利的时候开仓过少而系统亏损的时候开仓过多则会对账户产生严重的打击,有时候如果亏损的头寸过大可以直接导致账户瘫痪。因此,投资者一定要考虑资金管理系统,如果是建立多品种的组合交易系统,要充分地根据各系统产生的资金曲线,从投资组合的角度设计资金在不同品种上的分配。

(三)资金管理

1. 资金管理的必要性

巴菲特曾有一个观点:在股市中人们对普通的算术问题缺乏常识,投资亏损33%与投资亏损50%之间的距离大大超过一般人的想象。

亏损33%你需要50%的上涨才能回本。

亏损50%你需要100%的上涨才能回本。

亏损60%你需要150%的上涨才能回本。

亏损80%你需要400%的上涨才能回本。

赚10倍还会亏钱吗?赚10倍还会亏钱是个大概率事情,赚10倍后信心膨胀几乎是个必然的结果,当1万元变成10万元后如果你抵押你的房产增加投入20万元,此时的资本总额将达到30万元,此时30%的下跌就将你最初的那个10倍收益吞噬;当然赚10倍后可能人人都有自己是"股神"的感觉,如果你勇气再大些追加投入90万元,那么10%的下跌就将你最初的那个10倍收益吞噬。

当熊市末期拒绝毒品、远离股市成为时尚的时候,普通人的投资欲望是被压抑的,这个时候的投资额度是非常有限的,在从熊到牛的转变不期而至的过程中可能几倍或10倍收益轻易到手,这个时候增加投入基本就是一个大概率事件,而如果一旦发生较大调整就算有数倍或10倍的先期收益,亏掉本金也是瞬间的事情,正因为如此,资金管理是投资的核心问题。

2. 资金管理的基本思路

股市涨跌的预测也是带有概率性的，永远只能说涨的可能性大或跌的可能性大，很难说一定涨或一定跌，在决定买卖的时候，本质上都是在根据对未来涨跌的概率预测而下单的，所以，都有一个合理的下单比例问题。合理的下单比例原则上可以按上述方法，根据对行情走势的预测计算出来。随着行情的发展，未来涨跌的概率在不断地变化，相应的下单比例也应该不断调整，也就是需要随时调整仓位。当未来上涨的可能性增大时，就要增加持股仓位，当上涨的可能性变小时，就要减少仓位，仓位应该随着对行情预测的变化而处于动态调整之中。

一般在行情的前期刚刚选定一只股票的时候，虽然认为它上涨的可能性大，但还没有足够的把握，此时，合理的持仓比例是比较低的值，即应该勇敢地少量买入；以后，如果发觉行情在变坏，则果断出局，一出一进，由于仓位比例较低，损失不会很大；如果行情在逐渐变好，则应该逐渐加码买入，直到满仓；中间如果发现行情变坏就要减仓或清仓。这样就形成了一个逐渐加码买入的分散建仓过程。在出货时，也应该随着对未来走势的逐渐看坏而逐渐减少持仓，中间还可能有几次波动，直到最后全部清仓。这样就自然形成了分散建仓和分散出货的情况。

股市是个变幻不定的系统，不仅无法确定未来将要涨或跌，而且也无法确定涨跌的准确概率，因为这个概率既不能通过系统本身的性质而确定，也不能简单地根据过去的统计来确定，所以只能相当粗略地估计涨的可能性大或跌的可能性大。由于只能对涨跌做粗略的判断，也不可能精确地计算出最佳持仓比例，同时，不管赢的把握有多大，不管赢时的获利率有多高，都不允许满仓杀入。

精确地确定涨跌概率是不可能的，所以，也不能精确计算最佳持仓比例，但随着行情的发展调整持仓比例的原则还是有指导作用的。虽然不能确定准确比例，但可以粗略地形成满仓、大半仓、半仓、小仓位、空仓等几个等级。在具体操作上，考虑人的心理特点和短时工作记忆容量，一般不必把持仓比例划分得过细，可以平均地分为 3~5 份，随着行情变化一份一份的进出调整。人在对市场做出反应时，往往也没有时间做精确的计算，同时人的思维方式并不太适应这种精确的计算，把持仓比例粗略地划分为几个等级也便于模糊估计进行决策。可以有资金管理的三三制原理，即把自己的资金分成 3~5 个仓位，选做 3~5 只股票；每个仓位分成 3~5 份，对选做的股票根据情况决定投入几份资金。

四、证券组合管理

（一）证券组合的类型

证券组合通常以组合的投资目标为标准进行分类。以美国为例，证券投资组合可以分为避税型、收入型、增长型、收入—增长混合型、货币市场型、国际型及指数化型等。

1) 避税型证券组合

这种证券组合以避税为首要目的,主要服务于处于高税率档次的富人。他们通常侧重于投资政府债券。

2) 收入型证券组合

这种证券组合追求的是低风险和基本收益(利息、股息收益)的稳定,能够带来基本收益的证券有附息债券、优先股和一些避税债券等。这种组合的主要功能是为投资者实现基本收益最大化,定期从组合获得的收入中用于满足投资者的部分或全部日常开支的需要。一般来说,年纪较大的投资者、需要负担家庭生活及教育费用的投资者和有定期支出的机构投资者(如养老基金等)会偏好这种组合。

3) 增长型证券组合

这种证券组合以价差收益为目标,投资者往往愿意通过延迟获得基本收益来求得未来收益的增长。这种投资风险较大,要想获得成功,选股极为重要,同时还需对企业进行深入细致的分析,要严格遵守组合管理的基本步骤和基本原则。

4) 收入—增长型证券组合

这种组合试图在基本收益与资本升值之间达到某种均衡,因此也称为均衡组合。二者的均衡可以通过两种组合方式获得:一种是使组合中的收入型证券和增长型证券达到均衡;另一种是选择那些既能带来收益,又具有增长潜力的证券进行组合。

5) 货币市场型证券组合

这种组合是由各种货币市场工具构成的,如国库券、高信用等级的商业票据等,安全性极强。货币市场交易具有规模大、价格波动小的特点,不适宜小额投资,这种组合使中小投资者得以参与货币市场投资。

6) 国际型证券组合

这种组合侧重投资于国外的证券品种,是组合管理的时代潮流,是经济、金融全球化和国际资本流动的必然结果。实证研究结果表明,这种证券组合的业绩总体上强于只在本土投资的组合。因为它可以减弱国家或地区的风险,在世界范围内追求收益最大化。

7) 指数化型证券组合

这种组合模拟某种市场指数,信奉有效市场理论的机构投资者通常会倾向于这种组合,以求获得市场平均的收益水平。根据模拟指数的不同,指数化证券组合可以分为两类:一类模拟内涵广大的市场指数,这属于常见的鼓动投资管理;另一类模拟某种专业化的指数,如道·琼斯公共事业指数,这种组合不属于被动管理,因为它的指数是有选择的。

(二)证券组合管理的基本步骤

1. 确定组合管理的投资政策

证券组合管理一般按投资是收入型、增长型还是混合型来实施投资政策,强调投资者获得的收益是基本收益还是资本升值。

收入型组合将重点放在基本收益的最大化上,不太注重资本升值和增长。增长型组合强调投资的资本升值,目的在于通过推迟获得基本收入而增加组合的价值,以获得未来收益的增长。混合型证券组合的目标是既获得基本收入,又获得资本升值,并保持二者的均衡。

2. 进行证券分析

通过证券分析选择证券,确定买卖时机,构建和调整资产组合,并对证券组合资产的经济效果进行评价。证券分析方法有基本分析和技术分析两种。

3. 构建证券组合资产

这一步骤就是在根据投资政策和一定的分析方法选择了证券之后,确定如何将资金进行分配以使证券投资组合具有理想的风险和收益平衡。

不同类型证券组合风险和收益的特征是不同的,但是,有一些基本原则是构建任何类型的证券组合都应该考虑的。

(1)本金安全性原则。投资组合管理首先要考虑的是本金的安全无损,这是未来获得基本收入和资本增值的基础。由于通货膨胀的存在,购买力风险是一种非常现实的风险。买普通股比买固定收益证券如债券、优先股更有利于抵御这种风险。

(2)基本收益稳定性原则。在构建投资组合时,组合管理者都把获得稳定的基本收益当作一种很实际的考虑,以股息或利息形式获得的当前收益,可以很现实地享受组合的成果,这可能要比资本增值的期望更有意义。

(3)资本增长原则。一般而言,资本的增值是组合管理的一个理想目标。资本增值并不意味着一定要投资于增长型股票,组合既可以通过购买增长型股票而壮大,也可以通过收益再投资而壮大。大的资产组合比小的更稳定、更安全,收入也更多。资本增长对改善组合贯彻状况,维持购买力和增强管理的灵活性都是有利的。

(4)良好市场性原则。良好市场性原则是指证券组合中任何一种证券应该易于迅速买卖,这取决于具体证券的市场价格和市场规模。小公司股票的市场性不如大公司好。因为大公司可流通股票多,可保证市场交易的连续性;而且,大公司的稳定经营及信誉形象也对增强其股票的市场性有利。高股价一般不如低股价的市场性好。

(5)流动性原则。资产的流动性强,有利于组合管理者及时抓住有利的投资机会。谨慎的组合管理者往往会专门保留一部分流动资产或利用利息和股息购买新股。

(6)多元化原则。组合理论为组合管理者的多元化投资提供了有实际意义的建议:第一,应根据证券的预期收益及其与市场其他证券收益的相关关系来增加组合中的证券;第二,不仅要考虑收益,还要考虑收益的波动;第三,要有效降低资产组合的标准差。

(7)有利的税收地位。很多投资决策都要考虑所得税的影响,因为承担高税赋就难以实现理想的收益目标。在需要避税时,可投资于免税的政府债券或较少分红的股票上。

在实践中,组合构建需要思考多个问题:选择什么股票买入,以及为什么买入这个股票?这个股票上涨的空间有多大?持有股票多长时间?选择这个股票出现错误的概率是多少?买多少仓位?等等,并撰写操作日记,做好相应计划。

普通投资者一段时间内最多关注10~15个上市公司,而买入的股票组合,对于小资金的普通投资者至少买入3~5只股票,随着资金规模的扩大再逐步增加。而根据投资组合理论，选择出来的股票一般要避免相关性。

4. 修订证券组合资产结构

证券组合的目标是相对稳定的。根据上述原则构建的证券组合，在一定时期内应该是符合组合的投资目标的。但是，个别证券的价格及收益风险特征是可变的，随着时间的推移和市场条件的变化，证券组合中一些证券的市场情况与市场前景也可能发生变化，如某一企业可能并购后导致生产和经营策略发生变化等。当某种证券收益和风险特征的变化足以影响组合整体发生不利的变动时，就应当对证券组合的资产结构进行修订，剔除或增加有抵消作用的证券。

在修订证券组合资产结构中，投资者还需要定期核查股票、剔除组合中的股票。主要如下。

1）核查股票

对于核查股票而言，尽管基本面的变化并不快，但是确实总在变化。因此需要努力核查你持有的企业基本面是不是有大的变动；买入理由是否还存在；是否到卖出的时候，股票是不是还属于原来认可的类型；公司为增加收益做了哪些努力；等等。如果公司情况变得更好，可以增加投资，如果情况变得稍差，可以减少这个股票的投资，如果情况还是依旧，则保持投资。

2）剔除组合中的股票

剔除组合中的股票即卖出某只股票，股市谚语"会买的是徒弟，会卖的是师傅"充分说明了"卖出"在投资实践中具有较高的难度。股票的卖出需要综合考虑多种因素，尤其需要认真考虑以下几个问题：①买入的理由是否还成立；②基本面恶化了吗；③股价是否已经高出它的内在价值太多；④是否找到了更好的投资对象。

5. 对证券组合资产的经济效果进行评价

对证券组合资产的经济效果进行评价是证券组合管理的最后一环，也是十分关键的一环，它既涉及对过去一个时期组合管理业绩的评价，也关系下一个时期组合管理的方向。评价经济效果并不仅仅是比较一下收益率，还要看资产组合所承担的风险。风险度不同，收益率也不同，在同一风险水平上的收益率数值才具有可比性。资产组合风险水平的高低应取决于投资者的风险承受能力，超过投资者的风险承受能力进行投资，即使获得高收益也是不可取的。对于收益的获得也应区分哪些是组合管理者主观努力的结果，哪些是市场客观因素造成的。

五、证券投资中需要关注的其他问题

（一）市场博弈

博弈论是使用严谨的数学模型，研究冲突对抗条件下最优决策问题的理论，已经深入经济学、政治学、社会学等各个学科，正成为社会科学研究中的一个核心工具。但是博弈论建立在一些比较强的假设条件基础上，对于复杂的金融市场，解释力度显得不够强。但是我们必须认识到：股市作为一个竞争市场，其参与者之间必然形成相互对抗、相互博弈的关系，认清股市中的博弈关系，对于把握股市投资机会无疑是一个非常重要的手段。

一般来说，博弈关系依当事人是否达成具有约束力的协议，分为合作博弈与非合作博弈。合作博弈强调团体理性、效率、公正、公平；非合作博弈强调个人理性、个人最优决策，其结果可能是有效率的，也可能是无效率的。

从理论上来说，整个股票市场应该是所有参与者的合作博弈，大家在共同遵守市场规则的前提下相互合作，不断改进自己，各取所需，实现共赢。但在市场的各个层面和具体环节上，各参与方的利益并不一致，特别是在非对称信息下，个人理性往往战胜集体理性，因而现实中的股市是非合作博弈。

非合作博弈的观点大体可分为两种：一种认为股票市场是一个零和博弈的市场，即自己的所得就是别人的所失，而别人的所得也即自己的所失；另一种则认为股市上进行的是一场非零和博弈，因为股市的总市值是在不断增大的。但是随着中国证券市场的规范和完善，将越来越趋向于非零和博弈，长期投资和价值投资将有着越来越广泛的运用空间。

就目前阶段而言，中国证券市场中参与市场博弈的资金也分很多种类，有些资金是技术分析型的，属于正反馈型资金，根据技术信号买入，通常出现在缺乏信息优势或是资金优势的群体，列入散户或者小资金。有些资金是驱动型资金，又可以分几种类型，一类资金就是喜欢"操作"某只股票，和股票的基本面没有任何关系，这个资金希望的是在低位买进，然后在高位再卖出，卖给其他的资金，这样的资金就是市场上常说的所谓"庄"。另一类驱动力资金则是知道市场上其他资金所不知道的基本面信息，特别是公司的盈利变化信息及重大的重组信息。

当然，随着法律法规的完善和价值投资理念的普及，还有一种主流的驱动力资金，其看好某家公司股票的基本面变化而买入。对于因为基本面向好而买入导致的上涨又分好几种情况，一种是基本面变化时间很短，驱动力资金买盘很快就会枯竭，因此股价上涨幅度过于有限。一种是基本面变化有持续性，这主要是和业绩持续向好挂钩，资金买盘会带来不断的后继资金买盘，只要有不断的资金认同这个股票的基本面业绩的向好趋势。还有一种仅是一个基本面的预期，虽然目前基本面很一般，但是初始动力资金认为未来基本面会变得很好，在市场博弈中，只要驱动力资金暂时相信，股价就存在上涨的动力，这也会引发技术分析的正反馈资金。不过一旦后来证明这个基本面不达预期，股票就会下跌，因为后继动力资金没有了信心，而这又会引发下跌的技术型正反馈资金交易。

在我国的股票市场上，市场不完善、监督机制不健全、市场效率不高、市场容量有限等，导致了少数机构投资者能够利用信息优势操纵价格、获取暴利。在这个过程中，中小投资者发现某只股票价格上涨，也会跟风而进，具有较强的零和博弈特征，不管是机构投资者，还是散户，如果能够看清这些博弈关系，在进行投资决策时将更加清醒，这无疑也是把握股市投资机会的一种手段。

对比经济学中的博弈理论，学习金融心理学及研究投资历史更有助于市场博弈，但市场博弈的分析具有极高的难度和不确定性。因此，对于目前业绩增长乏力的公司，投资者根本没有关注的必要，投资者应该深入地分析宏观经济、行业变化和公司基本面，一旦基本面变化已经成为趋势，驱动力资金发掘后买入，正反馈型技术资金跟随，股价持续上涨，这种情况是最容易研究的，上涨的逻辑性最强。

（二）跨市场分析

虽然大部分投资者主要投资于 A 股股票市场，但是各个市场之间是有密切关联的，如全球股票市场之间通常同向运动，债券市场与股票市场之间通常反向运动，大宗商品市场和外汇市场的波动也会对 A 股市场产生影响。

全球商品市场、全球货币市场、全球债券市场、全球衍生品市场都会对我们研究的股票市场产生影响，即使是只买入股票，也需要关注大宗商品市场、波罗的海干散货指数（Baltic dry index，BDI）等其他领域。投资者在分析中要有大局观，需要关注三类情况，第一类是各个市场之间的相互确认，就好比道氏理论中所说，如果各个市场走势相互确认，则行情的趋势可靠性会增强；第二类是发现跨市场基本走势的突然变化，分析这种变化对 A 股市场的影响；第三类是关注跨市场之间的背离和一致关系，然后探讨背后的成因。通过研究其他市场，并结合股票市场，则可以更为准确判断全球背景下经济和市场发展的阶段，并可以通过关联市场的变化有效捕捉投资机会。

第三节 债券投资实践基础

一、我国债券市场概况

债券、股票是证券市场的基础性产品。从中国金融体系来看，发展债券市场是发展金融市场的重心所在，也是发展多层次资本市场、提高金融服务实体经济能力的重点所在。与美国等发达国家相比，中国的直接融资在金融体系中所占的比重还较低，企业融资还是以间接融资为主。由于各种原因，我国的债券市场在迅速发展的同时，也存在一系列有待解决的问题：一是债券市场过分集中于银行间市场、交易所市场、柜台市场等有形市场，导致债券交易成本过高。二是债券市场监管制度和监管主体尚未统一，不利于债券市场的长久发展。三是公司债券发行对象过分集中于金融机构，导致债券投资者结构不合理。四是公司债券的规模不足，目前我国的债券市场以国债和金融债为主，制约了实体经济的发展，限制了投资主体的财富管理。五是以债券为基础的衍生产品不足，难以满足各类投资主体的资产组合需要。

二、债券投资实务

(一) 债券市场

债券市场是发行和买卖债券的场所,是金融市场的一个重要组成部分。根据不同的分类标准,债券市场可分为不同的类别,根据债券的发行过程和市场的基本功能,可将债券市场分为发行市场和流通市场。

债券发行市场又称一级市场,是发行单位初次出售新债券的市场。债券发行市场的作用是将政府、金融机构,以及工商企业等为筹集资金向社会发行的债券,分散发行到投资者手中。

债券流通市场又称二级市场,指已发行债券买卖转让的市场。债券一经认购即确立了一定期限的债权债务关系,但通过债券流通市场,投资者可以转让债权,把债券变现。债券发行市场和流通市场相辅相成,是互相依存的整体。发行市场是整个债券市场的源头,是债券流通市场的前提和基础。发达的流通市场是发行市场的重要支撑,流通市场的发达是发行市场扩大的必要条件。

(二) 债券投资渠道

1. 国债投资

我国的个人投资者可以通过券商在上海、深圳证券交易所买卖国债,也可以在商业银行进行国债的买卖。

投资者可以通过在上海、深圳证券交易所各地证券登记机构开设的证券账户或基金账户,进行上市国债的认购、交易和兑付,并指定一个证券商办理委托买卖手续。开立证券账户或基金账户,可向证券登记结算公司上海、深圳分公司及其在各地的代理机构及证券商办理。办理证券账户手续为:先办理深圳、上海证券账户卡,对于个人投资者,可以通过所在地的证券营业部或证券登记机构办理深圳证券账户卡或到中国证券登记结算有限责任公司上海分公司在各地的开户代理机构处,办理上海证券账户卡。投资者办理上海、深圳证券账户卡后,到证券营业部买卖证券前,需首先在证券营业部开户,开户主要在证券公司营业部营业柜台或指定银行代开户网点,然后才可以买卖证券。

我国商业银行办理柜台记账式国债交易,投资人在银行柜台可以随时买卖国债。与在证券营业部买卖记账式国债相比,交易方式和手段上两者有共同点。与在证券营业部买卖记账式国债相同,投资者在银行买进记账式国债后,也可随时抛出兑现,同样采取净价交易,即实际交割价格是交易价格加上该债券持有期中的利息收入,且买入和卖出价格之间存在差价。在证券营业部买卖记账式国债,可以采取到营业部当面下单委托或通过电话、网上委托方式,而银行也可通过柜台交易或电话银行、网上银行、信用卡交易手段完成记账式国债的交易过程,两者在方便快捷上有异曲同工之妙。但两者在开户手续与费用上不同。到银行买卖记账式国债,只需缴纳 10 元左右开户费,对投资者以后的频繁交易,各银行将不再收取手续费,而到证券营业部买卖记账式国债则要开设证券账户,开户费大于 10 元,且今后的交易要缴纳一定的手续费,交易成本相对较高。交易价格的形成和变化情况两者也有不同。银行记账式国债交易采用的是做市商制度,有别于目前证券营业部记账式国债交易通过集合竞价形成当日开盘价格,柜台交易的价格由商业银行根据市场情况制定,每天公告的价格较为固定,通常一天一价;而证券营业部记账式国债行情一天之内变化频繁,风险较大但获利机遇亦大。

2. 公司债投资

对于公司债的投资而言,并非每一个投资者都能进行投资,只有合格投资者才可以进行投资,《上海证券交易所债券市场投资者适当性管理办法(2017 年修订)》第六条规定:合格投资者应当符合下列条件:①经有关金融监管部门批准设立的金融机构,包括证券公司、期货公司、基金管理公司及其子公司、商业银行、保险公司、信托公司、财务公司等;经行业协会备案或者登记的证券公司子公司、期货公司子公司、私募基金管理人。②上述机构面向投资者发行的理财产品,包括但不限于证券公司资产管理产品、基金管理公司及其子公司产品、期货公司资产管理产品、银行理财产品、保险产品、信托产品、经行业协会备案的私募基金。③社会保障基金、企业年金等养老基金,慈善基金等社会公益基金,QFII 人民币合格境外机构投资者(RMB qualified foreign institutional investor, RQFII)。④同时符合下列条件的法人或者其他组织:最近 1 年末净资产不低于 2000 万元;最近 1 年末金融资产不低于 1000 万元;具有 2 年以上证券、基金、期货、黄金、外汇等投资经历。⑤同时符合下列条件的个人:申请资格认定前 20 个交易日名下金融资产日均不低于 500 万元,或者最近 3 年个人年均收入不低于 50 万元;具有 2 年以上证券、基金、期货、黄金、外汇等投资经历,或者具有 2 年以上金融产品设计、投资、风险管理及相关工作经历,或者属于本条第①项规定的合格投资者的高级管理人员、获得职业资格认证的从事金融相关业务的注册会计师和律师。⑥中国证券监督管理委员会和上海证券交易所认可的其他投资者。

三、债券估值

(一)债券估价原理

债券估值的基本原理就是现金流贴现原理,将债券投资者持有债券期间所获得的还本付息现金流入用适当的贴现率进行贴现求和,便可得到债券的内在价值。

1. 债券现金流的确定

债券发行条款规定了债券的现金流,在不发生违约的情况下,债券发行人按照发行条款向债券持有人定期偿付利息和本金。

1）债券的面值和票面利率

短期债券在持有期内一般不付息，而是到期一次性还本，一般折价发行；对于中长期债券，除少数本金逐步摊还的债券外，多数债券在到期日按面值还本，在持有期内按照条款付息，以票面利率除以每年付息次数再乘以债券面值即可求出每期利息收入。

2）付息间隔

一般来说，付息间隔越短即每年的付息次数越多，在票面利率不变时，有效年收益率就会越高，我国发行的各类中长期债券通常每年付息一次，欧美国家则习惯半年付息一次。票面利率一般以年利率形式表示，并同时说明每年复利次数；计息期利率=报价利率÷每年付息次数；有效年收益率是根据给定的计息期利率和每年付息次数，计算相同结果的每年付息一次年利率，假设一年付息次数为 n，则

$$有效年收益率 = \left(1 + \frac{票面利率}{n}\right)^n - 1$$

3）债券的嵌入式期权条款

有时，债券条款中可能包含发行人提前赎回条款、投资者回售条款等嵌入式期权。这些条款极大地影响了债券的未来现金流模式。一般来说，有利于投资者的条款会提高债券价值，有利于发行人的条款会降低债券价值。

4）债券的税收待遇

一般来说，免税债券（如政府债券）比可比的应纳税债券（如公司债券、金融债券等）所能获得的现金流要多，因为投资者获得的现金流实际上是税后现金流。

5）其他因素

债券的付息方式（浮动利率、固定利率）、债券的币种（本币币种、外币币种）等因素都会影响债券的现金流。

2. 债券贴现率的确定

根据定义，债券的贴现率是投资者对该债券要求的最低回报率，也称为必要回报率。其计算公式为

$$债券必要回报率 = 真实无风险收益率 + 预期通货膨胀率 + 风险溢价$$

其中，真实无风险收益率也称纯粹利率，是指真实资本的无风险回报率，即没有通货膨胀、无风险的情况下资金市场平均利率，理论上由社会资本平均回报率决定。预期通货膨胀率是对未来通货膨胀率的估计值。风险溢价则根据各种债券的风险大小而定，是投资者因承担投资风险而获得的补偿，债券投资的主要风险因素包括违约风险（信用风险）、流动性风险、利率风险等，违约风险溢价即债券因存在发行者到期时不能按约定足额支付本金或利息的风险而给予债权人的补偿，流动性风险溢价即债券因存在不能短期内以合理价格变现的风险而给予债权人的补偿，期限风险溢价（市场利率风险溢价）即债券因面临持续期内市场利率上升导致债券价格下跌的风险而给予债权人的补偿。

投资学中，通常把前两项之和近似为名义无风险收益率，即名义无风险利率=纯粹利率+通货膨胀溢价，一般用相同期限零息国债的到期收益率（也称为即期利率或零利率）来近似。

（二）债券报价与实付价格

1. 报价形式

债券交易中，报价是指每 100 元面值债券的价格，以下两种报价较为常见。

1）全价报价

此时，债券报价即买卖双方实际支付价格。全价报价的优点是所见即所得，比较方便，缺点则是含混了债券价格涨跌的真实原因。

2）净价报价

净价报价是扣除累积应付利息后的报价。净价报价的优点是把利息累积因素从债券价格中剔除了，能更好地反映债券价格的波动程度，缺点是双方需要计算实际支付价格。

2. 利息计算

计算累计利息时，针对不同类型债券，全年天数和利息累计天数的计算分别由行业惯例规定。

1）短期债券

通常全年天数定为 360 天，半年定为 180 天，利息累计天数则分为按实际天数计算和按每月 30 天计算两种。

2）中长期付息债券

全年天数有的定为实际全年天数，也有的定为 365 天。累计利息天数也分为实际天数、每月按 30 天计算两种。

我国交易所市场对附息债券的计息规定是全年天数统一按 365 天计算；利息累计天数规则是按实际天数计算，算头不算尾，闰年 2 月 29 日不计息。

3）贴现式债券

我国目前对于贴现发行的零息债券按照实际天数计算累计利息，闰年 2 月 29 日也计利息，公式为

$$应计利息额 = \frac{到期总付额 - 发行价格}{起息日至到期日的天数} \times 起息日至结算日的天数$$

（三）债券估值模型

债券价值是发行者按照合同规定从现在至到期日所支付款项的现值。其中的折现率是当前等风险投资的市场利率，即投资人要求的必要报酬率。如果债券价值大于市价，该债券可以投资。

根据现金流贴现的基本原理，不含嵌入式期权的债券理论价格的常规计算公式为

$$P = \sum_{t=1}^{T} \frac{C_t}{(1+y_t)^t}$$

其中，P 为债券理论价格；T 为债券距离到期日的时间长短（通常按年计算）；t 为现金流到达的时间；C 为现金流金额；y 为贴现率（通常为年利率）。

对于零息债券的定价而言，由于零息债券不计利息，折价发行，到期还本，通常1年期内的债券为零息债券。其定价公式也可以为

$$P = \frac{FV}{(1+y_T)^T}$$

其中，FV为零息债券的面值。

（四）债券收益率

出于不同的用途，债券收益率计算方式种类繁多，以下主要介绍债券的当期收益率、到期收益率、零利率、持有期收益率、赎回收益率的计算。

1. 当期收益率

在投资学中，当期收益率（current yield）是债券的年利息收益与债券实际购买价格的比率，反映每单位投资能够获得的债券年利息收益，不反映资本损益。因此优点在于计算方便、通俗易懂，可以用于期限相近、发行人信用状况接近的债券之间进行比较，而缺点是无法反映资本损益，无法用于对不同期限、不同付息方式、不同发行人信用状况债券的比较。其计算公式为

$$Y = \frac{C}{P} \times 100\%$$

其中，Y为当期收益率；C为每年利息收益；P为债券价格。

2. 到期收益率

债券的到期收益率（yield to maturity，YTM）通常用来衡量债券的期望报酬率，是指以特定价格购买债券并持有至到期日所能获得的报酬率，它是使未来现金流量现值等于债券购买价格的折现率，即投资学中的内部报酬率（internal return rate，IRR），公式为

$$P = \sum_{t=1}^{T} \frac{C_t}{(1+y)^t}$$

其中，P为债券价格；C为现金流金额；y为到期收益率；T为债券期限（期数）；t为现金流到达时间（期）。

上式为一个关于y的高次方程，可以用内插法求解。如果债券每年付息一次，每次付息金额为C，债券面值为F，则公式可以写为

$$P = \sum_{t=1}^{T} \frac{C_t}{(1+y)^t} + \frac{F}{(1+y)^T}$$

对于零息票债券到期收益率，也称即期利率或零利率。

3. 持有期收益率

持有期收益率是指买入债券到卖出债券期间所获得的年平均收益。计算公式为

$$P = \sum_{t=1}^{T} \frac{C_t}{(1+y_h)^t} + \frac{P_t}{(1+y_h)^T}$$

其中，P为债券买入价格；P_t为债券卖出价格；y_h为持有期收益率；C为债券每期付息

金额；T 为债券期限（期数）；t 为现金流到达时间。

> **本章复习思考题**

1. 请简述股票价格指数的几种计算方法。
2. 请总结并简述证券投资成功的几个关键因素。

第十四章 技术分析实训

技术分析着眼于对证券价格走势和影响价格的供求状况的分析,它以市场价格、交易量这些历史信息为基础,凭借图表和各种指标来解释、预测市场的未来走势,强调心理因素对证券价格走势的影响。技术分析具备全面、直接、准确、可操作性强、适用范围广等显著特点。此外,技术分析对市场的反应比较直接,分析的结果也更接近实际市场的局部现象。本章主要介绍切线分析、均线分析及技术指标分析等内容。

第一节 均线分析法

一、移动平均线

1. 概念

移动平均线(moving average,MA)是以道·琼斯的平均成本概念为理论基础,采用统计学中移动平均的原理,将一段时期内的股票价格平均值连成曲线,用来显示股价的历史波动情况,进而反映股价指数未来发展趋势的技术分析方法,它是道氏理论的形象化表述。

平均是指最近 n 天收市价格的算术平均线,移动是指我们在计算中,始终采用最近 n 天的价格数据。因此,被平均的数组(最近 n 天的收市价格)随着新的交易日的更迭,逐日向前推移。在我们计算移动平均值时,通常采用最近 n 天的收市价格。我们把新的收市价格逐日地加入数组,而往前倒数的第 $n+1$ 个收市价则被剔去。然后,再把新的总和除以 n,就得到了新的一天的平均值(n 天平均值)。

移动平均线不仅可用于日K线,也可用于周K线、月K线等,其目的在于取得某一段期间的平均成本,以此平均成本的移动曲线配合每日收盘价的线路变化分析某一期间的多空形势,研判股价的可能变化。一般来说,现行价格在平均价之上,意味着市场买力较大,行情看好;反之,行情价在平均价之下,则意味着供过于求,卖压较重,行情看淡。

2. 移动平均线的特点

移动平均线最基本的思想是消除偶然因素的影响，另外还稍微有一点平均成本价格的含义。它具有以下几个特点。

1）追踪趋势

注意价格的趋势，并追随这个趋势，不轻易放弃。如果从股价的图表中能够找出上升或下降趋势线，那么，移动平均线的曲线将保持与趋势线方向一致，能消除中间股价在这个过程中出现的起伏。原始数据的股价图表不具备这个保持追踪趋势的特性。

2）滞后性

在股价原有趋势发生反转时，由于移动平均线的追踪趋势的特性，移动平均线的行动往往过于迟缓，调头速度落后于大趋势。这是移动平均线的一个极大的弱点，等移动平均线发出反转信号时，股价调头的深度已经很大了。

3）稳定性

由移动平均线的计算方法就可知道，要比较大地改变移动平均线的数值，无论是向上还是向下，都比较困难，必须是当天的股价有很大的变动。因为移动平均线的变动不是一天的变动，而是几天的变动，一天的大变动被几天一分摊，变动就会变小而显不出来。这种稳定性有优点，也有缺点，在应用时应多加注意，掌握好分寸。

4）助涨助跌性

当股价突破了移动平均线时，无论是向上突破还是向下突破，股价有继续向突破方面再走一程的愿望，这就是移动平均线的助涨助跌性。

5）支撑线和压力线的特性

移动平均线的上述四个特性，使得它在股价走势中起支撑线和压力线的作用。

3. 移动平均线的优缺点

移动平均线的优点如下。

（1）运用移动平均线可观察股价总的走势，不考虑股价的偶然变动，这样可自动选择出入市的时机。

（2）移动平均线能显示出入货的信号。无论移动平均线变化怎样，但反映买或卖信号的途径一样，即若股价（一定要用收市价）向下穿破移动平均线，是卖出信号；反之，若股价向上冲破移动平均线，是买入信号。利用移动平均线，作为买入或卖出信号，通常可获得可观的投资回报率，尤其是当股价刚开始上升或下降时。

（3）移动平均线分析比较简单，使投资者能清楚了解当前价格动向。

移动平均线的缺点如下。

（1）移动平均线变动缓慢，不易把握股价趋势的高点与低点。

（2）在价格波幅不大的牛皮市期间，移动平均线折中于价格之中，出现上下交错型的出入货信号，使分析者无法定论。

（3）平均线的日数没有一定标准和规定，常根据股市在不同的发展阶段而定，投资者在拟定移动平均线前，必须先确定自己的投资目标。

二、葛兰威尔均线法则

在移动平均线中,美国投资专家葛兰威尔创造的八大法则可谓其中的精华,历来的平均线使用者无不视其为技术分析中的至宝,而移动平均线也因为它,充分地发挥了道·琼斯理论的精神所在。八大法则中的四条是用来研判买进时机,四条是研判卖出时机。总的来说,移动平均线在股价之下,而且又呈上升趋势时是买进时机,反之,移动平均线在股价线之上,又呈下降趋势时则是卖出时机,如图14-1所示。

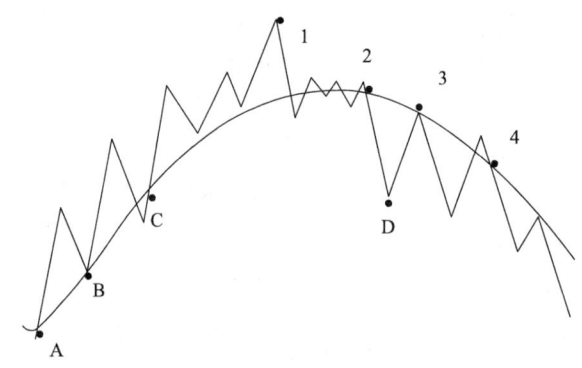

图14-1 葛兰威尔均线法则示意图

1. 买进四法则

(1)移动平均线经过一路下滑后,逐渐转为平滑,并有抬头向上的迹象。此外,股价线也转而上升,并自下方突破了移动平均线,这是第一个买进讯号,见图14-1中A点。

(2)股价线开始仍在移动平均线之上,但呈急剧下跌趋势,在跌破移动平均线后,忽而转头向上,并自下方突破了移动平均线,这是第二个买进讯号,见图14-1中B点。

(3)与图中点2类似,但股价线尚未跌破移动平均线,只要移动平均线依然呈上升趋势,前者也转跌为升,这是第三个买进讯号,见图14-1中C点。

(4)股价线与移动平均线都在下降,问题在于股价线狠狠下挫,远离了移动平均线,表明反弹指日可待,这第四个买进讯号为许多短线投机客喜爱,但风险较大,见图14-1中D点。

2. 卖出四法则

葛兰威尔的四条卖出法则,与买进的四条法则是一一对应的。

(1)股价位于移动平均线之上运行,连续大涨,离移动平均线越来越远,说明近期内购买股票者获利丰厚,随时都会产生获利回吐的卖压,应暂时卖出持股,这是第一个卖出讯号,见图14-1中1点。

(2)移动平均线从上升逐渐走平,而股价从移动平均线上方向下跌破移动平均线时说明卖压渐重,应卖出所持股票,这是第二个卖出讯号,见图14-1中2点。

(3)股价位于移动平均线下方运行,反弹时未突破移动平均线,且移动平均线跌势减缓，趋于水平后又出现下跌趋势，这是第三个卖出讯号，见图 14-1 中 3 点。

（4）股价反弹后在移动平均线上方徘徊，而移动平均线却继续下跌，宜卖出所持股票，这是第四个卖出讯号，见图 14-1 中 4 点。这第四个卖出讯号发生在价格大幅下跌之后，因而运用中风险也较大。

实践中，移动平均线转跌为平，并有向上趋势，股价从移动平均线下方突破移动平均线，并始终大致保持在移动平均线之上方，这一段是牛市；而反之，移动平均线转升为平，并随后下跌，股价线从移动平均线上方突破移动平均线之下方，这一段便是熊市了。

三、均线系统

1. 概念

均线系统是人们为描述股价在不同周期的趋势，用多条均线组成的均线集合。单个的移动平均线在使用中存在一定的局限，如果同时考虑多条均线，用系统的眼光来研究均线，这就有了均线系统的概念。

均线系统是以系统发挥作用的，没有单独的神奇均线存在，所以，系统的拐点就不是哪一条均线可以确定，而是由系统内所有均线的变化决定的。

2. 主要均线系统

均线是作为一个系统在发挥作用的，没有某条单独的、神奇的均线存在，对于趋势明显的价格走势，任何参数的均线都是有作用的，对趋势不明显的价格走势，单独的均线分析就较为困难，而均线系统则能清晰指出方向。一个均线系统可以由几十根均线组成，也可以简化为只使用 3 条均线，将短期均线上穿、下穿长期均线作为多空信号。

移动平均的期间长短关系表现为期间越短，敏感度越高。通常以 5 日、10 日移动平均线观察短期走势；以 10 日、20 日移动平均线观察中短期走势；以 30 日、60 日移动平均线观察中期走势；以 120、250 日移动平均线研判长期趋势。西方投资机构非常看重长期移动平均线系统，并以此作为长期投资的依据，行情价格若在长期移动平均线系统下，属空头市场；反之，则为多头市场。

3. 均线系统拐点

从任何一只股票的 K 线图上都可以发现，均线系统改变方向时，均线的排列会发生变化，下跌时短期均线位于长期均线的下方，上升时短期均线位于长期均线的上方，短期均线由下向上或由上向下的转折点，就是均线系统的拐点，系统的拐点也可以成为重要的买卖依据。

四、成本均线

1. 概念

成本均线是成本均价线的简称，其是对移动平均线的改进，将成交量引入均线系统，充分提高均线系统的可靠性。成本均线同样可以使用月均线系统（5、10、20、250）和季均线系统（20、40、60、250）等，计算公式为

$$成本均线=成交量（手）×（开盘价+收盘价）/2$$

2. 应用法则

（1）依据均线理论，当短期均线站在长期均线之上时叫多头排列，反之就叫空头排列。短期均线上穿长期均线为金叉，短期均线下穿长期均线为死叉。均线的多头排列是牛市的标志，空头排列是熊市的标志。均线系统一直是市场广泛认可的简单而可靠的分析指标，其使用要点是尽量做多头排列的股票，回避空头排列的股票。34日成本线是市场牛熊的重要的分水岭。一旦股价跌破34日成本线，则常常是最后的卖出机会。

（2）参数是（5，13，34，60）的成本均线可用于分批买进，具体方法是股价穿越短期成本均线时买进第一批，随着其逐渐上穿中长期成本均线而逐渐加码买进，当股价穿过60日成本均线时为最后的买进时机。

3. 移动均线和成本均线的区别

移动均线有追踪趋势、揭示成本、支撑压力三种市场含义，其中揭示市场成本的作用可以完全被成本均线所取代，但另外两种含义是成本均线所不能代替的，所以移动均线在某些方面仍然有成本均线所没有的作用。

比如，当时间长到已经超过了几轮炒作的时间时，则从成本的角度理解，以前的价格已经不对成本有影响，应该没有市场作用了，但实际上，仍然有很多做长线投资的人很重视长期均线，以此作为股票长期价值的参考，这就是成本均线所没有的功能了。长期均线之所以有这种功能是因为移动均线可以揭示计算期间内市场接受的股票价值和一只股票在人们心里的价位。

第二节 技术指标分析法

一、技术指标分析法概述

1. 概念

按照事先规定好的固定方法对证券市场的原始数据进行处理，处理后的结果是某个具体的数字，这个数字就是技术指标值。将连续不断得到的技术指标值制成图表，并根据所制成的图表对市场进行行情研制，这样的方法就是技术指标分析法。

技术指标分析法是技术分析中极为重要的分支，大约在20世纪70年代之后，技术指标逐步得到流行。全世界各种各样的技术指标至少有1000个，它们都有自己的拥护者，并在实际应用中取得一定的效果。

由于有计算机的帮助，在实际的投资决策中，投资者没有必要用手工计算技术指标，

只需要在软件中输入指标名称即可显示技术指标。同时进行证券投资操作的人都有一套自己惯用的技术指标体系，还可以将自己的技术分析理念用计算机转化为个人的技术分析指标。

2. 产生技术指标的方法

（1）按严格明确的数学公式，产生新的数字。这一类是技术指标中极为广泛的一类。著名的 KDJ、RSI、移动平均线指标和动向指标都属于这类。

（2）没有明确的数学公式，只有处理数据的文字叙述方法。这一类指标相对较少。

3. 技术指标分析法的本质

每一个技术指标都是从一个特定的方面对股市进行观察，反映股市的某一方面深层的内涵，这些内涵仅仅通过原始数据是很难看出来的。

另外，有些基本的思想我们很早就知道，但只停留在定性的程度，没有进行定量的分析。技术指标可以进行定量的分析，这样使具体操作时的精确度得以大大提高。例如，我们都知道，股价不断地下跌时，跌多了总有一个反弹的时候和到底的时候。那么跌到什么程度，我们就可以买进了呢？仅凭前面定性方面的知识是不能回答这个问题的，乖离率等技术指标在很大程度上能帮助我们解决这一问题。尽管不是百分之百地解决问题，但至少能在我们采取行动前从数量方面给我们以帮助。

4. 技术指标分析法同其他技术分析方法的关系

许多技术分析方法都有一个共同点，那就是重视价格，不重视成交量。如果单纯从技术的角度看，没有成交量的信息，别的方法都能正常运转，照样进行分析研究，照样进行行情预测。我们只是很笼统地说一句，要有成交量的配合。技术指标由于种类繁多，所以考虑的方面就很多，人们能够想到的，几乎都能在技术指标中得到体现，这一点是别的技术分析方法无法比拟的。

在进行技术指标的分析和判断时，也经常用到别的技术分析方法的基本结论。例如，在使用 KDJ 等指标时，我们要用到形态理论中的头肩形、颈线和双重顶之类的结果及切线理论中支撑线与压力线的分析手法。由此可以看出全面学习技术分析的各种方法是很重要的，只注重一种方法，对别的方法无知是很不好的。

5. 应用技术指标应注意的问题

技术指标说到底是一批工具，我们利用这些工具对股市进行预测。

每种工具都有自己的适应范围和适用的环境。有时有些工具的效果很差，有时效果就好。人们在使用技术指标时，常犯的错误是机械地照搬结论，而不问这些结论成立的条件和可能发生的意外。先是盲目地绝对相信技术指标，出了错误以后，又走向另一个极端，认为技术分析指标一点用也没有。这显然是错误的认识，只能说是不会使用指标。

每种指标都有自己的盲点，也就是指标失效的时候。在实际中应该不断地总结，并找到盲点所在。这对在技术指标的使用少犯错误是很有益处的。遇到了技术指标失效，把它放置在一边，去考虑别的技术指标。众多的技术指标，在任何时候都会有几个能对我们提供有益的指导和帮助。

了解多数技术指标是很必要的，但是，众多的技术指标我们不可能都考虑到，每个指标在预测大势方面也有能力大小和准确程度的区别。通常使用的手法是以四五个技术指标为主，别的指标为辅。但是，随着市场的变化，这几个指标应该不断地进行变更。

二、技术指标分析法的应用法则

技术指标分析法的应用法则主要通过以下几方面进行。

1. 指标的背离

指标的背离是使用技术指标最为重要的一点，是指技术指标曲线的波动方向与价格曲线的趋势方向不一致。实际中的背离有两种表现形式，第一种是顶背离；第二种是底背离。技术指标与价格背离表明价格的波动没有得到技术指标的支持。技术指标的波动有超前于价格波动的功能，在价格还没有转折之前，技术指标提前指明未来的趋势。具体如图14-2所示。

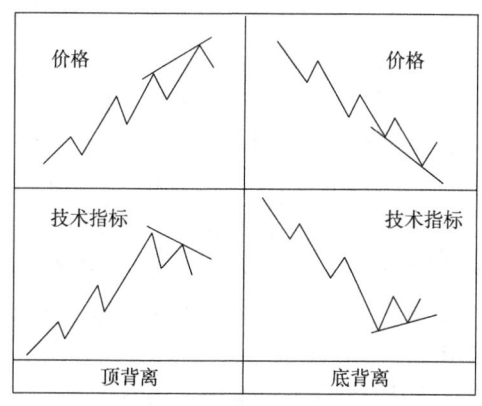

图 14-2　指标的背离

2. 指标的交叉

指标的交叉是指技术指标图形中的两条曲线发生了相交现象。具体如图14-3所示。

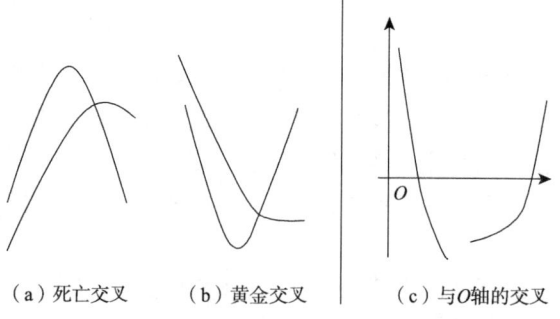

图 14-3　指标的交叉

实际中有两种类型的指标交叉，第一种是同一个技术指标的不同参数的两条曲线之间的交叉，常说的黄金交叉和死亡交叉就属于这一类；第二种交叉是技术指标曲线与固定的水平直线之间的交叉。水平直线通常是横坐标轴，横坐标轴是技术指标取值正负的分界线，技术指标与横坐标轴的交叉表示技术指标由正变负或由负变正。技术指标的交叉表明多空双方力量对比发生了改变，至少说明原来的力量对比受到了挑战。

3. 指标的极端值

技术指标取极端值是指技术指标的取值极其大或极其小，技术术语上将这样的情况称为技术指标进入超买区和超卖区。大多数技术指标的初衷是用一个数字描述市场的某个方面的特征，如果技术指标值的数字太大或太小，就说明市场的某个方面已经达到了极端的地步，应该引起注意。

4. 指标的形态

技术指标的形态是指技术指标曲线的波动过程中出现了形态理论中所介绍的反转形态。在实际中，出现的形态主要是双重顶、底和头肩形。个别时候还可以将技术指标曲线看成价格曲线，根据形态使用支撑线、压力线。

5. 指标的转折

技术指标的转折是指技术指标曲线在高位或低位调头。有时，这种调头表明前面过于极端的行动已经走到了尽头，或者暂时遇到了麻烦；有时，这种调头表明一个趋势将要结束，而另一个趋势将要开始。

6. 指标的盲点

指标的盲点指技术指标在大部分时间里是无能为力的。也就是说，在大部分时间里，技术指标都不能发出买入或卖出的信号。这是因为在大部分时间技术指标是处于"盲"的状态，只有在很少的时候，技术指标才能"看清"市场，发出信号。我国目前对于技术指标的使用，在这个方面有极大的偏差，相当一批对技术指标了解不深的投资者都是在这个问题上犯了错误。

每天都期待技术指标为我们提供有用的信息是对技术指标的误解，也是极其有害的。如果没有认识到这一点，在使用技术指标的时候就会不断地犯错误。

三、技术指标的分类

按照股市技术指标的本质属性进行分类，大致可以分为八类。

1. 趋向指标

主要有 MACD、移动方向指数（directional movement index，DMI）、三重指数平均数（triple exponentially smoothed average，TRIX）、指数平均线。

2. 能量指标

主要有买卖意愿气势（buy ratio and art ratio，BRAR）、中间意愿指标（central ratio，CR）、量的强弱指标（volume ratio，VR）等。

3. 量价指标

主要有累积能量线（on balance volume，OBV）、振动升降指标（accumulation swing index，ASI）、波动难易指标（ease of movement value，EMV）等。

4. 强弱指标

主要有 RSI 量相对强弱指标（volume relative strength index，VRSI）。

5. 停损指标

主要有抛物线转向（stop and reverse，SAR）、变异率（volatility system，VTY）。

6. 超买超卖指标

主要有 KDJ 顺势指标（commodity channel index，CCI）。

7. 乖离指标

主要有乖离率、平均差离指标（unique deviation line，UDL）。

8. 支撑压力指标

主要有支撑压力、布林线。

第三节 切线分析法

股价变动有一定的趋势，在长期趋势中，会有短期波动，切线分析法是按一定方法和原则在由股票价格的数据所绘制的图表中画出一些直线，然后根据这些直线的情况推测股票价格的未来趋势，不为短期波动所迷惑。

一、趋势线

1. 趋势线的概念

趋势线是衡量价格波动的方向的，由趋势线的方向可以明确地看出股价的趋势。如图 14-4 所示，在上升趋势中，将两个低点连成一条直线，就得到上升趋势线。在下降趋势中，将两个高点连成一条直线，就得到下降趋势线。要得到一条真正起作用的趋势线，要经多方面的验证才能最终确认。首先，必须确实有趋势存在。其次，画出直线后，还应得到第三个点的验证才能确认这条趋势线是有效的。

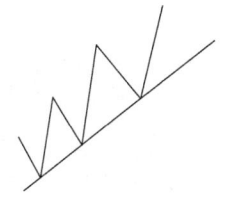 

（a）上升趋势线　　　　　（b）下降趋势线

图 14-4　上升趋势线与下降趋势线

2. 市场含义

趋势线表明当股价向其固定方向移动时，它非常有可能沿着这条线继续移动。

（1）当上升趋向线跌破时，就是一个出货讯号。在没有跌破之前，上升趋向线就是每一次回落的支持。

（2）当下降趋向线突破时，就是一个入货讯号。在没突破之前，下降趋向线就是每一次回升的阻力。

（3）一种股票随着固定的趋势移动时间越久，就趋势越是可靠。

（4）在长期上升趋势中，每一个变动都比改正变动的成交量高，当有非常高的成交量出现时，这可能为中期变动终了的信号，紧随着而来的将是反转趋势。

（5）在中期变动中的短期波动结尾，大部分都有极高的成交量，顶点比底部出现的情况更多，不过在恐慌下跌的底部常出现非常高的成交量，这是因为在顶点，股市沸腾，散户盲目大量抢进，大户与作手乘机脱手，于底部，股市经过一段恐慌大跌，无知散户信心动摇，见价就卖，而此时实已到达长期下跌趋势的最后阶段，于是大户与作手开始大量买进，造成高成交量。

（6）每一条上升趋势线，需要二个明显的底部，才能决定，每一条下降趋势线，则需要二个顶点。

（7）趋势线与水平所成的角度越陡越容易被一个短的横向整理所突破，因此越平越具有技术性意义。

（8）股价的上升与下跌，在各种趋势之末期，皆有加速上升与加速下跌之现象。因此，市势反转的顶点或底部，大多远离趋势线。

（9）当股价突破趋势线时，突破的可信度可从下列几点判断：①假如在一天的交易时间里突破了趋势线，但其收市价并没有超出趋势线的外面，这并不算是突破，可以忽略它，而这条趋势线仍然有用。②如果收市价突破了趋势线，必须要超越 3%才可信赖。③当股价上升冲破下降趋势线的阻力时需要有大量成交增加的配合；但向下跌破上升趋势线支持则不必如此，通常突破当天的成交量并不增加，不过，于突破后的第二天会有增大的现象。④当突破趋势线时出现缺口，这突破将会是强而有力。

3. 趋势线的画法

（1）先必须找到两个高低水平不同并有一定间距的高点（或低点），并由此试探性地划出下降（或上升）的直线。

（2）如果是画上升趋势线，则价格离第二个低点要有一定的距离，如接近或超过前一阻力位时，趋势线才可认可，画下降趋势线情况则相反。第三个低点（或第三个高点）的出现则是对趋势线有效性的验证。

（3）价格变动的速率可能会加快或放慢，幅度可能会扩大或缩小，在一些情况下，趋势线应随之作相应的调整，以便使趋势线尽可能适应现期的价格变化。

（4）上升趋势线是连接各波动的低点，不是各波动的高点；下降趋势线是连接各波动的高点，并不是各波动的低点。

4. 扇形原理

扇形原理是依据三次突破趋势通过反转的原则来判断股价变动趋势的理论。如图14-5所示，在上升趋势中，先以两个低点画出上升趋势线后，如果价格向下回落，跌破了刚画的上升趋势线，则以新出现的低点与原来的第一个低点相连接，画出第二条上升趋势线。再往下，如果第二条趋势线又被向下突破，则同前面一样，用新的低点，与最初的低点相连接，画出第三条上升趋势线，第三条趋势线被跌破则成为一个有效的转势信号。

依次变得越来越平缓的这三条直线形如张开的扇子，扇形线和扇形原理由此而得名。

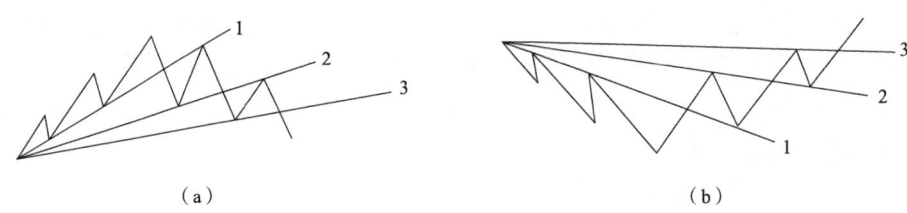

图 14-5　扇形线

5. 轨道线

轨道线又称通道线或管道线，是基于趋势线的一种方法。在已经得到了趋势线后，通过第一个峰和谷可以作出这条趋势线的平行线，这条平行线就是轨道线。两条平行线组成一个轨道，这就是常说的上升和下降轨道。如图14-6所示。

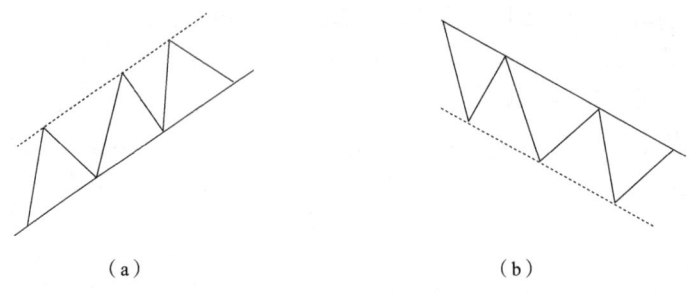

图 14-6　轨道线

两条平行线组成一个轨道，这就是常说的上升和下降轨道。轨道的作用是限制股价的变动范围，让它不能变得太离谱。一个轨道一旦得到确认，那么价格将在这个轨道里变动。如果对上面的或下面的直线的突破将意味着将有一个力量的变化。

同趋势线一样，轨道线也有是否被确认的问题。股价在上轨的位置如果的确得到支撑或受到压力而在此掉头，并直走到趋势线上，那么这条轨道线就可以被认可了。当然，轨道线被触及的次数越多，延续的时间越长，其被认可的程度和其重要性就越高。

轨道线的另一个作用是提出趋势转向的警报。如果在一次波动中未触及轨道线，离得很远就开始掉头，这往往是趋势将要改变的信号。它说明，市场已经没有力量继续维护原有的上升或下降的规模了。

轨道线和趋势线是相互合作的两条线。很显然，先有趋势线，后有轨道线。趋势线比轨道线重要得多。趋势线可以独立存在，而轨道线则不能。

此外，如图 14-7 所示，与突破趋势线不同，对轨道线的突破并不是趋势反向的开始，而是趋势加速的开始，即原来的趋势线的斜率将会增加，趋势线的方向将会更加陡峭。

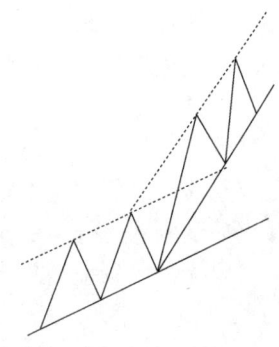

图 14-7 轨道线的突破

二、支撑线与压力线

1. 支撑线和压力线的作用

支撑线又称为抵抗线。当股价跌到某个价位附近时，股价停止下跌，甚至有可能还有回升。这个起着阻止股价继续下跌或暂时阻止股价继续下跌的价格就是支撑线所在的位置。

压力线又称为阻力线。当股价上涨到某价位附近时，股价会停止上涨，甚至回落。这个起着阻止或暂时阻止股价继续上升的价位就是压力线所在的位置。

支撑线和压力线的作用是阻止或暂时阻止股价向一个方向继续运动，具体如图 14-8 所示。

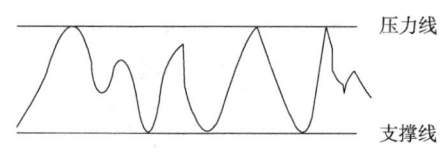

图 14-8　支撑线与压力线

2. 支撑线与压力线相互转化

一条支撑线如果被跌破,那么这个支撑线将成为压力线;同理,一条压力线被突破,这个压力线将成为支撑线。这说明支撑线和压力线的地位不是一成不变的,而是可以改变的,条件是它被有效的足够强大的股价变动突破。

一般来说,一条支撑线或压力线对当前影响的重要性有三个方面的考虑,一是股价在这个区域停留时间的长短;二是股价在这个区域伴随的成交量大小;三是这个支撑区域或压力区域发生的时间距离当前这个时期的远近。

3. 支撑线的市场含义

在K线图上,只要最低价位在同一微小区间多次出现,则连接两个相同最低价位并延长即成一支撑线,它形象地描述了股票在某一价位区间内,需求大于供给的不平衡状态。当交易价位跌入这一区间时,因买气大增,卖方惜售,使得价位调头回升。

其内在实质是:因前阶段反复出现这一价位区间,累积了较大的成交量,当行情由上而下向支撑线靠拢时,做空者获利筹码已清,手中已无打压抛空筹码;做多者持币趁低吸纳,形成需求;举棋不定者套牢已深,筹码锁定不轻易斩仓。故在这一价位区间供应小于需求,自然形成了强有力的支撑基础。另外,由于行情多次在此回头,也确立了广大投资者的心理支撑价位区间,只要无特大利空消息出台,行情将获撑反弹。

技术分析将有较大累积成交量的价位区间定义为"成交密集区",即在此密集区有很高的换手率。密集区进货者欲获利则需待股价升至这一成本区间以上,这些进货者即持有筹码者,只要没有对后势失去信心,是不会在这一价位区间抛出筹码的,正因为持有筹码者惜售,故行情难以跌破这一价位。另外空方也因成交密集,持币量上升,手中筹码已乏,即市场上筹码供应萎缩,虽然仍会有部分对后势失去信心者抛出筹码,但也成不了气候。即使支撑线被暂时击破只要既无成交量的配合,也无各种利空出现,价位将重回支撑线以上,广大投资者的心理支撑再次得到增强。

行情在成交密集区获得暂时的支撑后,后势有两种可能:一种反弹上升;另一种广大持有筹码者丧失信心,看坏后势,大量抛出,也即由多翻空,支撑线便被有效击破,行情继续下行。

支撑线并不仅仅产生于成交密集区。当行情下跌至原上升波的50%时,会稍加喘息,在这一区间往往会产生一支撑线,这实际上也是广大投资者的心理因素所致,技术分析称这种上升波(或下跌波)向起始点回归为对称性原理。此外,重要形态颈线、阶段性的最高最低价位、整数点位、缺口、均线、布林线等也往往是重要的支撑线。

压力线的含义如上面分析的原理,和支撑线完全相反。

三、黄金分割线和百分比线

黄金分割线与百分比线是最常见、最普通的切线分析工具,主要运用黄金分割与百分比率揭示支撑位或压力位。不过,黄金分割线与百分比线由于没有考虑到时间变化对股价的影响,所揭示出来的支撑位与压力位较为固定,与甘氏线相比略占下风,但这丝毫不影响它们在实用切线工具的地位。两者的原理及画法相似,不同之处在于所引用的比率不同,因此把它们放在一起来介绍。

1. 黄金分割线

黄金分割是一个古老的数学方法。对它的各种神奇的作用和魔力,数学上至今还没有明确地解释,只是发现它屡屡在实际中发挥我们意想不到的作用。

画黄金分割线的第一步是记住若干个特殊的数字:0.191、0.382、0.618、0.809、1.191、1.382、1.618、1.809、2.000、2.618、4.236。

这些数字中 0.382、0.618、1.382、1.618 最为重要,股价极为容易在由这四个数产生的黄金分割线处产生支撑和压力。

第二步是找到一个点。这个点是上升行情结束,调头向下的最高点,或者是下降行情结束,调头向上的最低点。当然,我们知道这里的高点和低点都是指一定的范围,是局部的。只要我们能够确认一个趋势(无论是上升还是下降)已经结束或暂时结束,则这个趋势的转折点就可以作为进行黄金分割的点,这个点一经选定,我们就可以画出黄金分割线了。

2. 百分比线

百分比线考虑问题的出发点是人们的心理因素和一些整数位的分界点,是利用百分比率进行的切线画法,以近期走势中重要的高点和低点之间的涨跌幅作为计量的基数,将原涨跌幅按 1/8、2/8、1/3、3/8、4/8、5/8、2/3、6/8、7/8、8/8 的比例十等分,生成百分比线,百分比线可使股价的涨跌幅度更加直观,往往能形成重要的压力位与支撑位。

百分比线事实上属江恩理论,江恩用简单的大数法则,将空间分成十等分,如用百分比来表示,即 1/8=12.5%、2/8=25%、1/3=33.3%、3/8=37.5%、4/8=50%、5/8=62.5%、2/3=66.6%、6/8=75%、7/8=87.5%、8/8=100%。上述各比率中,50%最为重要,因为万物都是一分为二的,此外 1/3=33.3%、3/8=37.5%及 5/8=62.5%、2/3=66.6%这四条距离也十分重要,往往起到重要的支撑与压力位作用。

目前由于有专业软件的辅助,黄金分割线与百分比线的作图比较简单,画法如下:如果股价正处见底回升的阶段,以此低点为基点,用鼠标左键点击此低点,并按住鼠标左键不放,拖动鼠标使边线对齐相应的高点,即回溯这一下跌波段的峰顶,松开鼠标左键系统即生成向上反弹上档压力位的黄金分割线与百分比线。

四、甘氏线和速度线

1. 甘氏线

1）甘氏线的意义

甘氏线又称为江恩角度线，具体分上升甘氏线和下降甘氏线两种，是由江恩创立的一套独特的理论，它具有非常直观的分析效果，根据角度线提供的纵横交错的趋势线，能帮助分析者做出明确的趋势判断。

2）甘氏线的图形

制作江恩线要有一个四方形的概念，所谓四方形亦为正方形，以对角线出现的 45 度作为四方形的二分之一，它代表了时间与价位处于平衡的关系，若根据某一模式的时间、价位同时到达这一平衡点时，市场将发生重大震荡。江恩理论中最重要的概念就是江恩线与价格运动的关系，江恩线在 X 轴上建立时间，在 Y 轴上建立价格，江恩线的符号是"$T \times P$"，T 为时间，P 为价格。江恩线由时间单位和价格单位定义价格运动，每条江恩线由时间和价格的关系所决定。从图上各个明显的顶点和底点画出江恩线，他们彼此互相交叉，构成江恩线之间的关系。它们不仅能确定何时价格会反转，而且能够指出将反转到何种价位，构成时间与价格的美妙和谐。

江恩线的基本比例为 1∶1，即每单位时间内，价格运行一个单位。另外，还有 1/8、2/8、1/3、4/8、2/3、6/8、7/8 等。每条江恩线有其相对应的几何角，具体如图 14-9 所示。

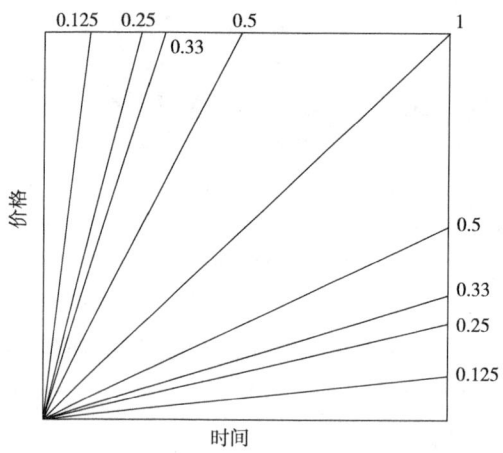

图 14-9　江恩角度线

甘氏线中的每条直线都有支撑和压力的功能，但这里面最重要的是 45°线、63.75°线和 26.25°线。这三条直线分别对应百分比线中的 50%、62.5% 和 37.5% 百分比线。其余的角度虽然在价格的波动中也能起一些支撑和压力作用，但重要性都不大，都很容易被突破。

2. 速度线

1）速度线简介

速度线又称为阻速线，是由埃德森·古尔德创立的一种分析工具。简单地讲即取一段升幅或者跌幅的最高点和最低点做一垂直线，并将此直线三等分，每等分的交点与最高点或最低点的连线即为阻速线，而一轮中级以上的波动，往往会在1/3阻速线上转势。具体见图14-10。

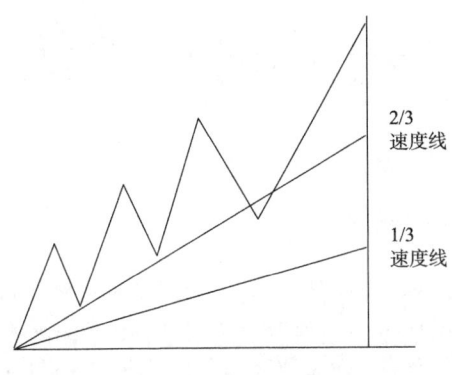

图14-10 速度线

阻速线是一种将趋势线和百分比回撤融为一体的新技巧，是埃德森·古尔德开创的，实质上也属于趋势线三分法的具体应用。阻速线测绘的是趋势上升或下降的速率。

2）研判方法

如果上升趋势正处于调整之中，那么阻速线向下折返的余地通常是到上方的速度线（2/3阻速线）为止；如果它又被超越了，那么价格还将跌到下方的速度线（1/3阻速线）；如果下方的速度线也跌破了，那么价格就可能一路而下，直至原趋势的起点的水平。

在下降趋势的折返走势中，下方的速度线如果被突破，那么价格很可能上冲到上方速度线处。要是后者也失守，那就意味着价格将会涨到原趋势的起点的水平。

正如所有的趋势线一样，速度线一旦被突破，角色也会反串。这样，在上升趋势的调整过程中，如果上面的线（2/3线）被突破，价格则跌到1/3线，再从后者上面反弹。这时候，上面的线已演变成阻挡障碍了。仅当上面这条线被重新穿回，那么价格才可能向原高点挑战。同样的道理在下降趋势中也成立。

▶本章复习思考题

1. 均线分析有何作用？
2. 葛兰威尔均线八法则是什么？
3. 支撑线与压力线各有什么作用？
4. 趋势线的作用有哪些？

第十五章 估值实训（一）
——相对估值法

公司估值的方法多种多样，不同投资者采用的估值方法不同，对公司投资价值的判断也不同，一般来说，公司估值方法主要有绝对估值法和相对估值法。各种估值方法主要表现在计算技术不同对于估值结果的明显差异，本章主要为大家介绍相对估值法。

第一节 公司估值方法概述

一、估值的意义

社会经济进步、经济金融化和资本市场的发展不断提升人们对公司估值问题的关注度，如何评估公司价值，并进而决定经济资源的合理流向与配置，便成为困扰人们许久的一个问题。

价值评估是一种分析方法，要通过符合逻辑的分析来完成。科学的分析来源于充分的理解，充分的理解建立在正确的概念框架基础之上，企业价值评估涉及大量的信息，有了合理的概念框架，可以指导评估人正确选择模型和有效地利用信息。因此，必须正确理解企业价值的有关概念。如果不能全面地理解价值评估原理，随意套用模型是不严谨的。

围绕公司估值方法的探索，实践中形成了不同的估值途径和估值模型，各种估值模型代表了不同公司估值思路和具体的估值方法，各有侧重和特点。

公司价值评估也称价值评估或企业估值，目的是分析和衡量一个企业或一个经营单位的公平市场价值，并提供有关信息以帮助投资人的管理当局改善决策。公司估值是指着眼于公司本身，对公司的内在价值进行评估。公司内在价值决定于公司的资产及其获利能力。其核心是在综合考虑公司内部因素、外部因素及投资者主观意愿的基础上，综合了公司的经营能力、宏观经济环境及人的客观需求等多方面因素之后，对公司的持续发展潜质的认识和评价过程。

关于公司估值方法的分类方式有很多，一种比较简洁的公司估值分类方法是基本面分析估值法和相关比较估值法。基本面分析估值法是根据公司的基本情况，即公司目前和未来的发展趋势的基本信息来评估公司的价值。相关比较估值法则是根据被估值公司与其他类似公司或产业在某些财务或经营方面存在的数量关系来估算被评估公司的价值。换言之，相关比较估值法认为公司的价值等于特定变量乘以某个乘数。

公司估值方法是上市公司基本面分析的必要过程，通过比较用估值方法计算出的公司理论股价与市场实际股价之间的差异，可以指导投资者进行具体的投资行为。估值方法主要有反映市场供求决定股价的相对估值法和反映内在价值决定股价的绝对估值法，这两种方法有不同的计算公式、适用对象和优缺点。

二、相对估值法简介

相对估值法又称可比公司法、相对估价法、比率或乘数估价法或市场法，是公司估值在实践中的一种最为常用，也是相对容易掌握的方法。相对估值法主要是通过每股股价与市盈率、每股净资产与每股市净率或每股销售收入与收入乘数等相对企业价值估值技术来估算公司价值。

相对估值法就是要发现某一资产或公司权益相对于目前市场上确定价格的其他类似资产或公司而言有多少价值。基本方法是：首先要寻找一个影响公司价值的关键变量；其次确定一组可以比较的类似公司，计算可比公司的市价关键变量的平均值，即乘数；最后根据目标公司的关键变量乘以得到的平均值，计算目标公司的评估价值。

在使用相对估价法对可比较的或者有代表性的公司进行分析时，特别要关注有着相近业务的新近发行及相似规模的其他公司的首次公开发行，以获得估值基础。主承销商审查可比较的发行公司的初次定价和它们在证券市场的表现，然后根据发行公司的具体特征进行价格调整，为新股发行进行估价。在运用相对估值法时，可以采用比率指标进行比较，比率指标包括市盈率、市净率、市盈率相对盈利增长比率、市销率、企业价值与利息、所得税、折旧、摊销前收益的比率等。其中最常用的比率指标是市盈率和市销率。

相对估值法的评估结果是建立在可比公司市场价值的基础之上，所以它不可避免要受到现行市场偏见或负面的影响。也就是说，这种方法的评估存在一定的人为的主观因素，其结果不能完全反映公司的内在价值，而是要受到市场高估或低估的影响。但也正是其显见的市场比较结果及易于使用的特点，此法得到大部分投资者的青睐，在国外企业价值评估中应用较为广泛。但也存在一些问题：首先，使用这种方法的前提假设是该行业中其他公司与被评估公司具有可比性，但可比公司的定义是一个主观概念，所以非常容易被误用和操纵；其次即使找到了一组合适的可比企业，在被评估企业和可比企业之间必然存在着一些基本差异，而对这些差异做出主观的调整也并不能很好地解决问题。

第二节 相对估值法模型

一、市盈率估值法

1. 市盈率估值法介绍

对于普通股而言,投资者应得到的回报是公司的净收益。因此,投资者估价的一种方法就是确定投资者愿意为每一单位的预期收益(通常用一年的预期收益表示)支付的金额。市盈率是投资回报的一种度量标准,即股票投资者根据当前或预测的收益水平收回其投资水平所需要的年数;而市盈率的倒数就是收益率,即 E/P。如果股票市值代表了普通股股东当前对未来的预期,且如果当前盈余是未来盈余的指示器,则该比率就表明单位盈余代表了 P/E 的现值。市盈率(P/E)的计算可以分为静态和动态,差异在于每股收益的时间点

$$静态市盈率:P/E = \frac{股价}{当期每股收益} \quad (15.1)$$

其中,P/E 为市盈率;P 为每股股价;E 为每股盈余。

$$动态市盈率 = \frac{静态市盈率}{(1+年复合增长率)^N} \quad (15.2)$$

其中,年复合增长率代表上市公司的综合成长水平,需要各个指标混合评估;N 是评估上市公司能维持此平均复合增长率的年限,一般机构预测都以 3 年来算。

市场广泛谈及的市盈率通常指的是静态市盈率,即以目前市场价格除以已知的最近公开的每股收益后的比值。静态市盈率只静态地考虑了当前的公司每股收益,没有动态地考虑公司的成长性,动态市盈率也就由此而生。动态市盈率一般都比静态市盈率小很多,代表了一个业绩增长或发展的动态变化。

市盈率综合反映了投资者对公司的盈利时机、增长率、未来现金流和分红政策的风险期望值,反映市场对公司收益预期的相对指标,是估计普通股价值的最基本、最重要指标的指标之一。但何谓合理的市盈率?市盈率的合理性可以通过比较公司当前的市盈率与下面所列的几个比率来进行检验。

(1)过去 5 年到 10 年市盈率的绝对水平和对于整个市场的相对水平。后者反映了某些因素对整个股票市场的影响,如利率的下调。

(2)一些基本评估要素如盈利能力、再投资机会、经营状况和财务风险等与被评估公司最为相近公司的市盈率。

(3)为确保某一特定的市盈率公司必须达到的绝对业绩水平。所以使用市盈率指标要从两个相对角度出发:一是该公司的预期市盈率(或动态市盈率)和历史市盈率(或

静态市盈率）的相对变化；二是该公司市盈率和行业平均市盈率相互对比。如果某上市公司市盈率高于之前年度市盈率或行业平均市盈率，说明市场预计该公司未来盈利会上升；反之，如果市盈率低于行业平均水平，则表示与同业相比，市场预计该公司未来盈利会下降，所以市盈率的高低具有相对性，要辩证看待，并非高市盈率不好，低市盈率就好。

但对于个股来说，一般认为该比率保持在 20~30 是正常的，过小说明股价低，风险小，值得购买；过大则说明股价高，风险大，购买时应谨慎。但高市盈率股票多为热门股票，低市盈率股票可能为冷门股票。市盈率是联系股价和利润的桥梁，反映企业的近期表现。一般来说，市盈率的水平如表 15-1 所示。

表 15-1 市盈率的水平

比率	价值水平
0~13	低估
14~20	正常水平
21~28	高估
28 以上	股市出现投机性泡沫

2. 市盈率估值法的估值过程

通过市盈率估值时，首先应计算出被评估公司的每股收益，然后根据二级市场的平均市盈率、被评估公司的行业情况（同类行业公司股票的市盈率）、公司的经营状况及其成长性等拟定市盈率（非上市公司的市盈率一般要按可比上市公司市盈率打折），最后，依据市盈率与每股收益的乘积决定估值：

合理股价=每股收益×合理的市盈率

值得注意的是，收益周期明显的行业和企业，其估值应以多年的平均每股收益来替代最近一年的每股收益，这样才能更合理地使用市盈率来估值。每股净利润的变动往往取决于宏观经济和企业的生存周期所决定的波动周期。所以在运用 P/E 值的时候，E 的确定显得尤为重要。每股净利润的确定方法有两种：①全面摊薄法，就是用全年净利润除以发行后总股本，直接得出每股净利润。②加权平均法，就是以公开发行股份在市场上流通的时间作为权数，用净利润除以发行前总股本加权计算得出的发行后总股本，得出每股净利润。

逻辑上，在市盈率估值法下，绝对合理股价=每股收益×市盈率，所以股价决定于每股收益与合理市盈率值的积。在其他条件不变下，每股收益预估成长率越高，合理市盈率值就会越高，绝对合理股价就会出现上涨；高每股收益成长股享有高的合理市盈率，低成长股享有低的合理市盈率。因此，当每股收益实际成长率低于预期时（被乘数变小），合理市盈率值将会下降（乘数变小），乘数效应下的双重打击，股价受到重挫。因此，当公司实际成长率高于或低于预期时，股价往往出现暴涨或暴跌，这其实是市盈率估值法的乘数效应在起作用。可见市盈率不是越高越好，还要看净利润而定，如果公司的净利润只有几十万元或者每股收益只有几分钱时，高市盈率只会反映公司的风险大，投资此类股票要小心。

3. 市盈率估值法的优缺点

市盈率因其直观性和易于计算的特性,得到了广泛的应用。究其原因,第一,它是一个将股票价格与当前公司盈利状况联系在一起的一种直观的统计比率;第二,对于大多数股票来说,市盈率易于计算并容易得到,这使得股票之间的比较变得较为简单;第三,它可以作为公司其他一些重要特征(包括风险性与成长性)的代表,如高市盈率往往伴随着公司的高成长性。市盈率涵盖了风险补偿率、增长率、股利支付率等因素的影响,具有很高的综合性。

但是在使用市盈率进行估价时存在以下问题:首先,当每股收益为负值时,市盈率是没有什么意义的。其次,公司收益的波动常会引起市盈率在不同时期出现戏剧性的变动。对周期性公司而言,盈利水平随着整个宏观经济状况的变动而变动,但价格反映的却是投资者对公司未来的预期。因此,一家周期性公司的市盈率在经济衰退期会处于顶峰,而在经济繁荣期会处于谷底,这种情况并不罕见。最后,在缺乏未来成长性、收益不确定性的正确预测条件下,市盈率只是从相对盈利性角度对可比公司进行比较的一个指标或参数,最多是相对价值所依赖的价值尺度之一,市盈率估值法必须和其他方法结合使用。但市盈率估值法更为关键的一个缺陷是缺乏估值的基准,或者说市盈率的高低来自投资者自己的判断,其除了受公司本身基本因素影响外,还受到整个经济景气程度和阶段性市场情绪的影响。在估值过程中,我们通常选择行业平均市盈率作为标准,但当被评估公司所在行业不景气或者过热的时候,该行业的平均市盈率就会偏低或偏高,采用行业市盈率进行估值就会出现偏差。也就是说,在市场出现系统性定价错误的情况下,投资者往往也会失去对公司内在价值或投资价值的判断。

市盈率估值法的适用性:市盈率估值法主要用在目前收益状况可以代表未来收益及其发展趋势的条件下,及有大量可比较公司的企业。市盈率估值法不适用于周期性较强的企业,如一般制造业、服务业,每股收益为负的公司,房地产等项目较强的公司,银行、保险和其他流动比例高的公司,难以寻找可比性很强的公司,多元化经营比较普遍、产业转型频繁的公司。

二、市净率估值法

1. 市净率估值法介绍

市净率估值法的基本理论与市盈率估值法的基本理论相似,只是选用的财务指标不同,市净率指的是市价与每股净资产之间的比值,比值越低意味着风险越低。其计算公式如下:

$$\text{PB} = \frac{P}{B} = \frac{普通股每股市价}{普通股每股账面价值} \qquad (15.3)$$

式中,PB 为市净率;P 为每股股价;B 为每股净资产。净资产的多少是由股份有限公司经营状况决定的,股份有限公司的经营业绩越好,其资产增值越快,股票净值就越高,因此股东拥有的权益也就越多。一般来说市净率较低的股票，投资价值较高，相反，则投资价值较低。

市净率是公司资产的市场价值与账面价值之比，此比率是从公司资产价值的角度去估计公司股票价格的基础，对于银行和保险公司这类资产负债多由货币资产所构成的企业股票的估值，以市净率估值法分析较适宜。

人们对公司账面价值的认识往往觉得比公司的内在价值更为清晰和直观，所以股票市场价格与账面价值比率对投资分析有帮助，主要是因为：第一，账面价值提供了一个对公司价值相对稳定和直观的度量，投资者可以通过使用它作为市场价格比较的依据。第二，因为市净率提供了一个合理的跨企业的比较标准，所以投资者可以通过比较行业中不同公司的市净率值来发现价值被低估或高估的企业。第三，即使是那些市盈率为负，从而无法使用市盈率进行估价的公司，也可以使用市净率法进行估价。

2. 市净率估值法的估算过程

通过市净率估值法估值时，首先应根据审核后的净资产计算出被估值公司的每股净资产，然后根据二级市场的平均市净率、被估值公司的行业情况（同类行业公司股票的市净率）、公司的经营状况及其 ROE 等拟定发行市净率（非上市公司的市净率一般要按可比上市公司市净率打折）。最后，依据发行市净率与每股净资产的乘积决定估值。公式为

$$合理股价=每股净资产\times 合理的市净率$$

3. 市净率估值法的优缺点

市净率估值法的优点是：第一，市净率的概念本身浅显易懂；第二，随着时间的变化，市净率的变化比较稳定，因此适合于历史分析；第三，在各公司所选用的会计政策符合可比性的条件下，市净率可用以鉴别哪些公司的价值被低估，哪些公司的价值被高估；第四，在公司发生亏损或净现金流量小于零时，仍然可以使用市净率估值法。

但在计算和使用市净率时也存在难以回避的几点缺点：第一，账面价值和盈利一样会受到折旧方法及其他会计政策的影响，当企业之间采用不同的会计制度时，我们就不能用市净率值对不同企业进行比较。同样，我们也不能比较在不同国家背景和不同会计制度环境下的跨国企业。第二，账面价值对于没有太多固定资产的服务行业来说意义不大，如服务性公司等。第三，如果企业盈利持续多年为负，那么，企业权益的账面价值也可能为负，相应地，市净率估值方法也将失去意义。

所以，市净率估值法主要适用于那些无形资产对其收入、现金流量和价值创造起关键作用的公司，如银行业、房地产业和投资公司等。这些行业虽然经营了大规模的资产但其利润额较低。同时，市净率估值法还适用于高风险行业及周期性较强的行业，拥有大量固定资产并且账面价值相对稳定的企业也适用市净率估值法。但账面价值的重置成本变动较快，以及固定资产较少、商誉或知识财产权较多的服务行业就不适用市净率估值法。

三、市销率估值法

1. 市销率估值法介绍

常用的相对估值法中,除了前面介绍的市盈率模型和市净率模型外,市销率模型也是一种常用的比较估值模型。市销率估值法也称价格营收比或市值营收比,是以公司市值除以上一财年(或季度)的营业收入,或等价地以公司股价除以每股营业收入。其公式为

$$市销率=\frac{总市值}{销售收入}=(股价 \times 总股数)/销售收入$$

市销率指标等于每股市价除以每股的销售收入(一般以主营业务收入代替),这一指标可以用来确定股票相对于过去业绩的价值,也可以用来确定一个市场板块或整个股票市场中的相对估值。市销率还可以告诉投资者每股收入能够支撑多少股价,或者说单位销售收入反映的股价水平。市销率是通过计算企业的股价除以每股销售收入或企业市值除以公司销售收入来判断企业的估值是偏高或偏低。因此该项指标既有助于考察公司收益基础的稳定性和可靠性,又能有效把握其收益的质量水平。所以市销率也作为公司相对估值法的价值参考指标,特别是对初创期高新技术及网络公司而言,采用市销率这个比率的优势更为明显。

不同市场板块市销率的差别很大,所以市销率在比较同一市场板块或子版块的股票中最有用。同样,由于营业收入不像盈利那样容易操作,因此市销率比市盈率更具有业绩的指标性。但市销率并不能够揭示整个经营情况,因为公司可能是亏损的。

2. 市销率估值法的优缺点

市销率指标的引入主要是为了克服市盈率等指标的局限性,在评估股票价值时需要对公司的收入质量进行评价。由于主营业务收入对于公司未来发展评价起着决定性作用,因此市销率有助于考察公司收益基础的稳定性和可靠性,可帮助投资者有效把握其收益的质量水平。一般而言,价值导向型的基金经理选择的范围都是"每股价格/每股收入<1"之类的股票。当然,对于不同行业而言,市销率评价标准也不同,如软件等行业由于其利润相对较高,市销率也较高,而食品零售商的市销率则仅为 0.5 左右。而市销率越小(如小于1),通常被认为投资价值越高,这是因为投资者可以付出比单位营业收入更少的钱购买股票。

与一般的市场对比指标相比,市销率估值法有很多优势:第一,它不会像市盈率值或市净率值因为可能出现负值而变得毫无意义,因为只要公司还在经营,它就会有销售收入,所以,市销率在任何时候都可以使用,甚至对于处于最困难时期的公司也是适用的;第二,由于市销率比率是采用销售收入指标的,所以不受折旧、存货和经常性支出等所采用的会计政策的影响,与利润及账面价值不同,不会被夸大;第三,市销率不像市盈率那样容易变化,因而对评估来说相对更加稳定可靠。

用市销率比率替代市盈率或市净率就等于使用公司的销售收入来替代利润或账面

价值，它的好处之一是稳定性，不受公司经营战略、会计政策等短期因素的影响，然而这种稳定性在公司的成本控制出现实质问题或公司所处行业面临革命性转型时，也会成为公司估值错误的罪魁祸首。例如，在公司经营出现实质性风险时或主营产品市场萎缩或消失时，尽管公司的利润和账面价值存在显著的下降，但是销售收入可能不会大幅下降，市销率模型显然会高估公司的价值。因此，当使用市销率来对一个有着负利润和负账面价值的困境中的公司进行评估时，可能因为无法识别各个公司成本、毛利率等方面的差别而得出极其错误的评价。

市销率估值法的缺点：第一，无法反映公司的成本控制能力，即使成本上升、利润下降，不影响销售收入，市销率依然不变；第二，市销率会随着公司销售收入规模的扩大而下降，营业收入规模较大的公司，其市销率较低。而且市销率的对比只能用于同行业的比较，不同行业的市销率对比没有意义，同时，因为目前的上市公司关联销售较多，该指标并不能剔除关联销售的影响。

市销率估值法适用于营收不受公司折旧、存货、非经常性收支的影响，不易操控的行业；营收最稳定，波动性小，避免市盈率波动较大；不会出现负值，不会出现没有意义的情况，净利润为负这些企业都可以用该方法进行估值。

四、市盈率相对盈利增长比率估值法

1. 市盈率相对盈利增长比率估值法介绍

新经济引发资本市场高科技公司在估值和市场定价方面的改变，亦引发了价值投资型和成长型投资孰优孰劣的激烈争论。投资是面向未来的，市盈率指标虽然可直接应用于不同收益水平的价格比较，对股价估值简单而实用，所以它成为应用最为广泛的一种估值方法。但是，该指标没有告诉投资者：公司盈利预计以什么方式增长，公司盈利增长预期是加速还是减速，公司的盈利能力如何与其他相同风险—收益关系的投资进行比较，如何对相同市盈率的公司盈利进行区分。简而言之，就是市盈率指标缺乏对公司成长性因素的考量。针对这个缺陷，市盈率增长因子是对市盈率静态性缺陷的重要修正，其将市盈率与企业成长率结合起来，弥补了市盈率估值法没有对企业动态成长性进行估计的不足。

市盈率相对盈利增长比率是从公司市盈率指标衍生出来的一个比率，是公司市盈率与盈利增长率之比，反映的是公司成长性对公司价值的影响，主要用于证券资本市场的公司估值。其计算公式是

市盈率相对盈利增长比率=(公司股价/每股收益)/每股收益的年度收益增长率预测值

市盈率相对盈利增长比率估值法是用一只股票的市盈率除以该公司的成长性。其中，用估计盈利增长率除市盈率可以测算公司成长的速度，即市盈率/公司利润增长率，这就是著名的预期市盈率增长因子。该指标大于1说明估值高，小于1说明估值低。市盈率相对盈利增长比率指标的一个基本特点是，公司的市盈率相对盈利增长比率值越低，公司的价值被低估的可能性就越大。

但必须注意的是，市盈率相对盈利增长比率指标是一个公司的风险、成长潜力和分红比例的函数，涉及对公司未来盈利增长的预测，因此，该指标出错的可能性也较大。事实上，只有当投资者有把握对未来3年以上的业绩表现做出比较准确的预测时，市盈率相对盈利增长比率的使用效果才会体现出来，否则会起误导作用。此外，市盈率相对盈利增长比率指标还应该和同行业成长性类似的企业进行比较，如果该公司股票的市盈率相对盈利增长比率为12，而其他成长性类似的同行业股票的市盈率相对盈利增长比率都在12以上，虽然该公司的市盈率相对盈利增长比率值大于1，但价值仍有可能被低估。同时在用市盈率相对盈利增长比率指标估值时，还应考虑当前国际市场、宏观经济、国家的产业政策、行业景气、资本市场阶段热点、上市公司盈利增长的持续性及上市公司的其他内部情况等多种因素来综合评价。

2. 市盈率相对盈利增长比率估值法的优缺点

用市盈率相对盈利增长比率指标进行公司估值的一个好处就是将公司市盈率与公司的业绩成长性对比起来看，其中的关键是要对公司的业绩增长做出准确的预期。投资者普遍习惯使用市盈率来评估股票的内在价值，但当遇到一些极端情况时，市盈率就会有很大的局限性，比如，市场上有许多远高于股市平均市盈率水平，甚至高达上百倍市盈率的股票，此时就无法用市盈率来解释此类股票价值的合理性。

但如果市盈率和公司业绩成长性相对比，那些超高市盈率的股票看上去就合理了，投资者不会觉得风险太大，这就是市盈率相对盈利增长比率估值法的优势。市盈率相对盈利增长比率同样是非常重要的，在某些情况下，它是公司估价变动的决定性因素。

投资者需要注意的是，像其他财务指标一样，市盈率相对盈利增长比率也不能单独使用，必须和其他指标结合起来使用。在实践过程中，为了减少预测的误差，在具体计算公司的市盈率相对盈利增长比率值时，针对所需要的预估值，一般可以取市场的平均预估值，即收集多家机构分析人员对公司未来业绩的预测值进行平均或取中值。同时，由于市盈率相对盈利增长比率需要对公司未来至少3年的业绩增长情况做出准确判断，而不能只用未来12个月的盈利预测，因此用市盈率相对盈利增长比率估值方法进行估值时，其难度远大于其他估值方法。而且只有当投资者有把握对公司未来3年以上的业绩做出比较准确的预测时，市盈率相对盈利增长比率的使用效果才会体现出来，否则会起一个误导作用。

市盈率相对盈利增长比率估值法是结合未来成长性来评估公司利润的，可以弥补市盈率估值法无法反映公司未来成长性的缺点。相对来说它更适用于成长性行业，如奢侈品、保健商品及技术行业等，并且适用于IT（Internet technology，互联网技术）等成长性较高的企业。市盈率相对盈利增长比率估值法不适用成熟行业，以及亏损或盈余正在衰退的行业。

我国GDP增长速度高于世界平均水平，股市作为国民经济发展水平的晴雨表，上市公司的成长性特征应该得到重视，因此市盈率相对盈利增长比率估值法在我国股市有较强的适用性，对于具有持续增长前景的成长性公司可采用市盈率相对盈利增长比率估值法进行估值。

五、EV/EBITDA 估值法

1. EV/EBITDA 估值法的介绍

企业价值倍数（enterprise value/earning before interest, tax, depreciation and amortization, EV/EBITDA）是一种被广泛使用的公司估值指标。

在 EV/EBITDA 估值法中：EV（enterprise value，企业价值）=市值+（总负债-总现金）=市值+净负债（即公司有息债务价值之和减去现金及短期投资），即投入企业的所有资本的市场价值代替市盈率中的股价；EBITDA（earnings before interest, tax, depreciation and amortization，息税折旧摊销前利润，即扣除利息、所得税、折旧、摊销之前的利润）=营业利润+折旧+摊销，或=净利润+所得税+利息+折旧+摊销，即使用 EBITDA 代替市盈率中的每股净利润。企业所有投资人的资本投入既包括股东权益也包括债权人的投入，而 EBITDA 则反映了上述所有投资人获得的税前收益水平。相对于市盈率是股票市值和预测净利润的比值，EV/EBITDA 则反映了投资资本的市场价值和未来一年企业收益间的比例关系。

EV/EBITDA 倍数和市盈率同属于可比法，在使用的方法和原则上大同小异，只是选取的指标口径有所不同。总体来讲，市盈率和 EV/EBITDA 反映的都是市场价值和收益指标间的比例关系，只不过市盈率是从股东的角度出发，而 EV/EBITDA 则是从全体投资人的角度出发。在 EV/EBITDA 方法下，要最终得到对股票市值的估计，还必须减去债权的价值。在缺乏债权市场的情况下，可以使用债务的账面价值来近似估计。相比而言，由于指标的选取角度不同，EV/EBITDA 弥补了市盈率的一些不足，使用的范围也更为广泛。首先，若一个企业的净利润为负值，则市盈率法就失效了。相比而言，由于 EBITDA 指标中加回了摊销和折旧且扣除的费用项较少，因此其相对于净利润而言成为负数的可能性较小，因而具有比市盈率更广泛的使用范围。其次，由于在 EBITDA 指标中不包含财务费用和折旧摊销等费用，故不受企业融资政策和折旧摊销政策的影响，因此不同资本结构的企业在 EBITDA 指标下更具有可比性。最后，EBITDA 指标中不包括投资收入、营业外收入等其他项目收入，仅仅反映企业的主营业务的运营绩效，这也使企业间的对比更加具有公平性和合理性，真正反映了企业主营业务应该具有的价值。

在具体运用中，EV/EBITDA 和市盈率法的使用前提一样，都要求企业预测的未来收益水平必须能够体现企业未来的收益流量和风险状况的主要特征。这体现于可比公司选择的各项假设和具体要求上，缺失了这些前提，该方法同样也就失去了合理估值的功能。EV/EBITDA 和市盈率等相对估值法指标的用法一样，其倍数相对于行业平均水平或历史水平较高通常说明高估，较低说明低估，不同行业或板块有不同的估值（倍数）水平。

同时，和市盈率一样，EBITDA 也是一个单一的年度指标，并没有考虑到企业未来增长率这个对于企业价值判断至关重要的因素，因而也只有在两个企业具有近似增长前景的条件下才适用。EV/EBITDA 作为当前专业投资人员越来越普遍采用的一种估值方法，其主要优势就在于 EBITDA 指标对企业收益的更清晰度量，以及该指标和企业价值之间更强的相关性。然而在某些具体行业中，行业特性和会计处理规定可能会导致上述关系发生一定程度的扭曲，这时就需要使用者对 EBITDA 指标进行一定的调整，恢复其衡量企业主营业务税前绩效的合理性。

2. EV/EBITDA 估值法的优缺点

EV/EBITDA 估值法较市盈率估值方法有明显的优势。概括而言，首先，不受所得税率不同的影响，使得不同国家和市场的上市公司估值更具可比性；其次，不受资本结构不同的影响，公司对资本结构的改变都不会影响估值，同样有利于比较不同公司估值水平；最后，排除了折旧摊销这些非现金成本的影响（现金比账面利润重要），可以更准确地反映公司价值。但 EV/EBITDA 估值法更适用于单一业务或子公司较少的公司估值，如果业务或合并子公司数量众多，就需要做复杂调整，可能会降低其准确性。

EV/EBITDA 估值法的缺点是：对有着很多控股结构的公司估值效果不佳，因为 EBITDA 不反映少数股东现金流，但却过多反映控股公司的现金流，不反映资本支出需求，过高估计了现金。

EV/EBITDA 估值法适用于：①充分竞争行业的公司；②没有巨额商誉的公司；③净利润亏损，但毛利、营业利益并不亏损的公司。EV/EBITDA 估值法不适用于：①固定资产更新变化较快的公司；②净利润亏损、毛利、营业利润均亏损的公司；③资本密集、准垄断或者具有巨额商誉的收购型公司（大量折旧摊销压低了账面利润）；④有高负债或大量现金的公司。

六、相对估值法的简单总结

相对估值法的魅力在于简单易用，克服了现金流折现估值法对输入参数的过度依赖，国际上对公司估值大量地采用了比较的方法，特别是对于资本市场的股票 IPO 定价，相对估值法隐含了对当前资本市场估价体系有效性的假设和认同，亦符合当时资本市场的市场情绪和人气。

应用相对估值法可以迅速获得被低估资产的参考价值，尤其是当金融市场上有大量可比资产进行交易，并且市场在平均水平上对这些资产的定价是合理的时候。但相对估值法也容易被误用和操纵，这一点在利用可比资产确定比率数值时尤为突出。因为有偏见或倾向的分析人员往往会选择一组可比公司来印证他对公司价值的事实上或多或少已经存在的固有的判断。所以表面上，相对估值法似乎简单明了，但在实践中它并不像看上去那么简单和可靠，有着自身难以克服的局限性。

1. 可比公司的选择

实践中，真正可比公司的认定常常是困难的。因为大多数可比公司及其数据资料难以获得，我们一般只能够看到公司对外的公开财务数据和披露信息，但无法了解构成这些财务数据背后的驱动因素是什么，并且，财务数据只揭示了公司的部分信息，报表之外的信息我们是无从得知的。而且在选择可比公司时,应制定一个怎样的指标选取原则,目前为止,学者也没有一个固定的标准。一些学者认为应从反映公司经营和财务的经济指标入手,选择具有相似性的指标作为判断可比的参考;另一些学者认为可比公司的选择应该考虑企业外部因素及企业规模、盈利能力、成长性和风险等内部因素,但都没有一个具体的量化标准。所以,对于相对估值法来说,选取一个合适的参考公司是至关重要的,但这也是最难的一步。

2. 乘数的选择问题

乘数的选择是市场估值的核心一步,不同的乘数具有不同的含义,乘数的选择本身就是一件棘手的事。在实际应用中,评估人员主要是通过分析被评估公司的财务数据和经营资料选择适合使用的常见价值乘数。但这种价值乘数选择方法完全凭借评估人员的经验判断,没有针对性,很容易造成较大的评估误差。公司会受到外部因素和内部因素的共同影响,导致不同公司在资本结构、生命周期、生产要素等方面存在差异,导致不同公司的乘数是各异的,以及另一家公司的乘数是否适用于正在被评估的公司,都需要对每一种乘数的决定因素有充分的了解。以上介绍的市盈率、市净率、市销率和市盈率相对盈利增长比率指标往往代表了参照公司的某一个特性,支撑数据背后的原因亦各有不同,用一个指标来代表公司整体价值上的可比性本身就存在问题。

3. 作为投资者决策参考的局限性

投资是面向未来的,无论是股票二级市场,还是资本市场的公司并购,相对估值法的乘数反映了市场对同类公司价值一般判断,简单地使用乘数会忽视估值对象的自身特点对其价值及成长的影响。更重要的是,作为一项估值基准的乘数,本身又是随着市场交易环境的变化而发生波动,或者说,作为价值参考的基准是波动的,作为投资者,难以对投资对象的内在价值或投资者价值有一个根本性的认识,进而指导自身的投资决策活动。

➢本章复习思考题

1. 相对估值法模型包括哪些?
2. 分别描述市盈率模型、市净率模型、市销率模型的优缺点。
3. 分析市盈率估值法与市盈率相对盈利增长比率估值法之间的联系与区别。
4. 选择一个公司,并运用合适的估值方法对其进行估值。

第十六章 估值实训（二）
——绝对估值法

绝对估值法的核心思想是一种资产的价值都是由它的未来期望现金流决定的，任何资产定价都是三个变量的函数：资产能产生多少现金流；资产产生现金流的时间；资产产生这些现金流的不确定性。

$$价值 = \sum_{t=1}^{t=n} \frac{CF_t}{(1+r)^t} \tag{16.1}$$

其中，n 为资产的期限；CF_t 为时间 t 内的现金流；r 为预测现金流的折现率。根据现金流和折现率的不同，我们可以得到股价的红利贴现模型（dividend discount model，DDM）和自由现金流贴现模型。接下来，我们将分别讨论上述两种模型及在估值中的具体运用。

第一节 红利贴现模型

一、红利贴现模型的具体形式

一位投资者购买了一股上市公司的股票，他计划持有一年，股份的内在价值等于第一年末收到的红利 D_1，加上预期出售价格 P_1 的贴现值。未来价格和红利是未知的，对于未来价格我们处理的是预期价值，而不是确定价值。我们已经知道

$$V_0 = \frac{D_1 + P_1}{1+r} \tag{16.2}$$

虽然在给出公司历史资料的情况下，预测当年红利并不难，但你也许仍会问我们是怎样估计年末价格 P_1 的，V_1（年末内在价值）将等于

$$V_1 = \frac{D_2 + P_2}{1+r} \tag{16.3}$$

如果我们假设股票下一年将会以内在价值出售,则 $V_1 = P_1$,这个值代入式(16.1),我们发现有

$$V_0 = \frac{D_1}{1+r} + \frac{D_2 + P_2}{(1+r)^2} \qquad (16.4)$$

这个等式可以解释为持有期为两年的红利加上售出价格的贴现值。当然,现在我们需要给出 P_2 的预测值。继续采用相同的方法,我们可以用 $(D_3 + P_3)/(1+r)$ 代替 P_2,从而将 P_0 与持有期为三年的红利加上售出价格的贴现值联系起来。

一般地,在持有期为 H 年的情况下,我们可以将股票价值写成 H 年中红利的贴现值与最终售出价格 P_H 的贴现值的和。我们有

$$V_0 = \frac{D_1}{1+r} + \frac{D_2}{(1+r)^2} + \cdots + \frac{D_H + P_H}{(1+r)^H} \qquad (16.5)$$

但股票的红利不确定,没有确定的到期日,并且最终售出价格是未知的。事实上,由于价格难以明确地推断,可以把式(16.5)继续代换下去,有

$$V_0 = \frac{D_1}{1+r} + \frac{D_2}{(1+r)^2} + \frac{D_3}{(1+r)^3} + \cdots = \sum_{t=1}^{t=\infty} \frac{D_t}{(1+r)^t} \qquad (16.6)$$

公式阐述了股票价格应当等于所有预期红利的贴现值。这个式(16.6)被称为股价的红利贴现模型。从公式来看,人们很容易认为红利贴现模型仅仅重视红利,而忽视了资本利得是投资股票的一个动机。但是,这种推论并不正确。事实上,式(16.1)中,我们清楚地假定了资本利得(从预期售出价格 P_1 中可以反映)是股票价值的一部分;同时,未来的售出价格依赖于那时对股票红利的预测。红利贴现模型说明了股票价格最终决定于股票持有者不断增加的现金流收入,即红利。

二、固定增长的红利贴现模型

固定增长的红利贴现模型在对股票评估时没有多大用处,因为它需要在不确定的未来对每年的红利加以预测。为了使红利贴现模型更加实用,我们需要引进一些简化的假设:红利以稳定的速度增长。设定增长率为 g。

$$D_1 = D_0(1+g) \qquad (16.7)$$

$$D_2 = D_0(1+g)^2 \qquad (16.8)$$

$$D_3 = D_0(1+g)^3 \qquad (16.9)$$

在式(16.6)中使用这些红利预测,我们得出内在价值为

$$V_0 = \frac{D_0(1+g)}{1+r} + \frac{D_0(1+g)^2}{(1+r)^2} + \frac{D_0(1+g)^3}{(1+r)^3} + \cdots + \frac{D_0(1+g)^n}{(1+r)^n} \qquad (16.10)$$

该等式可以被简化为

$$V_0 = \frac{D_0(1+g)}{r-g} = \frac{D_1}{r-g} \qquad (16.11)$$

该模型被称为固定增长的红利贴现模型。应当指出的是，式（16.11）中使用的是永续现金流的贴现值。如果预期红利不会增长，那么红利流将简单地延续下去，估值公式为

$$V_0 = \frac{D_1}{r} \tag{16.12}$$

式（16.11）是永续年金公式在有增长情况下的推广。g 如果增大，D_1 给定，股票价格也会上升。

三、相关参数估计

1. 折现率

红利贴现模型的关键在于确定折现率，根据 CAPM 确定 K_e（权益资本必要收益率）：

$$K_e = 无风险利率（R_f）+ \beta \times 风险溢价 \tag{16.13}$$

无风险利率（R_f）可以从国债收益率得到观察；建议使用评估基准日当天的 10 年期国债利率。

β 是单个股票随股票市场总体趋势变化的幅度，是一个回归值，收入波动性越高（如周期性行业），经营杠杆越高（如固定成本较高的行业），或财务杠杆越高的公司 β 系数越高。β 反映了市场中无法通过资产组合规避的风险。β 可以从 Wind、Bloombg 等数据库中查阅，也可以参照行业平均水平估计：选择同行业内可比性较强的公司组合，查找或引用这些公司的 β 值，再根据各公司资本结构进行换算，可求出行业资产平均 β 值，该方法对于 IPO 公司最为适合。要将计算或者查取到的 β 与行业平均水平做对比，如果偏差较大，建议使用行业平均值。

风险溢价是市场回报率与无风险利率的差：

$$风险溢价 = R_m - R_f \tag{16.14}$$

风险溢价的参考来源：Morningstar Ibbotson 每年发布的手册中会公布当年的风险溢价，美国市场的风险溢价一般用"标普 500 的收益率-10 年期国债收益率"来计算。美国股市 70 多年的历史平均风险溢价为 5%~7%。但在 2000~2020 年其隐含的风险溢价大致在 4.5%~5.5%，中国市场的风险溢价为 4%~6%。

2. 增长率

关于什么样的增长率才是合理的稳定增长率。模型中增长率将永久持续的假设构成了对合理性的严格约束。公司不可能在长时间内以一个比公司所处宏观经济环境总体增长率高得多的速度增长。这样，如果一家公司以 12% 的速度永续增长，而宏观经济总体增长率为 6%，那么最后公司将变得比宏观经济总量还要大。实际上，如果估价是以名义价格（实际价格）表示的，则公司稳定增长率不可能高于宏观经济名义（实际）增长率（如果公司经营范围限制在国内，那么这里的宏观经济增长率是国内经济的预期增长率；对于跨国公司，宏观经济增长率相应是世界经济的增长率）。经济名义增长率是由

预期的通货膨胀和 GDP 的实际增长率决定的。假定长期的预期通货膨胀为每年 4%，实际增长率为 2%。

经济预期名义增长率＝预期通货膨胀率+预期实际增长率=4%+2%=6%

可以用此增长率近似替代稳定增长率。

四、模型存在的问题及适用范围

对于一家高速增长且当前不支付红利的公司，我们根据增长率下降时的预期红利支付率仍然可以估计其价值。但是如果不根据预期增长率的改变来调整红利支付率，将会低估不支付红利或支付低红利的股票价值。

红利贴现模型也被许多人认为是与市场相背离的模型。他们的根据是：当股票市场处于牛市时，使用红利贴现模型会发现越来越少的股票的价值被低估了。如果股票市场价格上升的原因是宏观经济基本面的改善，如更高的预期经济增长率或更低的利率，那么没有理由认为由红利贴现模型得到的价值不会相应地增加；如果股票市场上涨的原因不是宏观经济基本因素的改善，红利贴现所得到的价值就不会跟着市场而改变。但这时模型所发出的信号更强烈而不是更弱，它显示相对红利和现金流，市场对股票的价值被高估了，并提醒谨慎的投资者小心注意。

红利贴现模型筛选出的股票通常有高红利的特点。如果红利所得税税率比资本所得税税率高，或者纳税时间不同，投资者的收益会产生很大差别，高红利股票将产生税收上的劣势。由于上述研究所揭示的超额收益是对投资者的税前而言的，所以考虑个人所得税可能会大大削减或甚至消除这些超额收益。

总之，固定股利增长模型最适用于具有下列特征的公司：公司以一个与名义经济增长率相当或稍低的速度增长；公司已制定好了红利支付政策，并且这一政策将持续到将来；公司发放的红利必须和稳定性的假设相一致，因为稳定的公司通常支付丰厚的红利。

五、总结

红利贴现模型是用来对股权资本进行估价的一个简单模型，它的基本原理是股票价值等于其预期红利的现值总和。虽然该模型被指责为使用价值有限，但是事实证明它在相当广泛的范围内具有适用性。它可能是一个保守的模型，当市场价格的上升与基本因素（收益红利等）无关时，它能够发现价值被低估的公司越来越少，但这也可以被认为是该模型的优点所在。对红利贴现模型的实证检验表明它在投资估价中能够发挥作用，尽管它的大部分有效性可能来自它通常以为低市盈率、高红利收益率的股票即价值被低估的股票。

第二节 自由现金流模型

资产价值等于其全部预期收益的现值之和,这是当代财务学的现值恒等式。现值恒等说明为了得到现值,必须估计预期收益和贴现率。人们在估计预期收益时遇到了两个需要首先回答的问题:如何选取能够恰当代表预期收益的指标?以及如何预测这些指标?

我们在上一章中介绍了红利贴现模型。股利(dividends)是一种实际发生的现金流。虽然估计股利比较容易,但是由于股利政策在很大程度上取决于公司管理层的主观意志,因此股利贴现模型在实际运用中存在诸多限制,甚至在一些情况下不能得到正确的结论。

自由现金流贴现模型在权益证券定价领域具有更广泛适用性。与股利贴现模型相比,当被估价的公司至少符合下述条件之一时,自由现金流贴现模型更为适用:①公司从不支付股利;②公司虽然支付股利,但是实际支付金额与公司的支付能力出入很大(包括支付不足或支付超额);③在可以合理估计的期间,有充分理由认为自由现金流(free cash flows,FCF)与公司获利能力较好地吻合;④从投资者拥有公司控制权的角度进行估价。显而易见,当出现上述一种或多种情形时,自由现金流是公司预期收益更准确的替代物,此时自由现金流贴现模型更为适用。需要指出的一点是,上述情形不仅并非罕见,而且代表了分析师在估价中遇到的绝大多数情况,因此自由现金流模型受到广泛的重视。

自由现金流在这里被定义为可供分配的现金流,即公司在履行了财务义务和满足了再投资需要之后的全部剩余现金流。与公司管理层愿意并且有能力支付的各期股利相比,自由现金流是一种较少受到人为干扰的财务指标。

$$\text{价值} = \sum \text{FCF}_t / (1+k)^t \quad (16.15)$$

其中,FCF_t 为第 t 期的自由现金流,k 为贴现率。

此外,从不同投资者的角度去观察,自由现金流有股权自由现金流(free cash flow to equity,FCFE)和公司自由现金流(free cash flow to the firm,FCFF)两种定义,公司自由现金流和股权自由现金流可以通过公司财务报表进行计算,根据现金流的不同,可以将自由现金流模型具体化为

$$\text{股权价值} = \sum \frac{\text{FCFE}_t}{(1+r_e)^t} \quad (16.16)$$

$$\text{公司价值} = \sum \frac{\text{FCFF}_t}{(1+\text{WACC})^t} \quad (16.17)$$

其中,FCFF_t 为第 t 期的股权自由现金流;r_t 为股东要求的回报率;WACC 为公司加权平均资本成本。

接下来,我们将先讨论公司自由现金流模型。

一、公司自由现金流模型

$$企业经营价值=可明确预测期的价值+连续价值 \tag{16.18}$$

经营价值的计算具体如图16-1所示。

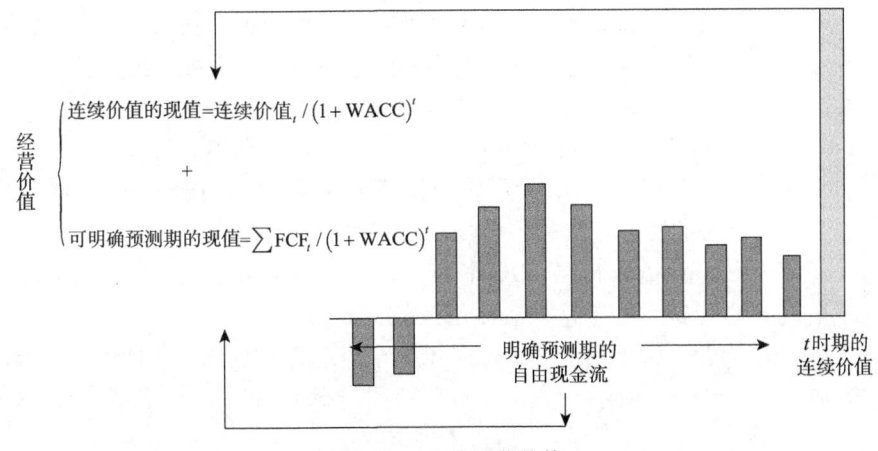

图16-1 企业经营价值

所以分别计算连续价值的现值和可明确预测期的现值,我们就可以估计公司的现值。首先计算自由现金流,其次计算折现率,再次预测自由现金流,最后计算连续价值。

$$连续价值 = \frac{FCFF_{t+1}}{(WACC - g)} \tag{16.19}$$

接下来,我们将按上述步骤计算相应的变量。

二、自由现金流

在支付了各种经营性现金支出和满足扩大生产所需的投资之后,可以供全体资本提供者支配的剩余现金流就是自由现金流。各指标计算见表16-1。

表16-1 自由现金流计算

资本提供者		资本提供者的现金流	贴现率
债权人		利息(1-所得税税率)-负债净增加额	税后负债成本
股东	优先股股东	优先股股利	优先股资本成本
	普通股股东	FCFE	普通股资本成本
公司=债权人+优先股股东+普通股股东		FCFF=FCFE+利息(1-所得税税率)-负债净增加额+优先股股利	WACC(资本加权平均成本)

值得注意的是，由于优先股事前就确定了股利，并且按照要求按时发放。除了与负债有税前税后的差别，性质与负债极为接近，再加上现实中发放优先股股利的公司较少。所以在估值模型中，一般会将优先股股利省略，讨论不存在优先股相对简单的情形

$$FCFF = NI + NCC + INT \times (1-t) - FCInv - WCInv \quad (16.20)$$

其中，FCFF 为自由现金流；NI（net income）为净利润；NCC（net noncash charges）为非现金支出净额，包括以折旧、摊销为主要内容的各种不引起当期经营现金流的流入流出的项目变动净额。对于折旧无形资产的摊销及资产减值类重组费用，其作为费用已经从当期的收益中扣除，但是由于它们并没有实际的支付现金，因此当由净利润计算经营活动的现金流量时，应该将它们加回。INT（interest）为利息费用；t 为税率。

FCInv（fixed capital investment）为资本性支出。资本性支出的对象包括：①固定资产投资（主要是土地、厂房等）；②无形资产投资；③长期股权投资等。资本性支出的形式：①现金购买或长期资产处置的现金收回；②通过发行债券或股票等非现金交易的形式取得长期资产；③通过企业并购取得长期资产。获得资本性支出信息的主要来源是公司现金流量表中的投资现金流量（investing cash flows，CFI）。

此外，WCInv 为营运资本增加。营运资本是指流动资产减流动负债后的余额。

$$NOPLAT + 非现金支出净额 + 利息 \times (1-所得税税率) - 资本性支出 - 营运资本追加 = 公司自由现金流$$

将上述等式重新整理可以得到

$$自由现金流 = NOPLAT + 非现金经营费用（折旧和摊销）- 净投资 \quad (16.21)$$

NOPLAT（net operating profits less adjusted taxes，扣除调整税后的净营业利润），是指扣除与核心经营活动有关的所得税后公司核心经营活动产生的利润。EBIT（earning before interest and taxes，息税前利润）是指扣除利息和税金前的利润。

$$NOPLAT = EBIT \times (1-所得税税率) = EBIT - 所得税 \quad (16.22)$$

净投资=当年的净投资-上年的净投资 = 营运资本的增量+资本支出

营运资本的增量 = 期末营运资本-期初营运资本

营运资本 = 经营性流动资产-经营性流动负债

资本支出 = 期末固定和无形资产-期初固定资产和无形资产 + 折旧和摊销

以上讨论的是以净利润作为起点计算公司自由现金流的方法，现实中我们还可以根据由经营现金流量调整得到公司的自由现金流。

$$公司自由现金流量 = 经营活动现金流量 + 税后利息费用 - 固定资本投资支出$$

因为利息支付属于经营活动的现金流量，那么净利润中不应该包括税后利息费用，因此在计算公司自由现金流时应该加回。

以上两种方法都可以得到自由现金流。

三、自由现金流基准年的确定

如果得到的自由现金流量为正，可以选取以下几种方法作为自由现金流的基准年。
（1）取该年值为基准年值。
（2）以 N 年算术平均值为基准年值。
（3）以 N 年加权平均值为基准年值（越接近当前，年份权重越大）。

如果得到的自由现金流量为负，可以选取以下几种方法作为自由现金流的基准年。
（1）如算术平均值为正，以 N 年算术平均值为基准年值。
（2）如加权平均值为正，以 N 年加权平均值为基准年值。
（3）取某一年比较正常值为基准年值。

四、自由现金流增长率的确定

通过财务报表分析计算出公司自由现金流又确定了现金流的基准年之后，接下来的工作就是确定公司自由现金流的增长率。通常假定折旧和资本性支出的增长率保持相等，但是由于财务杠杆在公司中的普遍应用，股权自由现金流和公司自由现金流的增长通常是不相等的。公司自由现金流是债务偿还前现金流，其增长率不受财务杠杆比率的影响。

通常认为自由现金流的增长率：

$$g_{\text{FCFF}} = \text{ROA} \times \text{RR} \tag{16.23}$$

其中，ROA 为总资产回报率，RR（retention rate）为净利润留存率。

以上参数都可以通过资产负债表可得，代入计算即可得到自由现金流的增长率。

五、折现率的确定

因为自由现金流量由公司的债权人、股东提供，与此相关的折现率也是资本的加权平均成本，所以：

$$\text{WACC} = K_d \times (1-t) \times \frac{D}{(D+E)} + K_e \times \frac{E}{(E+D)} \tag{16.24}$$

其中，K_d 为公司的债务成本，可用公司的边际筹资成本（如向银行的借款利率、债券的收益率）近似估计；K_e 表示公司的股权成本，可用 CAPM 来计算：

$$K_e = \text{无风险利率}(R_f) + \beta \times (R_m - R_f) \tag{16.25}$$

E 和 D 可按照：①债权和股本的市场价值来确定；②可比公司的资本结构；③公司的目标资本结构来确定，而非当前的资本结构。

六、现金流量的常态增长模型

假设：在最后期限公司达到均衡状态，公司实际的现金流量（剔除通货膨胀之后）处于一种平稳的状态，并可无限期地保持下去。

模型：

$$t时刻的持续经营价值 = \frac{E(\text{NCF}_{t+1})}{\text{WACC}-[(1+g)(1+\pi)-1]} \quad (16.26)$$

其中，$E(\text{NCF}_{t+1})$ 为在时间 $t+1$ 中期望的正常化的现金流量。它等于根据现金流基准年确定原则确定的现金流量乘以 $(1+g)(1+\pi)$；WACC 为加权平均资本成本；g 为现金流量的长期实际增长率；π 为加权平均成本中全包含的期望通货膨胀率。

七、价值拉动因素模型

价值拉动因素模型是从税后净营业收入 NOPLAT 开始，而不是从净现金流量开始的，计算公式与常态增长模型相似：

$$t时刻的持续经营价值 = \frac{E(\text{NOPLAT}_{t+1})}{\text{WACC}-g} \quad (16.27)$$

其中，WACC 为加权平均资本成本；$E(\text{NOPLAT}_{t+1})$ 为最后期限之后一年的期望正常税后净利润。

$$\text{NOPLAT} = \text{EBIT} \times (1-\text{所得税税率}) = \text{EBIT} - \text{所得税} \quad (16.28)$$

$E(\text{NOPLAT}_{t+1})$ 可以用 $\text{NOPLAT} \times \left(1-\dfrac{g}{\text{ROIC}}\right)$ 计算得到，ROIC 为实际投入资本的预期回报率，g 为 NOPLAT 预期永续增长率，可以用 GDP 的增长率近似表示，中国的 g 为 2%~3%。

八、自由现金流模型使用情况

下列两种情况下，使用公司自由现金流贴现模型能得到更可靠的定价。

第一，财务杠杆很高或财务杠杆预期将发生变化的公司，适用公司自由现金流贴现模型估价。这是因为财务杠杆的不稳定导致公司负债的波动，从而使得预测这些公司股权自由现金流中的新增债务（net borrowing）具有相当大的难度。而且财务杠杆的变化将修改对公司增长率和风险因素的估计。对此，权益证券价值比公司整体价值反应更为敏感，定价更为不易。

第二，股权自由现金流经常小于零的公司。那些债务负担很重，在一定时期内固定资产投资需求巨大,或周期性很强的公司,容易出现股权自由现金流为负值的情况。

第三节 股权自由现金流模型

一、股权自由现金流

权益价值等于股东全部预期收益的现值之和,将股利作为现金流量进行贴现,就可以得到公司的权益价值。股利是一种实际发生的现金流,在股利贴现模型的应用中隐含着一个假设,即股利是股东所获得的唯一现金流。事实上,由于股利往往与净利润和现金流不同步,所以绝大多数场合下,股权自由现金流在理论意义和实践价值方面都优于股利。

股权自由现金流是公司在发生以下支出后的现金流。

(1)支付了各种经营性现金支出;经营性现金支出通常指当期应支付的现金营运费用。

(2)满足了扩大生产所需的投资,生产所需的投资不仅包括资本性支出,还包括营运资本增加。

(3)履行了各种财务义务之后可供公司普通股股东支配的剩余现金流。财务义务包括偿还债务利息与本金。

这三类项目不完全地对应于现金流量表中经营现金流、投资现金流和筹资现金流的模块结构。下面我们先从净利润讨论股权自由现金流。

$$FCFE = NI + NCC - (FCInv + WCInv) + net\ borrowing \quad (16.29)$$

其中,FCFE 为股权自由现金流;NI 为净利润;NCC 为非现金支出净额;FCInv 为资本性支出;WCInv 为营运资本增加;net borrowing 为负债净增加额。

也就是说:

普通股股东净利润+非现金支出净额−资本性支出−营运资本增加+负债净增加额
=股权自由现金流

这是方法一,我们直接从定义得到了股权自由现金流:

$$FCFE = NI + NCC - FCInv - WCInv + net\ borrowing \quad (16.30)$$

方法二,我们将利用公司自由现金流与股权自由现金流之间的关系进行转换,减少工作量。根据定义的不同,自由现金流有特定的归属对象。股权自由现金流是为普通股股东所有的自由现金流,公司自由现金流是为公司全体资本提供者所有的现金流。前文已经指出,公司的资本提供者包括债权人、优先股股东和普通股股东,但是我们通常假设公司资本结构中没有优先股股东。当公司全体资本提供者由债权人和普通股股东两部分组成时,公司自由现金流与股权自由现金流的转换关系如下:

$$\text{FCFE} = \text{FCFF} - I \times (1-t) + \text{net borrowing} \quad (16.31)$$

$$\text{FCFF} = \text{FCFE} + I \times (1-t) - \text{net borrowing} \quad (16.32)$$

债务净增加额=期末债务余额-期初债务余额，注意公式中使用的税后利息费用 $I \times (1-t)$，而不是直接的用税前利息费用，这是因为股权自由现金流考虑了利息费用的节税作用，不能再重复计算。

我们还可以从经营性现金流调整得到股权自由现金流。

$$\text{FCFE} = \text{CFO} - \text{FCInv} + \text{net borrowing} \quad (16.33)$$

其中，CFO 为经营性现金流。

二、股权现金流的折现率

确定股权自由现金流的折现率是此模型重要的一步，需要注意的是公司自由现金流对应的是公司全部资本的加权平均资本成本，而股权自由现金流所对应的折现率则是股东要求回报率。用 r_e 表示股东要求回报率，其计算公式为

$$r_e = r_f + \beta \times (r_M - r_f) \quad (16.34)$$

其中，r_f 为无风险报酬率；r_M 为市场平均报酬率。用 β 系数计算公司的系统风险。

股东要求回报率是用 CAPM 计算得出的，其他的计算方法还有国债收益加风险溢价法、APT 增长模型等。不论采用哪一种方法计算股东要求回报率，其大体思路都是货币的时间价值加上公司风险溢价。虽然不同方法对风险溢价因子的确认有分歧，但是就公司风险与风险溢价呈正相关而言却是达成一致的。

所以需要指出的是，如果公司一味地通过提高财务杠杆这一途径来扩大某些期间的股权自由现金流，那么这并不一定必然导致权益价值的提高，因为当财务杠杆超过理想值之后，公司财务风险将随财务杠杆的进一步上升而显著提高，由此导致股东要求回报率的上升，从而降低权益价值。

当进行外国股权投资时，由于各国之间会计标准不同，以及利率水平、通货膨胀水平及经济增长率之间存在很大的差异，特别是当通货膨胀较高且波动较大时，用实际价值取代名义价值就显得尤其重要。具体的调整方法如下：

国内平均真实收益率+/-行业调整+/-规模调整+/-财务杠杆调整=股东要求回报率

此时的贴现率能够真实地反映投资的相对风险和报酬，在进行跨国投资时可以得到准确的估值。

三、股权自由现金流增长率的确定

要确定公司自由现金流和股权自由现金流的增长率，我们通常假定折旧和资本性支出的增长率保持相等，但股权自由现金流和公司自由现金流的增长率却通常是不相等的，原因在于财务杠杆在公司中的普遍应用。公司自由现金流是债务偿还前现金流，其

增长率不受财务杠杆比率的影响,但是财务杠杆比率通过 ROE 对股权自由现金流增长率产生影响,过程如下:

$$g_{FCFF} = ROA \times RR$$

$$g_{FCFF} = ROE \times RR$$

$$g_{FCFE} = \left\{ ROA + \frac{D}{E[ROA - Int \times (1-t)]} \right\} \times (1 - \text{pay out ratio}) \quad (16.35)$$

其中,RR(retention rate)为净利润留存率;D/E 为负债权益比;pay out ratio 为股利支付率。

式(16.35)说明,当公司的总资产报酬率大于税后债务成本时,增大负债/权益比率能够提高股权自由现金流的增长率;反之,增大负债/权益比率则降低股权自由现金流的增长率。

四、模型

在稳定增长模型中股权资本的价值是三个变量的函数:下一年的预期的股权自由现金流、稳定增长率和投资者的要求收益率。

$$P_0 = \frac{FCFE_1}{(r - g_n)} \quad (16.36)$$

$$V_0 = \frac{FCFE_0(1 + g_n)}{r - g_n} \quad (16.37)$$

其中,$FCFE_1$ 为下一年的预期股权自由现金流;r 为公司的股权资本成本(投资者的要求回报率);g_n 为股权自由现金流的稳定增长率。

采用这个模型必须满足公司处于稳定状态的假设,也就是说公司必须具备维持稳定增长所需的条件。同时,模型中的增长率也必须是合理的。这个模型适用于那些增长率等于或者稍低于名义经济增长率的公司。因为这一类公司的增长率已经处于稳态,如果没有突发因素的干扰,则公司经营与盈利能力会维持在现阶段的水平上,可以用现行增长率对永续期间的自由现金流折现。

总的来说用绝对估值法估值的顺序大体如下。

第一步:初步评价。

(1)初步评价公司所处的宏观经济环境、行业地位、增长阶段、资本结构、利润分配政策等,其中,资本结构稳定与否,是决定是否用公司自由现金流模型代替股权自由现金流模型的主要依据。

(2)评价公司定价是否适用 FCF 贴现模型还是红利贴现模型。

第二步:计算与预测模型的输入变量。

(1)根据财务报表计算公司自由现金流或者股权自由现金流历史值,如果采用红利贴现模型还要观察过去几年的股利发放情况。

(2)预测未来合理期间内 FCF 的值及股利发放的情况。

（3）计算公司加权平均资本成本 WACC 或者股东要求的回报率 K_e。

第三步：计算模型的值。

选择适当的模型；将第二步中得出的相关输出变量代入。

第四步：负债比率的敏感性分析。

（1）根据变动公司的负债比率，重新计算加权平均资本成本。

（2）通过负债比率的敏感性分析，建立不同资本结构下公司价值与股东财富的最大化的关系。

第五步：比较与修正。

（1）比较公司权益证券市场价格与模型定价之间的差异；如有需要，进行模型的敏感性分析。

（2）修正得出合理估值。

➢本章复习思考题

1. 说明红利贴现模型、公司自由现金流和股权自由现金流模型分别适用的情形。
2. 为什么说红利贴现模型是一个相对较为保守的模型？
3. 公司自由现金流和股权自由现金流之间怎样实现转换？
4. 公司自由现金流和股权自由现金流模型中所用的折现率分别是什么，它们为什么不同？

参 考 文 献

爱德华兹 R，迈吉 J，巴赛蒂 W H C. 2017. 股市趋势技术分析[M]. 10 版. 万娟，郭烨，姚立倩，童伟华译. 北京：机械工业出版社.
波涛. 2003. 证券投资理论与证券投资战略适用性分析[M]. 北京：经济管理出版社.
辞海编辑委员会. 1980. 辞海：经济分册[M]. 2 版. 上海：上海辞书出版社.
达莫达让 A. 2005. 深入价值评估[M]. 姜万军译. 北京：北京大学出版社.
丁鹏. 2018. 量化投资与 FOF 基金入门[M]. 北京：电子工业出版社.
格雷厄姆 B，多德 D V. 2019. 证券分析[M]. 6 版. 巴曙松，陈剑译. 成都：四川人民出版社.
何孝星. 2017. 证券投资基金管理学[M]. 4 版. 大连：东北财经大学出版社.
基金从业人员资格考试命题研究中心. 2019. 证券投资基金基础知识[M]. 成都：西南财经大学出版社.
卡尼曼 D，斯洛维奇 P，特沃斯基 A，等. 2008. 不确定状况下的判断：启发式和偏差[M]. 方文，吴新利，张擘等译. 北京：中国人民大学出版社.
李贤. 2010. 证券投资理论与实务[M]. 北京：中国经济出版社.
李曜，游搁嘉. 2014. 证券投资基金学[M]. 4 版. 北京：清华大学出版社.
利弗莫尔 J. 2012. 股票作手回忆录[M]. 黄程雅淑，马晓佳译. 北京：中国青年出版社.
乔治·索罗斯. 2016. 金融炼金术：索罗斯的"反身性理论"及其投资模型[M]. 孙忠，侯纯译. 海口：海南出版社.
饶育蕾，彭叠峰. 2020. 行为金融学导论[M]. 北京：高等教育出版社.
撒普 V K. 2011. 通向财务自由之路[M]. 董梅译. 北京：机械工业出版社.
唐松莲. 2017. 财务报表分析与估值[M]. 上海：华东理工大学出版社.
屠年松，李贤. 2014. 投资学[M]. 成都：西南交通大学出版社.
王成，韦笑. 2012. 策略投资[M]. 北京：地震出版社.
王明涛. 2012. 证券投资分析[M]. 2 版. 上海：上海财经大学出版社.
吴晓求. 2020. 证券投资学[M]. 5 版. 北京：中国人民大学出版社.
徐光远，李贤，杨伟等. 2008. 当代西方经济学十大理论热点：近年来诺贝尔经济学奖获得者主要理论研究[M]. 北京：中国经济出版社.
杨峰. 2012. 公司估值问题：来自实践的挑战[M]. 北京：中国财政经济出版社.
赵庆国. 2012. 证券投资基金[M]. 南京：东南大学出版社.
郑伟宏. 2017. 证券投资基金基础知识[M]. 北京：北京大学出版社.